Formateur d'adultes

*Se professionnaliser
Exercer au quotidien*

La *Chronique Sociale* est à la fois un organisme de formation et de recherche et une maison d'édition. Fondée à Lyon en 1892, elle s'est préoccupée dès ses origines de sensibiliser aux évolutions de la société et de suggérer une organisation de la vie collective plus solidaire et plus respectueuse des personnes.

Actuellement, les *Éditions de la Chronique Sociale* publient des ouvrages et des jeux pédagogiques qui contribuent à mettre en œuvre ces orientations. Issus de pratiques professionnelles et sociales, ils sont au service de tous ceux qui s'efforcent de mieux comprendre le monde.

Chacun pourra s'approprier ces outils et les utiliser, tant pour son développement personnel que pour une action collective efficace.

Pour plus d'informations :
www.chroniquesociale.com

Couverture :	3M2A
Responsable des Éditions :	André Soutrenon
Correction :	Simone Dutey/Monique Huissoud
Imprimeur :	Darantiere

La reproduction partielle et à des fins non commerciales des textes publiés par la "Chronique Sociale" est autorisée à la seule condition d'indiquer la source (nom de l'ouvrage, de l'auteur et de l'éditeur), et de nous envoyer un exemplaire de la publication.

Chronique sociale, Lyon, Dépôt légal : avril 2013
N° d'impression : 13-0334
Imprimé en France

Jean-Paul Martin – Émile Savary

Formateur d'adultes

Se professionnaliser
Exercer au quotidien

6ᵉ édition
revue et augmentée

Pédagogie
Formation

synthèse

Formateur d'adultes

Avant propos 9

Introduction 11
    Outil n° 1 : le référentiel de compétences d'un formateur d'adultes .. 14
    Outil n° 2 : les questions auxquelles répondent les neuf chapitres .. 16
    1. L'acte pédagogique dans son contexte 16
    2. L'acte pédagogique dans sa finalité 16
    3. L'acte pédagogique comme aboutissement d'une ingénierie
       de formation 17
    4. L'acte pédagogique comme mise en œuvre d'une ingénierie
       pédagogique 17
    5. L'acte pédagogique comme relation 18

Chapitre 1 : **Penser la formation** **19**
    1. Faire le point 20
    2. La formation, processus personnel et dispositif institutionnel 21
       2.1 La formation participe à la socialisation et à l'automatisation
          des personnes 21
       2.2 La formation veut faire évoluer les pratiques 24
       2.3 La formation s'adresse à des adultes 29
       2.4 Un cadre institutionnel 30
    3. Histoire : débats d'hier… et d'aujourd'hui ? 36
       3.1 XIXe et première moitié du XXe siècle 37
       3.2 Après 1945 39
       3.3 Années 1970, la formation devient un système cohérent et
          reconnu 42
       3.4 Former le travailleur ou le citoyen ? 46
    4. Pédagogie ou andragogie ? 50
       4.1 Des pratiques anciennes 51
       4.2 Un concept contesté : l'andragogie 52
    Retour au début du chapitre 56
    ▸ *Pistes d'approfondissement* *57*

Chapitre 2 : **Exercer le métier de formateur** **62**
    1. Une histoire personnelle à relire 63
       1.1 À chacun son cheminement 63
       1.2 À chacun ses motivations 66
       1.3 Des atouts et des faiblesses 70
    2. Un métier : des compétences 72
       2.1 Les activités du formateur 72
       2.2 Les compétences requises 76

3. Une profession : la quête de la reconnaissance.................................81
      3.1 La formation, réponse à des besoins sociaux 81
      3.2 Des savoirs propres...82
      3.3 Une déontologie..82
      3.4 Un accès contrôlé au marché 83
   4. Une pratique sans cesse à réinventer 84
      4.1 Une pratique dans le champ de la relation............................84
      4.2 L'analyse des pratiques, un chemin pour progresser.............85
      4.3 Trois niveaux de questionnement 87
      4.4 Une réflexion en trois temps...88
▸ *Pistes d'approfondissement* *93*

Chapitre 3 : **Apprendre** **97**
   1. Faire le point..98
      1.1 Le Petit Prince de Saint Exupéry demandait : « dessine-moi un mouton ». Et si vous-même vous dessiniez ce qu'est apprendre !.98
      1.2 Choisissez parmi les 22 propositions suivantes........................98
   2. Apprendre, un terme du langage quotidien.................................99
      2.1 Apprendre et faire apprendre 102
      2.2 Apprendre – apprendre que – apprendre à...............................102
      2.3 L'envie d'apprendre 103
      2.4 Les chemins pour apprendre...104
      2.5 Le rôle d'autrui 105
   3. Apprendre, un concept de la psychopédagogie............................106
      3.1 Apprendre : se transformer 108
      3.2 Apprendre : une activité opaque 108
   4. Trois modèles pour penser l'acte d'apprendre..............................109
      4.1 Le modèle de l'empreinte :
          apprendre, c'est prendre des informations.............................110
      4.2 Le modèle du conditionnement : apprendre, c'est exécuter et répéter 112
      4.3 Le modèle constructiviste :
          apprendre, c'est chercher et résoudre 115
▸ *Pistes d'approfondissement* *123*

Chapitre 4 : **Analyser les besoins de formation**...................................**128**
   1. Faire le point...129
   2. La formation comme réponse à un besoin..................................130
   3. Le besoin, résultat d'un travail d'élucidation 130
   4. Analyse des besoins ou définition des objectifs de formation 132
      4.1 La notion d'objectif en formation...132

  4.2 Besoins et objectifs de formation 135
 5. Trois niveaux d'analyse 135
 6. Une démarche pour bâtir une formation 141
  6.1 Une clarification des niveaux de problèmes et d'intervention . 141
  6.2 Une démarche pour l'ingénierie de formation........................... 142
  6.3 Un guide pour la négociation... 142
 7. Les cahiers des charges... 144
  7.1 Fonction et sens du cahier des charges de la demande............. 144
  7.2 Le contenu du cahier des charges de la demande 148
  7.3 Des outils pour une lecture critique du cahier des charges....... 151
▸ *Pistes d'approfondissement* *153*

Chapitre 5 : **Construire des dispositifs de formation** **157**
 1. D'une réponse standard à un dispositif adapté 158
  1.1 Une démarche.. 159
  1.2 Une grille pour lire les dispositifs de formation 160
  1.3 Du côté du commanditaire : attentes et engagement 161
  1.4 Du côté du prestataire : les questions à se poser....................... 162
 2. Quelques principes et modalités d'organisation 163
  2.1 Le cours 163
  2.2 Le stage.. 164
  2.3 L'individualisation 166
  2.4 L'alternance 170
  2.5 Le tutorat.. 177
 3. Le choix d'une modalité 180
  3.1 Cohérence avec les objectifs... 180
  3.2 Cohérence avec le travail pédagogique 182
▸ *Pistes d'approfondissement* *185*

Chapitre 6 : **Définir les objectifs pédagogiques**............................... **190**
 1. Faire le point 192
 2. Prendre en compte les participants 195
  2.1 Leurs motivations et leurs attentes 195
  2.2 Leurs pratiques et acquis 196
  2.3 Leurs représentations du sujet 197
 3. Dégager les idées clés du contenu 203
  3.1 Faire le tri... 203
  3.2 Trop d'informations tue l'information...................................... 204
  3.3 Qu'est-ce qu'une idée clé ? 204
  3.4 La démarche à suivre... 205
 4. Définir les objectifs pédagogiques.. 208

4.1 Qu'est-ce qu'un objectif pédagogique ?...................209
4.2 Pourquoi définir des objectifs pédagogiques ?...........215
4.3 Formuler les objectifs en termes de comportements observables..216
4.4 Formuler les objectifs en termes d'obstacles à franchir............221
4.5 Développer les compétences plutôt qu'exécuter une tâche......224
▸ *Pistes d'approfondissement* **231**

Chapitre 7 : **Construire les situations de formation** **235**
1. Faire le point...236
2. Les méthodes pédagogiques..237
   2.1 Présentation de quelques techniques pédagogiques 241
   2.2 Pourquoi privilégier les méthodes actives ?.......................252
3. Les paramètres de la situation pédagogique 252
   3.1 Pôle savoir 253
   3.2 Pôle apprenants...254
   3.3 Pôle formateur 256
4. Les critères pour choisir une méthode...............................259
   4.1 Savoir, savoir-faire ou savoir-être ?..............................260
   4.2 Le niveau de l'objectif : simple ou complexe ?..................263
   4.3 Des outils pour classer les objectifs..............................264
   4.4 Choisir une méthode en fonction du niveau de l'objectif........267
5. Construire des situations-problèmes..................................271
   5.1 Les caractéristiques d'une situation-problème 272
   5.2 Comment se présente une situation-problème ?.................273
6. La progression pédagogique ou comment favoriser le transfert....278
   6.1 Les processus d'apprentissage....................................279
   6.2 Phases d'appropriation d'un savoir 279
   6.3 Le transfert dans l'approche des situations-problèmes.........281
   6.4 Quelques évidences à interroger.................................282
▸ *Pistes d'approfondissement* **283**

Chapitre 8 : **Évaluer les apprentissages et les effets de la formation 288**
1. Faire le point...289
   1.1 Votre pratique de l'évaluation (questionnaire ouvert)..........289
   1.2 Vos idées sur l'évaluation (questionnaire à choix multiples)...290
   1.3. Pour reprendre une idée de René Magritte 291
2. Pas de formation sans évaluation.....................................294
   2.1 Qui évalue quoi ?..294
   2.2 Pourquoi ?..295
3. Évaluations, au pluriel 295
   3.1 Les quatre étapes d'une action de formation 296

    3.2 Niveaux d'évaluation et niveaux d'objectifs 297
   4. L'évaluation pédagogique 301
    4.1 Les fonctions de l'évaluation 303
    4.2 Les formes de l'évaluation sommative 307
    4.3 L'évaluation formative 316
   5. Ne réduisons pas l'évaluation au contrôle 321
    5.1 Une confusion fréquente 321
    5.2 Le contrôle 325
    5.3 L'évaluation 326
    5.4 Deux fonctions distinctes et indispensables 328
▸ *Pistes d'approfondissement* *334*

Chapitre 9 : **Faire vivre la relation pédagogique** **337**
   1. Animer des groupes 339
    1.1 Le groupe favorise l'apprentissage 340
    1.2 Le groupe motive 344
    1.3 Le fonctionnement d'un groupe 347
    1.4 Le formateur : un animateur 354
   2. Accompagner les personnes 362
    2.1 Accompagner 363
    2.2 Établir une relation de personne à personne 364
▸ *Pistes d'approfondissement* *376*

Conclusion *379*

Postface *385*

Index *388*

Liste des documents et outils *390*

Avant propos

Cet ouvrage est né de la rencontre et de la coopération entre deux professionnels de la formation des adultes, au début des années 1990, au sein du CAFOC de Nantes, organisme de l'Éducation Nationale dont la mission est de développer les compétences des acteurs de la formation. Ces acteurs sont nombreux : les formateurs bien sûr mais aussi les tuteurs, les coordinateurs, les responsables de dispositifs, les acheteurs et les cadres des organismes de formation comme des services formation d'entreprises, d'associations et d'administrations.

Émile Savary venait du monde de l'éducation populaire et moi de celui de l'enseignement. Très vite, nous avons partagé une même vision de notre activité, adopté une même posture professionnelle dans le cadre des formations que nous avons coanimées et nous nous sommes lancés dans ce projet d'écriture. Nous faisions le constat que de nombreux intervenants permanents ou à temps partiel demandaient des repères pour fonder leur pratique en direction des jeunes et des adultes, des personnes en recherche d'emploi comme des salariés.

Ainsi est né « Formateur d'adultes » en 1997.

Cette sixième édition est particulière à bien des égards. Tout d'abord parce qu'elle intègre dans les différents chapitres les évolutions qui ont eu lieu pendant ces années sur le plan législatif et sur celui des pratiques professionnelles. Ensuite parce qu'elle actualise les références bibliographiques tout en maintenant les ouvrages fondamentaux dans ce champ. Enfin, et ce n'est pas la moindre des différences, parce que cette édition a été réalisée par un seul de ses auteurs, Émile Savary étant décédé le 28 juillet 2012.

Cette nouvelle édition se veut fidèle à l'idéal d'Émile, à ses convictions profondes qui donnent sens à cet ouvrage, car si ce livre comporte de nombreux aspects techniques et méthodologiques, ces éléments n'ont de valeur que portés par une philosophie de vie qu'Émile a énoncée, de la façon suivante :

« J'attache une grande importance à avoir quelques règles d'action simples. Faire ce que l'on dit ; tenter d'avoir des paroles vraies (qui reflètent ce que je pense et ce que je fais) ; considérer dans tout être humain la personne (ne pas la traiter comme un simple moyen) ; agir à l'égard des autres de façon gratuite (sans calculer un retour) et en même temps agir selon un principe de réciprocité, qui laisse à l'autre la possibilité de rendre, d'être lui aussi acteur... »

Certains disent que le monde est composé de deux catégories d'éléments : ce sur quoi nous ne pouvons rien et ce sur quoi nous pouvons agir. C'est toujours pour moi un bon repère de se poser la question quand une situation nouvelle se présente : quelle est la part sur laquelle je ne peux rien (et que je dois donc prendre telle qu'elle est) et quelle est la part que je peux modifier (et donc y centrer mon attention et mes efforts). Plus fondamentalement, face aux événements, ce qui dépend de nous ce sont nos principes de vie. C'est sur eux que repose notre autonomie.

Cohérence, autonomie qui fondent l'action : ces principes que nous revendiquions Émile et moi-même sont toujours présents dans cette réflexion qui doit permettre au lecteur de se doter de sa propre forme dans l'interaction avec la pensée des autres.

Nos remerciements vont à tous ceux qui ont contribué à l'existence et au développement de cet ouvrage, les consultants du Cafoc de Nantes Isabelle Danet et Yann Parc pour leurs éclairages sur les situations-problèmes, Stéphane Vince pour son soutien indéfectible et sa contribution à l'ensemble des chapitres, les formatrices et formateurs que nous avons accompagnés pour leurs questionnements, André Soutrenon, notre éditeur pour sa confiance et son amicale attention.

Jean-Paul Martin

Introduction

Cher lecteur,

L'ouvrage que vous avez entre les mains n'est pas le produit d'un travail de laboratoire mais le fruit d'une **expérience** acquise au cours de multiples actions : formations de formateurs, de conseillers, de responsables, de tuteurs. Il est **avec vous, lecteur,** le prolongement d'une réflexion, d'une recherche engagée avec tous ces acteurs pour trouver ensemble des réponses aux problèmes rencontrés dans l'action et développer leur professionnalisme.

Dans les pages qui suivent vous trouverez le résultat de ce travail. Vous y découvrirez les *trois piliers* de notre conception de la formation :

– **La formation vise l'action.** Entre l'expérience (la pratique d'hier) et l'action (la pratique de demain), la formation est un temps d'arrêt pour capitaliser ses acquis, formaliser ses démarches, confronter ses idées à celles des experts, enrichir ses méthodes au contact d'autres praticiens.
Notre ouvrage veut être un guide pour analyser **vos pratiques** professionnelles et un outil pour construire **vos actions.**

– **Se former, c'est se construire des repères.** Il n'y a jamais de chemin unique ni de solution miracle. Combien d'apprenants sont à la recherche de recettes ! Ce que nous vous proposons, c'est de transformer vos approches intuitives et empiriques en démarches construites, vos représentations implicites en concepts. Vous construirez avec nous les points d'ancrage qui vous permettront d'aborder les situations les plus diverses et parfois délicates, avec méthode et lucidité. Sur ce terrain des générations nous précèdent, des chercheurs et des praticiens nous proposent des théories, des méthodes. Notre ouvrage est un **outil d'autoformation** qui vous permettra de vous approprier la culture du monde de la formation.

– **Former, apprendre, voici des activités qui requièrent qu'une relation personnelle entre un formateur et un apprenant s'instaure.** La formation est source de changement pour chacun des acteurs. Comment imaginer que ce changement puisse s'effectuer uniquement avec des idées et des outils ? Nous souhaitons que cet ouvrage soit une rencontre. Nous nous plaisons à imaginer qu'entre vous et nous s'instaurera un rapport d'échange, une communication même si le plus souvent le retour n'existera qu'en intention.

Comment utiliser cet ouvrage ?

Le livre que vous avez entre les mains n'est pas conçu pour être lu d'une seule traite. Vous pouvez organiser la lecture à partir de vos préoccupations du moment :

– Vous cherchez à **faire le point sur votre parcours professionnel.** Vous vous posez des questions sur vos compétences et sur vos orientations futures, les *chapitres 1 et 2* vous aideront à resituer votre activité quotidienne dans le contexte qui la conditionne. Un outil d'autopositionnement figure dans le chapitre 2 consacré au métier de formateur. Il vous permettra de faire le point sur vos savoirs et de vous fixer des objectifs pour l'étude de cet ouvrage.

– Vous voulez **préparer une intervention** (courte ou longue), les *chapitres 6, 7 et 8* vous offrent un guide de travail : comment préciser le cadre de votre intervention à partir des acquis des participants et des objectifs de la formation (chap. 6) ; comment déterminer la méthode et prévoir le déroulement (chap. 7) ; comment préparer l'évaluation (chap. 8).

– Vous avez à **répondre à un appel d'offres,** à concevoir une action en fonction d'une demande ; le *chapitre 5* vous donne des repères pour construire une réponse adaptée.

– Vous avez à **analyser une situation de travail** au sein d'une entreprise, d'une association, d'une administration pour aider les responsables à élaborer un plan de formation : le *chapitre 4* vous guide pour analyser les besoins.

– Vous souhaitez réfléchir sur votre **façon d'être avec les « apprenants »,** lisez les *chapitre 3 et 9* consacrés à l'acte d'apprendre et à la relation pédagogique.

– Vous pouvez également construire vous-même votre propre parcours. À cette fin, nous vous proposons *deux documents* de repérage :

- *outil n° 1* : un référentiel de compétences de formateur d'adultes avec les renvois aux chapitres qui abordent ces éléments (p. 12),
- *outil n° 2* : les questions auxquelles répondent les différents chapitres (p. 14).

Chaque chapitre est organisé de la façon suivante :

– une invitation à vous arrêter sur vos propres représentations ou pratiques **(Faire le point…)**
– une présentation des **idées-clés**

– des **exercices et études de cas** qui relèvent de trois domaines :
 • « la découverte » : pour vous permettre d'entrer dans le sujet,
 • « la réflexion » : invitation à analyser votre propre pratique professionnelle ou celle de formateurs d'adultes,
 • « l'entraînement » : pour vous permettre de vérifier votre compréhension

– des **pistes d'approfondissement** qui font le point sur les questions en débat chez les praticiens, les chercheurs et qui introduisent une bibliographie.

➔ *Outil n° 1* : le référentiel de compétences d'un formateur d'adultes

Le document ci-dessous a été bâti avec des formateurs. Il distingue *7 grandes activités ;* pour chacune d'elles, il mentionne les savoirs et savoir-faire nécessaires et renvoie aux chapitres qui leur sont consacrés.

Ce référentiel actualisé présente une conception large de l'activité du formateur, ne la réduisant pas au face-à-face pédagogique car il n'y a pas d'emploi-type de formateur dans cette branche professionnelle mais plutôt des agrégats singuliers d'activités en fonction de l'organisation du travail au sein de l'organisme ou du service formation.

	Compétences	*Chapitres*
1. Concevoir des dispositifs ou actions	**Savoirs** Distinguer besoin et demande. Caractériser les différents dispositifs de formation. **Savoir-faire** Analyser une demande Conduire une étude de besoins (écart compétences requises/compétences acquises). Analyser un cahier des charges. Construire une action ou un dispositif de formation.	Analyser les besoins *(Chap.4)* Construire des dispositifs *(Chap.5)*
2. Préparer ses interventions	**Savoirs** Identifier les apports des théories de l'apprentissage. Identifier les apports de l'approche par les objectifs. Identifier les apports des différentes méthodes pédagogiques. **Savoir-faire** Analyser l'environnement des personnes en formation et les enjeux des différents acteurs. Définir et formuler les objectifs pédagogiques. Les organiser dans une progression pédagogique. Adopter les méthodes pédagogiques appropriées. Élaborer des situations-problèmes. Réaliser des outils, des supports.	Apprendre *(Chap.3)* Définir des objectifs *(Chap.6)* Construire les situations d'apprentissage *(Chap.7)*
3. Animer les séquences de formation	**Savoirs** Repérer les principes de la communication. Identifier les phénomènes de groupe. **Savoir-faire** S'exprimer dans un groupe. Mettre en œuvre une écoute active (centrée sur l'apprenant). Réguler l'expression et le travail du groupe. Gérer le temps. Gérer les conflits. Adapter la progression aux rythmes et styles des apprenants.	Construire les situations d'apprentissage *(Chap.7)* Faire vivre la relation pédagogique *(Chap.9)*

4. Accompagner les apprenants	**Savoirs** Spécifier son rôle de formateur et ses limites. Repérer des éléments de psychologie des personnes en formation. **Savoir-faire** Maîtriser les techniques d'entretien individuel et collectif. Faciliter l'élaboration et la validation de projets individuels. Effectuer un suivi en milieu professionnel.	Faire vivre la relation pédagogique *(Chap.9)*
5. Évaluer et rendre compte	**Savoirs** Identifier les différentes fonctions et formes de l'évaluation. **Savoir-faire** Créer ou utiliser des outils d'évaluation des apprentissages. Utiliser ou créer des outils d'évaluation des actions.	Définir des objectifs *(Chap.6)* Évaluer les apprentissages et les effets de la formation *(Chap. 8)*
6. Coordonner l'action ou un dispositif	**Savoirs** Appréhender les spécificités, le fonctionnement des organismes de formation et en particulier de son propre organisme. **Savoir-faire** Décoder les enjeux et stratégies des acteurs. Planifier, gérer, adapter un projet, une action. Travailler en équipe. Coordonner une équipe.	Construire des dispositifs de formation *(Chap.5)* Faire vivre la relation pédagogique *(Chap.9)*
7. Entretenir des relations avec l'environnement socio-économique	**Savoirs** Caractériser le tissu socio-économique. Situer l'état du marché de l'emploi. Identifier les instances interlocutrices. **Savoir-faire** S'informer sur les évolutions de l'environnement. Tenir compte des enjeux dans les rapports avec les interlocuteurs. Entretenir des relations à caractère commercial.	Penser la formation *(Chap. 1)*

Vous êtes maintenant en mesure de repérer, parmi les chapitres de cet ouvrage ceux qui vont vous être les plus utiles. Un conseil : quand vous aurez terminé le parcours que vous propose cet ouvrage, revenez à ce référentiel. Vous identifierez à la fois vos acquis et les points qui nécessitent un approfondissement ultérieur.

➔ *Outil n° 2* : les questions auxquelles répondent les neuf chapitres

Ces chapitres sont regroupés en *5 ensembles* qui traitent du contexte, des finalités, de l'ingénierie de formation, de l'ingénierie pédagogique et de l'animation.

1. L'acte pédagogique dans son contexte

Chap. 1 – **Penser la formation :** *la formation est une activité distincte de l'enseignement et qui a pris différentes formes institutionnelles.*
- Qu'est-ce que la formation ?
- En quoi diffère-t-elle de l'enseignement ?
- Enseigner à des enfants, former des adultes est-ce la même activité ?
- Quelles sont les caractéristiques d'un adulte qui se forme ?
- D'où vient le système actuel de formation continue ?
- Formation du citoyen ou du travailleur ?
- Lois de 1971 : acte de naissance ou de majorité ?
- Les réformes des années 2000 : pour quels objectifs ?

Chap. 2 – **Exercer le métier :** *le travail du formateur n'est pas seulement une activité mais un métier (une profession ?).*
- Comment faire le bilan de son parcours professionnel ?
- Quelles sont les compétences requises pour être formateur d'adultes ?
- Quelles sont les particularités de l'activité de formateur ?
- Peut-on parler aujourd'hui d'une professionnalisation de l'activité de formateur ?
- Comment se former quand on est débutant ?
- Comment faire le point sur ses compétences ?
- Comment continuer à se former quand on a acquis une expérience ?

2. L'acte pédagogique dans sa finalité

Chap. 3 – **Apprendre :** *les meilleurs dispositifs n'ont d'intérêt que si « les apprenants apprennent » ! Mais de quoi s'agit-il ? En quoi consiste l'acte d'apprendre ?*
- Quelles sont les conceptions dominantes de l'acte d'apprendre en formation d'adultes ?

- Quels sont les facteurs qui facilitent l'apprentissage ?
- Quelles activités intellectuelles sont sollicitées par le formateur chez l'apprenant ?
- Que faire des erreurs ?
- En quoi les recherches en Sciences de l'éducation, en psychologie et en neurosciences aident le formateur à exercer son métier ?

3. L'acte pédagogique comme aboutissement d'une ingénierie de formation

Chap. 4 – **Analyser les besoins** : *il n'y a pas de formation sinon en réponse à des besoins.*
- Comment traiter une demande de formation ?
- Comment lire un cahier des charges ?
- Comment interroger les acteurs concernés ?
- Comment identifier les enjeux d'une action de formation ?
- Client, responsable de formation, conseillers en formation, formateurs, quelles sont les responsabilités des uns et des autres dans l'élaboration d'une action de formation ?

Chap. 5 – **Construire des dispositifs** : *l'action de formation met en œuvre une diversité de moyens et de modalités.*
- Qu'entend-on par dispositif de formation ?
- Quelles sont les différentes modalités qui s'offrent au formateur ?
- L'alternance : mode ou nécessité ? – Sur quels critères choisir l'alternance, le tutorat, l'individualisation ?
- Comment conjuguer présence et distance ?

4. L'acte pédagogique comme mise en œuvre d'une ingénierie pédagogique

Chap. 6 – **Définir des objectifs** : *le repère essentiel du formateur est constitué des objectifs qu'il entend faire atteindre aux « apprenants ».*
- Comment faire émerger les idées des personnes en formation ?
- Comment organiser un contenu en distinguant l'essentiel du détail ?
- Intention, objectif : quelles sont les différences ?
- Pourquoi définir les objectifs pédagogiques ? Comment le faire ?

Chap. 7 – **Construire la situation d'apprentissage :** *il s'agit pour le formateur de prévoir un scénario et des supports pour permettre à chaque participant d'apprendre.*
– Comment préparer une séquence de formation ?
– Quelles sont les différentes méthodes pédagogiques ?
– Quels sont les avantages et inconvénients de l'exposé ?
– Pourquoi faut-il privilégier les méthodes actives ?
– Quelles techniques pour les mettre en œuvre ?
– Comment analyser la construction d'une séquence ?
– Pourquoi l'approche par les situations favorise-t-elle l'implication des apprenants ?

Chap. 8 – **Évaluer les apprentissages et les effets de la formation :** *il s'agit de permettre aux apprenants de prendre conscience des progrès réalisés et à la collectivité de repérer les changements générés par l'action de formation.*
– Qu'est-ce qu'évaluer et pourquoi le faire ?
– Quelle place occupe l'évaluation dans un processus de formation ?
– Quelles fonctions joue-t-elle et suivant quelles modalités peut-elle être organisée ?
– Contrôler, évaluer : une même activité ?

5. L'acte pédagogique comme relation

Chap. 9 – **Faire vivre la relation pédagogique :** *la situation pédagogique se vit au moment même, en fonction des participants, des échanges et interactions qui se créent entre formateur et apprenants et dans le groupe des apprenants.*
– Tout peut-il être prévu à l'avance ?
– Pourquoi organiser des travaux de groupe ?
– Comment anticiper les problèmes relationnels ?
– Comment les résoudre quand ils se présentent ?
– Quelle influence le comportement du formateur a-t-il sur son groupe ?
– Quelles grilles permettent de lire l'attitude du formateur ?
– Jusqu'à quel point le formateur doit-il s'impliquer dans la relation aux stagiaires ?

Vous pouvez maintenant repérer, parmi les chapitres de cet ouvrage, ceux qui vont vous être les plus utiles. À l'issue de votre lecture, ces questions vous permettront de faire le point sur vos acquis.

Chapitre I

Penser la formation

*Formation, terme ô combien présent dans le langage courant mais ô combien équivoque! Tantôt, il désigne un **processus individuel** par lequel une personne acquiert des savoirs et développe des savoir-faire (« Je pars demain en formation car nous avons reçu une nouvelle machine à l'atelier et je vais devoir en assurer la maintenance ») ; tantôt il se réfère à un **processus social** par lequel une société se reproduit et intègre ses nouveaux membres (« L'entreprise a formé ses apprentis en leur permettant d'acquérir les tours de main des compagnons expérimentés ») ; il se rapporte également au **dispositif** qui permet ces apprentissages (« Depuis maintenant deux ans, toutes les formations sont basées sur un cahier des charges qui précise les objectifs à atteindre et les moyens à mettre en œuvre ») ; enfin il concerne les **institutions** qui constituent le cadre économique et juridique de cette activité professionnelle (« Il y a aujourd'hui des métiers de la formation régis par des conventions collectives »).*

*Dans ce chapitre, nous voulons fournir des repères et centrer notre étude sur ce mouvement qui a connu et connaît une forte expansion. Nous souhaitons en brosser les **différentes dimensions** ainsi que **les spécificités**, notamment par rapport à l'enseignement.*

---

1. Faire le point
2. La formation, processus personnel et dispositif institutionnel
3. Histoire : débats d'hier... et d'aujourd'hui ?
4. Pédagogie ou andragogie ?
---

1. Faire le point

Avant d'explorer les différentes facettes de la formation, nous vous proposons de répondre aux questions suivantes :

Quand un voisin ou un ami vous demande ce que vous faites dans la vie professionnelle, vous répondez...

ou

Quand vos enfants (ou tout autre adolescent) vous posent la question suivante : « C'est quoi ton travail ? », vous leur dites...

Est-ce que vous pourriez utiliser d'autres noms de métier pour parler de votre activité et lesquels ? *A contrario,* y a-t-il des termes que vous vous refusez d'employer ?

Si vous aviez en une phrase ou en un court paragraphe à donner une définition de la formation, ce serait :

Avez-vous en tête quelques dates qui ont marqué son histoire ?

 Conservez vos réponses, elles vous seront utiles en conclusion de ce chapitre.

2. La formation, processus personnel et dispositif institutionnel

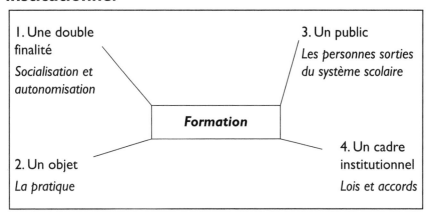

La formation a deux dimensions, l'une est personnelle, l'autre institutionnelle. Pour la personne, elle constitue un processus d'intégration à la société (1. La socialisation) et de développement de capacités d'action (2. La pratique).

La formation est également un dispositif institutionnel qui s'adresse à un public particulier (3. Les personnes sorties du système scolaire), dans un environnement réglementé (4. Le cadre institutionnel).

2.1 La formation participe à la socialisation et à l'automisation des personnes

Pour fonctionner et perdurer, une société se doit d'assurer la transmission d'une culture entre personnes de générations différentes et dans le même temps elle s'efforce de rendre autonomes les individus qui la composent.

Les découvertes scientifiques, les techniques, les règles sociales, les valeurs sont l'objet d'apprentissages sociaux dont les formes peuvent être multiples : que l'on pense par exemple aux relations entre la mère et son enfant, entre l'élève et le maître, l'apprenti et le tuteur, etc. C'est ainsi que des savoirs et des compétences sont acquis par les individus, que les règles sociales (comment se comporter en société) sont diffusées avec les valeurs qui les légitiment (pourquoi il faut faire ainsi, pourquoi tel comportement est interdit…). Chacun fait sien ces éléments culturels qui sont présents dans la société, et ce tout au long de sa vie, même si des périodes sont plus propices que d'autres (nous pensons à l'école, au premier emploi, aux reconversions, à la vie associative, etc.).

La formation fait partie de ce mouvement général qu'on appelle familièrement **l'école de la vie** et qui est un **processus de socialisation,** c'est-à-dire d'intégration de membres à un corps social donné, par la transmission de l'héritage culturel. Elle est ce processus mais revêt un caractère formel et organisé en fonction d'intentions particulières.

Autrement dit, alors que le mouvement général de socialisation se développe sans que les individus en soient conscients et à tout moment de leur vie, la formation se produit dans des temps et lieux définis (dans tel organisme, sur telle période) et est construite en fonction **d'objectifs précis** (permettre au salarié de s'adapter à l'évolution des techniques, à l'adolescent de s'intégrer dans le monde du travail, au citoyen d'agir dans une association…).

La différence entre ce mouvement général de socialisation et la formation n'est pas une différence de nature mais de degré d'organisation :

– le premier est propre au fonctionnement même de tout groupe social qui perdure : équipe, association, organisme, société ;

– la seconde est une forme particulière que revêt ce mouvement, forme organisée, programmée par les hommes dans des temps et lieux définis, avec des moyens spécifiques mobilisés pour atteindre des objectifs déterminés.[1]

Réfléchir à partir d'un texte : formation et socialisation

> *Texte de M. Lesne extrait de* Lire les pratiques de formation des adultes[2].
>
> *L'auteur est un pionnier de la formation des adultes en France et un de ceux qui ont mené une réflexion théorique sur cette activité. Dans ce livre, il donne des grilles de lecture de l'activité formation qu'il considère comme un travail.*
>
> « Dans le langage courant, en dehors des acceptions plus particulières qu'il peut présenter (mettre sous un régime communautaire, gérer au nom de la société tout entière…), le terme de socialisation revêt des connotations péjoratives résultant d'une lecture moralisatrice des faits qu'il désigne. Utiliser le concept de socialisation en matière d'éducation et de formation, c'est s'exposer, de la part des formateurs ou des enseignants, à des rejets initiaux qui sont moins dus à une méconnaissance des faits qu'il désigne qu'à des positions idéologiques, générales ou professionnelles, conduisant à se refuser le rôle d'acteurs particuliers dans un processus général dont les effets ne leur paraissent pas conformes à leur pratique. […]

---

1. L'Union européenne distingue les apprentissages informels (découlant des activités de la vie quotidienne liées au travail, à la famille ou aux loisirs) des apprentissages formels dispensés dans un établissement d'enseignement ou de formation, structurés en termes d'objectifs, de temps et de ressources. Elle entend ainsi renforcer la reconnaissance des acquis et les démarches de portfolio et de VAE (Recommandation de 2012).

2. M. Lesne, *Lire les pratiques de formation des adultes,* Édilig, 1984, p. 234.

La socialisation est le processus par lequel, dans une société donnée, se transmet une culture entre personnes de générations différentes ou de même génération et se réalise une adaptation aux modes d'organisation de la vie sociale. Sous cet angle, sa fonction est de développer les connaissances et les capacités dont les individus ont besoin, d'enseigner les rôles sociaux que chacun d'eux est appelé à mettre en œuvre dans sa vie quotidienne, d'inculquer des règles régissant la conduite en société, des modèles culturels de conduite, des normes (attitudes collectives prescrites ou proscrites définissant comportements appropriés et conduites requises), ainsi que des valeurs qui légitiment en quelque sorte ce qui est prescrit ou ce qui est proscrit, en désignant ce qui est désirable et en influençant les choix. Ce processus, continuellement à l'œuvre, agit en quelque sorte de l'extérieur sur les individus. Il affecte non seulement les enfants mais toutes les personnes durant toute leur vie. »

Question n° 1 : comment l'auteur nomme-t-il ce mouvement général que nous décrivons dans ce chapitre ?

Question n° 2 : citez un exemple pour chaque élément qu'un individu intègre de par sa participation à la société : connaissances, capacité, rôle social, règles régissant les conduites, normes, valeurs.

Question n° 3. Marcel Lesne affirme que ce processus affecte les personnes durant toute leur vie. Pouvez-vous citer un exemple personnel situé dans un passé récent.

Repères pour l'analyse

1. L'auteur appelle processus de socialisation ce mouvement par lequel un individu fait siens des éléments culturels. Il précise que ce n'est pas un processus de conformation car l'individu dispose d'une liberté et intègre de façon singulière ces éléments.

2. Ces éléments culturels peuvent être des connaissances (le théorème de Pythagore, la loi d'Ohm…), des capacités (celle d'écrire un message, d'apprendre une procédure), des rôles sociaux (celui du père à l'égard de ses enfants, celui du contremaître à l'égard des ouvriers de production), des règles régissant la conduite (à propos de conduite, circuler à droite, saluer une personne la première fois qu'on la voit), des normes, des valeurs (respect de la personne…).

3. En ce qui nous concerne (nous auteurs), le fait de nous être lancés dans cette aventure qu'est la production d'un tel ouvrage nous a amenés à acquérir des connaissances nouvelles (mode de fonctionnement de l'édition), à mobiliser des capacités créatives (concevoir une architecture d'ensemble, des situations d'entraînement…), à intégrer des normes sociales (celles de la présentation des ouvrages notamment).

2.2 La formation veut faire évoluer les pratiques

La formation vise à provoquer des transformations, des changements, des effets sur les personnes. C'est une **action de transformation** mais elle est spécifique, au sens où c'est la personne en formation qui se forme, qui se transforme : personne ne peut le faire à sa place. La formation est donc une action d'autotransformation plus ou moins guidée, stimulée, facilitée par l'action du formateur.

Action de transformation, oui, mais de quoi ? Quelle est la visée de la formation ? La formation vise à modifier les pratiques des personnes, c'est-à-dire leur façon d'agir au travail ou dans la vie en général. **On n'apprend pas pour savoir mais pour faire (mieux, autrement).** La formation vise alors à doter les individus de compétences leur permettant de mener une action dans une situation donnée par rapport à un but à atteindre. Voilà un repère décisif, selon nous, pour **différencier la formation de l'enseignement.** En effet, l'enseignement vise une transformation des idées de la personne, de ses connaissances, de la façon dont elle se représente le monde. **On n'apprend pas pour faire mais pour savoir.** L'enseignement s'inscrit dans une logique de transmission de savoirs. Il y a en quelque sorte avec la formation basculement des priorités.

La distinction que nous avons établie entre formation et enseignement repose sur la visée, l'intention maîtresse de ce que l'on veut changer avec l'autre. Cela ne signifie pas que la formation se désintéresse des savoirs, bien au contraire, mais les savoirs sont conçus **comme un moyen et non une fin.**

Deux exemples

Dans une entreprise, une action de formation au management participatif est mise en place. Que vise-t-elle ? modifier les savoirs des cadres à propos de l'animation des groupes ou changer leurs pratiques d'animation ? Il s'agit bien du second objectif. Pour l'atteindre, les cadres devront certainement transformer leur conception du système hiérarchique, abandonner les principes tayloriens de l'organisation, mais l'objectif est de transformer effectivement leurs relations avec les autres salariés.

Lors d'un stage d'insertion mobilisant des femmes seules, une formatrice organise une activité de danse. Que vise-t-elle ? élargir les connaissances des personnes ou modifier la relation aux autres ? Certes pour que ces femmes osent danser devant d'autres, elles devront sans doute modifier l'image qu'elles ont d'elles-mêmes. Ce sera un passage pour mettre en œuvre de nouvelles pratiques relationnelles.

Réfléchir à partir d'exemples : formation ou enseignement ?

> *Voici 8 situations dites de formation. Analysez-les en sachant qu'elles sont décrites avec plus ou moins de précisions puis choisissez entre ces deux réponses que vous compléterez :*
>
> *Selon moi, cette action tend plutôt vers la formation parce que…*
>
> *Selon moi, cette action ne tend pas vers la formation parce que…*
>
> A) Action de formation destinée à des formateurs d'un organisme. Il s'agit de leur permettre de connaître le système de validation par contrôle en cours de formation. Les points suivants sont abordés : contrôle final et contrôle continu – l'élaboration des différents référentiels – lire un référentiel de formation – notions de capacités, de savoirs associés…
>
> B) Action de formation pour tout public sur le thème : améliorer sa pratique d'écriture. Ce stage s'adresse à des personnes développant une écriture professionnelle ou personnelle et devra permettre à chacun de découvrir son mode d'écriture, de s'entraîner à l'améliorer et à le rendre plus efficace.
>
> C) Action de formation au collège : comment faire participer les élèves à la vie de la classe ? Après deux mois de fonctionnement, une réflexion mobilise les jeunes à propos de la vie de la classe. Un questionnaire leur est proposé à propos des prises de parole et des problèmes rencontrés. Suite à une discussion, un plan de travail est établi s'appuyant sur l'enregistrement vidéo de réunions de ce groupe.
>
> D) Action de formation en mathématiques pour des personnes voulant se remettre à niveau et préparer par la suite un diplôme professionnel. Au menu, les nombres relatifs, les équations du premier degré.
>
> E) Action de formation s'adressant à des salariés en reconversion et ayant pour objectif de permettre à chacun d'analyser son environnement économique et de comprendre les principes généraux de l'économie libérale.
>
> F) Action de formation intitulée « Mieux communiquer dans l'entreprise ». Au programme, le schéma de la communication, les obstacles à une communication efficace, les méthodes pour réussir sa communication.

G) Action de formation intitulée « Mieux communiquer dans l'entreprise ». Sont annoncés les éléments suivants : analyser les pratiques de chacun des participants en termes d'activités menées, d'obstacles rencontrés et proposer des entraînements afin de surmonter les difficultés repérées.

Repères pour l'analyse

A) *Plutôt enseignement* malgré la présentation « action de formation » car il s'agit d'informer des formateurs, de leur faire connaître les principes, le fonctionnement d'un tel dispositif. Ce qu'ils en feront après n'est pas annoncé comme un objectif de cette action. S'il s'était agi de formation, l'accent aurait pu porter sur les façons d'évaluer mises en œuvre par des formateurs et l'objectif aurait pu être formulé ainsi : mettre en place une évaluation « critériée » prenant appui sur les référentiels.

B) *Plutôt formation.* Il s'agit là de modifier non pas des idées, mais des pratiques. À l'issue du temps de formation, les personnes devront avoir apporté des modifications dans leur façon d'écrire : gain dans l'utilisation du vocabulaire, dans la structuration des idées…

C) *Plutôt formation* bien qu'il s'agisse d'élèves et que nous soyons en formation initiale. L'enseignant qui organise et anime une telle action a pour intention non pas de dire comment faire aux élèves mais de modifier leur pratique participative en leur faisant analyser leurs façons de procéder et en les entraînant à en mettre en œuvre de nouvelles.

D) *Plutôt enseignement.* Il s'agit là de faire acquérir des notions mathématiques, donc des savoirs mais sans se poser la question de leur utilisation : en quoi permettront-ils de résoudre les problèmes que les personnes peuvent rencontrer dans la vie professionnelle ou personnelle ?

E) *Plutôt enseignement* là encore car ce qui est visé est plus de l'ordre de l'acquisition de savoirs, de nouvelles façons de se représenter l'environnement que d'une transformation des pratiques.

F) *Plutôt enseignement* car il s'agit d'acquérir des savoirs sur la communication. Rien ne dit que les personnes en formation se sentiront plus à l'aise ensuite dans les relations au sein dans leur entreprise. Elles pourront continuer à faire de la rétention ou de la surdiffusion d'informations. Leur pratique ne sera pas modifiée en tant que telle. Une logique de formation est développée dans l'exemple G.

G) *Plutôt formation.* Ce qui est visé par l'action est une transformation des façons de faire des personnes en matière de communication.

Réfléchir à sa pratique

> *Dans les actions de formation que vous allez mener ou que vous avez déjà conduites, présentez une situation qui tend plutôt vers l'enseignement et une qui tend plutôt vers la formation. Ensuite, énoncez les modifications qu'il conviendrait d'apporter pour faire tendre votre premier exemple vers la formation.*

Réfléchir à partir d'un texte : former ou se former ?

> *L'auteur, Gilles Ferry, est chercheur en Sciences de l'éducation et formateur de formateurs. Dans un entretien, il définit sa conception de la formation.[3]*

« Ce que j'ai essayé de mettre en évidence dans mes recherches, c'est que la formation doit être définie comme le développement personnel de capacités, de compétences, en vue d'une qualification, en vue de tenir un rôle social ou professionnel. J'ai défendu cette thèse contre une acception courante du mot formation qui est souvent définie comme des dispositifs de formation et/ou des contenus ou des programmes de formation. Et l'on peut ajouter que neuf fois sur dix lorsque les gens parlent de formation, c'est le type de définition qu'ils ont dans la tête, à savoir souvent un dispositif. On compare des formations, on subit des formations et on perd alors complètement de vue que la formation, c'est avant tout un processus de développement personnel qui concerne l'individu, et bien sûr qui le concerne pour autant que pour cet individu il est question de s'insérer socialement, professionnellement et donc d'acquérir à la fois des connaissances mais aussi des savoir-faire, des aptitudes, des conduites qui doivent lui permettre de prendre sa place quelque part.

Ce processus de développement personnel est d'abord orienté vers des réalisations qui ont un caractère social, culturel, collectif. Ce processus n'est possible que grâce à des médiations. C'est-à-dire que je suis tout à fait contre l'idée qu'il puisse y avoir une autoformation à l'état pur. Ce processus n'est possible que grâce à des instruments de formation, des dispositifs de formation, d'un ensemble de programmes et de contenus qui doivent permettre à ce processus de se développer. Mais il me semble qu'il ne faut pas perdre de vue aussi la relation formateur-formé, et c'est difficile parce que dans tous les dialogues sur la formation, il y a une sorte de poids de la culture dans ce domaine qui ramène toujours à la définition de la formation comme un dispositif ou comme un contenu.

---

3. G. Ferry, *L'individualisation de la formation en questions,* Documentation Française, 1994, p. 31-36.

Ce qui implique en outre presque toujours l'idée que le formateur est celui qui modèle, module, pétrit le formé. Ce qui serait souhaitable pour quelqu'un qui a l'ambition d'être formateur, c'est qu'il ait horreur de ce mot de formateur avec d'ailleurs le corollaire qui est le formé. Médiateur oui, aidant à la formation. Les Québécois emploient l'expression « les se formant », parce que précisément ils veulent éviter ce schéma dans lequel celui qui est en formation se trouve en état de passivité et de recevoir complètement une forme de l'extérieur. »

Question n° 1 : quel sens donne l'auteur au mot formation ? Quelles dérives identifie-t-il ?

Question n° 2 : en acceptant cette définition, quelles conséquences pouvez-vous dégager pour l'activité du formateur ?

Repères pour l'analyse

1) Gilles Ferry définit la formation comme un processus d'autotransformation en utilisant l'expression « développement personnel ». Cela signifie **qu'on ne forme pas la personne mais qu'elle se forme** et que personne ne peut le faire à sa place. Ce développement personnel se manifeste par le développement de compétences, c'est-à-dire par la possibilité d'agir dans un univers professionnel ou social. Il repère deux dérives, l'une technique qui privilégierait les apparences, l'observable : le contenu, programme et dispositif de formation. L'autre serait philosophique et ferait du formateur un démiurge qui, tel un Dieu, pourrait façonner la personne en formation à son image.

2) Deux conséquences majeures découlent de la définition retenue par Gilles Ferry : tout d'abord si la formation est un processus d'autotransformation, celui-ci se joue dans l'interaction sociale. **On ne se forme pas seul mais avec et par les autres** (le formateur et les personnes en formation).

Ensuite, le formateur travaille avec des personnes à part entière qui sont sujets de leur formation et non objets. Les termes mêmes de formateur et de formé ne sont-ils pas révélateurs d'un regard particulier sur cette relation, mettant en évidence la toute-puissance créatrice de l'un (donner une forme) et la forte dépendance passive de l'autre. Les Québécois choisissent les termes d'**apprenant** et de **s'éduquant** pour mettre en valeur l'idée de mouvement responsable de la personne. Nous utilisons dans cet ouvrage les termes d'apprenant et de personne en formation. Nous évitons ceux de stagiaire et d'individu qui gomment le caractère singulier de celui ou de celle qui apprend.

2.3 La formation s'adresse à des adultes

Elle se distingue en cela de la formation initiale qui concerne les enfants et adolescents. Elle est qualifiée de continue dans la mesure où elle veut se situer dans la suite, le prolongement de la formation initiale et ainsi permettre aux personnes de développer leurs compétences tout au long de leur vie (d'où le qualificatif de permanente et l'expression « Éducation et formation tout au long de la vie »).

Dès 1958, Gaston Berger[4] justifiait ainsi sa nécessité :

« Il devient de plus en plus impossible d'enseigner à l'université une fois pour toutes l'ensemble des connaissances qu'un homme aura à utiliser pendant toute sa carrière.

Il est nécessaire par ailleurs de faciliter les nombreuses reconversions qui sont inévitables dans un monde en évolution rapide.

Il faut enfin chacun se tenir au courant des modifications que le progrès a introduites dans son domaine et maintenir chez tous, vif et éveillé, l'esprit de recherche et d'invention. Tout cela conduit à organiser une éducation permanente dont l'ampleur risque de nous surprendre. »

Si elle fait donc partie de cette éducation permanente comprenant toutes les activités de la vie sociale qui sont ou peuvent être porteuses d'éducation, la formation est organisée en fonction d'objectifs et s'adresse à un public spécifique, les adultes, qu'ils soient salariés d'entreprise, demandeurs d'emploi ou jeunes ayant quitté l'école sans qualification et s'engageant dans la vie active.

Elle s'est développée récemment car le monde n'a jamais au cours de son histoire évolué aussi rapidement. En effet, jusqu'au XIXe siècle, les sociétés changeaient lentement avec de périodes longues de stabilité interrompues par des crises et des guerres. La jeunesse était la période de formation, l'âge adulte celle du travail. Au cours de l'enfance et de l'adolescence il s'agissait de se préparer au travail : aussi apprenait-on les règles sociales et le métier. À l'âge adulte, il s'agissait de produire, c'est-à-dire de mettre en œuvre pour soi et les autres les compétences acquises. Au cours du XXe siècle, la rapidité d'évolution du monde économique (progrès technique, élargissement des marchés) et le bouleversement de la vie sociale ont ébranlé ce long fleuve tranquille en réduisant la durée de vie des savoirs et en rendant nécessaire l'adaptation des personnes.

Aussi **la formation a pour but d'aider les personnes et les organisations à s'adapter, à anticiper les changements** en leur faisant acquérir des

---
4. G. Berger, cité par J. Chevenier, « À propos d'éducation permanente », *Éducation permanente,* n° 1, mars 1969, p. 7.

compétences professionnelles (formation professionnelle) et personnelles (formation, développements personnels). En ce sens **la formation génère des changements, des transformations des personnes.**

Dans le domaine professionnel, il peut s'agir d'une formation première (un salarié ayant travaillé sur une ligne de production et voulant se reconvertir par l'apprentissage d'un métier) ou de perfectionnement (être à la pointe de l'évolution des techniques).

Dans le domaine personnel, il peut s'agir de compétences sociales (savoir vivre en collectivité) et personnelles (mieux se connaître pour agir avec pertinence). La formation a pour visée de mobiliser autant la personne, le citoyen que le travailleur même si la dimension professionnelle l'emporte dans les faits. Des actions de formation centrées sur l'expression, les méthodes de travail, la créativité et abordant les aspects juridiques, économiques, sociaux ou politiques sont indispensables pour remplir les objectifs que Bertrand Schwartz assigne, dès les origines, à l'éducation permanente : « *rendre capable toute personne de devenir agent de changement, c'est-à-dire de mieux comprendre le monde technique, social, culturel qui l'entoure et d'agir sur les structures dans lesquelles elle vit et de les modifier* »[5].

2.4 Un cadre institutionnel

Dresser le cadre institutionnel de la formation, c'est répondre aux questions suivantes :
- Qui finance ?
- Qui réglemente ?
- Qui réalise ?
- Qui contrôle ?
- Qui en bénéficie ?

---

5. B. Schwartz, « Pour une éducation permanente », *Éducation permanente,* n° 1, mars 1969, p. 6.

Le monde de la formation peut être schématisé autour de *quatre pôles d'acteurs*.

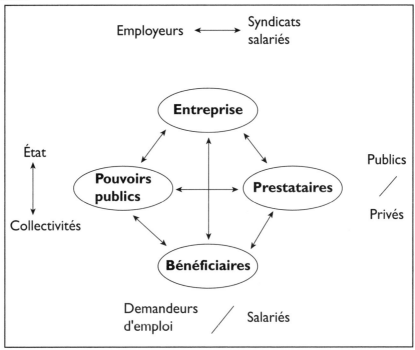

– *Les pouvoirs publics* légifèrent, réglementent, organisent, financent des actions de formation, et plus globalement contrôlent la mise en œuvre. Ils impulsent également des actions qui sont décidées et réalisées par d'autres structures (les entreprises par exemple), ils encouragent les négociations entre partenaires.

Un aspect essentiel est le niveau de la décentralisation : comment se répartissent les compétences entre l'État central et les collectivités territoriales ? L'Europe par ailleurs représente un échelon significatif par ses financements qui viennent renforcer ceux des initiatives nationales et locales.

– *L'entreprise* est un acteur décisif car elle a des besoins de formation ; elle y consacre des sommes importantes et contribue directement à sa réalisation (alternance).

La formation au sein du monde du travail est marquée par les négociations entre les syndicats de salariés et d'employeurs. Celles-ci ont lieu au niveau des entreprises, des branches professionnelles, de l'interprofessionnel et donnent lieu à des accords dont les plus connus sont les Accords nationaux interprofessionnels (ANI).

– *Les prestataires :* ce sont les organismes qui réalisent les actions de formation. Ils sont publics ou privés, à but lucratif ou non. Ils sont soumis à une réglementation et à des contrôles plus ou moins rigoureux.

– *Les bénéficiaires* se répartissent en *deux grandes catégories :* les salariés et les demandeurs d'emploi. Dans le cadre de la législation ils bénéficient de droits, mais les possibilités effectives dépendent des politiques menées tant par les entreprises que par les pouvoirs publics.

Suivant les pays, les rapports entre ces acteurs sont :

– encadrés par un système législatif contraignant ;

– régis par des rapports contractuels organisés ;

– laissés à la seule logique du marché.

Le système français

En France, la formation professionnelle continue constitue un système à la fois libéral et « cadré ». Il est **libéral** car tout individu ou toute structure peuvent assurer de la formation sans avoir besoin d'autorisation ou d'habilitation. Il suffit de déclarer son existence et ses activités auprès de l'État. Ce système est en même temps **« cadré »** car les droits et obligations des différents partenaires sont inscrits dans les lois et les instances de décision et de concertation sont nombreuses.

Les lois et les accords entre les partenaires sociaux sont les deux sources de ce cadre institutionnel fondé sur une **politique contractuelle.** Les négociations entre partenaires sociaux sont favorisées ou exigées, les structures de gestion et de concertation sont paritaires (employeur/salariés) ou tripartites (pouvoirs publics, patronat, syndicat de salariés). Les lois qui se sont succédé depuis celle de 1971 ont presque toujours repris des accords interprofessionnels signés par les partenaires sociaux.

L'ensemble (acteurs, instances de concertation, dispositifs de formation) forme un système complexe qui trouve son explication dans deux évolutions :

– La **décentralisation** (1982, 1986, 1995, 2004, 2013 ou 2014) a transféré et transfère ce qu'il est convenu d'appeler « la compétence formation professionnelle et apprentissage » aux collectivités territoriales que sont les Régions : formation des jeunes, des adultes demandeurs d'emploi, des personnes handicapées et des personnes détenues dans des établissements pénitentiaires. Cette compétence est complétée par l'instauration d'un service public de l'orientation dont les Régions assurent le pilotage sur leurs territoires. C'est ainsi qu'au niveau d'un bassin d'emploi, un organisme de formation aura affaire aux services de la Région pour la conception et la réalisation d'une action de formation alors que les services de l'État (Direccte : Direction régionale des entreprises, de la concurrence, de la consommation, du travail et de l'emploi) assurent le contrôle de son activité.

– L'approfondissement de **la crise de l'emploi** a conduit les partenaires sociaux et les pouvoirs publics à imaginer au fil des années de nouveaux dispositifs pour faire face à la montée du chômage. Souvent ces dispositifs se sont cumulés au fil des années et constituent un ensemble de mesures difficiles à identifier pour le profane.

Trois acteurs principaux, l'État, les entreprises et les Régions agissent dans un champ en profonde évolution. Aussi, nous indiquerons les grandes tendances et les chiffres clés disponibles[6] que le lecteur pourra actualiser chaque année avec notamment l'annexe au projet de loi de finances pour la formation professionnelle[7].

L'État

L'État légifère (l'essentiel des lois relatives à la formation professionnelle constitue la partie 6 du code du travail), fixe les orientations générales et assure le contrôle aux niveaux national et régional des activités des opérateurs.

Les entreprises

Toute entreprise, quelle que soit sa taille, doit participer au financement de la formation professionnelle des salariés (dans le cadre de l'alternance, du plan de formation, des contrats et périodes de professionnalisation, du droit individuel à la formation et du congé individuel de formation). Cette contribution assise sur la masse salariale varie en fonction du nombre de salariés. Les entreprises d'au moins 20 salariés consacrent *a minima :*

– 0,90 % de leur masse salariale à la réalisation du plan de formation : ces sommes peuvent être gérées par un organisme paritaire collecteur agréé (OPCA) ou par l'entreprise ;

– 0,20 % pour les congés formation (le congé individuel de formation – CIF), le congé pour bilan de compétences et celui pour la validation des acquis de l'expérience, tous gérés par un OPACIF (dont le FONGECIF) ;

---

6. Données de 2011

7. http://www.performance-publique.budget.gouv.fr/farandole/2012/pap/pdf/Jaune2012_formation_professionnelle.pdf - ce document est souvent appelé « jaune » de par la couleur de sa couverture

– 0,50 % pour le Droit individuel à la formation, les contrats et périodes de professionnalisation, gérés par les OPCA.

L'obligation légale est donc de 1,60 % contre 1,05 % pour les entreprises employant de 10 à 19 salariés et de 0,55 % pour celles de moins de 10 salariés[8].

Les entreprises sont le premier financeur avec environ 42 % des dépenses totales mais des disparités importantes demeurent en fonction des secteurs professionnels et de la taille des entreprises. Les domaines de la pêche, des industries du cuir et de la chaussure cotisent peu et forment peu au contraire des secteurs de production électrique, des télécommunications et des banques et assurances. Les entreprises, de plus de 2000 salariés cotisant à 4 % contre 1,3 % pour celles de 10 à 19 salariés.

Les Régions

Depuis maintenant 30 ans, elles voient s'élargir leur périmètre de compétences en matière de formation professionnelle : apprentissage, jeunes de moins de 26 ans, adultes demandeurs d'emploi, formations sanitaires et sociales, publics handicapés, personnes détenues marquent les différentes étapes. Elles ont donc en charge la formation des personnes à la recherche d'un emploi qui veulent s'insérer et se qualifier.

L'apprentissage est le premier poste qui comporte les subventions de fonctionnement des CFA, l'aide aux transports, à l'hébergement, à la restauration et les autres mesures de soutien.

Il est suivi de près par celui de la formation continue qui intègre la certification, la professionnalisation et la préparation à la qualification pour plus de 80 % des actions financées pour les personnes sans emploi. Viennent ensuite les actions d'aide à la définition de projet et les stages de remobilisation.

Le financement du secteur des formations sanitaires et sociales est le troisième poste.

Les publics

Les salariés

Près d'un salarié des entreprises de plus de 10 salariés sur deux participe au moins à une action de formation, à un bilan de compétence ou à une VAE dans le cadre du plan de formation ou d'un DIF. Cependant, là encore des disparités importantes demeurent en fonction des secteurs et de la taille des

---

8. Données pour l'année 2012.

entreprises mais également en fonction de la catégorie d'emploi qui conditionne largement l'accès à la formation. Ainsi, dans le cadre du plan de formation, les ingénieurs et cadres ont un taux d'accès à la formation de 58 % quand les ouvriers ont un taux de 36,2 %. Les employés, avec un taux d'accès de 38 %, se positionnent quant à eux plus près des ouvriers que des cadres.

Le DIF

Tout salarié titulaire d'un contrat de travail à durée indéterminée, disposant d'une ancienneté d'au moins un an dans l'entreprise qui l'emploie, bénéficie chaque année d'un droit individuel à la formation d'une durée de vingt heures. Les droits acquis annuellement peuvent être cumulés sur une durée de six ans. Au terme de cette durée et à défaut de son utilisation en tout ou partie, le droit individuel à la formation reste plafonné à cent vingt heures. En 2010, ils ne sont que 6 % à avoir utilisé ce droit dans 25 % des entreprises pour des actions d'une durée moyenne de 24 heures.

Les congés CIF, Bilan de compétences et VAE

Les congés CIF CDI sont environ au nombre de 35 000 par an et 3 demandes sur 5 sont acceptées en moyenne. Les formations sont généralement de longue durée (25 % ont une durée supérieure à 1 200 heures) et conduisent pour plus de 70 % d'entre elles à un diplôme d'État ou à un titre ou diplôme homologué et pour près de 7 % à une qualification reconnue par les branches professionnelles. Ils bénéficient pour moitié aux employés et pour un quart aux ouvriers.

Les CIF CDD sont en moyenne au nombre de 10 000 par an avec un taux d'acceptation des demandes de l'ordre de 75 %.

Les congés pour Bilan de compétences sont de l'ordre de 30 000 par an avec un taux d'acceptation de 98 % à l'image de celui des congés pour la VAE qui sont inférieurs à 9 000.

Les demandeurs d'emploi

Pendant de nombreuses années, la formation professionnelle des demandeurs d'emploi a été organisée et financée principalement par quatre acteurs : les régions, l'État, Pôle emploi et l'Unédic. D'autres financeurs pouvaient également intervenir, notamment l'Association de gestion du fonds pour l'insertion professionnelle des personnes handicapées (Agefiph) ou les Organismes paritaires collecteurs agréés (OPCA) pour les formations des licenciés économiques depuis 2009.

La réorganisation en cours vise à renforcer la cohérence d'ensemble en confiant aux Régions le pilotage et la mise en place des actions, Pôle Emploi se centrant sur la prescription.

D'une façon générale, les formations pour les demandeurs d'emploi ont une durée très supérieure à celle des salariés (5 mois contre 24 heures) car elles visent principalement la reconversion alors que celles des salariés sont axées sur le maintien des compétences et le perfectionnement professionnel.

Les jeunes

En France, coexistent deux contrats de travail alliant actions de formation en centre et acquisition de savoir-faire sur poste de travail en entreprise : le contrat d'apprentissage et le contrat de professionnalisation. Ces deux contrats visent à élever le niveau général des qualifications, réduire le nombre de jeunes arrivant sur le marché du travail sans aucune qualification, améliorer l'insertion professionnelle, répondre aux besoins des entreprises.

Le contrat d'apprentissage s'adresse à des jeunes de 16 à 25 ans révolus, sortant de scolarité et poursuivant leur formation initiale jusqu'à l'obtention d'un titre ou diplôme inscrit au Répertoire National des Certifications Professionnelles[9] ; il permet en outre la construction de parcours d'études par la succession de contrats, jusqu'au niveau supérieur.

Le contrat de professionnalisation est accessible aux jeunes et aux adultes demandeurs d'emploi âgés de 26 ans et plus. Il permet d'acquérir ou de compléter une qualification, se veut plus souple dans son fonctionnement (durée, personnalisation, validation) et n'est renouvelable qu'une fois, en cas d'échec aux épreuves de validation, d'incapacité physique temporaire, de défaillance de l'organisme de formation ou pour préparer une qualification complémentaire ou supérieure. Les jeunes en apprentissage sont près de 300 000, et préparent une formation de niveau V (30 %), IV (23 %) et de III à I (18 %). Ceux en contrats de professionnalisation sont près de 150 000.

Complémentairement, 190 000 jeunes bénéficient chaque année d'actions de formation financées par les Régions pour la préqualification, la remobilisation ou l'aide à la définition d'un projet et la qualification.

3. Histoire : débats d'hier... et d'aujourd'hui ?

La formation des adultes donne aujourd'hui l'impression d'un ensemble relativement homogène, régi par un cadre légal, avec des professionnels identifiés, tels les formateurs, avec des instances de régulation et de contrôle. Cette

---

9. Les certifications professionnelles (hier, elles étaient le plus souvent appelées les diplômes) concernent les diplômes délivrés par les différents Ministères, les titres professionnels et les Certificats de qualification professionnelle (CQP).

cohérence est récente : elle s'est construite depuis 1945 grâce aux politiques publiques et aux accords entre partenaires sociaux. Cependant la formation des adultes n'est pas née de la législation mais de mouvements sociaux et d'initiatives prises par des précurseurs, militants d'inspirations diverses. Nous allons le constater à travers les exemples de la France et de la Belgique.

Retenons d'abord que l'idée de formation continue n'est pas nouvelle. **En 1792, Condorcet proposa** à l'Assemblée législative, dans son « Rapport et projet de décret sur l'organisation générale de l'instruction publique », **un système d'éducation initiale et permanente.** Il voulait que soit offerte « *à tous les citoyens* » la possibilité « *dans tous les âges de leur vie de conserver leurs connaissances ou d'en acquérir de nouvelles* ». Mais ce projet ne fut pas mis en œuvre, pas plus que ceux qui suivirent pendant la Révolution française.

3.1 XIXe et première moitié du XXe siècle

En même temps que se développent l'industrialisation de l'économie et l'urbanisation du territoire, se multiplient les efforts éducatifs en direction des adultes, en particulier de ceux qui n'ont pu bénéficier de scolarité.

En France

En 1833, la loi Guizot pose en même temps que celui de l'enseignement primaire le principe d'une formation des adultes. Des **cours** sont donnés par les instituteurs le soir ou le dimanche matin à un public d'adultes engagés dans la vie active. La formation est calquée sur l'enseignement primaire (alphabétisation, français, calcul…) avec quelques compléments sur la vie quotidienne. Les conditions très contraignantes du contrôle pédagogique de l'État ainsi que l'absence de financement rendent très lent le développement de ces classes d'adultes qui reposent sur le seul bénévolat des instituteurs.

La Troisième République complète ce dispositif par quelques mesures incitatives, comme un supplément de salaire pour les enseignants. Ces cours du soir connaissent alors un développement important jusqu'à la Première Guerre mondiale (600 000 auditeurs par an avant 1914) pour ensuite décliner et disparaître avec la Seconde Guerre mondiale.

Pendant la même période, de nombreuses **associations et mouvements** mettent en place des actions pour adultes indépendamment de l'État. Les objectifs sont professionnels, en particulier dans les villes avec les cours du soir mis en place par quelques municipalités, certaines branches professionnelles, des mouvements philanthropiques (association polytechnique, association philotechnique, sociétés d'encouragement), des congrégations (Frères des écoles chrétiennes). Ils relèvent également de l'éducation populaire, avec les actions initiées par des mouvements confessionnels (patronages, cercles…), laïques (Ligue française de l'enseignement…), syndicaux (Bourse du travail) et d'intellectuels (Universités populaires).

Plus diverses que les interventions de l'État, souvent issues d'initiatives locales, ces actions d'essence militante se développent surtout dans la deuxième moitié du XIXe siècle.

L'entre-deux-guerres est marqué par la **loi Astier,** votée en 1919. Considérée comme la charte de l'enseignement technique, elle institue des cours professionnels ou de perfectionnement pour les jeunes de moins de 18 ans, qu'ils aient ou non un contrat d'apprentissage.

La crise économique mondiale de 1929 introduit l'utilisation de la formation comme palliatif au chômage. Ainsi, en 1934, l'Union des industries métallurgiques et minières (UIMM), crée en région parisienne un comité pour la formation professionnelle des jeunes chômeurs.

En Belgique

En 1864, **des libéraux** progressistes fondent la Ligue de l'enseignement qui non seulement lutte pour une instruction obligatoire et non confessionnelle mais crée des bibliothèques publiques, organise des cours et conférences. L'essentiel de l'éducation populaire se développe alors dans deux contextes : le mouvement socialiste et l'Église catholique.

Le mouvement socialiste se structure sur les plans politique (1885 naissance du parti ouvrier belge) et syndical. Des « Maisons du peuple », des « Universités populaires » sont créées pour diffuser la « culture scientifique » auprès d'un public composé de fonctionnaires, d'instituteurs, d'employés et d'ouvriers. Le parti ouvrier patronne la création d'écoles industrielles qui visent à la fois la promotion professionnelle et la formation des cadres du mouvement ouvrier socialiste.

Il crée ainsi en 1911 la Centrale d'Éducation ouvrière dans le but *« d'organiser et de coordonner l'activité de toutes les œuvres d'éducation ouvrière et de procurer aux travailleurs les connaissances et les qualités qui les mettent en état de mener la lutte pour leur émancipation comme classe dans tous les domaines »*. Cette structure essaime à travers le pays (62 écoles en 1914). En 1921 naît « l'École ouvrière supérieure », sorte d'université pour militants socialistes et en même temps préfiguration des actuelles écoles de service social. Entre les deux guerres les syndicats réalisent des programmes de formation pour leurs militants.

De son côté, *l'Église catholique* exerce traditionnellement un rôle hégémonique dans l'éducation et l'instruction. Au XIXe siècle elle s'inquiète de la déchristianisation, du « matérialisme » de la classe ouvrière et prend différentes initiatives pour reconquérir cette couche croissante de la population : écoles, patronages, cercles, bibliothèques, journaux, conférences... En 1891 naît la Ligue démocratique belge qui regroupe l'ensemble des œuvres éducatives. En son sein voient le jour des unions professionnelles qui constituent en 1912 la « Confédération nationale des syndicats chrétiens et libres » ainsi que des mouvements à dominante éducative comme la « Jeunesse syndicaliste » (1919) qui deviendra la Jeunesse ouvrière chrétienne (JOC) en 1925. La Ligue crée, en 1921, son « école centrale supérieure pour ouvriers chrétiens » (aujourd'hui Institut Cardjin à Louvain la Neuve) en vue de former les cadres de ses instances syndicales, coopératives, éducatives, féminines, familiales... Dans cet après-guerre, les organisations chrétiennes tendent à supplanter leurs rivales socialistes.

L'État reconnaît le rôle de ces initiatives pour élever le niveau culturel : en 1921, un arrêté royal détermine les conditions d'octroi de subventions aux œuvres complémentaires à l'école. En 1929 est créé le « Conseil supérieur de l'éducation populaire » dont le but est de coordonner et d'encourager les efforts des associations en vue de permettre aux travailleurs de faire une utilisation « *utile et morale* » de leurs loisirs.

En France comme en Belgique, tout au long de cette période, la préoccupation concerne d'abord l'éducation de l'homme et du citoyen alors qu'après la seconde guerre mondiale, c'est l'aspect professionnel de la formation qui devient prépondérant.

3.2 Après 1945

Examinons, parmi d'autres, les évolutions de *quatre modèles de formation* qui vont influencer fortement le système actuel.

A. La « Formation professionnelle accélérée »

La guerre terminée, la société doit relever ses ruines. Pour cette « reconstruction », le pays a **besoin d'ouvriers qualifiés.** Les pouvoirs publics s'en inquiètent. En France le ministère du Travail promeut la création de centres de formation destinés à fournir aux entreprises locales les professionnels qui manquent alors sur le marché de la main-d'œuvre. Sont privilégiées les « industries-clés qui conditionnent la prospérité des autres » : le bâtiment et travaux publics, la métallurgie et les industries textiles. Le but est de transformer les chômeurs en ouvriers qualifiés dans le temps le plus court possible car les besoins sont considérables. Progressivement tous ces centres vont adapter la même structure fondée sur le tripartisme : les conseils d'administration sont composés à égalité de représentants du patronat, des syndicats ouvriers et de l'État. Ils se regroupent en 1949 au sein d'une fédération qui, en 1966, prendra l'appellation que nous lui connaissons aujourd'hui : « Association pour la formation professionnelle des adultes » (AFPA).

La Formation professionnelle accélérée n'est donc pas seulement une structure, elle correspond aussi à une vision de la formation centrée sur la qualification, dans une perspective purement économique (tout aspect culturel ou éducatif est absent des programmes). Les formateurs sont des moniteurs recrutés parmi des professionnels ayant au moins 5 années de pratique. Leurs cours sont construits selon la méthode « Carrard » qui vise par l'exercice pratique et la répétition **à faire acquérir « le réflexe professionnel »**.

En Belgique, la formation professionnelle des adultes s'organise dès 1945 dans le cadre des accords pour la sécurité sociale. Un fonds est créé pour financer apprentissage de base, perfectionnement ou adaptation des connaissances professionnelles. Ce système, à l'origine national, a été régionalisé à la faveur des lois de décentralisation.

B. La promotion sociale

Dans les années qui suivent la guerre, les entreprises, en même temps que croissent leurs effectifs, ont **besoin d'encadrement.** La promotion par la seule formation sur le tas est insuffisante et trop lente. Afin d'accélérer la mobilité sociale et l'ascension hiérarchique, des universités et des établissements scolaires techniques organisent des cours : il s'agit de permettre aux ouvriers de devenir techniciens et aux techniciens de devenir ingénieurs.

En France le CNAM (Conservatoire national des arts et métiers) qui forme des ingénieurs crée des centres régionaux en 1952. En marge des universités, des organismes apparaissent comme les « Instituts de promotion sociale du travail » à Grenoble et Nantes. Le CESI (Centre d'études supérieures industrielles) est créé par quelques grandes entreprises nationales avec une gestion paritaire (employeurs et syndicats ouvriers). L'ESEU (examen spécial d'entrée à l'université) est institué dans la même perspective. En 1956 Michel Debré, Premier ministre du général de Gaulle a développé la promotion sociale. La loi de 1959 codifie les dispositifs, fixe les aides de l'État aux centres de formation et aux stagiaires, crée la Délégation à la promotion sociale (qui deviendra la « Délégation à la formation professionnelle » en 1971).

La forme pédagogique la plus courante est le cours du soir assuré par des enseignants.

En Belgique, l'appellation « Promotion sociale » désigne deux réalités : l'enseignement de promotion sociale (cours du soir ou de jour pour préparer un diplôme) et l'indemnité aux travailleurs participant à ces cours professionnels (« loi de promotion sociale », 1963). Cette loi concerne à la fois les salariés qui veulent bénéficier d'une **« seconde chance de formation »** et les chômeurs en situation de reconversion.

C. L'éducation populaire

L'après-guerre est aussi un moment de « reconstruction sociale ». Dans la perspective d'une société nouvelle, la société française a **besoin de cadres associatifs, syndicaux, politiques.**

En France des mouvements apparaissent, comme Peuple et Culture. Ses promoteurs se sont connus dans la Résistance et y ont expérimenté une démarche d'autoformation pour adultes, « l'entraînement mental ». D'autres associations, plus centrées sur le loisir et les activités pour enfants, revivent ou se créent comme les CEMEA (Centres d'entraînement aux méthodes actives), les Francs et franches camarades, les Clubs Léo Lagrange. D'autres associations apparaissent dans les milieux ouvriers chrétiens comme le Centre de culture ouvrière, le Mouvement de libération ouvrière... qui constitueront en 1970 « Culture et Liberté ». Retenons aussi les Maisons de jeunes et de la culture, les Auberges de jeunesses, etc. La liste serait longue car à côté des mouvements nationaux existe une multitude d'initiatives locales. En 1962, une loi offrira à leurs animateurs la possibilité d'un congé de formation (2 semaines par an) appelé le « congé cadre-jeunesse ».

En Belgique également l'après-guerre connaît un fort développement de l'éducation populaire : les structures représentatives dans les entreprises (délégations syndicales, conseils d'entreprise, comités d'hygiène et sécurité) nécessitent de former de nombreux délégués : les syndicats organisent des cours à leur intention. En 1956, ils bénéficient d'un financement d'État. Du côté des mouvements de jeunesse, des sessions de formation pour les animateurs sont encouragées puis subventionnées sous l'égide du « Conseil national de la jeunesse » créé en 1945. C'est dans cette orbite qu'apparaissent dans les années 1950 les maisons de jeunes et les structures d'animation socioculturelle dont les animateurs progressivement se professionnalisent.

Quels sont les points communs de ces mouvements d'éducation populaire ? Même si la formation n'est qu'une part de leurs activités, toutes ces structures ont l'ambition de **développer une culture générale** auprès de leurs participants et de leur donner des **compétences dans l'animation** de la vie associative et sociale. Elles organisent des congrès, des réunions d'information, de sensibilisation, des stages d'une semaine de formation à l'expression orale, écrite, de connaissance du droit, des structures de la vie sociale et politique, d'animation et de gestion. Il est difficile d'en dénombrer les bénéficiaires, mais plus que d'individus isolés, il s'agit plutôt de réseaux de militants associatifs, culturels, sociaux présents dans une multitude de structures. Nous sommes dans un contexte d'engagement social. Les formateurs (qui ne portent pas encore ce nom) sont des permanents des mouvements, des animateurs, des bénévoles, mais tous se sentent militants d'une cause, « l'éducation populaire » qui repose sur une formation par l'action et se situe dans une **perspective de promotion collective** (à la différence de la « promotion sociale ») **et de changement social.**

D. Le perfectionnement technique et professionnel

Durant cette même période des années 1945-1970, les entreprises financent et organisent des actions de perfectionnement par opposition à la formation qui désigne alors la première acquisition d'une qualification. Ces actions s'adressent essentiellement à **l'encadrement.** Elles ont *deux orientations* : soit la **mise à jour des compétences techniques,** soit l'acquisition d'un **savoir-faire dans les relations humaines.** L'après-guerre est marqué par les « missions de productivité » aux États-Unis, missions qui ont permis à des experts de se familiariser avec le mode de management américain. Des cycles de « formation pratique pour chefs » s'en inspirent et sont réalisés en grand nombre.

Ces quatre courants permettent encore aujourd'hui de décrypter les discours et les orientations des différents acteurs de la formation.

3.3 Années 1970, la formation devient un système cohérent et reconnu

C'est à la fin des années 1960 et surtout après 1970 que les accords interprofessionnels et la législation vont reconnaître la formation continue comme une **obligation nationale** et lui fournir un cadre institutionnel cohérent.

A. Une obligation nationale visant les collectifs de salariés

En France, la loi de 1971 (qui prolonge des lois précédentes et surtout reprend un accord entre les partenaires sociaux consécutifs au mouvement de mai 68) fixe un cadre : elle définit les droits et obligations des partenaires, assure des financements (les entreprises et les pouvoirs publics), crée des instances d'incitation, de concertation et de contrôle. Elle fonde l'évolution du système sur la politique contractuelle (basée sur la négociation entre employeurs et syndicats).

En Belgique, le droit à la formation pour les salariés est complété par un « crédit d'heures » ou congé de formation sans perte de rémunération (Loi Glinne, 1973). Ce droit d'abord limité aux formations techniques et professionnelles est étendu en 1974 aux formations générales. Un décret de 1976 donne droit de cité à l'Éducation permanente, en reconnaissant et subventionnant les organisations dont les objectifs sont de l'ordre de la formation culturelle et de la formation au sens critique.

Avec les années 1970, de grandes tendances apparaissent dans les deux pays.
- Il se crée un marché de la formation (alors qu'auparavant celle-ci était l'œuvre des organismes publics ou associations militantes).
- La gestion de la formation est partagée : pouvoirs publics, collectivités territoriales, entreprises, partenaires sociaux.
- Le stage (un groupe, un temps, un lieu) en devient la forme presque exclusive.
- Une catégorie de professionnels apparaît : les formateurs.
- Un débat domine cette période : la formation doit-elle être réalisée au bénéfice de l'individu ou de l'entreprise ?

L'approfondissement de la crise économique dans **les années 1980** va venir modifier et le contexte et les problématiques. L'emploi devient la préoccupation principale et les dispositifs publics se multiplient au fil des années en faveur de l'insertion des jeunes, de la réinsertion des demandeurs d'emploi et de la formation des salariés menacés.

Les associations d'éducation populaire se trouvent confrontées à des besoins et des publics nouveaux (alphabétisation, insertion, remise à niveau…) les amenant à dépendre des dispositifs financés par les pouvoirs publics : certains y voient une dérive par rapport à leur vocation originelle. Le libre choix par l'individu de formations visant un développement personnel se trouve restreint, comme on le note en Belgique où certains cours de promotion sociale, considérés comme *hobbies,* ont vu leurs droits d'inscription augmenter et l'accès au congé-éducation a été limité pour les formations dites occupationnelles.

Les entreprises considèrent de plus en plus la formation comme un investissement qui doit répondre à des besoins bien identifiés et dont il faut vérifier la rentabilité.

Sur le plan institutionnel, c'est l'époque de la décentralisation. En Belgique la formation devient du ressort des communautés linguistiques (1980) ; en France, les lois de 1982 confient cette compétence aux régions avec la décentralisation qui se réalise progressivement jusqu'à la loi de 1995.

Pendant **les années 1990,** le problème de l'emploi est toujours aussi crucial mais la croyance en l'efficacité de la formation semble perdre de sa vigueur. Les politiques budgétaires restrictives des entreprises comme celles des pouvoirs publics amènent les organismes prestataires à revoir à la baisse leurs prévisions. L'heure est moins au développement quantitatif qu'à l'exigence de qualité et à la **diversification des dispositifs pédagogiques** pour intervenir au plus près des besoins.

B. Des droits individuels pour sécuriser les parcours professionnels

Les années 2000 sont marquées par un mouvement de réformes importantes en France avec les Accords nationaux interprofessionnels (ANI de 2003 et de 2009), généralisés ensuite par deux lois, celle de 2004 relative à la formation professionnelle tout au long de la vie puis celle de 2009 relative à l'orientation et à la formation professionnelle tout au long de la vie. Les partenaires sociaux puis l'État ont ainsi voulu à la fois traiter des disparités récurrentes d'accès à la formation, les inégalités persistantes, en particulier pour les salariés les moins qualifiés, et prendre en compte les évolutions d'un marché du travail marqué par une mobilité accrue et des ruptures nombreuses. La sécurisation des parcours professionnels est ainsi devenue l'axe structurant avec un nouveau droit, le fameux DIF, Droit Individuel à la Formation, et un ensemble de dispositions privilégiant l'individu (entretien professionnel, VAE, bilan de compétences, périodes de professionnalisation, droit à l'orientation, etc.). Complémentairement, des modalités de gouvernance ont été renforcées associant Etat, Régions et partenaires sociaux, au niveau national comme sur les territoires régionaux. L'ANI de janvier 2013 renforce les droits des salariés dans cette perspective de sécurisation professionnelle.

Les mesures ont eu un impact fort en matière d'ingénierie des dispositifs de formation avec la modularisation, démarche méthodologique visant à organiser des unités de formation centrées sur des compétences professionnelles à développer et accessibles par la validation des acquis de formation ou de l'expérience.

Trois autres évolutions marquent la dernière décennie.

- **Une recherche accrue de rigueur et d'efficience**

Cette recherche se manifeste aussi bien dans la conception des dispositifs de formation que dans leur mise en œuvre et leur gestion. Le fait de considérer la formation comme un investissement, comme un outil stratégique pour accompagner les changements dans les organisations et les territoires conduit les prescripteurs et les acheteurs de formation à formuler des exigences de plus en plus fortes vis-à-vis des prestataires. La généralisation des cahiers des charges, le développement des procédures d'appel d'offre, l'essor des démarches de certification et de labellisation en sont des manifestations. Si les moyens financiers attribués à la formation sont aujourd'hui constants – et selon les experts ils ne connaîtront pas d'augmentation forte dans les années à venir – les besoins de formation, eux, s'accroissent à cause des progrès techniques et des changements dans l'organisation du travail. Cet écart qui se creuse entre des besoins de formation en essor et des moyens stabilisés met au cœur des préoccupations l'évaluation de la formation et de ses effets. Comme celle-ci a vraiment du mal à s'installer, prennent le relais les démarches Qualité (normes AFNOR, ISO…), qui visent la mise sous contrôle des produits et/ou des processus ainsi que la certification des intervenants. Faute de pouvoir s'engager sur les résultats – qui dépendent toujours de l'implication des personnes –, les prestataires sont amenés à garantir la mise en œuvre des moyens.

- **Une articulation forte entre travail et formation : alternance, tutorat…**

On a longtemps considéré que la formation était un acte séparé du travail : la loi de 1971 elle-même fonde sur cette séparation la prise en compte des dépenses de formation de l'entreprise. Le « stage » comme modalité de formation traduit cette idée : un groupe, réuni autour d'un thème ou d'un objectif sur un temps donné, hors entreprise ou au moins hors activité de production.

Aujourd'hui, c'est l'exigence inverse qui est posée : la formation doit être construite au plus près des situations de travail. Les formes croissantes de cette articulation sont multiples : élaboration des formations sur la base d'une analyse des activités professionnelles, prise en compte et validation des acquis liés à la pratique professionnelle pour l'obtention des certifications, alternance des temps en centre de formation et des temps en entreprise, dispositifs de tutorat pour intégrer la formation sur les lieux mêmes de production. Le travail est considéré comme moyen de développement des compétences, le dispositif de formation est conçu pour faciliter, renforcer l'apprentissage par l'expérience.

- **Le développement des technologies de l'information et de la communication**

Les technologies (multimédia, visioconférence, Internet…) viennent aujourd'hui bouleverser le paysage de la formation. Loin d'être un effet de mode comme a pu être l'audiovisuel, elles s'inscrivent dans le mouvement d'individualisation de la formation et le renforcent ; elles facilitent « l'ouverture » des dispositifs, c'est-à-dire le recours à une diversité de modalités pédagogiques dans une même action.

– Tout d'abord, elles permettent une plus grande **souplesse** en libérant la formation de contraintes de temps et de lieu. Elles facilitent l'adaptation des situations d'apprentissage aux personnes en n'exigeant plus systématiquement des progressions et des rythmes uniformes.

– Ensuite, elles permettent de combiner travail personnel accompagné (souvent qualifié d'autoformation assistée) et travaux en petits groupes, tutorat et cours collectifs, l'accompagnement en face-à-face et à distance (visioconférences, etc.). On retrouve ici le principe énoncé par les pédagogues qu'aucune modalité, qu'aucune technique, qu'aucune méthode ne saurait à elle seule créer les conditions optimales de l'apprentissage. Après avoir longtemps recherché LA méthode qui allait résoudre les problèmes d'apprentissage, les formateurs raisonnent aujourd'hui en termes de combinaison et de complémentarité.

– Enfin, elles contribuent à **réintroduire le travail personnel** dans la formation en organisant les situations d'apprentissage autour de l'apprenant et non du formateur. Il s'agit d'un travail individuel pensé, organisé, accompagné dans le cadre d'un dispositif et non laissé à la seule initiative de l'apprenant. Avec ces nouvelles technologies, il y a une focalisation sur la réflexion et l'entraînement individuels.

3.4 Former le travailleur ou le citoyen ?

Terminons ce retour sur l'histoire par le rappel d'un débat portant sur les finalités de la formation. Peut-être est-il encore d'actualité.

Dès les années 1950, deux notions font leur apparition, celle « d'éducation permanente » et celle de « fonction formation » dans l'entreprise. Elles correspondent à deux approches de la formation des adultes qui s'opposent tout au long des années 1960-70 : l'éducation permanente fait de la formation la réponse à un besoin des individus de se former tout au long de leur existence. Mais dans les entreprises, la formation doit répondre à un besoin du système productif. L'entreprise ne doit plus seulement se soucier de produire, de vendre, de gérer ses ressources financières (fonctions production, commerce, finances) mais doit également se préoccuper de l'évolution des compétences de ses salariés et les gérer comme une ressource à développer (fonction formation).

Découvrir à partir de textes : deux approches de la formation

> *Après avoir pris connaissance des deux extraits ci-après, vous dégagerez les points sur lesquels ils s'opposent.*
>
> **Texte A.** R. Vatier a été responsable de formation chez Renault et l'un des fondateurs du centre de formation du CESI (Centre d'études supérieures industrielles)[10].
>
> « Notion simple, en relation à la fois avec les nécessités de la vie économique et les aspirations du personnel, la formation est une des séries de

---

10. R. Vatier, *Développement de l'entreprise et promotion des hommes*, Éditions de l'entreprise moderne, 1968.

moyens contribuant à faire donner leur pleine efficacité à l'entreprise et aux hommes qu'elle emploie.

Dans cette perspective on pourrait la définir comme étant l'ensemble des actions capables de mettre les hommes et les groupes en état d'assumer avec compétence leurs fonctions actuelles ou celles qui leur seront confiées pour la bonne marche de l'entreprise. Cette définition entraîne de multiples conséquences ; nous en examinerons quelques-unes.

1. – La formation doit répondre à un besoin réel de l'entreprise.

2. – Elle est d'autant plus nécessaire et a d'ailleurs d'autant plus d'effet que l'évolution technique est plus rapide.

3. – Le responsable de la formation est le chef d'entreprise (et les cadres hiérarchiques de tous les échelons).

4. – La formation est nécessaire à tous les échelons, elle est donc permanente et se poursuit chaque jour.

5. – Il faut aussi former des équipes d'hommes et pas seulement des "individus isolés".

6. – La formation coûte du temps et de l'argent à l'entreprise, c'est un "investissement intellectuel".

7. – La formation crée des préoccupations et des appétits nouveaux parmi le personnel qui en bénéficie.

S'il s'agit de tenir convenablement les fonctions confiées ou celles qui le seront, s'il s'agit de faire donner leur pleine efficacité aux hommes et à l'entreprise, toute l'action menée doit s'ordonner à la production ou au service rendu. »

Texte B. Clément Pieuchot a été président de la Ligue de l'enseignement[11].

« Loin de ceux qui veulent réduire l'éducation permanente à la formation postscolaire des adultes exerçant un métier, la Ligue de l'enseignement et de l'Éducation permanente affirme qu'il ne saurait y avoir de véritable éducation qui ne soit à la fois globale et permanente. Éducation globale, elle doit prendre en compte tous les besoins des individus insérés dans leur réalité sociale. Elle doit permettre à chacun de développer, dans et pour son action, toutes ses facultés. Elle doit lui permettre de maîtriser sans cesse mieux son destin d'être libre, à la fois citoyen, producteur, consommateur, responsable de sa propre vie, de ses créations, de son expression, de ses relations. C'est dire qu'il faudra parvenir à englober dans un ensemble cohérent et harmonieux à la fois l'éducation scolaire, l'éducation professionnelle et l'indispensable éducation socio-

---

11. M. Mery, *Un enjeu, la formation professionnelle continue*, préface de C. Pieuchot, Tema Éditions, 1974.

culturelle que bien des systèmes éducatifs ont toujours tendance à négliger. Éducation permanente, elle doit offrir à tous les moyens d'assurer le processus continu par lequel chaque être humain, de son premier à son dernier âge, peut conquérir son plein épanouissement personnel en assumant toutes ses responsabilités sociales. Ainsi conçue, l'éducation apparaît comme une arme efficace dans la conquête d'une société plus juste et plus humaine. Autrement conçue et surtout mise en œuvre, l'éducation peut devenir, on a souvent pu le constater, un instrument supplémentaire d'aliénation et de conditionnement. Un instrument d'autant plus dangereux qu'il deviendrait permanent. Tel est l'enjeu de toute éducation. C'est pourquoi il y a nécessairement combat pour l'éducation entre les forces de libération et les pouvoirs d'asservissement. »

Repères pour l'analyse

Les auteurs présentent deux visions opposées de la formation qui pourraient être schématisées de la façon suivante[12] :

Deux orientations

Former le travailleur	Former le citoyen
Qualification	Culture
Productivité	Responsabilité
Entreprise	Société

se référant à **deux notions,**
qui apparaissent dans les années 1950

« Fonction formation » dans l'entreprise	« Éducation permanente »
L'entreprise doit se préoccuper de formation :	La formation tout au long de la vie est un droit.
– gérer celle de ses salariés ;	
– être lieu de formation.	

et se traduisant dans **deux logiques.**

---

[12]. Nous reprenons dans les pages qui suivent la modélisation proposée par Yves Palazzeschi : enseignement DESS Fonction Formation, Paris 1 et *Introduction à une sociologie de la formation, Anthologie de textes français 1944-1994, vol. 1 : Les pratiques constituantes et les modèles,* L'Harmattan, 1998.

Celle du monde productif	Celle du monde éducatif
– La formation est un investissement économique.	– La formation suppose un projet personnel.
– Elle vise à produire des compétences.	– Elle vise l'autonomie.
– Elle s'évalue en termes de rentabilité économique.	– Elle s'apprécie en termes de développement personnel.

Durant cette période, deux points de vue s'opposent : d'une part une vision centrée sur le développement de la personne et de la vie sociale, celle du « monde éducatif », de l'Éducation nationale comme des mouvements d'éducation populaire ; d'autre part une vision centrée sur les besoins économiques, celle des milieux professionnels et de l'entreprise.

Ces *deux logiques* recouvrent en réalité une variété de mouvements et de courants.

Du côté de la logique économique, deux écoles peuvent être distinguées.

Un courant « **social** » considère que la formation vise avant tout l'amélioration des relations humaines et le développement de la motivation. Son raisonnement est le suivant : si l'entreprise favorise l'implication des personnes, y compris en ayant le souci de leur développement personnel, elle améliorera son efficacité économique. Ainsi le courant des « relations humaines » (Palmade, Enriquez, Ardoino) a promu une formation de l'encadrement centrée sur la capacité non plus seulement à commander mais à écouter, à communiquer, à débattre.

Formation ➔ développement personnel et motivation ➔ productivité

Une autre approche peut être qualifiée de « productiviste » : la formation a pour but immédiat d'augmenter l'efficacité de l'entreprise et la productivité du travail. La promotion sociale est considérée davantage comme une conséquence que comme un but immédiat. Cette approche est plus généralement celle du patronat (MEDEF…).

Formation ➔ productivité ➔ rémunération et promotion ➔ motivation

Du côté de la logique à préoccupation éducative, *trois approches* apparaissent[13] :

- une conception **humaniste** pour qui la formation a pour but le développement de la personne : courants inspirés par l'existentialisme, le personnalisme. Rogers, De Peretti, Pagès seront parmi ceux qui orienteront la formation continue dans cette direction en France ;
- une conception **progressiste :** la formation est d'abord un moyen de former le citoyen et de contribuer à l'amélioration de la vie sociale, au développement de la démocratie. Ce courant trouve sa source dans Rousseau. Dewey, au début du XXe siècle (États-Unis), développera cette approche. Bertrand Schwartz peut être classé dans ce courant ;
- une conception **radicale** ou révolutionnaire : la formation est l'occasion d'une « conscientisation » (contre tout endoctrinement) et d'une libération (contre les oppressions). Elle vise à développer une capacité à analyser les situations pour être en mesure de les transformer et de renverser l'ordre dominant. D'inspiration marxiste ou anarchiste, cette approche a été, en France, celle des organisations liés au mouvement ouvrier, celle de pédagogues engagés dans les pays dits « en voie de développement. »

Dans les années 1960-1970, la finalité de la formation a ainsi été l'objet de controverses constantes aussi bien parmi les organismes de formation qu'au sein des entreprises et des organisations syndicales. Avec la crise, ce débat a disparu de la scène publique, la question de l'emploi semblant avoir effacé toutes les autres. Pourtant nombreux sont les praticiens qui, face aux difficultés de leur action professionnelle, se posent la question du sens de leur action.

Former des citoyens informés, critiques, responsables, « l'éducation populaire » le préconisait dès le XIXe siècle et « l'éducation permanente » dans les années 1950-70. Aujourd'hui la vision de la formation « production de compétences » l'emporte sur celle de la formation « développement culturel et de la citoyenneté ». Pour la première, la formation se décide comme un investissement ; elle s'organise comme une production et se contrôle comme un résultat. Pour la seconde, elle suppose un projet, se réalise dans l'autonomie et s'apprécie comme un enrichissement. Pourtant toute société a besoin de ces deux piliers pour développer une vie en harmonie, qui mobilise des citoyens lucides et compétents dans des organisations performantes.

4. Pédagogie ou andragogie ?

La pédagogie, terme venant du grec *pais-paidos* enfant et *agogos* guide (le pédagogue était l'esclave qui conduisait l'enfant chez le maître) est l'en-

---

[13]. J.-L. Elias et S. Merriam, *Penser l'éducation des adultes,* Guérin, 1983, cité par Y. Palazzeschi, voir note précédente.

semble des principes et des méthodes ayant pour visée de faire apprendre les enfants. Lorsqu'il s'adresse à des adultes, le formateur peut-il utiliser les mêmes méthodes ou doit-il en forger de nouvelles qui constitueraient l'andragogie (du grec *andros,* l'homme) ? Cette question a été au cœur de nombreux débats qu'un retour vers l'histoire permet de mieux comprendre.

4.1 Des pratiques anciennes

Certes la formation des adultes a connu un développement récent mais les pratiques sont anciennes, que l'on pense notamment aux philosophes de l'antiquité (Confucius, les prophètes hébreux, Aristote, Socrate, Platon, Cicéron) qui intervenaient auprès d'adultes et non d'enfants. Leur expérience fondée sur l'observation leur a permis de se forger une conception de la formation fort différente de celle qui devait par la suite dominer l'éducation traditionnelle. Pour eux, la formation était un processus d'investigation active et non de réception passive d'un contenu. C'est ainsi qu'ils mirent au point des dispositifs pédagogiques pour faire participer activement leur public :

- *les Chinois* et *les Hébreux* inventèrent la « méthode des cas » consistant à faire décrire une situation insatisfaisante et, par l'analyse, à dégager des solutions plausibles ;
- *les Grecs* inventent les dialogues maïeutiques consistant à interroger, poser des questions pour guider la réflexion et dégager une solution ;
- *les Romains,* plus combatifs, prônaient la méthode des défis : affirmer une position et la défendre, développant ainsi l'argumentation et l'expression.

L'école…

Destinée à l'éducation des enfants, l'école en tant que structure est apparue en Europe au VIIe siècle avec une mission religieuse : préparer les jeunes à leur sacerdoce et pour ce faire, leur inculquer les croyances, la foi, les rites de l'Église. C'est dans ce contexte qu'ont été formulées les idées qui ont constitué la pédagogie.

Lorsque sont apparues au XIXe siècle les premières écoles publiques, ce précédent modèle était le seul en vigueur. C'est pourquoi l'ensemble du système d'éducation s'est retrouvé d'une certaine façon figé dans ce modèle pédagogique. Son principe de base est le suivant : l'enseignant décide de plein droit ce qui sera appris, quand et comment. De plus il vérifie si cela a été effectivement assimilé. C'est un système **dirigé par l'enseignant,** l'élève se contentant de répéter **d'apprendre « par cœur ».**

Quatre postulats fondent ce système :
1. le besoin de savoir de l'élève est déterminé par l'enseignant ;
2. l'expérience de l'élève est peu utile à l'apprentissage ;
3. l'orientation de l'apprentissage se fait autour d'un sujet, d'un contenu : l'enseignement est un moyen d'acquérir des connaissances sur un thème donné ;
4. la motivation est stimulée par des signes extérieurs (notes, approbation, désapprobation, pressions parentales).

... puis la formation des adultes

Nombreux sont les pédagogues qui se sont opposés à cette conception traditionnelle de la pédagogie. C'est Rousseau qui le premier prône une pédagogie au service de l'enfant et il sera imité en cela par Célestin Freinet, Dewey, Claparède et bien d'autres qui formeront le courant de « L'École nouvelle ».

Les formateurs intervenant auprès des adultes se rendirent vite compte que ces principes de pédagogie traditionnelle ne pouvaient convenir à des adultes car ceux-ci sont profondément **différents des enfants,** tant sur les plans **biologique** (l'adulte est celui qui est en âge de se reproduire), **juridique** (celui qui est seul responsable de ses actes.), **économique** (celui qui par son travail subvient à ses besoins) que **psychologique** (celui qui a conscience de sa responsabilité).

Du point de vue éducatif, c'est ce dernier élément qui, privilégié, est au centre du concept « d'andragogie », terme utilisé dès les années 1920 par des chercheurs et praticiens. Ainsi Lindeman écrit en 1926 :

« L'éducation des adultes sera envisagée sous l'angle des situations et non sous celui des contenus. Dans notre système pédagogique, c'est l'inverse : l'élève est censé s'adapter à un programme scolaire établi. En revanche le programme de formation pour adultes doit être conçu autour des besoins et des centres d'intérêt de l'apprenant. »[14]

4.2 Un concept contesté : l'andragogie

Les principes qui fondent cette approche relative à la façon d'apprendre des adultes sont les suivants :

1. *l'adulte apprend pendant toute sa vie*. Les activités qu'il mène, les expériences qu'il accumule, les relations qu'il établit sont sources d'acquisition de savoirs et de compétences multiples tant dans les domaines professionnel que personnel. **Le processus d'éducation et de formation pour l'adulte est un processus permanent ;**

---
14. Lindeman, *The meaning of Adult Éducation*, 1926. Cité par M. Knowles, *L'adulte apprenant,* Éditions d'Organisation, 1990.

2. le besoin de savoir pourquoi il doit apprendre est capital pour l'adulte. Faire prendre conscience du « besoin d'apprendre » est le premier devoir du formateur en expliquant ce que la formation vise à améliorer et changer. La perspective du diplôme ne suffit pas, celle d'une action plus efficace dans la vie sociale et professionnelle doit être valorisée. **Les adultes sont motivés pour une formation lorsqu'ils découvrent quels besoins ils pourraient satisfaire grâce à elle ;**

3. les adultes ont conscience d'être responsables de leurs propres décisions et de leur vie. Dès lors, ils ont besoin d'être traités par les autres comme des personnes capables de s'organiser et d'assumer leurs décisions. **Les adultes aspirent profondément à se déterminer eux-mêmes ;**

4. le rôle de l'expérience est important. L'adulte en a plus que le jeune et d'un autre type car l'expérience est constructrice de l'identité même de la personne. **C'est le plus grand facteur d'apprentissage des adultes ;**

5. l'orientation de l'apprentissage se fait autour de la vie à partir d'une tâche ou d'un problème. Elle ne peut se contenter d'un thème général. **Ce qui est central en formation, c'est le développement de compétences ;**

6. la motivation est constituée de pressions internes (estime de soi, désir d'accroître sa satisfaction personnelle, qualité de vie...). **L'adulte en formation puise en lui-même l'énergie pour apprendre, se former, s'auto-transformer.**

Tableau comparatif d'une approche pédagogique (traditionnelle) et andragogique, d'après Knowles[15]

Pédagogie	Andragogie
Le besoin chez l'enfant est déterminé par l'enseignant.	Le besoin chez l'adulte est déterminé par la nécessité d'agir.
Les enfants subissent la formation.	Les adultes sont acteurs et responsables de leur formation.
L'expérience de l'enfant est peu utile à sa formation.	L'expérience de l'adulte est décisive pour sa formation.
L'orientation de la formation se réalise autour des thèmes, des contenus.	L'orientation de la formation se réalise autour des problèmes rencontrés, autour des situations réelles.
La motivation est stimulée par l'extérieur.	La motivation est constituée de pressions internes.

---

15. M. Knowles, *L'adulte apprenant*, Éditions d'Organisation, 1990.

Il est à nos yeux évident que ce tableau, en forçant le trait, en caractérisant ces démarches est quelque peu caricatural, mais il éclaire les points saillants de l'approche andragogique.

Nous devons constater que ce terme est peu usité dans notre milieu professionnel et ce pour plusieurs raisons :

– tout d'abord, il est fortement coloré de machisme car « andros » en grec, c'est l'homme et non l'espèce humaine, ce qui exclurait de la formation, « l'autre moitié du ciel » comme disent les Chinois, à savoir les femmes ; certains ont ainsi développé le terme d'anthropologie pour retrouver la notion globale d'être humain adulte ;

– ensuite, les andragogues considèrent la pédagogie comme un ensemble homogène alors qu'il y a **des** pédagogies et qu'il peut y avoir autant d'écart entre pédagogie traditionnelle et « école nouvelle » qu'entre andragogie et pédagogie traditionnelle ;

– de plus, insister sur les différences entre enfant et adulte mérite une analyse fine car s'il est exclu de contester des différences biologiques, juridiques ou sociales, rien ne dit qu'il y a des différences significatives dans les façons d'apprendre. Si l'adulte est expérimenté, l'enfant n'est pas une page blanche ou une tête vide !

– enfin, force est de constater que certaines méthodes utilisées avec les adultes sont reprises à l'école (contrôle continu, projet, outils pour apprendre à apprendre…) et que la réciproque est vraie (différenciation pédagogique – aide méthodologique…).

Pour notre part, nous considérons que ce débat renvoie plus à des conceptions de l'acte d'apprendre et à des finalités éducatives divergentes qu'à des différences d'âge *(voir chapitre 3)*. Nous pensons cependant qu'il est indispensable de prendre en compte les particularités des publics et notamment l'expérience acquise par les adultes pour concevoir les actions de formation.

Réfléchir à sa pratique

> *Dans un court texte, expliquez très concrètement comment vous êtes arrivé à ce livre, à la suite de quel événement, dans quelles circonstances, avec quelles attentes. Dites également les résultats que vous escomptez de son étude.*
>
> *Quand votre texte sera écrit, reprenez les principes de l'andragogie exposés ci-dessus et vérifiez si vous en retrouvez trace dans votre propre récit. Si certains manquent à l'appel, interrogez-vous : s'agit-il d'un oubli, d'un élément non pertinent en général ou pour cette situation particulière ?*

Réfléchir à partir de textes : les caractéristiques des adultes apprenants

Voici une série de textes de nature diverse publiés dans le champ de la formation des adultes. Analysez-les sous l'angle des principes de l'andragogie et identifiez pour chacun d'eux les principes présents.

Texte A

« L'instruction doit être universelle, c'est-à-dire s'étendre à tous les citoyens. Elle doit, dans ses divers degrés, embrasser le système entier des connaissances humaines et assurer aux hommes dans tous les âges de la vie, la faculté de conserver leurs connaissances et d'en acquérir de nouvelles. On instruira le peuple des lois nouvelles, des observations d'agriculture, des méthodes économiques qu'il lui importe de ne pas ignorer : on lui montrera l'art de s'instruire lui-même. »

Condorcet, Extrait d'un rapport présenté par le Comité d'instruction publique à l'Assemblée nationale, en 1792.

Texte B

« Le preneur de formation est quelqu'un qui est en train d'effectuer une nouvelle intégration de sa propre expérience. En définitive les adultes en stage de formation continue à l'université vivent, sans pouvoir se l'exprimer toujours, une profonde ambivalence d'attitudes. S'ils se pressentent comme « preneurs » éventuels – et un preneur de formation se distingue d'un « receveur » par le fait que les procédures d'apprentissage lui permettent d'apporter quelque chose et d'articuler cet apport avec ce qu'il reçoit – la force des habitus mentaux, véritable institution scolaire intériorisée au long de la formation initiale, les déprend d'une perception aiguë de leur éventuel pouvoir. »

D. Hameline, « Les universitaires et la formation des adultes », *Éducation Permanente,* n° 31, 1975, p. 29 à 36.

Repères pour l'analyse

Le texte A peut être considéré comme l'acte fondateur de l'éducation permanente en France. En effet l'expression « conserver ses connaissances et en acquérir de nouvelles à tous les âges de la vie » illustre le premier principe de l'andragogie. Il faut également noter que cet auteur se situe dans une logique de transmission de savoirs.

Le texte B est à mettre en relation avec essentiellement le principe n° 3, c'est-à-dire la nécessité de considérer l'adulte en formation comme une personne responsable, même si certains de ses comportements et certaines de ses attentes vont dans un sens opposé. En effet, la personne est souvent dans un nœud de contradictions où son passé scolaire, son vécu de l'école brouillent son regard d'être responsable. La notion de responsabilité se conjugue avec celle de liberté, liberté dans les rythmes de formation, dans les conditions matérielles, dans les méthodes…

Retour au début du chapitre

Vous pouvez maintenant reprendre vos réponses au diagnostic du début de chapitre.

Le chapitre vous donne des éléments de réflexion et des points de repère pour mieux vous situer dans cet environnement professionnel. Pour vous aider à interpréter vos réponses, nous vous proposons quelques dominantes que nous avons pu repérer dans les réponses des formateurs qui ont participé aux formations que nous animons.

Le formateur est quelqu'un qui se définit d'abord par ce qu'il n'est pas (ou par ce qu'il ne veut pas être). Son approche est plutôt en creux : il se revendique d'abord comme non-enseignant, puis comme non-éducateur et on pourrait continuer la liste. Il caractérise son activité par le public auquel il s'adresse et insiste sur les spécificités de ce public par rapport aux enfants et aux adolescents. Il met en évidence le fait qu'il agit dans des structures particulières, spécifiques, qui sont assez récentes au regard de l'histoire du système éducatif.

Notons également des zones de flou :
– il change de nom quand il change de public mais sa pratique, elle, peut demeurer la même ;
– s'il utilise de nombreux termes : formation professionnelle, continue, continuée, éducation permanente, développement personnel, il n'en perçoit pas forcément les différences car il connaît peu l'histoire de la formation des adultes.

Synthèse

Le Formateur d'adultes participe au processus par lequel la société intègre les individus et leur permet de devenir autonomes. Il est agent de changement dans la mesure où il accompagne les personnes, les groupes et les organisations dans le développement de leurs compétences.

Son activité professionnelle s'exerce dans un système qui s'est développé avec la société industrielle. L'idée d'une formation permanente est apparue dès la Révolution Française mais elle a connu une réalisation surtout après la Seconde Guerre mondiale. Combinant les acquis de l'enseignement initial, de l'éducation populaire, du perfectionnement professionnel, la formation s'est inscrite dans un cadre institutionnel qui s'est progressivement constitué sous l'influence des pouvoirs publics et des partenaires sociaux.

Son public, les adultes, a un passé, des acquis que le formateur doit prendre en compte. Il a également des attentes et des besoins qu'il exprime en termes de moyens pour agir. Le formateur travaille pour permettre aux personnes d'anticiper les évolutions, de faire face et de s'adapter aux modifications de l'environnement, de changer leurs pratiques personnelles et professionnelles.

 Pistes d'approfondissement

Histoire de la formation des adultes

« Formation tout au long de la vie » *(Lifelong learning)* : le Parlement européen en a fait le thème de l'année 1996, promouvant une nouvelle appellation de ce que nous désignons dans ce livre comme la formation permanente des adultes. S'agit-il toujours de la même idée ? Cette notion se situe dans le droit fil des travaux sur la croissance ; elle constitue une réponse à la perte de compétitivité des pays européens. L'individu doit devenir le gestionnaire de sa « compétence », sachant évoluer avec son environnement en utilisant des systèmes flexibles de formation, alternant les périodes de travail, de loisir et de formation. Il bénéficie d'un système de validation des acquis et peut occuper les emplois existants ou en création. Cette reformulation reprend et enrichit ce qui était désigné par le terme « formation professionnelle continue » : la perspective est celle de l'adaptation à l'environnement économique. Mais on n'y retrouve plus les préoccupations d'ascension sociale qui donnaient son sens à la « promotion sociale » dans les années 1950 et 1960. Est aussi gommé le souci de développer des loisirs riches, actifs, de former des citoyens informés, critiques, responsables comme le préconisait « l'éducation populaire » dès le XIXe siècle et « l'éducation permanente » des années 1950-1970. Les mots changent, les philosophies qui leur donnent sens aussi. La formation comme « production de compétences professionnelles » est devenue le cadre de références actuel. Son caractère professionnel ou professionnalisant est dominant. Mais il est intéressant de noter qu'avec l'orientation de l'Europe relative aux « compétences clés », à la condition de ne pas réduire ces dernières aux « compétences de survie », se renoue un fil pour permettre aux personnes de développer des compétences mobilisables non seulement au travail mais également dans leur vie personnelle et sociale.

Les ouvrages cités ci-après présentent la formation dans son contexte sociopolitique et idéologique.

Cacéres B., *Histoire de l'éducation populaire*, Seuil, 1964.

CEDEFOP, *Le système de formation professionnelle en Belgique*, Office des publications officielles des communautés européennes, 1995.

Commission des communautés européennes, *Mémorandum sur l'éducation et la formation tout au long de la vie*, http://ec.europa.eu/education/lifelong-learning-policy/doc/policy/memo_fr.pdf, 2000.

Delors J., *L'éducation : un trésor est caché dedans*, Rapport à l'Unesco, http://www.tact.fse.ulaval.ca/fr/html/delors_f.pdf, 1996.

Liétard B., *La formation continue*, PUF, 1995, p. 126 ; nouvelle édition, 2001. Voir la présentation historique et plus largement la description du système français et de ses origines.

Palazzeschi Y., *Introduction à une sociologie de la formation. Anthologie de textes français*. Tomes 1 et 2, L'Harmattan, 1998.

Terrot N., *Histoire de l'éducation des adultes en France*, Edilig, 1981 ; nouvelle édition, L'Harmattan, 1997.

Vatier R., *La formation continue : utopie en 1970, urgence en 2012*, EMS, 2011.

Spécificité de la pédagogie des adultes ?

Alors que la formation des adultes s'est structurée et institutionnalisée, une question centrale a alimenté le débat : celle de la spécificité de cette démarche. Y a-t-il ou non spécificité de la pédagogie des adultes ? Le débat est vif entre ceux qui reconnaissent une approche pédagogique caractéristique et ceux qui considèrent que ce qui vaut pour l'adulte vaut pour les autres publics.

Pierre Goguelin est celui qui en France a développé l'approche « andragogique » en soulignant les caractéristiques positives (expérience, sens des responsabilités, mobilisation forte) mais également négatives des adultes (détérioration des capacités perceptives, régression de l'adaptabilité, du désir de changement) pour la formation. Richter[16] insiste quant à lui sur des stratégies d'apprentissage différentes : « *Il est certain que les modes d'acquisition des connaissances chez l'adulte sont différents de ceux de l'enfant. En gros, l'enfant mémorise puis comprend ; l'adulte comprend puis mémorise ; c'est donc une erreur de faire – au sens propre – de la pédagogie à des adultes qui réclament eux de l'andragogie.* » R. Mucchielli insiste sur « l'inadéquation des méthodes scolaires traditionnelles » et affirme que « *la transposition de la pédagogie de type scolaire ou universitaire aux adultes est un échec* » parce que les adultes manifestent une résistance au retour à l'école (souvenir désagréable, menace de sanction…), ont le sentiment que les connaissances de type scolaire « ne servent à rien ». De plus Mucchielli insiste sur l'impossibilité de décloisonner les connaissances (organisées en disciplines) et de dissocier théorie et comportement pratique en situation professionnelle (ce que fait, à ses yeux, l'enseignement). De nombreux guides du formateur s'inscrivent dans cette démarche, que ce soit celui de Dominique Beau qui privilégie « ce qui pousse l'adulte à apprendre » (motivation, implication, lien avec la réalité, climat de participation, appel à l'expérience), celui de François Galligani qui se centre sur les comportements caractéristiques des adultes en formation (volonté, besoin, pratique, résolution de problème…), ou celui de J. Piveteau et D. Noyé qui insiste sur les conditions facilitant la formation.

En revanche d'autres praticiens et chercheurs nient le caractère spécifique de la pédagogie des adultes. Ainsi Daniel Hameline écrit : « *Il n'y a pas de pédagogie des adultes. Tout ce qui se présente sous ce nom se révèle non spécifique dès qu'on le regarde d'un peu près. Ce qu'il faut dire, c'est que les exigences posées par les opérations de formation, et en particulier d'adultes gardant leur position sociale et professionnelle de salariés, ont fait apparaître avec urgence certaines lois fondamentales de toute démarche pédagogique, dès lors qu'on érige en hypothèse de fonctionnement que tout stagiaire (ou étudiant, ou élève) est un "apprenant" ou un "s'éduquant", ou en d'autres termes, un preneur de formation.* »

Marcel Lesne parle de différences de surface entre la formation des adultes et celle des enfants. Il affirme que certaines formations d'adultes se distinguent peu des pratiques en honneur à l'école, que certaines synthèses ou

---

16. Cité par P. Goguelin, *La formation continue des adultes*, PUF, 1970, p. 50.

apports théoriques ne se démarquent pas des leçons magistrales faites par un enseignant. De plus il constate que certains discours proposent une rénovation de la formation initiale en s'appuyant sur les pratiques développées en formation d'adultes. Il a alors beau jeu de faire remarquer que ce qui était spécifique à l'adulte devient pertinent pour l'enfant, et les justifications andragogiques se transforment en une conception générale de l'éducation, ce qui au passage détruit l'affirmation initiale de la spécificité de l'andragogie. Antoine Léon s'inscrit dans cette ligne et affirme que « *l'opposition entre andragogie et pédagogie relève davantage du domaine de l'opinion que de celui de la démarche scientifique ou même empirique* ». Il poursuit en proposant de centrer les études sur la nécessaire adaptation des différentes méthodes aux objectifs de formation poursuivis. Gérard Malglaive en intitulant un de ses ouvrages *Enseigner à des adultes* force le trait et critique ce qu'il appelle un « savoir de l'action » que la formation voudrait développer, en avançant l'idée que l'action humaine est soumise à trop de paramètres, à trop de contraintes pour que ce savoir ne conduise « *à autre chose qu'à des prescriptions normatives, au mieux génératrices de dysfonctionnement, au pire conduisant à un embrigadement inacceptable* ».

À l'heure où l'on parle d'une indispensable synergie entre formation initiale et formation continue des adultes, entre les différentes voies de formation professionnelle, ce débat nous paraît perdre de son intérêt au sens où il ne s'agit pas d'imposer la démarche unique et universelle mais bien de **combiner des options de façon à permettre au plus grand nombre de personnes de développer leurs compétences et d'être citoyens dans un monde de plus en plus complexe.**

Aumont B., Mesnier P.-M., *L'acte d'apprendre,* L'Harmattan, 2005.

Beau M., *La pédagogie des adultes en 100 fiches de à l'usage des formateurs et des enseignants,* Édition d'organisation, 1996.

Carré Ph., *L'apprenance – Vers un nouveau rapport du savoir,* Dunod, 2005.

Hameline D., « Les universitaires et la formation des adultes », *Éducation Permanente,* n° 31, 1975, p. 27 à 36.

Knowles, *L'adulte apprenant,* Éditions d'organisation, 1990.

Léon A., *Psychopédagogie des adultes,* PUF, 1978.

Lesne M., *Lire les pratiques de formation d'adultes,* Édilig, 1984.

Malglaive G., *Enseigner à des adultes,* PUF, 1990 ; nouvelle édition, 2005.

Mucchielli, *Les méthodes actives dans la pédagogie des adultes,* ESF, 1985 ; nouvelle édition, 2012.

Noyé D., Piveteau J., *Guide pratique du formateur,* Insep, 1981 ; nouvelle édition, 2005.

Pour s'informer sur la formation

En France le Centre INFFO (Paris) est le principal organisme pour l'information sur l'évolution des dispositifs et des pratiques. Il est relayé dans chacune des régions par des CARIF (Centres d'animation, de recherche et d'information sur la formation) qui tiennent à jour une documentation à disposition des acteurs de la formation.

www.centre-inffo.fr

Chapitre 2

Exercer le métier de formateur

La formation peut n'être qu'une activité occasionnelle. Mais quand elle devient permanente, elle se définit comme un métier mobilisant des compétences identifiées, insérant le formateur dans un contexte institutionnel et organisationnel.

S'agissant d'une activité de relation, **une approche purement technique de ce métier** *est* **insuffisante** *car l'action du formateur implique pour être mise en œuvre la volonté d'autrui : elle ne se vit donc pas sans un engagement personnel.*

Comment vivez-vous ce métier ? Quelles sont les conditions qui favoriseront votre professionnalisation ? Voilà la réflexion à laquelle vous êtes maintenant invité.

1. **Une histoire personnelle à relire**
2. **Un métier : des compétences**
3. **Une profession : une quête de reconnaissance**
4. **Une pratique sans cesse à réinventer**

1. Une histoire personnelle à relire

On ne naît pas évidemment formateur, on le devient à travers un parcours qui conditionne l'exercice même du métier.

1.1 À chacun son cheminement

 Découvrir à partir d'un témoignage : le parcours d'une formatrice

> *Voici le cheminement professionnel d'une formatrice tel qu'elle le décrit après plusieurs années d'exercice. Vous lirez ce texte en dégageant des étapes et en soulignant les éléments de ce parcours qui vous apparaissent déterminants pour vous représenter le type de formatrice qu'est aujourd'hui l'auteur.*
>
> « Après l'obtention de mon baccalauréat scientifique, un dilemme se présentait à moi : devenir professeur de mathématiques et me consacrer au face à face pédagogique ou devenir technicienne et évoluer dans l'industrie. Les débouchés dans l'enseignement étant restreints à cette époque, je me suis engagée dans une formation d'automaticienne en Institut universitaire de technologie (IUT) ; l'informatique qui prenait une place importante dans le cycle d'études me permettait d'espérer une carrière d'informaticienne en milieu industriel.
>
> C'est ainsi que, pendant huit années, en qualité de technicienne supérieure dans les services de recherche et développement, j'ai assumé différentes fonctions et responsabilités techniques dans les entreprises de la région nantaise, de la métallurgie (automatisation d'engins de levage embarqués sur des navires) à la "haute technologie" (informatisation d'un robot chargé de transporter des tranches de silicium en vue de la fabrication de microprocesseurs). Au sein d'équipes constituées d'ingénieurs et de techniciens, je participais à la conception, à la réalisation et à la mise en place de prototypes.
>
> L'ambition de la technicienne que j'étais me poussait, comme mes collègues, vers le titre d'ingénieur. Ce titre et le statut (et peut-être aussi la reconnaissance des autres) nous faisaient envie.
>
> Mais mon travail était relativement astreignant (mise en place de prototypes aux États-Unis et en Allemagne) et il m'était difficile de suivre des cours du soir. J'ai donc tiré parti d'un licenciement économique pour reprendre mes études pendant un an afin de me spécialiser en informatique industrielle, en robotique et en automatismes.

> Cette année de stage me paraît déterminante dans la (re)construction de mon parcours professionnel. J'ai pris conscience de ma volonté de transmettre mon savoir à d'autres : en effet, grâce à mon expérience professionnelle, je participais à l'animation du cours d'informatique en aidant le formateur, ingénieur informaticien de formation. En plus de sa mission de formateur, il concevait des programmes informatiques répondant aux besoins des entreprises. Il représentait pour moi ce que je voulais être et faire : ingénieur, communiquer mon savoir et rester en contact avec le monde industriel. Après avoir travaillé dans un bureau d'études pendant un an pour appliquer mes nouvelles connaissances techniques, j'ai donc envoyé ma candidature dans divers organismes de formation et j'ai été recrutée au Greta en tant que formatrice en entreprise. Ce choix du Greta[17] par rapport à un organisme privé n'est sans doute pas neutre et est le reflet de mon désir d'être enseignante au sein de l'Éducation nationale. »
>
> Nadine C.
> Extrait de l'article du n° 1 de la revue *Æncrages*.

Repères pour l'analyse

> Voici notre propre lecture de cet autoportrait, organisée autour de *trois notions* :
>
> **– Un trajet.** Comme beaucoup, la personne n'est pas devenue formatrice aussitôt après ses études. Elle travaille dans l'industrie, occupe divers postes. Le parcours n'est pas rectiligne et ce n'est qu'après coup qu'il est possible de retrouver une continuité. Chacune des étapes de cette vie professionnelle est marquée par une activité bien sûr mais aussi par un style de travail, par un contexte relationnel, par un mode de vie, par des compétences qui s'accumulent dont un certain nombre seront directement utiles dans les actions de formation.
>
> **– Des événements.** Le licenciement économique, la rencontre d'un ingénieur ont été des carrefours importants. Tout parcours est marqué par de l'imprévu. C'est ainsi qu'à la question « Qu'est-ce qui vous a amené à être formateur ? », certains répondent « le hasard » pour montrer que cette orientation n'était pas programmée. Mais les événements, les occasions ne sont saisis que par ceux qui sont prêts à les saisir.
>
> **– Des motivations.** Certaines après coup apparaissent comme des fils conducteurs : Nadine parle du désir d'enseigner, de son goût pour la

---
17. Greta : Groupement d'établissements de l'Éducation nationale qui assure la mission de formation des adultes.

technique et l'industrie, de sa préférence pour le service public. Ces repères constituent une sorte de colonne vertébrale d'un projet sous-jacent, qui aurait peut-être pu la conduire ailleurs mais qui permet de comprendre pourquoi elle se retrouve dans un GRETA.

Réfléchir à sa pratique : écrire son parcours

Hugo Pratt, le père de Corto Maltese, avait coutume de dire qu'il pouvait raconter sa vie de treize façons différentes. Vous-même seriez-vous en mesure de retracer votre parcours en mobilisant différents éclairages ?

Vous pouvez rédiger un texte ou utiliser un tableau pour retracer schématiquement les étapes de votre vie professionnelle. Notez :

– les grandes étapes en décrivant les caractéristiques les plus marquantes de chacune des principales situations professionnelles ;

– les événements, les rencontres qui sont l'occasion soit d'un pas en avant, soit d'une rupture, soit d'une régression ;

– les compétences acquises à chaque phase : les savoir-faire professionnels, sociaux ;

– les motivations qui animent : le désir de, le plaisir à, l'envie de, le refus de.

Étapes	Caractéristiques	Événements	Acquis	Motivations

Voici à titre d'illustration comment pourrait être retranscrit le témoignage précédent.

Étapes	Caractéristiques	Événements	Acquis	Motivations
Formation initiale		Baccalauréat IUT		Devenir informaticienne en milieu industriel
Technicienne en recherche et développement 8 ans	Diversité des entreprises : – équipes d'ingénieurs et techniciens – participe à la conception de prototypes – travail astreignant, difficulté de suivre des cours	Licenciement économique	Ambition de devenir ingénieur	
Année de stage 1 an Bureau d'études 1 an	Donne des cours d'informatique Application des savoirs du stage	Rencontre d'un ingénieur	Volonté de transmettre son savoir tout en restant en contact avec le monde industriel	
Formatrice au Greta				Service public au Greta

Vous vous apercevez que le texte ne prend pas en compte tous les paramètres suggéré dans notre grille, en particulier qu'il ne dit rien des acquis ni des compétences développées lors du parcours professionnel. À vous maintenant d'écrire votre parcours.

1.2 À chacun ses motivations

Arrêtez-vous particulièrement aux motivations : elles sont le moteur qui fait progresser d'étape en étape, souvent de façon cachée aux autres et en partie inconsciente. Pourquoi chercher à les mettre à jour ? Parce qu'elles conditionnent l'image que l'on se fait de son métier et la finalité qu'on lui attribue, souvent de façon implicite.

Réfléchir à sa pratique : être formateur, c'est...

Parmi les termes suivants, retenez-en 10 qui vous semblent dépeindre votre conception du rôle et de l'activité du formateur.

Accompagner	Concevoir	Faire comprendre	Relations
Adapter	Conscience de soi	Faire partager	Revendication
Agir	Conseils	Faire simple	S'exprimer
Aider	Contestation	Formaliser	Savoir-faire
Analyser	Convaincre	Gestes	Seconde chance
Arguments	Défendre ses	Idées	Séduire
Auteurs	droits	Insertion	Social
Authenticité	Dialoguer	Interpréter	Socialisation
Bon sens	Documentation	Justice	Soins
Ça marche	Dynamiser	*Leader*	Soulager
Cheminer	Échanges	Lecture	Soutien
Citoyens	Écrire	Message	Théoriser
Cohérence	Efficace	Parole	Transmission
personnelle	Élucider	Personne	Utile
Collectif	En marge	Pratique	
Compétences	Expérience	Prendre sa place	
Concepts	Exposer	Public défavorisé	
	Faire bouger		

Repères pour se positionner

Voici maintenant une grille de lecture qui regroupe les termes autour de six types de formateur.

Reportez vos choix sur ce tableau : se dégage-t-il un type dominant ? Correspond-il à votre perception ?

Communicateur	**Éducateur**	**Militant**
Arguments	Accompagner	Agir
Chaleureux	Adapter	Citoyens
Convaincre	Conseils	Collectif
Dialoguer	En marge	Défendre ses droits
Échanges	Insertion	Dynamiser
Faire partager	Prendre sa place	Engagement
Message	Public défavorisé	Faire bouger
Parole	Seconde chance	Justice
Relations	Socialisation	*Leader*
S'exprimer	Soutien	Revendication
Séduire	Travail social	Social
Transmission		

Pragmatique	Thérapeute	Théoricien
Bon sens	Aider	Analyse
Ça marche	Authenticité	Auteurs
Compétences	Cheminer	Concepts
Efficace	Cohérence personnelle	Concevoir
Empirique	Conscience de soi	Documentation
Expérience	Éclairer	Écrire
Faire simple	Élucider	Exposer
Gestes	Faire comprendre	Formaliser
Pratique	Interpréter	Idées
Savoir-faire	Personne	Justesse
Utile	Soins	Lecture
	Soulager	Théoriser

Caractérisons ces *six types* de formateur

Le formateur *communicateur*

Il aime s'exprimer, discuter, convaincre. Il voit la formation comme des idées à transmettre. En débutant dans le métier, il cherche des méthodes « pour faire passer le message » car il peut s'inquiéter de ne pas savoir « vendre » ses idées. S'il est passé par un cursus dans la vente, il a retenu qu'il ne doit pas montrer ses hésitations, ses doutes. Il privilégie alors l'argumentaire en essayant de prévoir à l'avance toutes les objections qui pourraient lui être opposées.

Le formateur *éducateur*

Ce qui le motive, c'est d'aider ceux que la vie n'a pas favorisés. Il aime être utile, aider les gens à s'en sortir. Il vient peut-être du travail social ou bien s'oriente vers la formation faute de pouvoir accéder à une activité dans des services sociaux. Il s'oriente bien sûr en priorité vers les dispositifs visant l'insertion car pour lui la formation est d'abord une activité de socialisation, un moyen pour permettre à chacun de prendre sa place dans la société.

Le formateur *militant*

Il aime agir et faire agir. Il veut transformer la société ou au moins la faire bouger. Son parcours a été marqué par des engagements divers, culturels, syndicaux, politiques. La formation lui apparaît comme un prolongement de son activité militante : elle lui offre la possibilité de combiner une activité professionnelle avec une dimension sociale qu'il a voulu mener auparavant.

Le formateur *pragmatique*

Il aime ce qui est efficace, simple et est volontiers empirique : « si ça marche, c'est bon ! ». Il s'est orienté d'abord vers des activités industrielles, artisanales ou commerciales. Il croit à la compétence acquise surtout par la pratique. Il est venu à la formation parce qu'il aime transmettre des savoir-faire. Il ne veut pas s'embarrasser de psychologie et fait confiance à son bon sens pour résoudre les problèmes d'animation et de communication. Il est un professionnel aguerri et c'est ce qui lui donne confiance pour être en mesure de former des personnes.

Le formateur *théoricien*

Il aime les idées, s'intéresse aux théories, aux analyses complexes. Il lit beaucoup et se réfère aux « auteurs ». Il a peut-être été enseignant ou aurait rêvé de l'être. La formation est pour lui l'occasion de « formaliser » son savoir, de l'enrichir, de le mettre en forme, de le communiquer. Il imagine bien consacrer du temps à un travail de recherche mais son employeur ne considère peut-être pas cette perspective avec le même regard !

Le formateur *thérapeute*

Il s'oriente vers la formation après un parcours compliqué, sinueux et qui, à l'interlocuteur extérieur, pourrait apparaître incohérent : le fil conducteur n'est pas simple à mettre à jour. C'est que ce type de formateur a consacré beaucoup de son énergie à trouver son chemin, à chercher sa cohérence personnelle. L'authenticité, la conscience de soi, l'harmonie du mode de vie sont pour lui des valeurs qui le guident. Il arrive à la formation avec l'idée que, fort de son parcours personnel et de la réflexion qu'il en a tirée, il saura en aider d'autres dans le chemin vers eux-mêmes. Son activité visera avant tout le développement personnel.[18]

Vous-même, de quel type êtes-vous le plus proche ? Pour vous aider, relisez ce que vous avez écrit concernant votre parcours, vous y retrouverez des termes et des préoccupations qui caractérisent chacun de ces portraits. Bien sûr, il ne s'agit pas de vous identifier à un type de formateur mais d'interroger votre conception du métier en repérant une ou deux dominantes.

---

18. Cette typologie est inspirée très librement de celle proposée par E. Eruiquez, « Petite galerie de formateurs en mal de modèle », *Connexions*, n° 33, 1981, p. 93-109.

1.3 Des atouts et des faiblesses

Par rapport à l'activité professionnelle, chaque type présente des points forts, des points faibles et des risques de dérives.

Voici les aspects mis en évidence par un groupe de formateurs qui ont travaillé à partir de leur propre expérience. Nous les reportons tels quels, sachant que l'exercice ne prétend pas à une valeur scientifique mais se veut un stimulant à la réflexion personnelle.

Atouts – points forts	*Dérives – points faibles*
Formateur communicateur	
Aisance dans la parole – art de la répartie	Superficialité
Souci de faire passer son message	Écoute limitée, partiale de ce qui va dans son sens
Facilité de l'argumentation	Réponse à la place de l'autre
Contact chaleureux	Risque de penser qu'il suffit de dire pour qu'il y ait compréhension
Formateur éducateur	
Altruisme	Ignorance des véritables problèmes
Dévouement aux autres	Prise en charge et donc responsabilisation insuffisante de l'apprenant
Capacité d'écoute	
Défense des causes « difficiles » et développement d'un regard positif.	Approche psychologique privilégiée au détriment des aspects techniques ou institutionnels
Intérêt aux personnes, à leur vécu et à leur projet.	
Formateur militant	
Souci d'inciter à l'action et d'encourager à franchir des obstacles	Directivité et parfois manipulation au sens où il peut imposer son point de vue
Distance par rapport au système et lucidité	Tendance à déborder de son rôle de formateur
Convictions fortement exprimées	Démagogie ou facilité dans l'argumentation

Formateur pragmatique

Message facilement accessible car concret	Méthode pédagogique empirique
Goût pour l'action	Faiblesse d'analyse
Bon accompagnateur qui met l'accent sur la débrouillardise	Difficulté à mesurer les effets produits
	Peu d'aptitude pour ouvrir le champ de réflexion de la personne en formation

Formateur théoricien

Rigueur et structuration du discours	Prise en compte excessive des théories au détriment des demandes réelles (peut répondre à côté des questions)
Plan défini : sait où il va	
Pertinence des explications avancées car référées aux sciences	Manque d'exemples concrets car l'expérience personnelle, le vécu sont sous-estimés
Distanciation et analyse des situations sous des angles nouveaux	
	Désintérêt des conséquences en termes d'action et d'organisation

Formateur thérapeute

Mise en valeur de ses expériences passées pour aller de l'avant	Prégnance trop forte de son vécu personnel
Souci de l'harmonie avec lui-même	Focalisation sur l'analyse des problèmes des personnes au détriment des actions à entreprendre
Respect des rythmes personnels	
	Tendance à privilégier le « Moi » par rapport aux objectifs de la formation elle-même

Réfléchir à sa pratique

En vous inspirant de ce qui est écrit plus haut, dressez votre propre bilan. Pour votre activité actuelle ou future, que vous apporte comme atout et comme faiblesse le parcours que vous avez suivi et les motivations qui vous ont guidé ?

Mes atouts	Mes points faibles

71

2. Un métier : des compétences

Tout métier se caractérise par **un ensemble d'activités** (ce qu'est censé réaliser le professionnel en question) et **un ensemble de compétences** (méthodes, techniques que l'individu doit être en mesure de mettre en œuvre dans toute situation professionnelle). Le métier de formateur n'échappe pas à cette règle.

2.1 Les activités du formateur

Distinguons d'abord la fonction de formateur de quelques autres qui en sont proches.

Le conseiller en formation appelé également agent de développement, ingénieur d'affaires… : il est présent dans les centres de formation, dans les organismes collecteurs, dans les entreprises. Son activité principale est le conseil « à l'interne » (près des décideurs) et « à l'externe » (près des clients, des adhérents). Il est chargé du développement de la clientèle et de l'élaboration de nouveaux produits et prestations. Il assure enfin la circulation de l'information à travers un réseau.

Le responsable-formation d'entreprise. Il a en charge le développement et la gestion des actions de formation « à l'interne ». Il élabore le plan de formation, traite avec les prestataires et avec les salariés bénéficiaires. Il peut avoir une fonction à *dominante administrative* (gestion des stages) ou à *dominante politique* (élaboration de la politique de formation) suivant son niveau de responsabilité.

Le consultant en formation. Son activité est en amont de celle du formateur puisqu'il analyse les situations (d'un emploi, d'un service, d'un territoire…) pour élaborer des plans ou des dispositifs de formation et en évaluer les résultats.

Le responsable de dispositif de formation, (le coordinateur, le référent sectoriel…) fait partie des cadres intermédiaires au sein d'organisme. Il est à l'interface entre un conseiller en formation, un consultant et une équipe pédagogique. Il est l'interlocuteur du service administratif chargé des tâches de suivi mais aussi des financeurs et prescripteurs.

Le formateur est celui qui construit les dispositifs pédagogiques (on le qualifie de concepteur) et qui les met en œuvre auprès des apprenants (il est alors nommé animateur, enseignant, instructeur…). Si nous distinguons ces fonctions les unes des autres pour la clarté de la présentation, il n'en demeure pas moins que dans la pratique, les activités ne sont pas étanches. Nous dirons même qu'elles ne doivent pas l'être sous peine de tayloriser la chaîne formative et d'obscurcir le sens de l'activité professionnelle. Pour nous, **un formateur d'adultes est amené à œuvrer sur l'ensemble du processus formatif, de l'analyse de la demande au bilan de l'action.**

Réfléchir à sa pratique : votre travail de formateur

A – Ce que fait le formateur d'adultes

Décrivez vos activités en les classant en 6 ou 7 familles :
–

–

–

–

–

–

–

Repères pour l'analyse

Avec les groupes de formateurs adultes qui se sont succédé dans les formations du Cafoc et sur la base de leur propre expérience, nous avons répertorié *sept grandes fonctions ou domaines d'activité :*

– Concevoir des actions ou des dispositifs de formation

Analyser des besoins de formation dans une organisation ou sur un territoire pour un collectif ou un individu.

Élaborer une proposition de formation.

– Préparer ses propres interventions (séquences de formation)

Se documenter.

Construire la progression générale pour le domaine dont on est chargé.

Construire le scénario pédagogique de chaque séquence.

Réaliser les supports pédagogiques.

– Animer les séquences de formation

Assurer le déroulement tel qu'il est prévu dans le scénario pédagogique et l'adapter si besoin.

Communiquer avec les personnes en formation.

Gérer un groupe hétérogène d'apprenants.

Faire face aux aléas, imprévus de la situation.

– Accompagner les personnes en formation

Aider à l'élaboration d'un projet individuel de formation.

Assurer le suivi des apprentissages, y compris en milieu professionnel.

Réguler les parcours individualisés.

– Évaluer et rendre compte

Mesurer les apprentissages des apprenants.

Évaluer la mise en œuvre et les résultats d'une action et en rendre compte.

Analyser ses propres pratiques.

– Piloter une action, un dispositif

Planifier, gérer, adapter un dispositif de formation.

Coordonner une équipe d'intervenants.

– Entretenir des relations institutionnelles et commerciales avec l'environnement

Contacter, visiter, informer les entreprises, négocier avec elles.

Participer à des rencontres avec des interlocuteurs des diverses instances de la formation.

Participer à des démarches commerciales.

Assurer une veille sur les évolutions de l'environnement et plus particulièrement sur la relation emploi-formation.

Cette liste n'est évidemment pas exhaustive. Le formateur, comme bien d'autres professionnels, est amené à travailler en équipe, en réseau et a besoin pour mener à bien ses missions de faire le point, de se former, d'analyser ses pratiques, c'est-à-dire d'être en recherche permanente de développement de ses compétences.

B – Le temps que le formateur y passe

Prenez maintenant votre agenda et essayez de quantifier le temps que vous prend chacune de ces fonctions. Choisissez une semaine qui vous apparaît représentative. Combien avez-vous passé de temps en intervention directe ? Ceci est le plus facile à comptabiliser. Combien pour les autres activités ? Prenez en compte l'ensemble du mois pour corriger les particularités de la semaine prise en compte. Établissez un pourcentage.

Concevoir ……………………………

Préparer ……………………………

Animer ....
Accompagner ....
Évaluer ....
Piloter ....
Entretenir des relations ....

Vous pouvez comparer vos résultats avec la moyenne relevée auprès d'un groupe de 15 formateurs venant d'organismes différents.

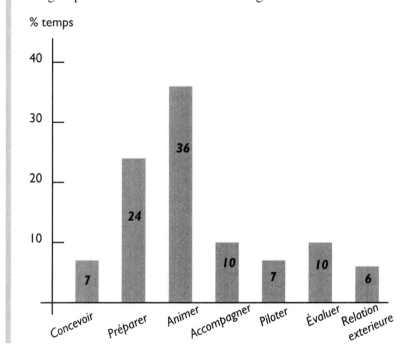

C. L'enjeu que le formateur y met

Voici un exercice complémentaire pour juger de l'importance que vous accordez à chacune de ces fonctions de votre métier.

Pour remplir le tableau ci-dessous, vous disposez d'un total de 70 points à répartir entre les sept activités en fonction de l'intérêt que vous y portez (soit 10 points à chacune si tout était égal).

Cet intérêt peut être fonction de votre motivation, du plaisir que vous y éprouvez ou de l'enjeu qu'il représente pour vous par rapport à vos objectifs présents ou par rapport à une évolution possible de votre activité.

75

	Intérêt personnel/70
1 – Concevoir des dispositifs ou actions	
2 – Préparer ses interventions	
3 – Animer les séquences de formation	
4 – Accompagner les stagiaires	
5 – Évaluer	
6 – Piloter des actions	
7 – Entretenir des relations avec l'environnement	

Adoptez ensuite la même démarche en fonction de votre organisme, du rôle qu'il vous a confié, des enjeux qu'il a avec ses clients, avec ses autorités de tutelle, etc.

	Intérêt de l'employeur/70
1 – Concevoir des dispositifs ou actions	
2 – Préparer ses interventions	
3 – Animer les séquences de formation	
4 – Accompagner les stagiaires	
5 – Évaluer	
6 – Piloter des actions	
7 – Entretenir des relations avec l'environnement	

Y a-t-il convergence entre les deux tableaux ? Si c'est le cas, vous avez un repère clair pour apprécier les compétences que vous avez à développer prioritairement. S'il y a des décalages, quelle est votre stratégie pour que l'institution et vous-même puissiez trouver un terrain d'entente ?

2.2 Les compétences requises

Pour assurer les activités identifiées ci-dessus, vous avez besoin de savoirs et de savoir-faire, lesquels ? C'est ce que recouvre le terme de compétence.

A. Le concept de compétence[19]

Le concept de compétence sera utilisé à diverses reprises au cours de cet ouvrage. Commençons donc par préciser son sens. Dans le langage courant, est reconnue compétente la personne qui sait faire. Autrement dit, la compétence se définit par rapport à l'action. **Est compétent celui qui est capable d'agir avec discernement et efficacité, c'est-à-dire capable de**

---

19. CAFOC de Nantes, *Développer les compétences clés*, Chronique sociale, 2012.

résoudre un problème dans une situation donnée. Nous définissons la compétence d'un acteur social comme l'action de résoudre une famille de problèmes dans un environnement donné. Ce terme se réfère donc à la maîtrise d'une activité (professionnelle ou non), combine des savoirs théoriques, des savoir-faire pratiques et des attitudes dans un ensemble dynamique et est relatif à une situation ou famille de situations.

La compétence se distingue de l'aptitude dans la mesure où elle intègre l'acquis d'un apprentissage et de l'expérience alors que l'aptitude porte la marque de ce qui est individuel et psychologique (une donnée naturelle, une disposition spontanée). Elle se différencie également de la capacité qui a caractère général, « transsituationnel », alors que la compétence est liée à une situation ou à une famille de situations. « Communiquer par oral » est une capacité susceptible de se concrétiser dans de nombreuses situations ; « conduire un entretien de recrutement » est une compétence dans le champ de la gestion des ressources humaines.

B. Les compétences du formateur

Tout formateur a un *double domaine* de compétences.

– D'une part il possède des **savoir-faire et des savoirs particuliers liés à sa spécialité** : le formateur de dessin maîtrise les techniques du dessin, le formateur d'anglais connaît la langue anglaise et le formateur chargé d'aider à la définition du projet s'appuie sur des outils de bilan et sur une connaissance de l'environnement social et économique.

– D'autre part le formateur a des **compétences liées à la conception et à la mise en œuvre** de la formation. C'est de celles-ci, **communes** à tous les formateurs, dont nous allons parler maintenant. Elles sont d'ordre de l'ingénierie (élaborer une réponse formation), de la pédagogie (construire une progression et des séquences d'apprentissage), de la relation (communiquer avec les personnes) et de l'organisation (assurer la gestion et la régulation d'une action).

Prolongeant le tableau des activités présenté plus haut, nous pouvons très empiriquement identifier un ensemble non exhaustif de compétences. Vous pouvez situer votre propre niveau de maîtrise en utilisant le barème suivant :

1 – j'en ai une idée, j'en ai entendu parler ;
2 – je commence à utiliser ;
3 – j'ai une certaine expérience ;
4 – j'ai une approche structurée du sujet, je pratique avec méthode ;
5 – je suis en mesure d'accompagner des collègues, je suis en mesure de les aider, d'assurer une formation.

	Compétences	Niveau de maîtrise				
		1	2	3	4	5
1. Concevoir des dispositifs ou actions de formation	**Savoirs** • Distinguer besoin et demande. • Caractériser les différents dispositifs de formation. **Savoir-faire** • Analyser une demande. • Conduire une étude de besoin (écart compétences requises/compétences acquises). • Rédiger, analyser un cahier des charges. • Construire un dispositif de formation articulant différentes modalités (alternance, individualisation, distance…).					
2. Préparer ses interventions	**Savoirs** • Identifier les apports des théories de l'apprentissage. • Identifier les apports de l'approche par les objectifs. • Identifier les apports des différentes méthodes pédagogiques. **Savoir-faire** • Analyser l'environnement des personnes en formation et les enjeux des différents acteurs. • Définir et formuler les objectifs pédagogiques. • Les organiser dans une progression pédagogique. • Adopter les méthodes pédagogiques appropriées. • Élaborer des situations-problèmes. • Réaliser ou adapter des supports pédagogiques écrits ou multimédia.					
3. Animer les séquences de formation	**Savoirs** • Repérer les principes de la communication. • Identifier les phénomènes de groupe. **Savoir-faire** • S'exprimer dans un groupe. • Mettre en œuvre une écoute active (centrée sur l'apprenant). • Réguler l'expression et le travail du groupe. • Gérer le temps. • Gérer les conflits. • Adapter la progression aux rythmes et styles des apprenants.					

4. Accompagner les apprenants	**Savoirs** • Spécifier son rôle de formateur et ses limites. • Repérer des éléments de psychologie des personnes en formation. **Savoir-faire** • Maîtriser les techniques d'entretien individuel et collectif. • Faciliter l'élaboration et la validation de projets individuels.					
5. Évaluer et rendre compte	**Savoirs** • Identifier les différentes fonctions et formes de l'évaluation. • Distinguer observation, analyse et évaluation. **Savoir-faire** • Concevoir des dispositifs et outils d'évaluation des apprentissages. • Concevoir des dispositifs et outils d'évaluation des actions.					
6. Coordonner l'action ou un dispositif	**Savoirs** • Connaître le fonctionnement des organismes de formation et en particulier de son propre organisme. **Savoir-faire** • Décoder les enjeux et stratégies des acteurs. • Planifier, gérer, adapter un projet, une action. • Établir et suivre le budget d'une action. • Travailler en équipe. • Coordonner une équipe.					
7. Entretenir des relations avec l'environnement socio-économique	**Savoirs** • Appréhender le cadre juridique de la formation continue. • Situer les instances interlocutrices. • Caractériser le tissu socio-économique et l'état du marché de l'emploi. **Savoir-faire** • S'informer sur les évolutions de l'environnement. • Tenir compte des enjeux dans les rapports avec les interlocuteurs. • Entretenir des relations à caractère commercial. • Négocier un projet avec des interlocuteurs internes ou externes.					

Pourquoi dans ce référentiel ne trouve-t-on pas de « savoir-être » ?

Les attitudes et comportements relationnels sont constitutifs de l'exercice du métier de formateur. La personnalité elle-même est impliquée dans la pratique. Mais ces savoir-être ne sont pas spécifiques à telle ou telle activité et souvent énoncés en termes généraux : « être à l'écoute, être responsable, autonome, vigilant, etc. » Exprimés ainsi, ils sont, selon nous, peu utiles à cette étape de l'approche du métier. En revanche, nous pensons que la démarche d'analyse des pratiques est une façon plus pertinente de travailler ces dimensions.

C. Un outil pour se positionner

Cette grille de compétences peut devenir un moyen pour faire le point sur vos acquis et organiser vos objectifs personnels de formation ou de professionnalisation.

1 – Situer votre niveau

Maintenant il reste à vous positionner. Quel est votre degré d'acquisition ou niveau de maîtrise de chacune de ces savoirs et savoir-faire ?

Sur le tableau, cochez votre propre niveau en face de chaque item.

2 – Identifier les écarts significatifs

L'essentiel est de repérer là où il y a un écart entre votre niveau de connaissance et de pratique et celui qui vous est nécessaire ou utile dans votre activité (actuelle ou future). Là où il y a écart, là vous avez besoin de formation.

3 – Décrire les lacunes ou obstacles

Il est alors intéressant pour les écarts les plus importants de décrire ce qui à votre avis vous fait défaut ou vous pose problème. S'agit-il d'un manque de connaissances ? Lesquelles ? D'un manque d'expérience ? D'une difficulté liée à votre manière d'être, à votre passé ?

4 – Se donner des objectifs de progression

Quelles compétences entendez-vous développer ? Sous quelles formes et avec quels moyens ? Nous avons écrit cet ouvrage afin qu'il soit entre vos mains un outil pour développer vos compétences professionnelles.

5 – Effectuer un bilan régulier

Faire le point, analyser les réussites comme les échecs sont des points de passage obligés pour un formateur qui veut développer son professionnalisme.

3. Une profession : la quête de la reconnaissance

Qu'ajoute la notion de profession à celle de métier ?

Au-delà d'activités et de compétences spécifiques, la profession désigne une inscription particulière au sein de la société. Une profession se définit par différentes caractéristiques :
- réponse à un besoin social ;
- marché du travail spécifique ;
- définition de la fonction et de la pratique ;
- savoirs constitués ;
- diplômes spécifiques ;
- associations professionnelles ;
- préoccupations syndicales ;
- règles déontologiques, voire ordre spécifique...

Selon Guy Jobert[20], le discours sur la profession est d'abord une rhétorique développée par les praticiens concernés, destinée à convaincre le public en général et les pouvoirs publics en particulier de la nécessité d'une division sociale des activités au sein de laquelle la profession considérée va pouvoir prétendre, au nom de cette nécessité, à des prérogatives particulières. Se réclamer d'une profession, c'est vouloir se faire reconnaître avec les conséquences en matière d'accès à l'emploi, de rémunération... Le discours tend à prouver que la profession :
- répond à des besoins sociaux spécifiques ;
- met en œuvre des savoirs experts propres ;
- agit selon une déontologie offrant une garantie aux clients ou usagers.

Reprenons ces critères et voyons comment ils s'appliquent à l'activité de formation.

3.1 La formation, réponse à des besoins sociaux

La demande de formation a envahi tous les secteurs de l'activité sociale et professionnelle et concerne toutes les catégories sociales. Cette demande fait l'objet d'analyses, « d'études de besoin ». Elle se traduit par des budgets importants pour les entreprises, les pouvoirs publics et les ménages.

---

20. G. Jobert, « La professionnalisation des formateurs », *Actualité de la formation permanente,* n° 103, p. 27.

Des évaluations sont conduites pour apprécier si les résultats satisfont aux attentes. La nécessité pour les personnes de se former tout au long de leur existence apparaît bien être une exigence sociale et économique reconnue de notre époque.

3.2 Des savoirs propres

Ce sont les compétences que nous avons identifiées plus haut comme étant celles du formateur et que l'on peut synthétiser en quatre groupes :
- la maîtrise d'un domaine particulier de connaissance (« la discipline enseignée ») ;
- les savoirs et savoir-faire relationnels ;
- les savoirs et savoir-faire pédagogiques ;
- les savoir organisationnels et institutionnels (connaissance de l'environnement et relations avec lui).

Ces compétences et les connaissances théoriques ou méthodologiques qui leur sont associées constituent de fait le point commun des formations de formateurs.

Guy Jobert développe une analyse critique quant à ces savoirs. Il affirme que l'on retrouve dans le métier de formateur 70 % des attributs qui constituent une profession mais qu'il y manque le cœur, c'est-à-dire *« des savoirs objectifs, propres, constitués, légitimés et transmissibles »*, reconnus comme permettant d'obtenir des résultats mesurables.

Il soulève une seconde objection à propos de la mesure objective de l'efficacité professionnelle (obtenir un résultat à un moment donné) : il se demande si cette efficacité tient plutôt de la technicité des pratiques ou du charisme des formateurs.

Voilà pourquoi le « savoir-formateur » n'est pas un savoir facile à constituer, à transmettre et à faire reconnaître.

3.3 Une déontologie

Elle est constituée des règles de conduite que respectent tous les praticiens concernés. Il s'agit à la fois de fournir des garanties aux clients, aux usagers, pour qui l'acte pédagogique est souvent insaisissable et de fournir des critères pour protéger la profession des faux professionnels. La déontologie professionnelle ne se confond pas avec l'éthique personnelle des individus : elle est un ensemble d'obligations et d'interdits qui régissent l'activité et qui sont reconnus implicitement ou explicitement par tous les praticiens. Ces règles se concrétisent éventuellement par des codes et par des institutions chargées de les faire respecter (comme « l'ordre » des avocats ou des pharmaciens…). Nous avons cherché de tels codes de déontologie pour la formation des adultes. Déception : nous avons trouvé ou des déclarations d'intention aussi vagues que généreuses (« Facturer au juste prix », « Appliquer la règle absolue du secret professionnel ») ou des chartes Qualité indiquant des engagements précis mais centrés uniquement sur les procédures à respecter et les documents à établir. Que manque-t-il pour que des institutions ou des équipes de formateurs donnent corps à cette morale collective ?

Seriez-vous en mesure avec vos collègues de rédiger une telle charte ?

3.4 Un accès contrôlé au marché

Ajoutons aux critères identifiés par G. Jobert un aspect économique. Si chacun peut se déclarer formateur, l'accès au marché proprement dit s'organise. Le courant de normalisation et de labélisation qui touche le monde de la formation des adultes participe de ce mouvement de régulation et de contrôle de l'accès à certains marchés. Comment aujourd'hui peut-on parler de professionnalisation de la formation ? C'est pour nous à la fois une réalité sociale et un processus personnel.

1. La professionnalisation : un phénomène social

La formation n'est pas seulement une activité qui se mesure au nombre de ses bénéficiaires ou aux sommes engagées pour la mettre en œuvre mais elle regroupe également un ensemble de professionnels qui se manifestent aujourd'hui sur la place publique : des associations professionnelles et des syndicats se sont organisés, une convention collective a été signée (en 1989 en France[21]) qui s'applique à certains organismes privés, les formations de formateurs se multiplient, des diplômes sont reconnus. La formation, comme secteur d'activité, se professionnalise donc, mais il s'agit d'un phénomène récent puisqu'il date des trente dernières années et encore inachevé : il n'y a pas de grille unique et reconnue des qualifications et des certifications. La précarité est le lot d'une majorité de ces professionnels. La fonction formation tend parfois à se diluer : tout le monde devient d'une façon ou d'une autre formateur. C'est ainsi devenu une fonction de l'encadrement dans de nombreuses entreprises et administrations. Le monde des formateurs reste un univers hétérogène qui ne parle pas le même langage.

---
21. Elle est régulièrement actualisée, dernier accord 2012.

2. La professionnalisation : une démarche des personnes

Après avoir pratiqué occasionnellement ou de façon empirique, bien des formateurs déclarent vouloir « se professionnaliser ». Il s'agit pour eux de s'ancrer durablement dans le métier, de confronter leurs démarches et méthodes à celles qui se pratiquent généralement, d'acquérir des savoirs structurés pour fonder leur mode d'intervention, éventuellement d'obtenir un titre ou un diplôme qui facilitera la reconnaissance sociale. Ce sont ces considérations qui conduisent les formateurs d'adultes à suivre des formations longues. Agir en maîtrisant ses choix pédagogiques, telle est aussi une voie de la professionnalisation.

4. Une pratique sans cesse à réinventer

Votre pratique, c'est la façon dont concrètement, quotidiennement vous assurez les fonctions qui sont les vôtres. Elle est la clé d'une professionnalisation car **le métier ne s'acquiert pas sans pratique :** les compétences, le professionnalisme restent virtuels tant qu'ils ne s'incarnent pas dans l'action, dans une pratique.

4.1 Une pratique dans le champ de la relation

La pratique n'est pas la simple application des méthodes et techniques professionnelles, elle est le **reflet de la personne dans sa totalité :** le formateur agit en fonction de ses expériences antérieures, de ses goûts, de ses envies, de ses rejets. Il y met non seulement son savoir mais également sa personnalité. Il y a les personnes avec qui le courant passe et celles qui semblent dresser une barrière. Il y a les jours où l'enthousiasme est communicatif et ceux où l'on regarde sa montre en attendant la fin de la journée. Il y a les formateurs qui parlent tout le temps et ceux qui écoutent. À compétences et qualifications égales, l'activité réelle des formateurs est aussi diverse que les personnalités et les situations rencontrées.

L'activité du formateur fait partie des « métiers » de la relation visant le changement des personnes (comme le thérapeute, le médecin, l'éducateur, l'enseignant mais aussi par certains aspects le responsable politique, le *manager*). Retenons quelques caractéristiques de la pratique de ces métiers.

> – La pratique est **personnelle.** Elle est l'expression du sujet qui la met en œuvre, sa projection dans le temps et dans l'espace. Réfléchir à sa pratique, c'est donc se poser la question de **son engagement dans ce que l'on fait,** de quelle façon on y est présent, jusqu'à quel point on s'y

reconnaît et on s'y sent soi-même. Ainsi la dimension personnelle fait partie de l'exercice du métier quand on est formateur.

– La pratique est **singulière.** Chaque moment d'une activité est particulier. C'est vrai pour toute activité humaine, c'est encore plus vrai dans une activité relationnelle comme la formation. La mise en œuvre concrète est à la confluence de deux volontés, de deux personnalités, de deux parcours, celui du formateur et celui de l'apprenant. Réfléchir à sa pratique ne consistera pas seulement à analyser des résultats globaux, des comportements habituels, des situations moyennes. Il faudra **s'arrêter sur des situations précises,** des événements singuliers ou ordinaires.

– La pratique est **vivante.** Constituée d'un ensemble d'actes qui font appel d'une part à des décisions prises au préalable (phase de préparation de l'action) et d'autre part à une multitude de **microdécisions, pensées sur le moment au fil de l'activité** et en interaction avec les autres acteurs présents. La conduite de l'activité est donc pleine d'incertitudes liées au fait que les situations ne se reproduisent pas à l'identique, que tout n'est donc pas prévisible, en particulier la réaction des autres personnes concernées.

– La pratique est **complexe.** L'effet n'est pas le résultat d'une seule cause. Une action, une situation ne peuvent être lues en fonction d'une seule logique. Ainsi un formateur propose à la réflexion la situation suivante : « *Sans dire quoi que ce soit, pendant mon intervention, l'ensemble des stagiaires s'est mis à lire des BD, tout en écoutant distraitement* ». L'analyse de la situation a montré que cette attitude pouvait être liée au contexte institutionnel (formation obligatoire), à l'impression de déjà entendu, à une méthode trop expositive, mais en approfondissant il est apparu que la perception du formateur était très colorée par son propre état d'esprit du moment (première intervention devant un groupe). Bref une même situation vécue a besoin d'être analysée sous plusieurs angles, **institutionnel, pédagogique, psychologique.**

4.2 L'analyse des pratiques, un chemin pour progresser

Yves Saint-Arnaud, thérapeute et formateur canadien, reprenant les travaux de Schön et Argyris (chercheurs américains – voir pistes d'approfondissement p. 93 à 96), analyse comment un praticien progresse dans la maîtrise de son activité.

Le praticien débutant progresse grâce au savoir constitué, surtout s'il vit dans un contexte où ses pairs lui en facilitent l'accès. Lorsqu'un problème se pose, lorsqu'il échoue dans une action, il reprend ses cours, cherche un ouvrage spécialisé, fait appel à un collègue plus expérimenté pour trouver la cause de son inefficacité et la solution au problème. Lorsque la situation se présente à nouveau, il est armé pour y faire face.

Exemple : Martine, jeune formatrice en arts appliqués est chargée d'un cours sur la place de l'image dans la communication. Elle se documente, prend des notes, prépare ses exposés. Résultat : au bout de deux cours, ses stagiaires ont complètement décroché. Elle en parle à un collègue qui l'interroge sur les objectifs de son intervention, elle exprime quelques généralités sur le développement de la sensibilité de son public. Son collègue, constatant qu'elle n'a aucune notion de l'approche par objectifs, lui conseille un ouvrage. Depuis elle construit ses interventions non plus à partir des idées à faire passer mais des objectifs à atteindre.

Ainsi un recours aux connaissances déjà constituées est le facteur clé du progrès… jusqu'à un certain seuil où ce savoir homologué n'apporte plus rien dans la conduite de l'action.

Comment alors progresse **le praticien expérimenté ?** En créant, interrogeant, transformant, en recréant ses propres modèles d'action.

Jean-Pierre formateur chevronné s'il en est, rédige un dossier d'autoformation. À l'issue du travail, il éprouve un malaise en relisant la façon dont il formule ses objectifs qui lui apparaissent trop étroits par rapport à ce qu'il escompte pour l'apprenant. Ce n'est pas une énième lecture d'article sur la technique des objectifs qui l'aidera mais plutôt **une réflexion sur sa façon de pratiquer les objectifs :** il y découvrira une théorie comportementaliste (se limitant aux comportements observables) alors que toute sa pédagogie est fondée sur une prise en compte de la dynamique du sujet. Il y a là une contradiction qui l'obligera à se définir une nouvelle (et personnelle) théorie des objectifs.

Réfléchir sur sa façon d'agir, c'est rechercher les principes qui l'inspirent (et qui ne sont peut-être pas conformes à ce que disent les règles officielles ou même à ce que prétend le sujet !) et les savoirs qui s'y cachent. L'action est porteuse d'une pensée qui s'ignore. Mettre à jour cette pensée personnelle sous-jacente, c'est prendre le risque de la remettre en cause mais c'est aussi la chance de découvrir une nouvelle cohérence, une nouvelle organisation de la pensée et par là une efficacité renouvelée.

Voilà donc pourquoi nous proposons ici et tout au long de cet ouvrage **l'analyse de pratique professionnelle comme moyen de progrès personnel.** Ainsi les thèmes que nous aborderons par la suite auront autant de valeur de savoirs constitués à acquérir pour les débutants que de valeur de questionnement sur la pratique pour les formateurs plus aguerris.

4.3 Trois niveaux de questionnement

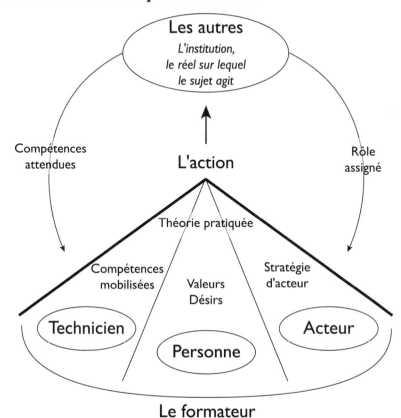

Le professionnel, en particulier dans les métiers visant l'intervention auprès des personnes, met en jeu une triple dimension dans son activité. Il est à la fois :

– *un « technicien »* (entendu dans un sens large, celui qui applique des techniques). Il met en œuvre des compétences répertoriées, s'appuie pour cela sur un savoir d'ordre technique ou scientifique. Ainsi le formateur sait préparer un exposé, conduire un entretien pour recruter un « stagiaire », choisir les méthodes pédagogiques appropriées, etc. C'est **l'entrée par le métier.**

– *un « acteur »* dans une organisation. D'une part l'organisation lui assigne un rôle et d'autre part il met lui-même en œuvre une stratégie pour assurer sa place, développer son autonomie, renforcer son pouvoir. C'est **l'entrée par l'organisation** et le système dans lequel se situe l'action du formateur.

– *une personne* qui entre en relation avec d'autres sujets, qui se construit au fil d'une histoire, qui se réfère à des valeurs, qui met en action des motivations et des désirs. C'est **l'entrée par le sujet agissant.**

Technicien, acteur stratégique et personne, le formateur l'est simultanément et indistinctement dans toute sa pratique. S'arrêter sur son activité, c'est l'interroger selon ces trois dimensions.

1 – La première est celle du métier et de ses techniques
- Quelle méthode ai-je utilisée ?
- Quels en sont les *a priori* ?
- Quelle est la cohérence avec les objectifs fixés ?
- Quelle a été son efficacité ?
- D'autres démarches étaient-elles possibles ?

2 – La seconde est celle des enjeux et de la stratégie
- À quoi sert cette activité ?
- Quel rôle m'est assigné ?
- Quels sont mes enjeux, ceux de mon institution, des autres acteurs ?

3 – La troisième est celle de l'engagement personnel
- Est-ce que ce comportement est conforme aux valeurs que je prône ?
- Quelles sont mes motivations ?
- Est-ce que je veux ou est-ce que je subis ?
- Quelle considération ai-je pour l'autre : est-il sujet ou objet ?

4.4 Une réflexion en trois temps

Qu'il se fasse seul ou en groupe, l'arrêt sur sa pratique comme mode de perfectionnement professionnel se conduit par étapes.

A. Décrire

Il s'agit de **mettre à jour des faits,** qu'ils soient objectifs et observables (la personne en formation qui quitte la salle en claquant la porte) ou qu'ils soient de l'ordre du ressenti *(« J'ai eu à ce moment-là l'envie d'arrêter la séquence »)*. Comment s'est passée et a été vécue la situation concrète que l'on veut analyser ?

Décrire, c'est **répondre aux questions :** qui, avec qui, a fait quoi, dans quel contexte, avec quels moyens, quels résultats ? Au-delà des données purement factuelles, la présentation indique les implications de la personne : ses intentions, ses craintes, ses attentes…

Retracer les faits par écrit, les rapporter à des pairs, répondre à leurs questions, sont des moyens de mener à bien cette étape.

B. Analyser

Analyser c'est :

– *comprendre,* saisir intuitivement ce qui s'est passé, rapprocher des aspects qui apparaissent disjoints au premier regard, prendre le point de vue d'autres acteurs. C'est rechercher un fil conducteur, inventorier des sens possibles pour se comprendre et comprendre le comportement des autres.

– *expliquer :* utiliser une grille d'analyse, se servir d'une théorie, d'un concept, d'une hypothèse pour éclairer **la** situation. C'est prendre appui sur ce que pourraient en dire des experts. C'est surtout mettre à jour la pensée qui se révèle à l'œuvre dans l'agir, expliciter les modèles auxquels plus ou moins inconsciemment se réfère la personne lorsqu'elle agit. Cette explicitation est à la fois une prise de conscience et la possibilité d'un regard critique, d'une vérification de la cohérence. Par là s'ouvre la voie d'une réorganisation des principes d'action.

C. Transformer

La réflexion sur la pratique n'a pas pour seul but d'éclairer les enjeux et les profondeurs d'une action mais de la transformer, de la rendre plus consciente bien sûr, mais aussi plus efficace, plus cohérente, etc. Ce troisième temps est celui des possibles : quelles autres hypothèses d'action sont envisageables ?

S'entraîner à partir d'un exemple : le concurrent

> *À partir du texte ci-dessous reprenant un échange au sein d'un groupe d'analyse de pratiques :*
>
> *1. dégager les trois dimensions de la vie professionnelle :*
>
> – *le technicien porteur d'un métier ;*
>
> – *l'acteur et sa stratégie ;*
>
> – *la personne, ses valeurs et ses désirs ;*
>
> *2. repérer les étapes successives qui apparaissent dans le dévoilement de la situation présentée par Irène.*

Le groupe est lancé dans une discussion qui porte sur ce qu'est une négociation. I (Irène) apporte une situation qu'elle vient de vivre. Elle est formatrice et encadre des chantiers du bâtiment pour l'insertion de personnes en difficulté sociale. La discussion précédente portait sur la négociation. A désigne l'animateur et P les participants.

I : Moi j'ai rien négocié, la porte a volé. Point final.

A : Et si tu nous racontais comment ça s'est passé ?

I : On a prêté mes outils à un collègue et quand j'ai voulu les récupérer, il n'y a pas eu moyen. On m'a dit de me débrouiller. Alors la colère m'a prise et j'ai gueulé. J'ai dit au responsable que j'avais besoin de mes outils pour finir le chantier et que j'allais faire un bon de commande. Je me suis énervée et je suis partie en claquant la porte. Les carreaux ont descendu. (Irène a la force physique nécessaire et suffisante).

P : Et alors ?

I : Je me suis faite discrète depuis. Je passe prendre mon courrier le soir, quand il n'y a plus personne, moi qui parlais à tout le monde avant et qui étais présente. Depuis, je fais le mort.

Mon patron est venu sur le chantier me voir une semaine après et m'a rapporté les outils. Il m'a parlé du nouveau projet qui m'attend et a voulu me sécuriser. Maintenant j'ai récupéré mes spatules mais je n'en ai plus besoin.

Plusieurs questions sont adressées à Irène dont une sur la relation disproportionnée entre le fait (emprunt des outils) et la réaction (colère violente). Elle répond :

I : En fait, ces outils ont été prêtés au nouvel embauché, un peintre qui doit prendre un nouveau chantier, un mec plus compétent que moi. Moi, je sais que je ne suis pas peintre, je me débrouille dans le domaine mais je n'ai pas la qualification.

A : En lui donnant tes outils, tu as eu peur qu'on lui donne ton poste ?

I : Certainement que ça m'a fait mal. Maintenant ils remplacent les anciens par des formateurs qualifiés. Alors ?

Irène a rougi, des larmes sont apparues. Silence du groupe. L'animateur propose que le groupe synthétise la situation en privilégiant les faits. Quels sont les faits qu'Irène nous a donnés ? Le groupe formule les éléments suivants :
- *prêt des outils à un nouveau collègue*
- *discussion violente entre le responsable et Irène*

- *une porte vole en éclats*
- *le responsable ramène les outils et entretient Irène d'un nouveau projet de chantier qui se concrétise.*

A : Qu'est-ce qui te fait dire qu'on veut te licencier ?

I : Je reconnais que si le responsable voulait me licencier il ne serait peut-être pas venu me voir sur le chantier (il ne l'avait pas fait depuis un an). Mais en même temps l'ambiance se dégrade et ils vont me dire de prendre du repos. Comme mon contrat se termine bientôt…

P : Ce chantier donné au nouveau collègue, pouvais-tu le prendre ?

I : Non car le mien n'est pas terminé. Mais maintenant on va être deux peintres alors qu'ils veulent diversifier les compétences.

A : Comment as-tu compris l'embauche du nouveau collègue ?

I : Comme un concurrent.

P : Et si ton organisme attendait de toi une coopération avec ce collègue, un travail en commun ?

A : En fait cette embauche, tu la vis mal car au-delà des problèmes de licenciement, tu te sens déconsidérée par ton organisme. Lui donner tes outils cela a été comme si on lui donnait ton emploi.

P : Et si tu travaillais avec ton collègue peintre ?

I : Jamais, c'est un beauf.

P : Qu'entends-tu par là ?

I : Je ne sais pas moi, un beauf, un con. Il a toujours raison, Il sait tout. C'est le mec à mépriser les stagiaires. Je vais vous dire. Il commence à l'heure, finit à l'heure. Et si jamais il y a un mec qui fait une tentative de suicide à 5 heures, tu ne dis pas : bon, on verra ça demain !!! Mon organisme est en train de changer avec l'embauche de mecs comme ça.

A : En fait ce qui est sous-jacent à tout ce que tu nous as dit, c'est que ta structure est en train d'évoluer, qu'elle passe de la famille à la société anonyme en quelque sorte et tu t'interroges pour savoir si elle n'est pas en train de perdre son âme, ses valeurs en grandissant.

Repères pour l'analyse

Voici notre lecture de cette situation

1. Les trois dimensions de la vie professionnelle apparaissent
– le technicien porteur d'un métier

Ce n'est pas la dimension primordiale ici. Irène parle à plusieurs reprises de « compétences » mais c'est plutôt en termes de concurrence avec un collègue que dans le cadre d'une mise en œuvre.

– l'acteur et sa stratégie

Cette dimension est très présente et concerne le rapport avec l'institution : le rôle qu'elle y joue, la considération qu'on a pour elle, sa place par rapport à un collègue, le comportement à avoir avec la direction.

– la personne, ses désirs et ses valeurs

Tout ne se réduit pas à de la stratégie. Pour Irène il n'est pas seulement question de reconnaissance sociale mais d'identité personnelle. Avec les valeurs auxquelles elle croit, est-il possible de continuer à exercer dans le nouveau cadre qui se met en place ? Est-ce qu'elle désire, dans les conditions présentes, encore poursuivre ce travail de formateur ?

2. Quelles étapes successives apparaissent dans le dévoilement de la situation présentée par Irène ?

– Dans un *premier temps* il est question de matériel prêté, avec le sens « je suis toujours la bonne poire, quand il y a un problème c'est sur moi que cela retombe. Je ne sais pas dire non ! ». La problématique est autour de la question : comment se faire respecter. **Problème d'ordre tactique.**

– Dans un *deuxième temps,* apparaît le collègue nouvellement recruté qui risque d'être un concurrent et à terme de menacer l'emploi d'Irène. Les interrogations d'I portent sur son niveau de compétence par rapport au collègue et sur les choix de la direction concernant son emploi. **Problème d'ordre stratégique.**

– Dans un *troisième temps,* il est question de l'évolution de son organisme. Elle n'y retrouve plus les valeurs qui la motivaient quand elle y est entrée (esprit d'équipe, fort engagement, non-calcul du temps…). Le questionnement porte sur la réalité de cette évolution dans son association et surtout sur les choix qui se présentent à elle : s'arc-bouter sur ses convictions ou se redéfinir par rapport au nouveau contexte. **Problème d'ordre existentiel et éthique.**

C'est le questionnement des participants qui a permis d'avancer dans la lecture de la situation. Ainsi s'est éclairée la perception qu'Irène avait de son action, selon quel schéma personnel elle agissait plus ou moins consciemment et quels choix s'offraient à elle.

Synthèse

Sur quoi repose le professionnalisme du formateur d'adultes ?

Le formateur met en œuvre dans l'exercice de son métier une **double compétence :**

– une **compétence technique** *: c'est la spécialité qu'il maîtrise (l'anglais, l'électronique ou la comptabilité…) ;*

– une **compétence pédagogique** *: c'est le « savoir formateur », celui dont il est question dans cet ouvrage et qui lui permet d'aider d'autres personnes à apprendre. Il s'agit des savoirs et savoir-faire de l'ingénierie de formation pour construire les dispositifs, de l'ingénierie pédagogique pour les mettre en œuvre. Il s'agit également des compétences relationnelles nécessaires à l'accompagnement des personnes.*

Le formateur ne saurait être un simple exécutant. Engageant les personnes dans un changement, il doit pouvoir répondre devant elles de la direction dans laquelle il les entraîne. Œuvrant pour un commanditaire (entreprises, pouvoirs publics…) il doit agir en cohérence avec les objectifs de changement visés. Situant son action entre les personnes et les institutions, entre les besoins et les résultats attendus, le formateur est à la fois concepteur et réalisateur.

Son métier ne peut être réduit à l'application de techniques. La dimension relationnelle impose en effet de compter avec l'autre, avec celui qui apprend. L'efficacité naîtra moins des outils et des techniques que de la réflexion sur l'action : **en analysant sa pratique,** *le formateur mettra à jour les ressorts qui l'animent et progressera dans la qualité de ses interventions.*

 ## *Pistes d'approfondissement*

Un métier ou des métiers ?

La formation d'adulte n'est devenue véritablement une activité professionnelle que depuis les années 1970. C'est encore un métier dont les contours restent flous et les débats sur le métier de formateur sont loin d'être clos. Par formateur, faut-il entendre celui qui est en contact direct avec les apprenants, celui qui pratique le « face à face pédagogique » ou bien faut-il élargir cette notion à tous les acteurs qui interviennent aux différentes phases de l'élaboration et de la réalisation de l'action de formation ? Notre point de vue est que, même pour ceux qui consacrent l'essentiel de leur temps au face à face pédagogique, on constate un élargissement progressif des fonctions vers l'ingénierie (analyse des besoins, rédaction de projets, évaluation…) et les relations commerciales. Tous les organismes, en fonction de leur taille et de leurs activités ne pratiquent pas la même division du travail, mais cultiver une certaine polyvalence est un moyen pour le formateur de s'ouvrir à des évolutions professionnelles.

Autre sujet de débat, au sein des grandes entreprises, celui-ci : la formation est-elle un métier comme les autres ou bien doit-elle être considérée comme une étape limitée à quelques années au cours d'une carrière ? Quelles sont les compétences requises pour qu'un technicien ou un ingénieur deviennent instructeurs, moniteurs, responsables de formation… avant de retourner dans leur filière d'origine ? Peut-on toujours parler de professionnalisme comme pour des formateurs permanents ? Dans les entreprises, on considère généralement que l'on ne peut être formateur à vie à cause de l'éloignement de la production.

Les métiers de la formation ont fait l'objet de description et de classification. La revue du centre INFFO *Actualité de la formation permanente* a consacré plusieurs dossiers et articles aux « formateurs » et aux « formations de formateurs ». Dans le n° 95 de cette publication, Serge de Witte propose une typologie des métiers où il distingue le responsable de formation, l'ingénieur de formation, le didacticien et le conseil en formation. Le guide technique du Centre Inffo décrit les activités, les statuts, les formations de formateurs, tandis que l'ouvrage de la Documentation Française s'intéresse davantage à la construction des identités professionnelles.

La littérature concernant le métier d'enseignant est beaucoup plus abondante et peut éclairer les formateurs sur leur propre pratique. Nous mentionnons l'ouvrage de Ph. Perrenoud, qui parle de « métier impossible » entre le bricolage et l'ingénierie, entre la programmation et l'improvisation. Il propose pour la formation des enseignants une « démarche clinique », proche de ce que nous prônons sous l'expression analyse de pratiques.

Les métiers de la formation – Guide technique, Centre INFFO, 1995.

Centre Inffo, CNAM, Université de Lille III, *Les métiers de la formation,* Documentation française, 1994.

Collectif d'auteurs, *Le grand livre de la formation,* Dunod, 2012.

De Lescurs E., Demailly L., Divay S., *Les métiers de la formation : approche sociologique,* PU de Rennes, 2010.

Perrenoud Ph., *La formation des enseignants entre théorie et pratique,* L'Harmattan, 1994.

Witte S. (de), « Essai de typologie des métiers de la formation », *Actualité de la formation permanente,* n° 95, 1988, p. 75-83.

Déontologie, éthique et morale

Ces trois concepts sont proches et pourtant distincts.

La déontologie : « *ensemble des règles qui régissent la conduite des membres d'une profession* » (*Dictionnaire encyclopédique de l'éducation et de la formation,* Nathan, 1994). Existe-t-il une déontologie propre à la formation des adultes ou plus généralement à l'enseignement et à la formation ? Si nous lisons attentivement quelques codes de déontologie, il s'agit plutôt de chartes de qualité garantissant aux clients des comportements professionnels conformes à leurs besoins. Dans le cadre de l'Éducation nationale, c'est le statut des enseignants qui précise les contraintes auxquels est soumis l'enseignant ainsi que l'indépendance dont il bénéficie. Mais les règles de conduite sont plus de l'ordre de l'éthique personnelle et collective, telle qu'elles se construisent à travers une certaine « coutume ».

Morale, éthique : dans le langage courant, ces deux mots désignent indistinctement l'ensemble des valeurs auxquelles un individu ou une société se réfèrent (par exemple, la laïcité, la solidarité…).

Jacques Ardoino et d'autres auteurs font une distinction éclairante.

La morale désigne l'ensemble des valeurs établies, reconnues, prônées (par un individu, un groupe, une société).

L'éthique désigne le questionnement de l'action sous l'angle des valeurs, la recherche de dépassement d'une logique d'action purement technique.

La morale est de l'ordre du social constitué : les valeurs reconnues dans une société.

L'éthique est de l'ordre de la recherche individuelle et collective : quels choix effectuer face aux questions, aux problèmes qui se présentent à l'individu, à la société ? Comment formuler et concrétiser aujourd'hui les valeurs ?

Ainsi on parlera de valeurs morales et de questions éthiques.

Les valeurs : références, principes permettant d'orienter ou de juger l'action.

Hameline D., *L'éducation, ses images et son propos,* ESF, 1986.

Meirieu Ph., Develay M., *Émile reviens vite… ils sont devenus fous,* ESF, 1994.

« Questionnement éthique », *Éducation Permanente,* n° 121, 1994.

Analyse de pratiques

Nous avançons l'analyse de pratiques comme une méthode de perfectionnement professionnel. Sur ce sujet, se reporter à l'article de la revue du CAFOC et de la MAFPEN de l'académie de Nantes, et à celui de J.-M. Barbier et R. Robin : « L'approche transversale et l'ouverture multiréférentielle dans la formation par production de savoirs » qui propose un déroulement de séance et les principes d'une analyse de pratiques en groupe.

Argyris C., *Savoir pour agir – Surmonter les obstacles à l'apprentissage organisationnel,* InterÉditions, 1995 ; nouvelle édition, Dunod, 2003.

Barbier J.-M. et Robin R., « L'approche transversale et l'ouverture multiréférentielle dans la formation par production de savoirs », in Chartier D. et Lerbet G., *La formation par production de savoirs,* L'Harmattan, 1993.

Saint-Arnaud Y., *Connaître par l'action,* Presses Universitaires de Montréal, 1992.

Schon D., *Le praticien réflexif – À la recherche du savoir caché dans l'agir professionnel,* Logiques, 1994.

Dumas M., Martin J.-P., Savary E., « Le sens d'un engagement dans l'analyse de pratiques », *Æncrage,* n° 1, Juillet 1994.

Chapitre 3

Apprendre

*Apprendre, **cœur du processus de formation** : une personne se forme, se transforme en acquérant des savoirs nouveaux et en développant des savoir-faire.*

*Apprendre, **activité mentale** qui se dérobe au regard et impose au formateur de faire des hypothèses à partir de ses observations sur ce qui se passe dans la tête de l'autre afin de proposer les situations les plus pertinentes, les aides les plus efficaces.*

*Apprendre, **activité opaque** bien souvent à celui qui la met en œuvre. D'où la situation paradoxale du formateur : comment comprendre pourquoi l'autre ne comprend pas quand moi, formateur, j'ai beaucoup de difficultés à expliquer comment je comprends !*

*Aussi notre intention est d'éclairer ce qui se passe dans cette fameuse « boîte noire », qu'est le cerveau d'une personne qui apprend. Il s'agit également de vous amener à **réfléchir aux différentes façons d'apprendre** et à la **vôtre** en particulier car le formateur, comme tout acteur, a souvent tendance à projeter sur les autres sa propre façon de procéder.*

> 1. Faire le point
> 2. Apprendre, un terme du langage quotidien
> 3. Apprendre, un concept de la psychopédagogie
> 4. Trois modèles pour penser l'acte d'apprendre

Lorsque nous utilisons le terme « apprentissage », nous nous référons non pas au dispositif institutionnel de formation, celui des apprentis, mais bien au processus par lequel une personne acquiert des savoirs et savoir-faire. Nous pourrions, en prenant appui sur les travaux de Philippe Carré, utiliser la notion d'apprenance.

1. Faire le point

*1.1 Le Petit Prince de Saint Exupéry demandait :
« dessine-moi un mouton ».
Et si vous-même vous dessiniez ce qu'est apprendre !*

1.2 Choisissez parmi les 22 propositions suivantes

— *4 propositions avec lesquelles vous êtes tout à fait en accord*
— *4 propositions avec lesquelles vous êtes tout à fait en désaccord*

Cet exercice est un « Q sort » *(to sort* en anglais signifie trier) : il a pour but, en imposant des choix, de mettre en lumière les représentations qu'une personne se fait d'une situation (voir chap. 6). Il peut être utilisé en groupe pour permettre un débat à partir de divergences.

Apprendre, pour moi, c'est...

	1 – Apprendre, c'est recevoir la connaissance.
	2 – Pour désigner les personnes en formation, je dis « les formés ».
	3 – Apprendre, c'est construire et développer soi-même ses compétences.
	4 – Apprendre, c'est changer ses idées et ses façons de faire.
	5 – L'essentiel est que le contenu à apprendre soit clair et bien structuré.
	6 – Apprendre, c'est passer de l'ignorance au savoir.
	7 – J'appelle les personnes en formation les « stagiaires ».
	8 – Apprendre, c'est imiter, c'est reproduire ce qui nous a été montré.
	9 – Une progression rigoureuse des séquences de formation conduit la personne jusqu'au but.
	10 – C'est l'attention qui est décisive pour apprendre.
	11 – C'est la qualité du formateur qui fait qu'on apprend ou non.
	12 – Apprendre, c'est d'abord faire comme on m'a montré.
	13 – On apprend en réfléchissant sur des problèmes à résoudre.
	14 – Apprendre, c'est s'entraîner à faire.
	15 – Apprendre, c'est s'approprier le message du formateur.
	16 – La formation repose sur la qualité de la communication.
	17 – Former, c'est « donner une forme » : apprendre, c'est accepter d'être façonné.
	18 – On ne forme pas les gens, ils se forment.
	19 – Apprendre, c'est écouter et être attentif.

20	C'est la confrontation en petits groupes qui est le plus utile pour apprendre.
21	Pour parler des personnes en formation, je préfère dire « les apprenants ».
22	Apprendre, c'est analyser sa pratique et se remettre en cause.

Conservez soigneusement vos réponses car elles vous seront utiles en fin de chapitre.

2. Apprendre, un terme du langage quotidien

Découvrir à partir de témoignages : 6 récits d'apprenants

Après avoir lu les six récits d'apprentissage ci-dessous, vous dégagerez par écrit (sous la forme qui vous conviendra le mieux : notes, texte, schéma...) les idées clés qui vous paraissent émerger de ces témoignages relatifs à l'acte d'apprendre.

Situation n° 1 : être jardinier
« Ah ! je m'en souviens encore comment j'ai appris à tailler les arbres. Comme si c'était hier ! Chez nous, il y avait un grand jardin et c'est mon grand-père qui m'a appris. Je me revois à ses côtés quand il me disait : "Ouvre tes yeux mon drôle et surtout tes oreilles. Fais ce que j'te dis. Prends le sécateur comme ça. Bien. Coupe ici. Voilà. Maintenant attrape cette branche. Oui. Où vas-tu couper ?... Là, oui". Cela a duré comme ça tout l'après-midi. Il m'a guidé pas à pas en m'encourageant. Il était si adroit de ses mains ! À la fin je vous garantis que je me débrouillais tout seul. Le pépé était fier. Moi, je ne vous dis pas. »

Situation n° 2 : en grève
« Quand je repense à ce que j'ai fait comme boulot avant d'arriver ici, je me dis que c'est à Sud Aviation que j'ai appris à vivre. Je suis rentré là-bas à 17 ans avec mon CAP d'ajusteur en poche. Je ne connaissais rien ni au travail ni à la vie. À l'atelier, quand on s'est mis en grève en mai, j'ai découvert les autres. Je bossais à côté d'eux mais pas avec eux vraiment. Les anciens me donnaient des conseils quand je demandais mais il fallait le plus souvent se débrouiller seul tandis qu'avec l'occupation de l'usine, on a vécu ensemble des choses fortes. La solidarité s'est concrétisée. On s'est entraidé, on s'est serré les coudes et j'ai fait des choses que j'aurais jamais osées avant. Tenez, lors d'une assemblée de notre atelier, devant 400 gars, j'ai pris la parole pour donner mon avis, pour proposer une action qui a été très efficace. Je vous jure, ce mois-là m'a changé, vous ne pouvez pas savoir. »

Situation n° 3 : en camp de concentration
« J'en étais encore à tenter de comprendre, au moyen des ouvrages théoriques et de leur application pratique, la "véritable" nature de l'homme. Je demeurais convaincu que la psychanalyse était le meilleur moyen de produire des modifications importantes de la personnalité [...]. Mon expérience des camps de concentration de Dachau et Buchenvald, de 1938 à 1939 a bouleversé toutes mes idées à ce sujet. J'y ai tellement appris que je ne suis pas encore sûr aujourd'hui d'avoir épuisé toutes les implications de cette expérience. [...] Contrairement à mon attente, les personnes qui, selon la théorie psychanalytique, auraient dû résister aux rigueurs du camp supportaient très mal les tensions extrêmes. Alors que d'autres, qui auraient dû se montrer faibles, donnaient des exemples éclatants de courage. [...] Donc un même environnement pouvait provoquer des modifications psychologiques radicales, bonnes ou mauvaises. »[22]

Situation n° 4 : la bibliothèque
« Quand j'ai hérité de la bibliothèque de mon oncle, je me suis trouvé confronté à un problème gigantesque : plus de 2 500 livres qu'il a fallu ranger car mon oncle n'était pas regardant. En tout cas, c'est ce que j'ai ressenti quand j'ai découvert les ouvrages : il y en avait partout dans la maison. À croire qu'il les empilait au fur et à mesure de ses lectures. J'ai d'abord acheté un meuble modulable qui a couvert tout un mur de mon séjour. Puis j'ai appris dans les ouvrages qu'il y avait différents modes de classement, j'ai discuté avec la bibliothécaire du quartier pour savoir comment elle faisait, j'ai visité une médiathèque. Vous savez, quand j'ai un projet, je fonce. Après j'ai pris des idées ici et là et je me suis fait mon propre classement. Maintenant quelqu'un peut me demander un livre. En quelques instants, je le trouve à coup sûr. »

Situation n° 5 : à l'école
« Lorsque [ma mère] allait au marché, elle me laissait au passage dans la classe de mon père qui apprenait à lire à des gamins de six ou sept ans. Je restais assis, bien sage, au premier rang et j'admirais la toute-puissance paternelle. [...] Un beau matin, ma mère me déposa à ma place et sortit sans mot dire, pendant qu'il écrivait magnifiquement sur le tableau : "La maman a puni son petit garçon qui n'était pas sage". Tandis qu'il arrondissait un admirable point final, je criai : "Non ! ce n'est pas vrai !" Mon père se retourna soudain, me regarda stupéfait, et s'écria : "Qu'est-ce que tu dis ? — Maman ne m'a pas puni ! Tu n'as pas bien écrit !" Il s'avança vers moi : "Qui t'a dit qu'on t'avait puni ? — C'est écrit." La surprise lui coupa la parole un moment. »[23]

---

22. B. Bettelheim, *Le cœur conscient,* R. Laffont, 1972.
23. M. Pagnol, *La gloire de mon père,* Éd. de Provence, 1973.

Situation n° 6 : faire le mur

« Oui, je suis maçon. Pour une femme, c'est plutôt rare, n'est-ce pas ! Et j'ai jamais appris à l'école ni dans les bouquins. J'ai pas de diplôme. Comment j'ai fait ? en regardant les gens bosser. J'ai maté un mec qui montait un mur de parpaings. Je suis restée une heure à le regarder, tendre un fil, poser les parpaings. J'me suis dit que c'était facile. Chez moi, j'ai essayé sur un muret. Pas de problèmes. Il était bien droit mais avait tendance à faire le gros dos. Je n'avais pas vu le fil à plomb du mec. C'est comme ça que j'apprends, en essayant moi-même, en faisant des erreurs et en cherchant à comprendre. »

Repères pour se positionner

Pour notre part, nous dégageons de ces témoignages 5 idées-forces (mais nous ne prétendons pas à l'exhaustivité).

Chacun de ces éléments est développé dans les pages suivantes.

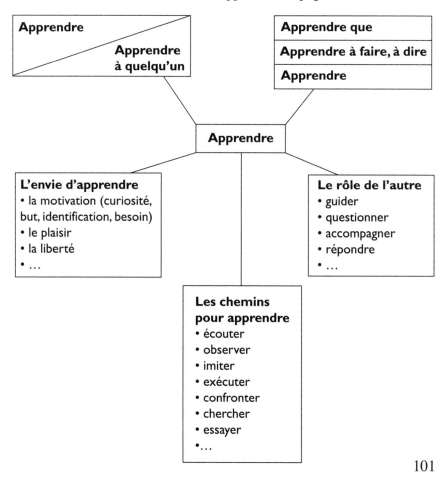

2.1 Apprendre et faire apprendre

Dans chacun de ces textes, il est question d'apprendre. Mais ce verbe est utilisé en français dans deux sens fort différents :
- Apprendre désigne **l'activité de la personne qui se forme.** Il s'agit d'une autotransformation de la personne (situation n° 3).
- Apprendre, dans l'expression « faire apprendre » désigne **l'activité d'une personne à l'égard d'une autre personne,** activité qui vise à faire acquérir des savoirs à cette personne apprenante. Dans ce sens, cette expression est synonyme d'enseigner, de former d'instruire quelqu'un (situation n° 1).

Lorsque nous schématisons ces significations dans un triangle dont les pôles sont le formateur, la personne qui apprend et l'objet de l'apprentissage, elles se différencient nettement :

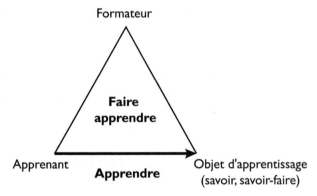

Apprendre (en anglais, *to learn*) désigne l'activité de la personne en direction de l'objet d'apprentissage. Faire apprendre *(to teach)* désigne l'activité du formateur vis-à-vis de la personne qui veut acquérir l'objet d'apprentissage.

2.2 Apprendre – apprendre que – apprendre à

Les objets sur lesquels porte l'acte d'apprendre sont multiples.

Apprendre que
- L'expression décrit un premier niveau, celui de la prise d'information. Dans ce contexte, apprendre, c'est seulement décoder et mémoriser une information.
- Exemple : j'apprends qu'il y a des modes de classement (situation n° 4).
- ➔ L'acte d'apprendre est alors **la saisie d'une information.** Son résultat est un renseignement.

Apprendre à faire, à dire, à penser	– L'expression décrit un second niveau plus complexe, celui des comportements. Apprendre, c'est alors mettre en œuvre de façon durable un comportement nouveau (que la personne ne pouvait manifester avant l'apprentissage). Apprendre, **c'est savoir comment faire**. – Par exemple, j'apprends à tailler un arbre (situation n° 1). ➔ L'acte d'apprendre est **l'acquisition d'un comportement nouveau**. Son résultat est un savoir-faire.
Apprendre	– Le verbe décrit un troisième niveau qui fait référence à une dimension existentielle et culturelle. Apprendre c'est se faire, c'est se développer, progresser. **Apprendre, c'est comprendre, c'est savoir le pourquoi** des choses. – Par exemple, j'apprends tous les jours (situation n° 3). ➔ L'acte d'apprendre est un **processus qui rend intelligibles les êtres et les situations**. Son résultat est la compréhension.

L'acte d'apprendre concerne toute l'activité des êtres humains depuis les gestes quotidiens jusqu'aux choix existentiels. La formation en tant que période organisée au cours de laquelle des apprentissages se réalisent n'est qu'un temps parmi d'autres.

2.3 L'envie d'apprendre

• *La première source* de l'acte d'apprendre, c'est **la motivation** : c'est elle qui déclenche le processus. Étincelle qui met en mouvement, elle n'est pas unique mais prend des formes différentes :

– la **curiosité** qui attire vers ce qui est inconnu, étranger, ouvert. Elle ouvre les portes et engage dans l'exploration (situation n° 6) ;

– à l'opposé, des processus d'apprentissage sont tirés non plus par le cheminement mais par le but, **l'objectif à atteindre.** La volonté est ici déterminante au sens où la personne se lance un défi à elle-même (situation n° 4) ;

– autre forme que revêt la motivation, le **désir d'identification,** le désir de faire comme, d'être comme l'autre qui incarne un modèle à atteindre. La dimension affective va être déterminante et s'exprimer dans l'admiration, le respect, l'amour porté à l'autre ;

– le **besoin** impérieux à satisfaire est un autre déclencheur, celui de gagner sa vie, de résoudre tel problème, de surmonter tel obstacle.

• *La seconde source* de l'acte d'apprendre, **le plaisir.** Si la motivation peut être considérée comme l'élément déclencheur, le plaisir est l'élément énergétique qui permet au processus de vivre.

– ce plaisir, c'est celui de la personne qui fait, qui crée, invente, résout. C'est le goût de l'effort qui amène à se dépasser, à prendre conscience qu'on est capable ;
– ce plaisir, c'est également celui de la réussite qui se manifeste quand l'objectif a été atteint, c'est celui de la surprise au sens de la découverte d'un monde inconnu (situation n°1).

- *La troisième source* de l'acte d'apprendre : **la liberté.** Liberté de déterminer l'objectif à atteindre, le chemin à emprunter, le rythme à adopter, les ressources à mobiliser (situation n° 4).

Dans certaines situations, il y a liberté sur l'objectif (je choisis d'apprendre la médecine) mais contrainte pour le dispositif (la faculté de médecine). Dans d'autres, c'est l'inverse : c'est le cas d'une personne qui doit prendre un nouveau poste tout en disposant d'une grande marge de manœuvre pour y parvenir.

2.4 Les chemins pour apprendre

L'acte d'apprendre n'a pas une voie unique mais il emprunte des modalités multiples : **il n'y a de savoir que par le chemin qui y mène.**

- Il est possible d'apprendre **en lisant ou en écoutant un exposé.**

Assister à une conférence, étudier un livre implique de décoder des informations, de les mémoriser et de réorganiser celles déjà en mémoire. L'enregistrement d'informations est la caractéristique de ce chemin.

- Il est possible d'apprendre **en observant une personne.**

C'est en regardant l'activité d'une personne qu'on apprend : l'observation et l'imitation d'un modèle sont les caractères de cette façon d'apprendre. Que l'on pense au compagnonnage, à l'influence de l'expert, au rôle de l'ancien, autant de formes que revêt cette voie (situation n° 6).

- Il est possible d'apprendre **en répétant un geste, un comportement.**

C'est en forgeant qu'on devient forgeron : l'exécution puis la répétition d'opérations, de gestes, de comportements sont le trait de cette façon de procéder qui crée, par exécution-répétition un réflexe pouvant être mobilisé dans un contexte particulier, à un moment donné (situation n° 1).

- Il est possible d'apprendre **en s'imprégnant d'un contexte.**

On apprend en fréquentant un milieu : l'immersion est la forme dominante de ce chemin. Les objets d'apprentissage peuvent être l'appropriation des pratiques, des valeurs, des normes intervenant dans un environnement et y demeurant implicites. Plus qu'une personne, c'est l'environnement qui est formateur. À la différence des mises en situation basées sur l'observation-imitation, l'imprégnation se réalise à l'occasion d'activités n'ayant pas de rapport direct avec l'objet de l'apprentissage : apprendre l'anglais en visitant l'Écosse, par exemple (situation n° 3).

• Il est possible d'apprendre **en confrontant des idées**.

Échanges et discussion sont les principes essentiels qui visent à élaborer une réponse par la confrontation d'éléments différents, voire divergents. La solution est toujours le résultat d'une synthèse, ce qui signifie que les éléments de la solution, s'ils préexistent, ne sont pas structurés pour répondre à la question de départ (situation n° 4).

• Il est possible d'apprendre **en cherchant pour résoudre un problème**.

C'est en tâtonnant et en cherchant qu'on apprend. Il s'agit d'amener la personne à résoudre un problème. L'action et l'autocorrection sont les fils de ce chemin qui conduit à une production originale, à une réponse nouvelle au problème posé, réponse indicatrice d'une compétence nouvelle.

• Il est possible d'apprendre **en pratiquant et en corrigeant ses erreurs**.

Dans cette voie où l'on ose, l'erreur est source de progrès si elle est diagnostiquée, analysée, dépassée. Elle permet alors à l'apprenant de forger, dans et par l'action, ses compétences.

2.5 Le rôle d'autrui

• **Si personne ne peut apprendre à la place de quelqu'un, cet acte se réalise souvent avec, grâce, à cause de l'autre.** Celui-ci assure une médiation entre la personne qui veut apprendre et l'objet d'apprentissage visé. Être médiateur, c'est assurer plusieurs activités :

– **mettre sur la voie** : il donne un renseignement, formule un conseil, offre un livre, propose une solution ;

– **accompagner** : il chemine aux côtés de la personne, confronté aux mêmes problèmes et instaurant des rapports où la coopération peut se mêler à la rivalité ;

– **mettre en confiance** : il est celui à qui l'on dit, celui qui aide à mettre en mots et introduit la distance nécessaire à l'analyse ;

– **questionner** : il interroge les « ce qui va de soi » et fait dépasser les évidences ;

– **guider :** il répond au moment opportun en fournissant l'information pertinente au sens où elle éclaire la situation. S'il ne fournit pas l'information, il peut orienter vers sa source ;

– **être un modèle :** il montre comment faire. Son comportement, ses paroles, ses attitudes sont alors autant d'éléments à imiter et à reproduire.

3. Apprendre, un concept de la psychopédagogie

Découvrir à partir des textes : des chercheurs parlent d'apprentissage

> *Prenez connaissance des définitions que des chercheurs et des pédagogues donnent de l'acte d'apprendre. Relevez les points communs et les nuances.*
>
> « Dérivé du latin *apprehendere,* saisir.
> L'apprentissage désigne la manière et les modalités selon lesquelles un sujet "apprend", c'est-à-dire acquiert une compétence – savoir ou savoir-faire – qu'il ne possédait pas jusqu'alors. La connaissance de ces modalités est d'une importance capitale pour l'éducateur, puisque l'enseignement a pour tâche, entre autres, de faciliter les apprentissages au sujet, voire de les mettre en place, de les faire exister selon des dispositifs plus ou moins ingénieux. »
> G. Mialaret, *Vocabulaire de l'éducation,* PUF, 1979, p. 21.
>
> « Apprendre, c'est s'adapter. Rappelons qu'historiquement, le premier acte d'apprentissage pourrait être vieux de cent millions d'années et dater du moment où notre ancêtre mammifère est devenu un animal à sang chaud. Son organisme dut s'adapter pour survivre, apprendre à reconnaître et identifier les facteurs de réchauffement et de refroidissement survenant dans l'environnement pour agir en conséquence : faire une tanière, émigrer, hiberner, etc. »
> H. Trocmé-Fabre, *J'apprends, donc je suis,*
> Éd. d'Organisation, 1994, p. 129.
>
> « Apprentissage : processus d'effet plus ou moins durable par lequel des comportements nouveaux sont acquis ou des comportements déjà présents sont modifiés en interaction avec le milieu ou l'environnement. »
> G. de Landsheere, *Dictionnaire de l'évaluation et de la recherche en éducation,* PUF, 1979, p. 18.
>
> « Qui dit apprentissage dit changement, c'est-à-dire acquisition d'habitudes, de connaissances et d'attitudes. L'apprentissage permet à l'indivi-

du de procéder à des ajustements à la fois personnels et sociaux. Puisque le concept de changement est inhérent au concept d'apprentissage, tout changement de comportement signifie qu'il y a ou qu'il y a eu apprentissage. On peut donc qualifier de processus d'apprentissage le phénomène qui survient au cours du processus de changement. »
L.-D. Crow et A. Crow, *Readings in human learning*, MacKay, 1963, p. 1.

« L'apprentissage est le processus qui peut donner naissance à une activité ou la modifier par un phénomène de réaction à une situation rencontrée, à la condition que ce changement ne soit pas dû à des tendances naturelles, à la maturation ou à des états passagers (fatigue ou traitement médical par exemple). »
E. Hilgard et G. Bower, *Theories of learning*, 1966, p. 2.

Repères pour se positionner

Les auteurs mettent l'accent sur plusieurs paramètres constitutifs de l'acte d'apprendre :
- apprendre est une fonction d'adaptation de l'être humain aux modifications de son environnement (cf. Trocmé-Fabre) ;
- c'est donc une activité de changement, par l'acquisition d'habitudes, de connaissances et d'attitudes nouvelles (cf. Crow) qui rend la personne plus compétente ;
- son résultat est plus ou moins durable (cf. Gagné, de Landsheere).

Dans l'acte d'apprendre, il y a l'idée de changement individuel qui permet de mieux comprendre l'environnement et d'agir de façon plus efficace. C'est l'un des points communs à chacune des situations que nous avons présentées : la situation postérieure à l'apprentissage est différente de la situation antérieure. Après l'apprentissage, la personne est mieux à même de comprendre son environnement et d'agir sur lui.

Elle a davantage de clés pour être acteur dans le monde. Elle a changé : elle possède de nouveaux savoirs, peut mettre en œuvre d'autres façons de faire, adopter des attitudes différentes.

Les éléments contradictoires peuvent se lire au regard des idées de nature et de progrès. En effet, pour certains, l'apprentissage désigne toute modification de l'être humain, pour d'autres, des modifications non naturelles, c'est-à-dire qui ne sont pas d'origine biologique.

De plus, nous pouvons nous interroger sur la différence entre l'appris et l'acquis : si acquis s'oppose à ce qui est « inné », tout ce qui est appris est acquis. Mais l'inverse est-il vrai ? Prenons par exemple les comportements d'accoutumance à l'alcool, au tabac : s'il y a changement de comportement, peut-on toujours parler d'apprentissage ?

Pour beaucoup de pédagogues et de philosophes, l'idée d'apprendre renvoie à un acte volontaire et à la recherche d'une acquisition pour soi et/ou pour les autres.

3.1 Apprendre : se transformer

Tout être humain cherche à maîtriser les situations dans lesquelles il évolue, les problèmes qu'il rencontre. Pour cela il dispose ou s'est doté d'un certain nombre d'outils intellectuels qui lui permettent de comprendre ces éléments, de prévoir leur évolution, d'agir sur eux avec efficacité.

Apprendre, c'est se doter de ces outils mentaux qui permettent de **comprendre** et de **décider.** L'être humain en éprouve le besoin quand sa capacité d'action se trouve paralysée, quand il ne sait plus comment faire devant tel ou tel événement, quand il ne donne pas sens à une situation nouvelle.

Quelques exemples de la vie courante : j'ai envie d'apprendre à piloter une voiture de course, de comprendre pourquoi cette personne est agressive à mon égard, de travailler en me fatiguant moins, de réaliser l'installation électrique dans mon garage. Or ce que je sais ou sais faire ne me permet ni de comprendre ni d'exercer ces activités nouvelles. Je vais donc apprendre.

L'apprentissage est l'activité d'un individu au cours de laquelle il construit des savoirs nouveaux et développe des comportements plus adaptés aux situations et aux problèmes qu'il rencontre. De ce fait, il change, se transforme.

3.2 Apprendre : une activité opaque

Ce qui est frappant dans les situations que nous avons étudiées, c'est qu'on parle de l'acte d'apprendre en explorant sa périphérie mais en taisant le cœur, le processus même.

Quand les personnes qui ont appris racontent leur expérience d'apprenants elles mentionnent ce qui les a mises en mouvement (la liberté, la motivation, la contrainte), comment elles ont appris (en écoutant, répétant, s'immergeant, confrontant, cherchant), grâce à qui (un maître, un guide, un confident, un compagnon…). Elles restent en revanche silencieuses dès qu'il s'agit de dire ce qui se passe en elles pour apprendre.

Cette activité est par nature mentale, c'est-à-dire interne à la personne. Un observateur ne perçoit que des comportements qui extériorisent en partie ce qui se passe dans la tête de la personne. Lire, écrire, dessiner sont ces comportements mais qu'est-ce qui les rend possibles ? Quelles opérations intellectuelles les fondent ? Nous allons tenter de lever au moins une partie du voile.

4. Trois modèles pour penser l'acte d'apprendre

Nous appelons modèle une construction intellectuelle qui vise à expliquer la réalité, à lui donner du sens, en un mot à la rendre intelligible. Un modèle met en relation des éléments qui, lorsqu'ils ont connectés, dégagent un sens général alors que d'ordinaire, isolés ou disséminés, ils paraissent appartenir à des mondes différents.

Nous avons retenu *trois modèles* que nous décrirons autour des *six pôles* suivants :
– les *valeurs,* le type de société et de citoyen que l'on vise ;
– les *théories scientifiques* nées des recherches scientifiques ;
– les *activités du formateur ;*
– les *modalités pédagogiques* qu'il mobilise ;
– les *activités de la personne qui apprend ;*
– le *statut et le traitement des erreurs* survenant dans la phase d'apprentissage.

Lire une conception de l'apprentissage à partir de ces pôles :
– c'est tout à la fois aller en amont du modèle explicatif, vers les finalités et valeurs, et en aval, vers les conséquences pédagogiques qui en découlent ;
– c'est refuser de se cantonner au domaine des outils mais explorer les valeurs qui les fondent et les activités qu'ils génèrent ;
– c'est prendre en compte l'erreur et le statut qui lui est assigné car cette notion est, selon nous, intrinsèquement liée au processus d'apprentissage.

Dans le champ de la formation des adultes trois grands modèles sont présents et répondent à la question : qu'est-ce qu'apprendre ? Chacun de ces modèles apporte un éclairage, une explication sur ce qui est par nature inobservable.

Le *premier modèle,* celui de l'**empreinte** est le plus ancien et le plus présent dans le discours et les pratiques des formateurs. Il postule que l'acte d'apprendre réside dans l'impression de perceptions dans le cerveau de l'apprenant qui fonctionne comme l'appareil photo enregistrant des perceptions visuelles ou le magnétophone pour les perceptions auditives.

Le travail du formateur est d'émettre un message, une image qui s'imprime dans l'esprit du formé : il fait un cours magistral, un exposé, une conférence.

Le second modèle, celui du **conditionnement** est centré sur les observables de l'acte d'apprendre, à savoir en amont le stimulus que fournit l'environnement et en aval le comportement qui lui répond. Apprendre, c'est alors choisir le comportement adapté au stimulus.

Le formateur doit décomposer le contenu en micro-objectifs et entraîner les personnes à réaliser ces actions. Pour cela, il peut utiliser un certain nombre d'outils dont les plus anciens appartiennent à l'enseignement programmé.

Le troisième modèle, celui de la **construction** est le plus récent. Il a pris le contre-pied du précédent et a centré son éclairage sur l'activité mentale (et non comportementale) de la personne. Ce modèle a dégagé les opérations intellectuelles ainsi que les processus mis en œuvre dans l'apprentissage. Le travail du formateur est d'organiser des situations-problèmes à résoudre, de soumettre des cas à étudier, des pratiques à analyser.

4.1 Le modèle de l'empreinte : apprendre, c'est prendre des informations

La connaissance se transmet

Dans cette conception de l'apprentissage, la personne en formation est une page blanche à imprimer ou un verre à remplir. La connaissance transmise vient s'imprimer dans sa tête comme dans une cire molle. Cette connaissance, il suffit de la recevoir, de la comprendre et la mémoriser. Le processus d'apprentissage est alors pensé dans un schéma de **communication de type émetteur-récepteur**.

On parle donc de pédagogie de l'empreinte. Apprendre, c'est « combler des manques » et le rôle du formateur est **de transmettre son propre savoir**. Pour cela, il doit exposer clairement son message : c'est la pédagogie des idées claires. Il a à construire de façon rigoureuse son exposé, à choisir le vocabulaire adapté, à illustrer ses propos par des exemples parlants... puis il doit contrôler les acquisitions.

Le rôle de la personne qui apprend est assez passif. Ce qu'on attend d'elle, c'est une attitude particulière face au travail qui est exprimée par les termes d'attention, de concentration, de bonne volonté... Sa motivation naît du désir d'imitation (du maître) ou de distinction (savoir plus que les autres), de la contrainte exercée sous forme d'interrogations et de sanctions, voire de la nécessité quand l'action requiert des savoirs spécifiques. La mémorisation est l'activité intellectuelle la plus sollicitée.

L'erreur doit être évitée car frappée d'un signe négatif : elle est symptôme d'insuffisance. Elle est également marque d'échec de la personne apprenante. Elle est de sa responsabilité car la personne n'a pas adopté l'attitude requise : inattention, étourderie, absence de travail... L'erreur est manquement à la loi ou au devoir. En ce sens, elle appelle un châtiment. De fait elle sert à sanctionner puis à classer et sélectionner.

Cette **conception pédagogique de l'apprentissage** repose sur certains *postulats :*

– *la motivation par le contenu :* ils vont m'écouter parce que ce que je dis est EN SOI intéressant (sinon je n'en parlerais pas) ;

– *l'assimilation par la clarté* du discours : plus je serai clair et précis dans mes explications et mieux ils comprendront ;

– *la mémorisation par la simplification :* ils vont retenir l'essentiel puisque j'ai présenté le contenu de façon à mettre en valeur les notions principales ;

– *l'apprentissage par l'imitation :* ils vont savoir faire car je leur ai dit comment faire et je le leur ai montré.

Elle a été défendue au nom de *trois arguments :*

– *gain de sûreté :* les connaissances à acquérir sont bien ciblées et exemptes d'erreurs. L'apprenant n'a pas à tâtonner sans fin mais peut concentrer ses efforts sur l'essentiel ;

– *gain de temps :* la personne n'a pas à refaire le chemin qui a produit la connaissance mais elle a accès direct aux résultats ;

– *facilitation des acquisitions :* elle doit mémoriser des savoirs élaborés et reconstruits par le formateur.

Elle est **critiquée** à partir de deux postulats :

– la connaissance n'est pas l'effet de l'empreinte que des stimulations sensorielles laisseraient dans la tête de la personne mais la capacité d'action effective ou symbolique. Elle suppose une activité mentale de la personne qui la reçoit, car pour être assimilée, elle doit être intégrée à un savoir déjà présent ;

– il existe une confusion entre apprendre et mémoriser, entre s'informer et maîtriser. C'est souvent une illusion de croire qu'il suffit de mémoriser et de restituer un savoir pour le maîtriser ; illusion car cette connaissance disparaît si elle n'est pas mobilisée. De plus « apprendre que » implique une prise d'information sans nécessairement la compréhension, c'est-à-dire sans pouvoir expliquer le pourquoi des choses.

Cette conception est estimée adaptée quand *trois conditions* sont remplies :
- quand la personne est motivée, qu'elle fait la démarche de venir s'informer, c'est-à-dire qu'elle cherche des éléments de réponse aux questions qu'elle se pose ;
- quand elle dispose des mêmes outils intellectuels que l'émetteur ;
- quand elle possède au préalable des éléments de connaissances sur l'objet d'apprentissage que l'exposé va lui permettre de coordonner, hiérarchiser...

Il est à noter que cette conception de l'apprentissage est plus implicite qu'explicite et qu'elle n'a pas donné naissance à des modèles scientifiques.

4.2 Le modèle du conditionnement : apprendre, c'est exécuter et répéter

La connaissance s'inculque

Apprendre, dans cette conception, c'est exécuter et répéter des opérations des gestes, des comportements. La théorie qui fonde cette conception est celle du conditionnement dont les principaux chercheurs sont le physiologiste Pavlov (1849-1931) et le psychologue Skinner (1904).

Hommes de laboratoire, ces chercheurs ont fondé leur théorie de l'apprentissage à partir des observations qu'ils ont effectuées sur des animaux placés en situation d'apprendre.

Leurs *postulats* de départ sont les suivants :
- il est inutile d'expliquer le comportement par référence à la « vie intérieure » de la personne, cette notion ne reposant que sur des éléments mal fondés et n'ayant pas de valeur explicative ;
- il faut se limiter à l'observation du comportement visible dans sa relation avec le milieu, sans se préoccuper du fonctionnement organique proprement dit, en particulier nerveux ou hormonal. Seul est important l'organisme pensé comme un tout.

Le conditionnement classique ou pavlovien

Son principe est de remplacer progressivement un stimulus inconditionnel générateur d'une réponse inconditionnelle (vue de la viande ➜ salivation du chien) par un stimulus conditionnel (son...) qui provoquera la même réaction. Autrement dit, lorsque le son sera associé plusieurs fois à la présentation de la nourriture, le chien finira par saliver en entendant le son, même sans nourriture. En associant ensuite le son à un autre signal (lumière par exemple), on arrive à ce que ce dernier provoque à lui seul le réflexe de salivation.

Certains parlent non pas d'apprentissage mais de dressage en mettant en évidence que **les résultats sont obtenus « aux dépens du sujet »** : c'est une contrainte extérieure qui impose au sujet d'acquérir certaines conduites, indépendamment de ses goûts, intérêts et aspirations ; la conduite acquise est un automatisme « aveugle » qui se déclenche dès lors que les circonstances sont réunies. De ce fait, elle n'est ni transférable ni généralisable.

Le conditionnement opérant ou skinnérien

À la différence de Pavlov qui développe la théorie du conditionnement classique (provoquer des réactions de l'animal sans solliciter son action), Skinner développe l'idée que le sujet, en s'adaptant au milieu, obtient une satisfaction et c'est cette satisfaction obtenue par le comportement qui suscitera sa répétition.

L'expérience qui caractérise le mieux cette approche est la suivante : un animal affamé et placé dans une cage équipée le long d'une paroi d'une manette. Tout appui sur celle-ci libère de la nourriture. Après exploration, tâtonnement, l'animal (rat, pigeon) répète son appui. Une relation stable s'établit entre la réponse que l'expérimentateur veut conditionner et son renforcement (nourriture). Skinner privilégie les renforcements plutôt que les stimuli.

Le transfert à l'homme de traitements appliqués aux animaux est légitime pour Skinner car, selon lui, il y a identité entre les deux apprentissages : « Ce qui est commun au pigeon et à l'homme, c'est un univers dans lequel prévalent certaines contingences de renforcement. » Autrement dit un individu apprend, c'est-à-dire modifie son comportement, en constatant les conséquences de ses actes.

Skinner a formulé *trois principes* de l'acte d'apprendre :

– il est plus facile d'apprendre un nouveau comportement en formulant des réponses observables, contrôlables que des réponses mentales, incontrôlables et associées hypothétiquement à des stimuli ;

– le comportement d'apprentissage d'une personne peut être développé ou structuré graduellement par un renforcement différentiel, c'est-à-dire en renforçant les comportements que l'on désire voir se répéter et en ne renforçant pas les actions que l'on désire voir éviter. Des renforcements positifs adaptés et utilisés au moment opportun facilitent l'apprentissage : « Nous ne renforçons pas la bonne prononciation en punissant la mauvaise, ni les mouvements habiles en punissant la maladresse » ;

– le comportement d'une personne peut être amené jusqu'à un grand degré de complexité en structurant son comportement en actes simples, puis en groupant ces derniers en une longue chaîne.

Skinner reprend alors les idées développées au XVIIe siècle par Descartes dans son *Discours de la méthode :* « […] diviser chacune des difficultés […] en autant de parties qu'il se pourrait et qu'il serait requis pour mieux les résoudre » et « conduire par ordre mes idées en commençant par les objets les plus simples et les plus aisés à connaître pour monter peu à peu comme par degrés, jusqu'à la connaissance de plus composés ». Skinner divise les contenus en unités simples car il postule que le programme sera d'autant plus efficace que les renforcements seront nombreux et proches de la réponse.

Il a ainsi développé « la machine à enseigner » accordant des « récompenses » pour les bonnes réponses et des « punitions » pour les mauvaises. Certains didacticiels reproduisent cette approche avec une « tête » virtuelle souriant en cas de réponse correcte, prenant un air déçu ou exprimant un « non » en cas d'erreur.

Ces théories du conditionnement ont façonné **une pédagogie de la réussite, source de motivation** au sens où les réponses correctes sont renforcées le plus souvent possible, aussitôt après leur émission et ce de façon positive (matérielle ou symbolique). Si, malgré tout, l'erreur survient, elle est à la charge du programme ou du formateur. Une boucle d'apprentissage est alors mise en œuvre (retour à une situation plus simple puis enchaînement) ou le programme est réécrit. La mémorisation et l'application sont les activités intellectuelles les plus sollicitées.

Les **critiques** dont cette approche est l'objet se centrent sur *trois éléments :*
– il est possible de réussir sans avoir compris : appliquer une procédure pour dépanner une machine par exemple peut aboutir à la remise en marche sans avoir compris en quoi consistait la panne ;
– il est possible de réussir des opérations simples et d'être incapable d'effectuer un plan d'action complexe qui les intègre ;
– cette approche produit des êtres qui exécutent docilement des tâches qui sont conçues par d'autres ; elle ne leur apprend pas à les concevoir mais les met en situation de dépendance à l'égard du formateur.

En revanche, **à son crédit** sont portés les éléments suivants :
– la personne en formation est au centre de l'apprentissage : il y a centration sur la tâche qu'elle doit réussir (et non sur la connaissance à lui transmettre) ;
– ce type d'apprentissage aboutit à des automatismes qui rendent disponibles à la réflexion.

Ce modèle a suscité un renouvellement des approches de l'enseignement à travers ce qu'on a appelé « la pédagogie par objectifs » *(voir Chap. 6, paragraphe 3)*.

4.3 Le modèle constructiviste : apprendre, c'est chercher et résoudre

La connaissance se construit...

À la différence du modèle précédent qui mise sur l'activité comportementale, un modèle s'est centré sur ce qui se passait dans « la boîte noire », en prenant appui sur des travaux de philosophes comme Gaston Bachelard et sur des recherches de psychologues comme Jean Piaget, Lev Vygotsky et Jérome Bruner.

Prenant le contre-pied du modèle de la transmission (les discours comme les lectures ne s'imprimant pas dans la tête du récepteur), ce modèle explique l'acte d'apprendre comme une réorganisation du savoir antérieur à partir d'une sélection de ce qui a été entendu ou vu. En ce sens, ce modèle postule que le savoir se construit par celui qui apprend, à travers une mise en relation des données fournies par l'expérience antérieure et certains éléments nouveaux. Cette construction est rendue possible par *deux conditions :*

– la rencontre avec des obstacles qui font naître une prise de conscience de besoins nouveaux ;

– l'analyse de ces obstacles et des hypothèses de réponses nouvelles.

... en transformant des représentations

L'expérience permet à la personne de se faire une certaine idée des choses, des phénomènes, des relations. Elle génère des **représentations** qui sont des explications du monde. Autrement dit, la personne n'est en aucune façon une page blanche car elle a des représentations, des matériaux à partir desquels elle raisonne, fait des opérations logiques. Or ces représentations peuvent être non pertinentes dans la mesure où elles peuvent rendre opaques, incompréhensibles certaines situations, où elles peuvent paralyser l'action.

Prenons *deux exemples :*

• une dame apporte son poste de radio à réparer. Elle se plaint qu'il ne fonctionne plus : « Ne vous inquiétez pas, dit le réparateur, c'est peut-être un problème de pile. Je viens d'en recevoir de nouvelles, des anglaises. » Et il s'empare de l'appareil, procède au changement des piles, se positionne au hasard sur une station et ô miracle une musique éclatante retentit. La dame repart enchantée mais... le lendemain elle revient et déclare au réparateur :

« Y a un problème, depuis que vous avez mis des piles anglaises, mon poste cause anglais ! » Pour cette personne, le poste, c'est la pile ! Elle n'a pas compris qu'il captait une émission anglaise.

• en géométrie, pour permettre à une personne de construire la notion de sommet dans un triangle il est souvent fait référence aux montagnes, le sommet étant la pointe dirigée ver le haut. Cela peut induire l'idée qu'un triangle n'a qu'un sommet et pas trois. Or quand il est dit qu'un triangle a trois sommets celui qui s'est forgé la représentation du sommet montagneux est prêt à entendre l'information. Pour lui un triangle peut avoir trois sommets… mais pas en même temps (en faisant pivoter le triangle). Nous pouvons aisément imaginer les difficultés qu'il rencontrera dans la résolution d'un certain nombre de problèmes.

Une représentation est le modèle explicatif sous-jacent aux propos qui sont tenus, aux actes qui sont posés. Ce modèle est en liaison directe avec le vécu et le plus souvent organisé de façon logique et cohérente même s'il est faux et donc tenace. Il est d'autant plus tenace qu'il se construit dans la durée et fait partie de nous.

Apprendre, c'est ce que Bachelard appelle une rupture épistémique, c'est **rompre avec ses représentations** avec des façons de voir et de comprendre le monde, avec des façons de faire inefficaces. Apprendre, c'est donc **construire des concepts plus pertinents, des savoir-faire plus efficients.**

Ainsi dans tout processus d'apprentissage, il y a une *phase de déstabilisation,* de doute, de conflit intérieur (Piaget le qualifie de cognitif propre à la connaissance) généré par la confrontation à un problème, par l'apparition d'une situation nouvelle. Il y a ensuite une *phase de reconstruction* avec l'acquisition de nouveaux savoirs et savoir-faire qui rétablit l'équilibre à un niveau supérieur. Apprendre, c'est transformer ses représentations, en construire de nouvelles qui permettront de lire l'environnement et d'agir sur lui.

… et en créant un nouvel équilibre

Apprendre, c'est passer d'un état de déséquilibre (dû aux obstacles rencontrés) à un état d'équilibre supérieur dans la mesure où il signifie une compréhension plus importante et des possibilités d'action supérieures.

Jean Piaget a particulièrement analysé ce processus qui permet à la personne de retrouver cet équilibre.

Il part de *deux idées-clés :*

- l'homme n'apprend que s'il a un besoin : toute action (au sens d'un mouvement mais également d'une pensée conçue comme un mouvement intériorisé) répond à un besoin ;

– ce besoin vient d'un déséquilibre, d'un décalage entre ce que l'individu sait, sait faire et la situation nouvelle qui se présente à lui.

Apprendre consiste à rétablir cet équilibre de deux façons par :

– *l'assimilation,* c'est-à-dire ramener l'inconnu à du connu, repérer dans la situation nouvelle des situations déjà rencontrées et appliquer des façons de faire éprouvées. Piaget écrit que tout « besoin tend à incorporer les choses et les personnes à l'activité propre du sujet, donc à "assimiler" le monde extérieur aux structures déjà existantes » ;

– *l'accommodation,* c'est-à-dire transformer ses façons de faire, de penser pour traiter la situation nouvelle quand celles qui sont maîtrisées se révèlent impuissantes, non pertinentes.

Autrement dit, par l'assimilation, la personne structure matériellement ou en pensée l'objet qui lui est proposé alors que par l'accommodation, l'objet structure la personne en structurant ses conduites.

Lev Vygotsky, psychologue soviétique, ou Jérome Bruner, psychologue américain, ont développé l'idée de médiation jouée par l'adulte entre l'apprenant et son environnement. La **médiation,** le formateur l'assure en préparant et structurant d'une certaine façon les interactions entre cet apprenant et la société.

Pour Jérôme Bruner, apprendre c'est chercher, chercher à établir des régularités dans ce que vit l'apprenant, et tenter de trouver une structure significative pour organiser des éléments a priori sans lien. Il n'apprend pas des faits par cœur mais essaie de voir les relations entre eux. Pour trouver une structure, il faut apprendre comment les choses sont reliées entre elles. Les éléments isolés sont oubliés. En aidant l'apprenant à saisir la structure d'un contenu, on lui permet de le comprendre de façon significative. Ainsi l'apprentissage de la structure d'une phrase permet de générer d'autres phrases construites sur le même modèle même si le contenu est différent.

Toujours dans cette approche constructiviste, d'autres chercheurs qui ont formé « l'école de Genève » (A-N. Perret-Clermont et W. Doise, G. Mugny) ont mis en évidence le rôle des pairs dans l'apprentissage par les discussions, les confrontations d'idées, d'arguments, de façons de faire à propos d'une tâche précise. Ils utilisent le concept de « conflit sociocognitif » qui désigne ces confrontations entre pairs et se distingue du conflit cognitif, état de déséquilibre interne à l'individu (cf. Jean Piaget).

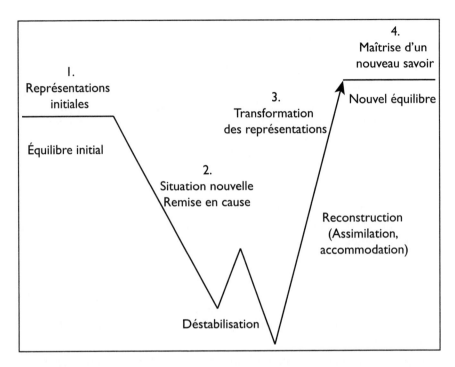

Si nous synthétisons maintenant l'ensemble de ces concepts qui dessinent les contours de l'acte d'apprendre, nous pouvons esquisser la définition suivante :

> Apprendre, c'est confronter des façons de faire et de comprendre (des représentations) à des situations nouvelles, riches d'informations inconnues. Cette confrontation met en œuvre un processus d'assimilation-accommodation qui traite les informations mémorisées (les connaissances dans le langage quotidien) et les informations nouvelles.

Quelles conséquences pédagogiques peuvent être dégagées de ce modèle ?
– **Apprendre, c'est agir.** L'acte d'apprendre mobilise l'activité de la personne qui n'est ni un réceptacle, ni une potiche que l'on remplirait, ni un être que l'on façonnerait par un programme.

Le travail du formateur consiste à **organiser ces « situations-problèmes »** qui visent à générer les apprentissages. Elles peuvent prendre des formes variées (de la résolution de problème à l'étude de cas en passant par le jeu de rôles) et visent à développer l'autonomie de l'apprenant en l'amenant à exploiter les ressources mises à sa disposition ou à réunir ces ressources pour résoudre le problème. Ces situations travaillent les représentations qui résistent et qu'il faut déstabiliser pour les transformer.

– **Apprendre, c'est résoudre des problèmes.** L'environnement sollicite les personnes mais la formation doit le suppléer s'il est défaillant.

Le travail du formateur est de **privilégier tous les actes qui mobilisent l'apprenant,** développent son autonomie, en font plus un producteur de savoirs qu'un consommateur d'informations. Pour cela, il peut :
- l'inciter à la recherche plutôt que lui donner les réponses aux questions qu'il pose : « Dans quel document peut-on trouver cette donnée ? »
- lui faire anticiper les conséquences d'une décision plutôt que les énoncer à sa place : « Après avoir lu cette consigne, à quoi dois-tu arriver ? »
- développer l'autoévaluation plutôt que l'évaluation : « Comment peux-tu savoir si ce que tu réponds est satisfaisant ? »
- lui faire reformuler, expliciter un raisonnement plutôt que le faire à sa place : « Comment fais-tu quand… ? »

– **L'erreur** ne peut être considérée comme une déviance de la personne ou une insuffisance du programme mais comme un élément central du processus d'apprentissage, dans la mesure où elle est un indicateur du raisonnement mobilisé. En effet, elle est rarement « folle » car elle se structure dans des cadres dont il s'agit de repérer la logique et la cohérence. Nombreux sont les travaux qui ont illustré cette idée, que ce soient ceux de Freud à propos des lapsus ou d'Althusser à propos des bévues.

L'erreur, dans cette conception de l'acte d'apprendre, n'est jamais bête mais la marque d'une logique en action. Elle permet de voir ce qui ne va pas, d'interroger le pourquoi et de construire des situations de remédiation.

Le travail du formateur consiste alors à **faire découvrir à la personne les erreurs** produites, à lui faire exprimer ses raisonnements sous-jacents afin de lui faire prendre conscience de leur non-pertinence, condition pour qu'elle en construise de plus adaptés.

Tableau récapitulatif des trois modèles

Les modèles	Empreinte	Conditionnement	Construction
Valeurs	La culture est un ciment social À chacun selon sa fonction Autorité – tradition	Rationalisation des tâches Répartition sociale entre concepteurs et exécutants	Autonomie de la personne qui construit ses savoirs
Théories scientifiques		Béhaviorisme (Pavlov, Skinner)	Théorie piagétienne de l'intelligence (Piaget)
Activités du formateur	Organiser le message, le présenter et vérifier sa réception	Organiser la tâche par décomposition Renforcements positifs	Poser des problèmes Assurer des médiations
Modalités pédagogiques	Exposé – « classe dialoguée »	Pédagogie par objectifs Enseignement programmé	Situations-problèmes Étude de cas Élaboration de projets
Activités de l'apprenant	Décoder, mémoriser, imiter	Exécuter, répéter	Rechercher, confronter, résoudre
Statut et traitement de l'erreur	Faute à éradiquer	Indicateur d'inadaptation du programme	Élément à travailler en repérant sa logique

Les critiques ou limites des travaux de Jean Piaget ont porté sur les stades de développement, modulant les âges d'apparition chez l'enfant et interrogeant les enchaînements linéaires dessinant un déterminisme abusif. Les relations entre l'apprentissage et le développement ont été au cœur des échanges. Pour certains, le développement des fonctions cognitives précède l'apprentissage. Ce jeune ne peut s'approprier ce savoir car il n'a pas les prérequis en matière cognitive. Pour d'autres l'apprentissage favorise le développement car les acquisitions qu'il permet concourent au développement cognitif global.

Un autre point fortement débattu est le rôle du facteur social (la société, les pairs, les professionnels de l'éducation…) dans le développement. Piaget a peu abordé cet aspect alors que d'autres psychologues ont mis l'accent sur cette médiation sociale, décisive pour le développement.

Refaire le point : le dessin et le Q. Sort

Les trois modèles que nous venons de présenter vous permettent d'interroger vos propres représentations de l'apprentissage et la cohérence de vos choix pédagogiques. Revenons à vos réponses du début de chapitre (pages 98-99).

À titre d'exemples, voici trois dessins qui illustrent les trois modèles de l'apprentissage. Comment situez-vous le vôtre ?

Repères pour l'analyse

En ce qui concerne le Q. Sort, voici une grille de lecture des 22 propositions qui ont été soumises à votre réflexion. Après avoir pris connaissance du document, reportez-vous à vos réponses.

Qu'est-ce qu'un Q. Sort sinon un moyen de faire émerger les représentations d'une personne ? Bien sûr, la lecture du chapitre et la réflexion que vous avez menée ont dû (nous l'espérons en tout cas) modifier certains éléments.

L'acte d'apprendre est comme une action d'appropriation de connaissances (modèle de l'empreinte) : proposition n° 1.

Ce qui compte, c'est l'exposé clair du message à transmettre (n° 15)

Ce qui est demandé à la personne en formation, c'est d'écouter (n° 19)

L'attention est primordiale (n° 10), l'action du formateur consistant à donner le savoir à l'ignorant (n° 6). En ce sens c'est lui qui forme (n° 11) par la qualité de sa communication (n° 16), en s'adressant à des stagiaires (n° 7).

L'acte d'apprendre est comme la reproduction d'un modèle (conditionnement) : le modèle pouvant être les personnes qui réussissent, des façons de faire éprouvées ou les normes considérées comme indiscutables, comme règles à respecter (n° 12).

Ce qui compte, c'est la structuration des tâches (n° 5).

Ce qui est demandé à la personne, c'est d'imiter (n° 8).

L'organisation du programme joue un rôle primordial (n° 9) en conditionnant la personne (n° 17) par les exercices répétés (n° 14), lui donnant ainsi une forme (n° 2).

L'acte d'apprendre est comme une action d'autotransformation, une production de savoirs et de compétences (n° 3).

Ce qui compte, c'est l'ensemble des problèmes que devra résoudre la personne et l'activité de réflexion menée à ces occasions (n° 13).

Ce qui est sollicité chez la personne, ce sont d'une part une remise en cause et d'autre part des capacités d'analyse (n° 22).

La confrontation entre pairs est importante (n° 20) dans un dispositif d'accompagnement des apprenants (n° 21) pour faire évoluer leurs pratiques (n° 4), car seules les personnes peuvent se former (n° 18).

Synthèse

Le formateur d'adultes a pour fonction de « faire apprendre ».
Apprendre, *c'est progresser en savoir, s'informer, comprendre ; c'est maîtriser des techniques, des outils ; c'est transformer des manières d'être et d'agir. Ce verbe désigne aussi bien le processus même de la vie qui voit une personne se développer à mesure qu'elle se confronte à son environnement que la réception d'une multiplicité d'informations qui, pour une bonne part, seront oubliées après quelque temps. Le rôle du formateur se situe dans l'entre-deux, dans cet espace où une personne décide de « se former » pour s'adapter aux évolutions ou les anticiper. Si c'est l'individu qui « se forme », apprendre n'est pas un acte du formateur mais celui qu'il accompagne. Le formateur doit donc avant tout s'intéresser aux démarches mises en œuvre par la personne, à ses stratégies, à ses raisonnements, à ce qu'on appelle la cognition.*

Il est alors amené à interroger **sa propre conception de l'apprentissage.** *Pour lui, apprendre :*

– est-ce recevoir le savoir ?

– est-ce acquérir des comportements efficaces ?

– est-ce transformer ses représentations et habitudes pour agir de façon plus pertinente ?

Sa vision de l'apprentissage forgée au cours de son histoire personnelle conditionne sa façon d'être formateur.

Pistes d'approfondissement

Est-il toujours possible d'apprendre ?

Tout le monde peut-il apprendre ? Jusqu'à quel âge ? Dans quelles conditions ? Exprimé d'une autre façon, peut-on éduquer l'intelligence ? Est-elle innée ou s'acquiert-elle ?

Cette question est fort importante pour le formateur car elle interroge l'existence même de son intervention. La conception innéiste de l'intelligence délègue à la formation la mise en valeur de ce qui est. Elle la rend inutile si « ce qui est donné » fait défaut. Cette conception est présente tant dans certains travaux américains ou européens que dans des propos populaires ou professionnels du type « On ne fait pas des chiens avec des chats » ou encore « Tout se joue avant 5, 4, 3… ans ». Pour notre part, nous partageons avec de nombreux pédagogues (cf. Carl Rogers, Philippe Meirieu) le **postulat de l'éducabilité,** c'est-à-dire que nous posons comme principe que toute personne, quels que soient son âge, son histoire, son parcours, sa situation, peut progresser intellectuellement et développer ses compétences, dans des conditions appropriées. Cette conviction qui fonde notre travail de formateur ne fait pas disparaître les difficultés au quotidien. Mais ce n'est pas parce que nous n'arrivons pas à débloquer une situation, à faire réaliser un apprentissage particulier que celui-ci est impossible. Ne transformons pas notre différence en difficulté de l'autre et gardons ce dont parle Carl Rogers, ce regard « inconditionnellement positif » sur les capacités de l'autre à progresser.

Chalvin M.-J., *Apprendre mieux pour les nuls,* First Éditions, 2009.

Enlart S., Charbonnier O., *Faut-il encore apprendre ?* Dunod, 2010.

Meirieu Ph., *Le choix d'éduquer,* ESF, 1991 ; nouvelle édition, 2012.

Meirieu Ph., *La pédagogie entre le dire et le faire,* ESF, 1996 ; nouvelle édition, 2007.

Rogers C., *Liberté pour apprendre*, Dunod, 1984.

Le formateur, transmetteur ou médiateur ?

Apprendre est une activité personnelle certes mais qui ne se réalise jamais sans la présence directe ou indirecte d'un autre. Comment ce rôle social est-il pensé aujourd'hui ?

Si le formateur est maître d'œuvre dans les conceptions de l'empreinte et du conditionnement, en présentant ou organisant le savoir, son rôle est plus nuancé dans l'approche constructiviste.

Jean Piaget qui est un des pères de cette approche n'a que fort peu traité cet aspect des choses, se centrant sur les interactions entre l'individu et l'objet et « neutralisant expérimentalement » le facteur social. De là à penser qu'il ne joue aucun rôle, certains ont pu le croire !

Bruner J., *Le développement de l'enfant. Savoir faire Savoir dire,* PUF, 2011.

Cardinet A, *Pratiquer la médiation des apprentissages,* Chronique sociale, 2013.

Collectif, *Vygotsky aujourd'hui,* Delachaux et Niestlé, 1992.

Doise W. et Mugny G., *Le développement social de l'intelligence,* InterÉditions, 1981.

Giordan A., *Aux origines du savoir,* Ovadia, 2010.

Meirieu Ph., *Émile, reviens vite… ils sont devenus fous,* ESF, 1994.

Perret-Clermont A-N., *La construction de l'intelligence dans l'interaction sociale*, Peter Lang, 2000.
Piaget J., *Six études de psychologie*, Gallimard, 2003.
Skinner B.-F., *La révolution scientifique de l'enseignement*, Mardaga, 1995.
Trocmé Fabre H., *Né pour apprendre, Être et connaître*, 2006.
Vygotsky L., *Pensée et Langage*, La Dispute, 2012.

Apprendre à apprendre

Peut-on apprendre sans méthode et acquérir une méthode sans travailler un contenu ? Tels sont les termes d'un débat âpre depuis les années 1990 entre les méthodologues et les didacticiens. De quoi s'agit-il ?

Le champ de la formation d'adultes a connu depuis vingt-cinq ans un développement considérable d'outils qui veulent « apprendre à apprendre ». Certes la réflexion sur ce sujet n'est pas un phénomène récent : c'est dans les années 1920, en France, que Simonne Ramain conçoit, pour les enfants, des exercices les aidant à surmonter des difficultés d'apprentissage ; c'est dans les années 1940 que Joffre Dumazedier propose à des ouvriers les premières situations d'apprentissage de la démarche scientifique expérimentale (celles-ci constitueront à terme « l'entraînement mental ») ; et c'est à la même époque que Reuven Feuerstein met au point les premiers outils pour les « enfants de cendres » rescapés de l'Holocauste, outils qui constitueront à terme le Programme d'enrichissement instrumental (PEI).

De fait, ces outils et d'autres (ARL, TANAGRA…) se sont imposés parce qu'ils apportaient des réponses au double défi posé à la formation, défi qui s'inscrit dans le champ du social et dans celui de la pédagogie.

– D'une part, le formidable essor des connaissances rend chaque jour plus obsolètes certains savoirs, génère des modifications permanentes dans l'appareil de production et donc dans les emplois. Le rapport au réel se modifie pour de nombreux salariés : d'exécutants de tâches routinières et répétitives ils deviennent responsables du contrôle et de la maintenance du matériel. De nouvelles compétences sont requises en matière de prise d'informations, d'analyse, d'anticipation, de communication. Il ne s'agit plus uniquement pour la formation de faire maîtriser des savoirs spécifiques, mais bien de développer ces compétences transversales, transférables d'une situation à une autre, d'une activité à une autre. Or ces compétences ont été traditionnellement peu travaillées en tant que telles.

– D'autre part, les formateurs sont confrontés de plein fouet à l'échec scolaire. Des travaux ont fait prendre conscience que la réussite en formation n'est pas uniquement liée à l'attention et à l'effort fournis par les apprenants mais à d'autres facteurs, en particulier à des compétences d'ordre méthodologique comme **savoir anticiper les résultats de son action,** savoir contrôler son travail, savoir reformuler et expliciter sa pensée...

Or les outils de développement cognitif sont l'objet d'un débat qui porte sur l'élaboration de la connaissance. Les chercheurs qui s'inscrivent dans le courant des outils d'éducabilité postulent l'existence de compétences méthodologiques générales qui traversent les différents savoirs et qui sont donc mises en œuvre dans les différents domaines de l'activité humaine ; d'autres au contraire postulent que les méthodes et démarches sont intrinsèquement liées aux contenus, aux disciplines et qu'il est donc illusoire de vouloir aborder les uns indépendamment des autres.

Deux questions se posent, selon nous, aujourd'hui :
– comment faire pour qu'un apprentissage méthodologique puisse être utilisé dans des situations d'apprentissage de savoirs et de savoir-faire ?
– comment faire pour qu'un savoir acquis dans une situation donnée puisse être réutilisé de façon pertinente dans un contexte différent ?

Cardinet A., *Développer les capacités à apprendre,* Chronique sociale, 2009.

Grimont A., *Les chemins de l'apprentissage – L'actualité des méthodes « d'éducation nouvelle »,* Retz, 1996.

Jean-Montclerc G., *Des méthodes pour développer l'intelligence,* Belin, 1991.

Paravy G., *Guidance professionnelle,* Chronique sociale, 2012.

Sorel M., *Pratiques nouvelles en éducation et en formation – L'éducabilité cognitive,* L'Harmattan, 1998.

« Apprendre peut-il s'apprendre ? », *Éducation permanente,* n° 80, 1987.

L'apport des recherches actuelles

Formalisés dans un rapport de l'OCDE « Comprendre le cerveau : naissance d'une science de l'apprentissage »[24], les apports des neurosciences et en particulier de l'imagerie cérébrale ont permis en quelques années d'en apprendre davantage sur le fonctionnement du cerveau que durant tous les siècles précédents. Ils ont permis de récuser des idées toutes faites comme « tout se joue avant 3 ans » ou « nous n'utilisons que 10 % de notre cerveau ». Ils insistent sur le rôle clé des émotions. Une émotion positive est à l'origine de la motivation. La joie de la compréhension liée au fait de passer de l'ignorance au savoir est un plaisir intellectuel certain. « Plus tôt on fait cette expérience, plus tôt on aura envie de recommencer ». Certes

---

24. Éditions OCDE, juin 2007.

des progrès permettent de lever certains voiles, de mieux comprendre l'acte d'apprendre mais il reste encore beaucoup de chemin, si tant est qu'il est indispensable de pouvoir tout contrôler.

Dans cette perspective, les travaux de Howard Gardner (publiés en 1983, en anglais) ont développé la théorie des intelligences multiples qui a ensuite été précisée par Peter Koestenbaum pour l'adulte. Tony Buzan, lui, en prenant appui sur les connaissances récentes du fonctionnement du cerveau a élaboré les cartes heuristiques ou cartes mentales pour représenter un concept ou une démarche.

Aujourd'hui encore, ce sont des recherches qui impactent peu les pratiques des formateurs. Mais demain ?

Buzan T., *Une tête bien faite : exploitez pleinement vos ressources intellectuelles,* Eyrolles, 2012.

Gardner H., *Les intelligences multiples – La théorie qui bouleverse nos idées reçues,* Retz, 2008.

Hourst B., *À l'école des intelligences multiples,* Hachette éducation, 2008.

Chapitre 4

Analyser les besoins de formation

Le formateur pris par son activité quotidienne a tendance à considérer l'action de formation comme la mise en œuvre d'un programme, d'un contenu à transmettre, de gestes ou de techniques à maîtriser. Il risque d'en perdre le sens ne percevant pas l'utilité sociale de son activité.

Si toute formation est faite pour répondre à un besoin individuel ou social, celui-ci n'est pas un donné immédiat mais doit être construit, à partir des demandes. Cette analyse aboutit à **la définition d'objectifs de formation,** *éléments d'un cahier des charges qui fixe le cadre de l'action de formation.*

Nous vous proposons des repères pour **lire l'utilité et le sens des formations** *auxquelles vous participez. Vous y trouverez en même temps une démarche pour* **analyser les demandes de formation et répondre à un cahier des charges.**

---

1. **Faire le point**
2. **La formation comme réponse à un besoin**
3. **Le besoin, résultat d'un travail d'élucidation**
4. **Analyse des besoins ou définition des objectifs de formation**
5. **Trois niveaux d'analyse**
6. **Une démarche pour bâtir la formation**
7. **Le cahier des charges**

I. Faire le point

1. Quand vous abordez une action de formation nouvelle, vous tenez avant tout à connaître :

1.1 – le programme ;
1.2 – l'origine du projet ;
1.3 – la documentation disponible.

2. Votre responsable vous dit : « Il faut que tu interviennes demain auprès d'un groupe de chefs d'équipe sur la sécurité. » La première question que vous lui posez, c'est :

2.1 – de quoi veut-on que je leur parle ?
2.2 – qui les envoie ?
2.3 – qu'est-ce qu'on attend d'eux après la formation ?
2.4 – qui va me remplacer auprès de mon groupe de stagiaires ?

3. Attentes, besoins, demandes, commande : ces termes sont-ils équivalents ? Sinon, quelles différences faites-vous ?

4. Voici plusieurs objectifs. Dites s'il s'agit d'objectifs de changement, d'objectifs de formation ou d'objectifs pédagogiques :

4.1 – renforcer la sécurité lors de travaux sur voie suite à plusieurs incidents relevés sur le terrain ;

4.2 – rédiger dans les règles un cahier des charges pour une formation dans votre champ de compétences ;

4.3 – maîtriser les techniques de conduite de réunion ;

4.4 – renforcer l'efficacité des réunions dans les services ;

4.5 – tracer un plan au 1/100 d'une pièce mécanique simple.

Repères pour l'analyse

1 et 2. Vous avez choisi les réponses 1.2 et 2.3 ; votre entrée est celle des besoins et des objectifs, comme nous le proposons dans la suite.

3. Vous pouvez vérifier vos réponses plus loin, lors du corrigé du cas Rossifleur.

4.1 : Objectif de changement, 4.2 : Objectif de formation, 4.3 : Objectif de formation, 4.4 : Objectif de changement, 4.5 : Objectif pédagogique.

Si vous avez réussi à répondre à cette question vous maîtrisez probablement une grande partie de ce que nous allons présenter. Sinon les paragraphes suivants (en particulier le n° 4) vous éclaireront sur le sens de ces notions.

2. La formation comme réponse à un besoin

Se former, c'est acquérir des compétences, des possibilités d'action que l'on ne maîtrise pas avant la formation. En ce sens, la formation peut être symbolisée par le passage d'une situation A à une situation B grâce à un dispositif pédagogique.

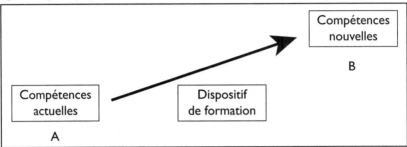

Ce passage est un **processus de changement de la personne elle-même et par la personne elle-même.** Cette autotransformation est également un processus social au sens où il s'effectue dans une relation avec les autres, directe (présence du formateur, du groupe de stagiaires) ou indirecte (documents, informations, ordinateurs…).

Si la formation est ce processus de changement des personnes, se posent alors les questions : « pourquoi une personne éprouve-t-elle la nécessité d'entrer dans ce processus ? Pourquoi une entreprise souhaite-t-elle que son personnel acquière un niveau plus élevé de qualification ? Pourquoi les pouvoirs publics financent-ils tel ou tel dispositif ? » Ces questions renvoient à celle des besoins. La formation se justifie par le problème qu'elle entend résoudre, le projet qu'elle permet de réaliser, pour l'individu, pour l'entreprise, pour la collectivité.

3. Le besoin, résultat d'un travail d'élucidation

Le besoin est une notion ambiguë. Dans le langage courant, ce mot exprime à la fois une **exigence objective** (le besoin de se nourrir, le besoin de relations…) et le **sentiment subjectif** qu'en éprouvent les individus (« j'ai une faim de loup », « je me sens terriblement seul »…). Mais il n'y a pas forcément équivalence entre les deux : si l'on poursuit l'image de la nutrition, nous pouvons rencontrer le cas d'une personne qui, au retour de 6 mois passés en Laponie, éprouve continuellement une grande sensation de fatigue (besoin de repos) et une analyse médicale montrera qu'à l'origine il y a un problème de carence de certains nutriments (besoin alimentaire). Entre ce qu'éprouve la personne, l'attente qu'elle exprime et le besoin réel, une analyse, un diagnostic sont nécessaires.

Cela vaut également pour la formation. Ne confondons pas le besoin avec la première demande : une personne peut demander à son responsable une formation en anglais alors qu'il lui serait plus utile de préparer une reconversion professionnelle vu son état de santé. Un chef de service peut souhaiter un perfectionnement technique pour son personnel alors que les problèmes seraient mieux résolus par une réorganisation des circuits de l'information.

Au-delà des demandes exprimées par les personnes, la définition du besoin est le **fruit d'une réflexion.** Le besoin n'est pas ce qui s'éprouve immédiatement mais le **résultat d'une analyse** de la situation. Par conséquent **il ne faut pas confondre analyse des besoins et recueil des attentes** (voir les questionnaires distribués aux personnels pour les inscriptions à des formations ou les tours de table au début d'une session).

La demande de formation peut s'exprimer de *trois façons* différentes.

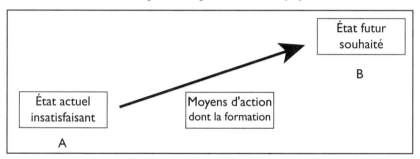

– **Une situation présente insatisfaisante :** la sensation de faim pour reprendre notre exemple précédent, l'état de faiblesse, la crampe d'estomac. Le besoin s'exprime à travers un manque, des lacunes, un problème à résoudre, le sentiment d'un malaise… De même le désir de se former pourra apparaître lorsqu'une personne se sent handicapée devant un formulaire administratif incompréhensible ou devant la machine dont elle n'arrive pas à prévenir la panne faute de connaissances techniques.

– **Une situation de bien-être attendue,** souhaitable : pour l'affamé ce sera d'imaginer par exemple la sensation qu'il éprouvera après avoir pris un bon repas. Dans le champ de la formation, une personne peut souhaiter améliorer son italien pour servir d'interprète à sa famille pendant le prochain séjour en Sicile. Un chef d'entreprise voudra envoyer en formation son comptable parce qu'il veut informatiser son service financier. Le besoin peut se manifester comme une aspiration et donc s'élaborer à partir du projet que l'on souhaite mettre en place.

– **Des moyens susceptibles de transformer** la situation actuelle en situation souhaitée. Pour celui qui a faim, le même besoin pourra s'exprimer par un désir de steak frites, de spaghettis ou de couscous selon son histoire et ses goûts. De même un besoin de formation s'exprimera par le souhait de suivre tel cours, de participer à telle action, de préparer tel diplôme.

Ainsi le besoin se manifeste à travers un problème ou une insatisfaction relative au présent, une aspiration concernant le futur ou une solution pour provoquer le changement. La demande de formation se présente sous l'une ou l'autre de ces formes. Considérons qu'il s'agit d'une entrée et que la définition du besoin consistera à explorer les autres dimensions, en formation comme dans toute autre activité.

Une demande de formation est présentée : interrogeons le demandeur sur le problème qui est à l'origine de celle-ci, sur le résultat attendu et les indicateurs qui manifesteront que ce résultat est atteint, sur les moyens concrets qu'il imagine mettre en œuvre pour y parvenir (en général la formation n'est qu'un des moyens). C'est au terme de ce questionnement que le besoin sera élucidé et la demande clarifiée.

Quand on définit **le besoin comme un écart,** on ne dit pas autre chose : d'une façon générale, le besoin est l'écart entre la situation actuelle et la situation souhaitée et en ce qui concerne la formation, le besoin est l'écart entre les compétences existantes et les compétences recherchées. En se référant au schéma ci-dessus, besoin = B - A.

Si A l'existant est supposé connu (ou peut être l'objet d'une analyse technique précise), B, l'état souhaité, par principe n'existe pas encore et est donc à déterminer ; c'est l'objet d'un choix décisif, politique ; c'est la question de l'objectif.

4. Analyse des besoins ou définition des objectifs de formation

Parmi les trois pôles : situation insatisfaisante, situation souhaitée, moyens d'action, le second est déterminant en ce qui concerne la formation puisqu'il définit son aboutissement. C'est ce que nous appelons **l'objectif.** Mais sans doute faut-il mieux cerner ce que recouvre précisément ce terme qui est devenu depuis plus d'une trentaine d'années un des concepts clés dans le monde de la formation.

4.1 La notion d'objectif en formation

Le *Petit Robert* définit ainsi l'objectif comme « un but à atteindre ». Voyons pourquoi il s'est avéré utile pour les formateurs de lui donner une acception plus précise.

Découvrir à partir d'exemples : « bonjour les écarts ! »

Lisez les deux récits puis répondez à la question : qu'illustrent, selon vous, ces différentes situations ? Repérez les écarts entre la situation première et les résultats.

Le match de foot

« Lors d'une rencontre de football, un père discute dans les tribunes avec son fils âgé de 12 ans et, en réponse à une question, est amené à expliquer une règle particulière de ce sport, le hors-jeu. La position des joueurs, leur participation au jeu, les interventions des arbitres de touche et du champ sont passées en revue. Les informations sont illustrées par des exemples pendant la partie qui se déroule sous leurs yeux. Le père demande à son rejeton s'il a bien compris, et, devant la réponse affirmative de celui-ci, se déclare satisfait.

Une semaine plus tard, le fils participe à un match en tant que joueur et son équipe encaisse un but suite à un mauvais placement du jeune qui a mal appliqué la règle du hors-jeu. Le père furieux, accuse son fils d'être "bête comme ses pieds". »

L'informatisation d'un service

« L'entreprise "Les papiers d'autrefois" décide d'informatiser sa gestion des stocks. Elle envoie à une réunion de présentation de matériel informatique un de ses cadres afin qu'il se renseigne sur les différents systèmes. Le directeur convoque ce cadre dès son retour et lui demande de mettre en œuvre le matériel qu'il vient de sélectionner. Devant l'aveu d'incapacité de son collaborateur, le dirigeant pique une colère noire. »

Repères pour l'analyse

Le match de foot

Le père donne des informations à son fils pour que celui-ci comprenne la règle du hors-jeu. Mais que veut dire comprendre ?

Est-ce « répéter » la règle de mémoire, reconnaître des situations de jeu suivant cette règle ou jouer en appliquant cette règle ?

Que voulait le père et à quoi pensait-il lorsqu'il demandait au fils s'il avait compris ? Il est évident que les deux acteurs n'étaient pas sur la même longueur d'onde et que le fils ne savait pas ce qu'attendait exactement de lui son père. L'écart était grand entre les intentions du père et les résultats obtenus. S'il voulait que le fils mette en œuvre la règle du hors-jeu, suffisait-il de la lui expliquer ? Autrement dit cette situation attire notre attention sur la nécessité d'expliciter concrètement ce que l'on attend à la fois pour celui qui « forme » et pour celui qui apprend. Le père avait bien des intentions (un but), mais il manquait « d'objectifs ».

L'informatisation d'un service

Il y a une différence considérable entre le fait de réunir de l'information sur du matériel informatique et le fait de décider celui qui est le plus adapté à un environnement donné. Que voulait le directeur ? Qu'attendait-il du cadre : être informé des différents matériels présents sur le marché, savoir lequel acheter ou être en mesure d'informatiser la gestion des stocks ? S'il s'agissait de la deuxième attente, la méthode utilisée (assister à une réunion de présentation) n'était pas pertinente. Ainsi le directeur a-t-il négligé de préciser ses objectifs.

À travers ces exemples nous voyons que **préciser ses buts, c'est passer d'intentions générales à des « objectifs » (actions concrètes, observables et donc vérifiables, réalisées par la personne concernée).**

La notion d'objectif dans le domaine de la formation (comme dans celui du management ou de la conduite de projet) désigne donc :

– une « visée » (comme l'intention, le but, la finalité…) mais plus précisément ;

– le **résultat attendu d'une action** particulière (et pas seulement une aspiration générale) ;

– ce résultat est formulé de façon **observable et donc vérifiable ;**

– il est **personnalisable** au sens où il peut être exprimé pour une personne singulière.

Si une personne dit : « *J'aimerais être un ingénieur* », elle exprime une aspiration. En revanche si elle déclare : « *J'entre à l'école X pour être dans trois ans ingénieur* », elle exprime un objectif, le résultat d'une action précise (trois ans d'études) et observable (toute personne pourra constater si elle a obtenu le diplôme d'ingénieur, si elle a atteint l'objectif).

Précisons cette définition générale pour le domaine de la formation. L'objectif est le **point d'aboutissement d'une action conduisant à un changement** mais ce changement s'effectue par la personne, au niveau de ses compétences, c'est-à-dire des capacités à agir dans les circonstances concrètes. Il se distingue d'autres notions proches comme finalité, but, intention, à la fois parce qu'il est plus précis (lié à une action déterminée) observable (susceptible d'une vérification « objective », c'est-à-dire indépendante du sujet qui observe) et personnalisable, au sens où il implique la personne.

Ce concept sera approfondi dans le *chapitre 6* en ce qui concerne l'usage qu'en fait le formateur lorsqu'il construit ses séquences de formation : on parlera alors « d'objectifs pédagogiques » désignant les étapes intermédiaires pour atteindre l'objectif final que l'on nomme ici « objectif de formation ». Précisons maintenant cette notion.

4.2 Besoins et objectifs de formation

Examinons deux demandes adressées à un centre de formation :

« Je voudrais que vous formiez mes gens à la sécurité. Dans notre service, les accidents sont trop nombreux et ils pourraient être évités par l'application de règles simples que tous ne semblent pas connaître. »

« Tous les ans au printemps, nous avons de nombreux intérimaires et nous constatons une certaine pagaille dans l'organisation. Je me demande s'il ne faudrait pas une formation pour tous. »

Ces demandes sont imprécises ou peuvent receler une ambiguïté. La meilleure façon de les préciser c'est **d'exprimer clairement le résultat que le demandeur en escompte.** C'est ici que la notion d'objectif s'avère utile. Si le demandeur est capable de formuler clairement l'objectif qu'il veut atteindre, c'est-à-dire un résultat observable à l'issue de l'action, nous pouvons considérer que le besoin est défini de façon précise et sans ambiguïté. Ainsi le responsable d'organisme qui a reçu les demandes présentées plus haut tentera de vérifier sa compréhension du besoin en formulant des objectifs.

Au premier il pourra dire : *« Votre objectif, c'est d'avoir moins d'accidents du travail et pour cela vous souhaitez faire respecter les règles de sécurité. »*

Au second il demandera : *« Votre objectif est-il d'améliorer l'organisation du travail et notamment que les ouvriers permanents soient capables d'encadrer les intérimaires ? »*

Préciser un besoin de formation équivaut donc à définir les objectifs recherchés.

5. Trois niveaux d'analyse

Mais à regarder la façon dont sont formulés ces objectifs dans les exemples ci-dessus, nous constatons qu'ils ne parlent pas de la même chose, qu'ils ne se situent pas au même niveau par rapport à l'action à mener.

Quand il est dit *« moins d'accidents »*, *« une organisation du travail plus efficace »*, on indique des résultats attendus suite à la formation. Nommons-les **« objectifs de changement »** affectant la marche de l'entreprise ou plus largement de la société (pensons aux formations pour demandeurs d'emploi). La formation est alors un des moyens d'y contribuer.

Quand il est dit « *Des salariés capables d'appliquer les règles de sécurité ; d'encadrer des intérimaires* », on désigne un ensemble de compétences que les personnes devront avoir acquises. Appelons-les **« objectifs de formation »,** ou effets globaux visés à l'issue de la formation chez les participants eux-mêmes.

La discussion avec le demandeur pourrait se prolonger en précisant ce que les salariés auront à apprendre au cours même de la formation pour être ensuite en mesure d'encadrer les ouvriers temporaires : identifier leur attitude dans la communication, formuler des consignes précises. Puisque ces éléments servent à construire les différentes séquences de formation, nous les appelons les **« objectifs pédagogiques »**.

On peut donc parler de formation (et d'objectifs) de trois points de vue, dans trois champs différents où s'exercent trois types de responsabilités. Les objectifs prendront à ces niveaux des formes différentes.

1 – Le **champ socio-économique :** c'est celui de l'entreprise, du travail, de la production, c'est aussi celui de la vie sociale pour les formations non directement professionnelles ou techniques. Nous sommes hors du temps de la formation, mais c'est là qu'apparaissent les besoins de formation. Les objectifs de changement sont définis par le chef d'entreprise, par le responsable du service, l'élu… Ils ne concernent d'ailleurs pas que la formation, puisque d'autres moyens peuvent concourir à leur réalisation. Ainsi pour obtenir moins d'accidents du travail, une formation du personnel peut être bénéfique, mais également l'achat de nouveaux matériels, une autre organisation du travail, le recrutement de nouveaux salariés, etc.

2 – Le **champ de la formation** dans sa dimension institutionnelle : c'est celui qui est mis en œuvre par les services formation, les organismes de formation. À ce niveau, les objectifs indiquent les résultats généraux auxquels doit conduire la formation, en termes de compétences à maîtriser. Ils sont formulés par les demandeurs assistés par les responsables de formation (des entreprises ou des centres de formation) : ils constituent le point clé des cahiers des charges. Ces résultats pourront être vérifiés à l'issue même de la formation, sur le terrain.

3 – Le **champ de la pédagogie :** c'est celui de la relation formateur-personnes en formation, relation qui intègre la conception, la mise en œuvre et l'évaluation de séquences de formation. Nous sommes à l'échelle de la structuration des apprentissages et il est de la responsabilité du formateur de préciser les objectifs pédagogiques nécessaires pour atteindre l'objectif de formation qui lui a été assigné.

Ce champ de la pédagogie n'a de sens et de valeur qu'au regard des deux autres dimensions : il ne saurait fonctionner de façon autarcique. Il puise dans les deux autres domaines les éléments qui vont alimenter son action et il contribue en retour à la réalisation de leurs objectifs.

Le tableau ci-dessous décrit ces trois champs dans le contexte de l'entreprise.

Champ	Situations	Objectifs	Responsable	Un exemple
socio-économique (l'entreprise)	– problèmes de fonctionnement de communication ; – projets économiques, commerciaux, techniques, projets sociaux ; – évolution des métiers, du marché.	de changement (tels que formulés par exemple dans un projet d'entreprise, un plan stratégique, un plan commercial…)	le chef d'entreprise, le responsable de service	assurer une meilleure sécurité dans le travail, diminuer le nombre d'accidents
formes institutionnelles des activités de formation (le centre ou le service de formation)	mise en place de plan de formation, de programmes et cycles de formation…	de formation (tels que formulés dans le cahier des charges)	le responsable de formation	maîtriser les règles et comportements liés à la sécurité dans les travaux sur voie
activités pédagogiques (le lieu de formation)	le déroulement des séquences de formation, les méthodes utilisées, l'activité du formateur et des stagiaires…	pédagogiques (tels que formulés dans le dossier pédagogique)	le formateur	savoir réagir à tous les signaux utilisés, connaître les procédures en cas d'incident, etc.

Considérons maintenant les formations commanditées par les pouvoirs publics.

Champ	Situations	Objectifs	Responsable	Un exemple
socio-économique (la vie en société)	problèmes d'emploi, de développement économique d'une région, de reconversion, d'orientation, d'insertion, de culture, de vie civique	**de changement** (tels que formulés par exemple dans un programme politique, dans les attendus d'une loi…)	les élus	faciliter l'entrée dans la vie active des jeunes sans qualification
formes institutionnelles des activités de formation (instances administratives gérant la formation, les organismes de formation)	définition de la politique et des dispositifs de formation à l'échelon européen, national, régional, local	**de formation** (tels que formulés dans la présentation d'un dispositif, dans le cahier des charges)	le responsable de l'administration chargé de la formation ; les responsables et conseillers des organismes de formation ; le formateur	dispositif avec ses objectifs généraux : – développer ses compétences-clés ; – construire un projet professionnel.
activités pédagogiques (le lieu de formation)	le déroulement des séquences de formation, les méthodes utilisées, l'activité du formateur et des stagiaires…	**pédagogiques** (tels que formulés dans le dossier pédagogique)	le formateur	– identifier son style d'apprentissage ; – etc.

Complétons le schéma présenté précédemment à propos des besoins :

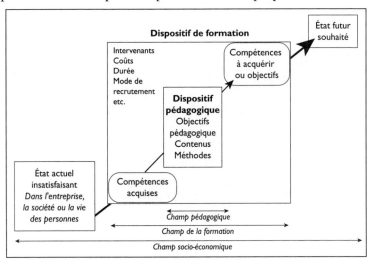

138

S'entraîner à partir de deux demandes de formation

Situation 1 : les déplacements
Lisez la situation suivante et formulez
– un objectif de changement ;
– un objectif de formation ;
– un objectif pédagogique.

« L'équipe pédagogique d'un ESAT souhaite développer une plus grande autonomie de déplacement pour les travailleurs handicapés de l'établissement. Ceux-ci en effet sont habituellement transportés de leur domicile aux ateliers par un autobus et ils sortent peu de chez eux par crainte des transports en commun. Le directeur du centre décide donc d'organiser une action sur le thème suivant : les différents moyens de transport en commun, leur utilisation, les règles de sécurité dans la rue et sur la route.

Au début de la formation, le formateur annonce aux participants qu'à l'issue de la formation ils pourront se déplacer d'un endroit à l'autre de la ville par le moyen de transport le mieux adapté en fonction des horaires. Pour s'y préparer, il organise avec eux une première séance au cours de laquelle, avec des montres et des réveils, chacun s'entraîne à lire l'heure et à la communiquer aux autres. »

Situation 2 : la mécanique auto
Lisez la demande de formation suivante et les propositions faites par deux organismes concurrents.
Repérez les imprécisions, erreurs, confusions.
Rédigez votre propre réponse à cette demande.

« Un groupe d'employés à majorité féminine demande au comité d'entreprise une formation pour faire face aux pannes les plus courantes qu'ils peuvent rencontrer dans l'usage de leur véhicule personnel. Comme il n'est pas question de leur faire préparer un CAP de mécanicien, vous leur proposez une formation de 2 journées, très proches de leurs préoccupations immédiates.

Réponse de l'organisme A

Objectif de changement : aller contre le sexisme dans le domaine de la mécanique.

Objectif de formation : que les personnes puissent être autonomes face aux pannes les plus courantes de leur véhicule.

Objectifs pédagogiques : changer une roue, changer un fusible, vérifier les niveaux.

Réponse de l'organisme B
Objectif de changement : permettre plus d'autonomie et de confiance.
Objectif de formation : mieux connaître son véhicule pour tenter de faire face aux pannes les plus courantes.
Objectif pédagogique : dialoguer avec le garagiste, lire la documentation. »

Repères pour l'analyse

Situation n° 1
L'objectif de changement visé concerne l'autonomie des personnes quant à leurs déplacements en ville. L'effet attendu est qu'elles soient moins dépendantes du centre et qu'elles puissent se déplacer seules. Objectif général de la formation : être capable de choisir et d'emprunter le transport le plus adapté en fonction des horaires.

Compte tenu des difficultés particulières rencontrées par ces personnes, le formateur a retenu un premier objectif pédagogique : lire l'heure et la communiquer. Cet objectif est en effet un premier pas pour être en mesure d'utiliser les horaires des transports publics.

Situation n° 2
L'objectif de changement de l'organisme A est une « intention » et non un objectif. Il indique bien une orientation de la formation mais ne fournit pas d'indicateur vérifiable susceptible d'apprécier l'effet réel de la formation.

Organisme B : permettre plus d'autonomie et de confiance indique bien un changement mais il mériterait d'être précisé : par quels comportements se manifestera cette nouvelle attitude face à la voiture ? Ce que cet organisme classe comme objectifs pédagogiques, ce sont en réalité des changements attendus dans la vie courante : dialoguer utilement avec son garagiste, utiliser la documentation.

Une formation pourrait être construite avec les repères suivants :
– objectifs de changement :

• *permettre aux participantes de faire face aux problèmes les plus fréquents concernant leur véhicule et de dialoguer avec les professionnels pour les pannes plus importantes.*

Cet objectif correspond en effet à ce qu'attendent ces femmes concernant leur vie pratique.
– objectifs de la formation :

• *connaître les règles de l'entretien courant, identifier les problèmes le plus souvent rencontrés et établir un premier diagnostic.*

L'objectif de formation est l'objectif général sur lequel le commanditaire (le comité d'entreprise) et le prestataire (l'organisme de formation) se mettent d'accord pour définir l'action envisagée.
– objectifs pédagogiques
  • *lister les opérations d'entretien et leur périodicité ;*
  • *changer une roue ;*
  • *retrouver dans la documentation les informations utiles pour le changement des fusibles ;*
  • *lire une facture de garage ;*
  • *etc.*

Les objectifs pédagogiques sont ceux que le formateur détaille et organise dans le cadre d'une progression, en fonction du niveau et du rythme des participants.

6. Une démarche pour bâtir une formation

L'ingénierie de formation est l'ensemble des méthodes et moyens qui permettent de construire un dispositif répondant aux besoins identifiés dans un contexte donné. La distinction introduite précédemment entre les trois niveaux ou champs contribue à clarifier les questions à traiter et les rôles de chaque interlocuteur dans cette élaboration.

6.1 Une clarification des niveaux de problèmes et d'intervention

Toutes les questions qui touchent la formation ne se posent pas au même niveau et ne sont pas à traiter par les mêmes acteurs. Sachons distinguer :

– les **problèmes qui concernent la vie de l'entreprise ou la marche de la société,** dont le traitement déborde largement le domaine de la formation et engage la responsabilité des acteurs politiques : dirigeants, élus, partenaires sociaux. En regard de ces problèmes la formation n'est qu'un des moyens possibles ;

– les **questions qui concernent globalement les dispositifs de formation,** leur durée, leur coût, les compétences qu'ils permettent de développer. Ce champ est le lieu de négociation entre demandeur et prestataires. Les objectifs et les contraintes sont fixés par le demandeur après discussion. La vérification de l'atteinte des objectifs de formation sera de son ressort (évaluation de la capacité à mettre en œuvre sur le terrain les compétences acquises). Les dispositifs sont conçus par les prestataires ;

– les **questions qui concernent la pratique concrète du formateur** avec ses apprenants. L'organisation et le suivi de la progression sont de sa responsabilité.

6.2 Une démarche pour l'ingénierie de formation

Les trois champs correspondent à *trois temps* dans l'analyse des besoins et la définition des objectifs.

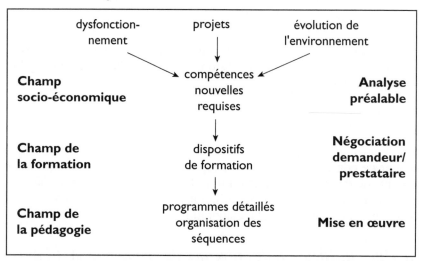

C'est à partir du champ socioprofessionnel et des objectifs de changement (encore faut-il qu'ils soient clairement identifiés) que l'on définit des objectifs de formation et c'est à partir des objectifs de formation que l'on précise les objectifs pédagogiques. Or n'assiste-t-on pas parfois à une démarche inverse ? Un responsable de formation prend un catalogue, y repère des sessions, en sélectionne quelques-unes, les propose à ses collaborateurs et à partir de là définit un plan de formation. Ou encore une session de Programmation neurolinguistique qui a beaucoup plu à un responsable est imposée à des équipes. Dans ce cas on part du pédagogique pour imaginer des changements d'ordre professionnel.

6.3 Un guide pour la négociation

Il faut se souvenir que cette grille ne fonctionne pas de façon automatique ; elle est mise en œuvre à travers des interactions et lors d'une négociation entre les acteurs.

Le *demandeur responsable d'un service* sera peut-être amené à préciser ses objectifs de changement grâce au questionnement du responsable de formation.

Le *responsable de l'organisme de formation* (ou le consultant) devra questionner la demande, explorer le contexte, décoder les intentions de ses interlocuteurs pour apprécier en quoi la réponse formation est pertinente pour transformer la situation actuelle et si, en complément, d'autres modalités devront être activées en matière d'organisation, de communication ou d'investissements par exemple. Il devra résister à la demande pour diagnostiquer les besoins. De plus, il ne pourra élaborer la proposition de formation seul, sans avoir recours au formateur spécialiste du domaine traité.

Le *formateur* pourra être sollicité lors de l'élaboration de la proposition, non pas que ce soit à lui de fixer les objectifs de formation mais il est en mesure de dire ce qui est réalisable et ce qui ne l'est pas et la participation à cette négociation lui donnera des indications précieuses pour la conduite de ses interventions (connaissance des problèmes, du public, des résultats escomptés…).

Attention à ceux qui sont souvent les oubliés dans cette phase d'élaboration, les *bénéficiaires de la formation* car ils sont au premier titre concernés : ils peuvent s'exprimer sur leurs activités et les problèmes qu'ils rencontrent, ils peuvent dire ce qui serait souhaitable et faire des propositions en ce qui concerne le dispositif lui-même.

Le triangle suivant schématise la situation : chacun des côtés représente un axe de négociation à propos des objectifs poursuivis.

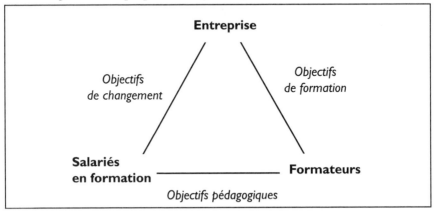

Et concernant les actions publiques :

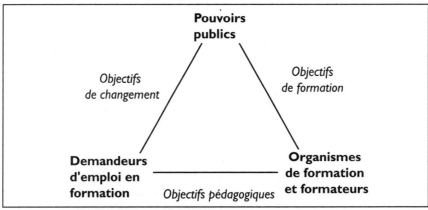

7. Les cahiers des charges

Le contrat pour la réalisation d'une formation se conclut toujours entre un **commanditaire** et un **prestataire.** Il suppose que la demande soit formulée en termes précis indiquant à la fois les résultats escomptés et les contraintes (de temps, de lieu, de nombre, de coût…) que l'action doit intégrer. Le document qui fournit ce cadre est dénommé « cahier des charges de la demande » : il est rédigé par le demandeur et constitue la base sur laquelle le prestataire va construire sa proposition. Ce document structure ce que nous appelons l'appel d'offres qui met en concurrence des organismes. Complété par la proposition du prestataire après négociation ou non, il devient le cahier des charges de la formation et restera tout au long de l'action la référence pour des ajustements nécessaires. Il servira à la rédaction de la convention entre le commanditaire et le prestataire.

7.1 Fonction et sens du cahier des charges de la demande

 Découvrir à partir d'une situation : le cas Rossifleur

> *L'entreprise Rossifleur vient de faire une demande de formation au Centre de formation horticole où vous êtes formateur. Voici les notes prises par le directeur au cours de l'entretien téléphonique du 15 janvier.*
>
> Rossifleur est une entreprise de production de fleurs à massif du Val de Loire. Elle emploie 11 salariés permanents (dont un chef d'équipe, les autres sont des ouvriers qualifiés). Chaque année, elle embauche une quinzaine de saisonniers du 1er avril au 30 juin. Tous les ans il y a bien quelques problèmes mais l'année dernière M. Rossifleur a noté une

dégradation importante : des tris de plantes mal faits, des chargements livrés en retard, d'où des problèmes avec les clients. De plus les ouvriers permanents pendant toute cette période se sont trouvés débordés continuellement alors qu'il a eu l'occasion de noter à plusieurs reprises des saisonniers inoccupés parce qu'on ne leur avait pas dit quoi faire. Lui-même chef d'entreprise ne peut contrôler chaque salarié, d'autant qu'il est souvent absent à cause de responsabilités syndicales importantes.

Suite à une conversation avec le conseiller de l'organisme collecteur auquel cotise l'entreprise, M. Rossifleur sait qu'il dispose d'un crédit pour la formation de ses salariés. Il décide de profiter de cette possibilité. Pour apporter un élément de solution à ce problème de saisonnier, il envisage donc une formation pour les ouvriers permanents.

À la question : « Les former à quoi ? » il répond : « Une bonne remise à jour des règles de calibrage et des conditions d'expédition leur permettrait pour eux-mêmes de bien connaître les règles à respecter. Et si en même temps on pouvait leur donner quelques conseils pour encadrer les saisonniers, ce serait certainement un plus car ils ont de la peine à comprendre que leur rôle change quand ils ont avec eux un groupe de personnes peu expérimentées. »

Le directeur du centre de formation a demandé au chef d'entreprise de préciser sa demande par écrit. Voici le document qu'il a reçu quelques jours plus tard.

Formation du personnel permanent

Contexte

L'entreprise Rossifleur produit des plantes à massif. Elle emploie 11 salariés permanents. Mais chaque année d'avril à juin, elle embauche entre 15 et 20 saisonniers surtout pour les expéditions. Malgré le nombre de personnes, les expéditions ne se font pas au mieux. Il y a un problème d'encadrement des saisonniers par les permanents. La formation envisagée devrait remédier à cette situation.

Participants

Les 10 ouvriers permanents de l'entreprise.

Durée

À préciser, mais pas plus de 3 journées.

Lieu

Dans l'entreprise.

Contenu

– Rappel des notions de calibrage des plantes.

– Les règles à respecter en ce qui concerne le conditionnement et le chargement des plantes.

– Des notions concernant les postures et règles de sécurité pour éviter les accidents.

– Une présentation des catégories de clients (qui pourrait être faite par l'encadrement).

– Notions de communication dans l'entreprise.

Consignes de travail

1. Profitons de cet exercice pour clarifier quelques notions voisines et pourtant distinctes. À quoi correspondent ici les notions suivantes : la demande, les attentes, les besoins, la commande ?

2. Le document expédié par le chef d'entreprise est l'ébauche d'un cahier des charges puisqu'il entend fixer le cadre dans lequel devra se situer la proposition du centre de formation. Cependant, en vous mettant dans la situation du formateur chargé de concevoir la formation ne trouvez-vous pas qu'il manque des indications importantes ? Lesquelles ?

Repères pour l'analyse

1. Les quatre notions (demande, commande, besoin, attente) concernent l'origine d'une formation

La demande est le premier temps de la démarche que fait le client envers son « fournisseur » : elle est donc une première présentation de ce qu'il attend. Cette demande se transformera en **commande,** quand, suite à la négociation entre les parties sur la prestation et sur ses conditions, le contrat ou la convention sera signé pour la réalisation de l'opération.

Ici la demande est encore floue : des points doivent être précisés, le coût, mais également, comme nous le verrons plus loin, le contenu exact de la formation, pour qu'elle se transforme en commande.

Les attentes

Si la demande est d'ordre institutionnel, les attentes concernent les différents acteurs : ici, nous connaissons les attentes de l'employeur, mais nous ne savons rien de ce que souhaitent les ouvriers permanents, le contremaître, les saisonniers.

Les besoins

Si nous suivons la réflexion proposée dans ce chapitre, la demande n'est qu'une première formulation du besoin. C'est la discussion, la réflexion qui permettent de préciser 1) en quoi le fonctionnement et les comportements actuels sont insatisfaisants, 2) quelle serait la situation souhaitable, 3) en quoi la formation est une solution à cet écart. Les diverses formulations de la demande ne sont pas sans ambiguïté. S'agit-il d'un problème de formation ou d'organisation ? (Comment sont structurées les équipes de travail durant la période chargée ? Comment circule l'information sur les commandes ? etc.). Faut-il former en priorité les ouvriers ou le contremaître ? Qu'est-ce qui fait le plus défaut aux ouvriers permanents : des notions précises sur le calibrage ou une capacité à s'organiser et à encadrer les autres ? Qui peut répondre à ces questions ? Bien sûr en premier lieu le demandeur, ici le chef d'entreprise : la réflexion conduite avec lui par le responsable du centre est une « analyse de la demande ». S'il proposait, suite à la rencontre avec l'organisme de formation, de venir étudier la situation sur place, il s'agirait alors d'une « analyse des besoins ». Analyse de la demande et analyse des besoins constituent les premières étapes de « l'ingénierie de formation ».

2. Les indications manquantes dans la demande écrite

Pour quelqu'un qui aborde la formation par les contenus, les indications fournies sont presque suffisantes pour préparer l'action. En simplifiant, il suffit de prendre les 5 thèmes indiqués, de voir quelle importance respective leur donner dans le temps imparti et ensuite connaître le niveau des acquis des participants dans chaque domaine. À partir de ces constats complémentaires le formateur serait en mesure de déterminer les savoirs et savoir-faire à dispenser.

Mais pour nous qui considérons la formation comme la réponse à un besoin, il nous manque un élément déterminant dans ce document : ce sont les objectifs de formation. En effet le problème à résoudre est esquissé dans le paragraphe « contexte ». Mais ce qui est spécifiquement attendu de la formation n'est pas précisé. En d'autres termes nous ne savons pas quelles compétences le demandeur entend voir développer chez les participants. Ainsi la demande parle de « notions de communication » : s'agit-il de s'exprimer clairement par oral, par exemple savoir présenter clairement les consignes de travail ou bien veut-on que les participants apprennent à analyser et gérer des conflits dans les groupes ?

Nous voyons que suivant l'objectif retenu, la formation requise ne sera pas la même. Mais avant d'aller dans le détail ne faudrait-il pas préciser l'objectif essentiel de cette formation ? S'agit-il en priorité pour les ouvriers en question de connaître et d'appliquer les règles de sécurité, de calibrage, etc. ou faut-il qu'ils développent leurs capacités d'initiative dans les relations et l'organisation du travail ? Se mettre d'accord sur l'objectif général est sans doute la première étape à franchir pour transformer ce document en un véritable cahier des charges. Cette définition de l'objectif de formation est évidemment fonction de l'analyse des besoins.

D'autres rubriques sont utiles. Vous en trouverez une présentation ci-dessous. Retenez dès à présent que la précision d'un cahier des charges permet d'éviter toute ambiguïté entre le demandeur et le prestataire.

Le cahier des charges, plus qu'une exigence administrative est donc un outil pour faciliter les rapports entre clients et fournisseurs de la formation. Sa rédaction amène le client à analyser son besoin, à construire sa demande et à définir ses exigences. Pour le fournisseur ou prestataire, l'effort de conformité au cahier des charges oblige à analyser la demande du client, à évaluer ses propres capacités à traiter le problème posé et à construire une réponse appropriée.

7.2 Le contenu du cahier des charges de la demande

Le cahier des charges d'une action de formation est le document où le demandeur décrit les résultats attendus de la formation et les exigences concernant le dispositif (objectifs, contenus, modalités).

Le formateur y trouvera donc les repères essentiels pour préparer son intervention.

Reprenons chacune des principales rubriques.

Le but de l'action et les objectifs de changement

Cette rubrique indique :
- le contexte dans lequel se situe l'action ;
- le problème que l'on entend résoudre, le projet que l'on entend mener ;
- les résultats attendus.

Le formateur y cherchera donc des indications sur :
- *les orientations générales dans lesquelles prend place cette action particulière ;*
- *les acteurs à l'origine de la demande ;*
- *ceux qui ont participé à l'élaboration de cette demande ;*
- *les enjeux des différents acteurs : en quoi cette formation revêt une importance pour eux et à partir de quels indicateurs ils évalueront l'efficacité de l'action ;*
- *les autres actions envisagées en parallèle à la formation, si d'autres aspects que les compétences sont en jeu.*

La population concernée

Cette rubrique indique :
- le nombre de personnes à former ;
- leur profil (âge, service, fonction, niveau de formation, etc.) ;
- les conditions d'accès à la formation : les prérequis
  - en termes d'expérience ;
  - en termes de connaissances.

Le formateur y cherchera donc des indications sur :
- *les acquis des futurs stagiaires ;*
- *leurs motivations et attentes ;*
- *leurs représentations concernant la formation et les sujets traités.*

Les objectifs de formation ou objectifs généraux

Cette rubrique indique ce que seront capables de faire les personnes à l'issue de leur formation.

Ces objectifs sont énoncés en termes de connaissances acquises, de savoir-faire maîtrisés et de comportements qu'elles devront mettre en œuvre dans leur pratique professionnelle.

Le formateur y cherchera donc des indications sur :
- *le niveau auquel devront accéder les participants ;*
- *les critères qui permettront une évaluation de la formation ;*
- *un repère pour choisir des méthodes pédagogiques adaptées ;*
- *un repère pour identifier ce qui est essentiel, du point de vue du résultat à atteindre, dans le contenu qu'il envisage de traiter ou dans l'entraînement pratique qu'il propose.*

Des modalités de mise en œuvre comme :

• *les orientations pédagogiques*

Cette rubrique peut indiquer des orientations globales concernant les contenus essentiels à aborder ainsi que certains principes pédagogiques (alternance, tutorat, formation à distance…).

• *les formateurs*
Cette rubrique peut indiquer le profil des formateurs qui assureront la formation : leurs compétences, leur expérience du problème traité.

• *la durée*
Cette rubrique indique la durée totale mais aussi l'organisation dans le temps (calendrier des sessions).

• *le lieu, le matériel*
Le formateur y cherchera des indications sur :
– les attentes du demandeur concernant la mise en œuvre ;
– la marge de manœuvre dont il dispose pour conduire et organiser son action ;
– les moyens à sa disposition.

Les coûts

Les tarifs et éventuellement les modalités de facturation et de paiement.

L'évaluation

Cette rubrique indique les types d'évaluation prévus.
Le formateur y cherchera des informations sur :
– l'importance que le demandeur accorde à la mesure des résultats ;
– le rôle assigné au formateur dans cette évaluation.
Le formateur distinguera l'évaluation pédagogique qui se déroule sur le temps de la formation et qui est de sa responsabilité, d'une évaluation en situation de travail qui est de la responsabilité des services ou unités de travail (cf. chapitre 8).

Le pilotage de l'action

Quand l'action est longue et complexe, des décisions concernant la conduite de l'opération peuvent être prises en commun par le commanditaire et le prestataire. Il peut même être nécessaire de revoir le cahier des charges. Cette rubrique précise par qui et dans quelles conditions est exercé ce suivi.

7.3 Des outils pour une lecture critique du cahier des charges

Si l'on reprend la grille « QQOQCP » utilisée pour décrire une situation, le cahier des charges doit apporter une réponse à chacune des questions.

Qui ? Le demandeur, les bénéficiaires, les « pilotes »
Quoi ? Contenu de la formation
Où ? Le lieu
Quand ? La durée, l'organisation dans le temps
Comment ? L'organisation, les moyens
Pourquoi ? Les objectifs (en distinguant les trois niveaux)

Voici une autre grille pour vous aider à analyser une demande de formation ou un cahier des charges.

– Quel contexte ?

Qui est à l'origine de la demande ?
Qui décide ?
Quel a été l'élément déclencheur ?
- dysfonctionnements
- évolution des métiers, des procédés, des matériels
- projets économiques, sociaux
- causes externes (techniques, marchés…)

Quelle analyse a été faite des besoins et par qui ?

– Quels objectifs ?

– de changement
– de formation

À quels indicateurs ou critères seront appréciés les résultats ?

– Quels acteurs ?

Qui est concerné par l'action de formation ?
– les demandeurs, les bénéficiaires, les décideurs, les facilitateurs (ou « freineurs » !)

– Quels enjeux ?

Les enjeux sont les gains et pertes susceptibles de résulter de l'action pour les différents acteurs.

Pour qui ?
Sur quels plans : technique, économique, social, psychologique ?
Réels ou imaginés ?
Communs ou spécifiques à une catégorie ?

– Quels moyens ?

Quels moyens peuvent être mobilisés en temps, en argent, en personnel, en matériel ?

– Quel contrôle et quel pilotage ?

Comment sera assuré le suivi et par qui ?

Quelles adaptations seront possibles et dans quelles conditions ?

Quelle que soit la grille utilisée, l'essentiel est de considérer la demande comme une première formulation du besoin et le cahier des charges comme un outil de clarification, indiquant les enjeux de l'action de formation et les exigences auxquelles elle devra répondre.

Synthèse

*L'action du formateur d'adultes trouve sa finalité hors d'elle-même, dans le changement auquel elle contribue : changement chez les personnes, dans les organisations, dans la société. La formation n'est pas un en-soi ; aussi, le formateur doit non seulement s'interroger sur ce à quoi elle sert, mais la **construire en fonction des besoins** auxquels elle répond. Différents niveaux de responsabilité apparaissent avec des acteurs qui doivent se concerter. C'est le demandeur qui est habilité à définir les changements visés dans la réalité sociale et professionnelle. C'est le responsable de l'action qui détermine les objectifs de formation. C'est le formateur intervenant qui précise l'ensemble des apprentissages qui seront nécessaires. Il ne saurait y avoir d'analyse des besoins sans partage d'informations et confrontation des points de vue.*

*La formation est réponse à un besoin. À l'origine il y a toujours un problème à résoudre ou un projet à conduire (pour la personne, l'entreprise, la société). Le formateur analyse ces situations sous un angle particulier, celui des **compétences** ou plus précisément de l'écart constaté entre les compétences requises par le contexte et les compétences déjà maîtrisées par les personnes ou les groupes.*

*Cette réflexion sur les besoins ne saurait être l'œuvre d'un seul analyste expert. Elle suppose la **participation** de tous ceux qui sont concernés et en particulier les bénéficiaires potentiels : l'analyse des besoins devient alors la première étape de l'action de formation.*

Pistes d'approfondissement

Ingénierie de formation

Aujourd'hui, nous pouvons distinguer trois niveaux d'ingénierie de formation. Le niveau *macro* est celui de l'élaboration des politiques publiques de formation (programmes des Régions) et des politiques des branches professionnelles. Le niveau *meso* est celui des plans de formation des organisations (entreprises, administrations, associations) et le niveau *micro* est celui de l'élaboration des parcours de formation ou de professionnalisation des individus.

Un vocabulaire technique s'est peu à peu imposé à tous les acteurs.

Dans certaines entreprises, on parle du **« cahier d'objectifs »** pour désigner les changements visés dans l'entreprise. Il correspond à ce que nous avons dénommé les « objectifs de changement ». À ce niveau, la formation n'est qu'un des moyens possibles.

Les **cahiers des charges** concernent chaque action ou dispositif de formation. Le **cahier des charges de la demande** définit les objectifs de formation et fournit toutes les informations utiles pour élaborer une proposition. Il peut être utilisé dans le cadre d'un appel d'offres (mise en concurrence d'organismes ou dans une relation de gré à gré). Enrichi de la proposition du prestataire, après négociation ou non, il devient le **cahier des charges de la formation** et sert à la rédaction de la convention de formation, contrat qui unit prestataire et commanditaire.

La **« proposition de formation »** émane de l'organisme de formation et reprend le cahier des charges en lui donnant une forme plus précise concernant la réalisation de la formation : reformulation de la demande et des objectifs, organisation du dispositif, progression, principales étapes, système d'évaluation…

Quant au **« dossier pédagogique »,** c'est le document produit par des formateurs pour eux-mêmes ou pour d'autres formateurs, pour mettre en œuvre la formation : il détaille les objectifs pédagogiques, les inscrit dans une progression, présente le scénario des séquences (activités du formateur, activités des apprenants), propose des supports (documents pour stagiaires, transparents…).

Analyse de la demande et **analyse des besoins** sont deux notions proches mais qu'il est utile de distinguer : on parle d'analyse de la demande quand le prestataire n'a pour point d'appui que la demande formulée par le client avec qui il cherche à préciser le besoin effectif au-delà d'une première formulation. L'analyse des besoins est une approche plus large où celui qui mène l'analyse peut aller observer sur le terrain.

Les ouvrages traitant l'analyse des besoins se situent à deux niveaux : un niveau directement opérationnel (les méthodes et démarches utilisables) et un niveau théorique (les théories et concepts sur lesquels s'appuient les démarches). Deux ouvrages pratiques, celui de Guy Le Boterf qui décrit en 75 fiches pratiques très claires les étapes et les concepts de l'ingénierie de formation, celui d'Alain Meignant (manuel destiné aux responsables des ressources humaines) qui comporte un chapitre sur l'analyse des besoins de formation, présentée comme une des dimensions de la gestion prévisionnelle des compétences dans l'entreprise. Les principes sur lesquels il s'appuie sont la cohérence de la démarche et l'implication des acteurs. Il classe les méthodes en trois catégories :

1) celles qui s'appliquent aux besoins de compétence de l'organisation ;
2) celles qui traitent les attentes des individus et des groupes ;
3) celles qui accompagnent un changement organisationnel.

Un ouvrage théorique, celui de Marcel Lesne et Jean-Marie Barbier *L'analyse des besoins en formation* montre que les besoins de formation ne sont pas une donnée initiale mais une construction élaborée par les analystes. L'ouvrage présente les trois champs concernés par la formation : le champ socioprofessionnel, celui des dispositifs institutionnels de la formation et celui des pratiques pédagogiques, approche dont nous nous sommes inspirés dans ce chapitre.

Attention ! Depuis que l'entreprise considère la formation comme un investissement et que les pouvoirs publics veulent vérifier l'efficacité de budgets croissants, l'ingénierie joue un rôle prépondérant. Elle ne saurait cependant se substituer à la pédagogie et faire oublier que rien de décisif n'est joué hors du moment même de la formation, quand apprenants et formateurs se retrouvent autour d'un savoir à acquérir. L'ingénierie répond à une exigence de rationalisation mais la formation suppose le libre engagement de personnes. Ce qui est prévu n'aura pas nécessairement lieu et les effets pourront déborder ce qui est attendu. La démarche qui l'oublierait serait vouée à l'échec.

Martin J.-P., Savory E., *Intervenir en formation*, Chronique sociale, 2013.

Le Boterf G., *Ingénierie et évaluation des compétences*, Eyrolles, 2011.

Lesne M. et Barbier J.-M., *L'analyse des besoins en formation*, Robert Jauzé, 1986.

Meignant A., *Manager la formation*, Liaisons, 2009.

Parmentier Ch., *L'ingénierie de formation : outils et méthodes*, Eyrolles, 2012.

Il est cependant nécessaire de distinguer les demandes de formations sur mesure et les appels d'offre des marchés publics. Dans le second cas, l'analyse de la demande se centre sur la lecture approfondie des documents contractuels fournis, notamment le cahier des clauses techniques particulières. L'organisme devra prendre appui sur la connaissance qu'il possède de son territoire pour conduire l'analyse des besoins potentiels des futurs participants.

Terminologie
Norme X 50-750 Juillet 1996

L'AFNOR (organisme chargé de normaliser les procédures dans les démarches Qualité), a retenu un certain nombre de définitions en vue d'améliorer les relations entre clients et organismes. Il nous apparaît utile de reprendre celles qui correspondent aux points traités dans ce chapitre.

- **Analyse de la demande de formation**

Au regard des objectifs poursuivis par le demandeur, opération consistant à examiner la pertinence d'un projet de formation.

- **Appels d'offres**

À l'origine, désigne des modes d'expressions de la demande de marché public par l'administration, visant à mettre des candidats en concurrence. Par extension, action d'une entreprise ou de tout demandeur de formation de consulter des dispensateurs de formation sur un cahier des charges exprimant un besoin de formation.

- **Besoins de formation**

Identification d'un écart susceptible d'être réduit par la formation entre les compétences d'un individu ou d'un groupe à un moment donné et celles attendues.

- **Cahier des charges de la demande**

Document exprimant les besoins de formation et les contraintes d'un demandeur. Ce document contient les éléments administratifs, pédagogiques, financiers et organisationnels pour permettre aux organismes de formation de formuler une proposition en vue d'atteindre les objectifs présentés par le demandeur.

- **Cahier des charges de la formation**

Document contractuel issu de la négociation des éléments du cahier des charges, de la demande et de l'accord entre l'entreprise et le dispensateur de formation, en vue d'atteindre des objectifs déterminés.

- **Compétence professionnelle**

Mise en œuvre de capacités en situation professionnelle qui permettent d'exercer convenablement une fonction ou une activité.

- **Demande de formation**

Expression d'un besoin de formation formulé par l'intéressé ou par son représentant ou par sa hiérarchie.

- **Diagnostic**

Mise en évidence de points forts et de points faibles à partir d'éléments observables, en référence aux objectifs du demandeur ou au projet.

- **Objectif de formation**

Compétence à acquérir, à améliorer ou à entretenir exprimée initialement par les commanditaires et/ou les formés.

L'objectif de formation est l'élément fondamental des cahiers des charges. Il sert à évaluer les effets de la formation.

- **Objectif pédagogique**

Capacité que le formé doit avoir acquis à l'issue de l'action de formation définie par le formateur à partir de l'objectif de formation. L'objectif pédagogique sert à construire et à conduire l'action de formation et à évaluer les capacités acquises.

Chapitre 5

Construire des dispositifs de formation

Pour répondre à un appel d'offres, pour faire une proposition à un client, pour conseiller une personne, il faut **rechercher des moyens, imaginer des modalités, prévoir des étapes…** *bref, il faut construire un dispositif de formation.*

Après l'analyse des besoins commence une deuxième phase de l'ingénierie de formation, celle de **l'élaboration du dispositif à mettre en œuvre** *pour atteindre les objectifs, faire acquérir les savoirs et savoir-faire visés.*

Élaborer une proposition de formation, construire un dispositif, c'est non pas avancer une solution toute faite, « standard » en quelque sorte, mais rechercher les moyens et les modalités les mieux adaptés aux personnes et au contexte dans lequel l'action va vivre. Voilà la démarche que nous voulons vous faire partager maintenant.

---

1. **D'une réponse standard à un dispositif adapté**
2. **Quelques principes et modalités d'organisation**
3. **Le choix d'une modalité de formation**

---

1. D'une réponse standard à un dispositif adapté

 *Découvrir à partir d'exemples :
deux dispositifs de formation*

> *Repérez les points communs et les différences entre la formation suivie par deux salariés, Yann et Lucas.*

> Yann est salarié dans une grande entreprise de la région nantaise. Suite à la réorganisation de l'atelier dans lequel il travaille, l'entreprise lui propose de suivre une formation qualifiante et de préparer un CAP de Conducteur de machines automatisées de transformation. Trois journées par semaine, il participe à la formation avec onze autres de ses collègues. L'entreprise a mis à la disposition des formateurs deux salles dans lesquelles les salariés viennent se former. Lors des séances, le formateur présente par oral les notions puis propose des exercices, des problèmes à résoudre. Lorsque le besoin est manifeste, le groupe en entier se déplace dans l'atelier pour observer certains fonctionnements, pour ensuite découvrir en salle les lois de la physique qui permettent de comprendre les phénomènes. De temps en temps des épreuves d'évaluation sont organisées. À l'issue des 700 heures de formation, les salariés passeront un examen ponctuel pour obtenir le diplôme. Rien que d'y penser, Yann a la gorge serrée !

> Lucas est salarié dans une autre entreprise mais prépare le même diplôme. Avant de commencer sa formation, il a passé une série d'épreuves : il y avait beaucoup de questions faciles et un certain nombre qui lui sont apparues comme du chinois. Il n'y comprenait rien. Il a eu ensuite un entretien avec les formateurs qui lui ont présenté des objectifs et un parcours. En effet, ils lui ont dit qu'il savait des choses et qu'il était parfaitement inutile de les réapprendre. Il devait en revanche porter ses efforts sur ce qu'il ne savait pas. Depuis il va quand il le veut dans un centre de ressources. Dans une vaste pièce silencieuse, sont disposés des classeurs de couleurs différentes et des ordinateurs. Il choisit de travailler des « dossiers d'apprentissage » qui comprennent un cours et des exercices. Quand il ne comprend pas, il peut demander l'aide d'un formateur. Les collègues présents travaillent chacun sur des dossiers différents. Quand il a terminé un dossier, il demande une épreuve d'évaluation. Ses réussites tout au long de la formation lui permettent d'acquérir, en continu, la certification visée.

Repères pour l'analyse

Bien qu'ils aient le même statut social, qu'ils préparent la même certification, ces deux salariés suivent une formation dont les formes sont différentes. La première revêt la forme d'une action classique (un formateur, un groupe, une progression unique) sanctionnée par un examen ponctuel, la seconde est construite en fonction de la personne, avec un positionnement initial, un parcours individualisé, du travail personnel assisté et une évaluation intégrée à l'apprentissage. Ce sont deux modalités d'organisation différentes.

1.1 Une démarche

Qu'est-ce qu'un dispositif ? « C'est un ensemble de moyens disposés selon un plan » (*petit Robert*). Dans le domaine de la formation, il s'agit d'un ensemble de moyens mobilisés de façon coordonnée pour assurer à des personnes l'accès à un savoir, à un niveau de qualification et leur permettre de développer leurs compétences sociales et professionnelles. Détaillons et précisons cette définition.

Un dispositif de formation

– *mobilise des acteurs :*
- les apprenants, les formateurs, les tuteurs et toutes les personnes concernées par l'action.

– *rassemble des moyens :*
- matériels : locaux, machines, matériels ;
- pédagogiques : documents, livres, moyens audiovisuels, didacticiels.

– *les organise selon certains principes relatifs :*
- au temps : formation groupée ou distribuée (une action ou plusieurs séquences) ;
- à l'espace : un lieu ou plusieurs lieux (alternance), en « présentiel » ou à distance (salle de formation, centre de ressource, entreprises…) ;
- aux modalités de regroupement : en groupe ou individuel ;
- au rapport aux pratiques personnelles et professionnelles.

– *en vue d'objectifs :*
- insertion, qualification, perfectionnement… ;
- formation qualifiante, certifiante ;

• développement de compétences individuelles ou d'équipe ;
• préparation à une situation particulière ou acquisition d'un niveau général

– prévoit un pilotage pour la régulation

L'action, impliquant des personnes, ne se déroule jamais totalement comme prévu. Il est donc nécessaire que les différents acteurs puissent tenir compte des résultats pour adapter le processus et ajuster leurs interventions.

Ces éléments ont été combinés de multiples façons et différentes structures de dispositifs sont apparues dans l'histoire de la formation des adultes, chacune répondant à une certaine logique. Nous analyserons les cours, les stages et la formation ouverte et à distance. Aujourd'hui certains principes d'organisation des dispositifs de formation influencent particulièrement les pratiques. Nous présenterons l'individualisation, l'alternance et le tutorat.

1.2 Une grille pour lire les dispositifs de formation

Parmi l'ensemble des paramètres (temps, espace, mode de regroupement, etc.), que nous avons recensés, conformément à notre définition de la formation (changement des pratiques et responsabilisation des adultes apprenants), nous privilégions *deux facteurs :*

– *le rapport aux pratiques :* le dispositif les prend-il en compte ?

– *la conduite de l'action :* la définition des objectifs, des rythmes, des méthodes et outils est-elle assurée plutôt par le formateur (application d'un programme), plutôt par l'apprenant (mise en œuvre d'un projet) ?

Si nous plaçons ces facteurs sur deux axes, nous obtenons un tableau avec quatre secteurs :

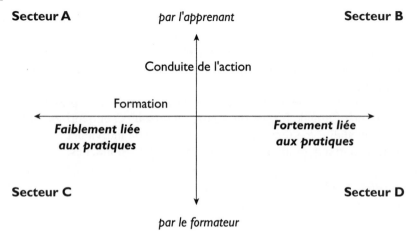

Si nous situons les différentes modalités sous lesquelles se réalise la formation, nous obtenons :

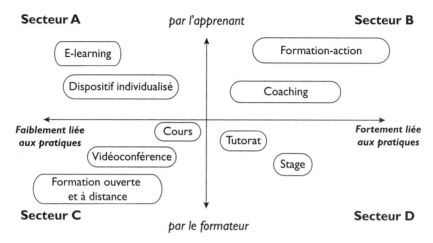

Certes la seule description formelle du dispositif ne permet pas de situer l'action dans l'un ou l'autre des secteurs : c'est la façon dont elle est conduite effectivement qui est déterminante. Par exemple le tutorat correspond à une maîtrise par le formateur dans la mesure où la formation se réfère à un programme, à un référentiel ; il se rapproche d'une conduite par l'apprenant s'il y a discussion, négociation entre les interlocuteurs sur les tâches à réaliser.

Reprenons les deux exemples du début du chapitre : Yann est dans un dispositif piloté par le formateur alors que Lucas maîtrise son apprentissage.

1.3 Du côté du commanditaire : attentes et engagement

Comment répondait-on à un besoin de formation il y a 60 ans ? Un ouvrier qui voulait devenir technicien s'inscrivait à un cours de promotion sociale. Une entreprise qui décidait de former ses agents de maîtrise à la conduite de réunion les envoyait aux stages de l'organisme X ou faisait appel à un formateur qui assurait trois journées. Nous pouvons dire qu'à un besoin de formation, il y avait une réponse unique et préconstruite. Aujourd'hui, les choses ont changé même si certaines pratiques perdurent.

Construire un dispositif c'est, en fonction d'un besoin, **combiner plusieurs moyens, mobiliser différents acteurs et prévoir une instance de régulation. Nous pouvons parler d'hybridation des différentes modalités.**

Quand un salarié commence par faire un bilan professionnel puis établir un plan de formation incluant des mises en application pratiques, il répond à son besoin en construisant son propre dispositif.

Quand une entreprise, pour développer la polyvalence des opérateurs, décide de mettre en place un parrainage (un opérateur forme un autre opérateur travaillant sur une machine différente), réunit une commission pour former les parrains et organiser le système d'évaluation des acquis, qu'elle fait appel à un organisme pour aider cette équipe pilote, etc. elle met en place un dispositif de formation.

Aujourd'hui les demandeurs attendent des prestataires qu'ils leur proposent non pas des heures de formation mais un dispositif construit incluant :
- l'appel à plusieurs types de moyens (écrits, informatiques…) ;
- plusieurs formes d'intervention (travail de groupe, accompagnement individualisé, sous-groupes de production…) ;
- des modalités d'évaluation en cours et à l'issue de la formation ;
- un système de pilotage où prestataires et commanditaires peuvent décider des ajustements en fonction des observations.

Mais pour qu'il y ait un véritable dispositif de formation, le prestataire n'est pas le seul à devoir engager des moyens, **le client doit lui-même s'impliquer.** Un dispositif de formation de tuteurs n'aboutit à rien s'il ne mobilise que des moyens pédagogiques ; l'organisation du travail est concernée et doit permettre au tuteur d'exercer son rôle, sinon la formation ne produira pas les effets escomptés. Le dispositif inclut donc des mesures qui ne sont pas d'ordre uniquement pédagogique mais qui concernent l'offreur de formation et le demandeur.

Voilà pourquoi la formation n'est pas un service comme un autre, elle n'est pas seulement l'œuvre de celui qui l'assure, elle dépend aussi (et surtout) de celui qui en « bénéficie ».

1.4 Du côté du prestataire : les questions à se poser

Construire un dispositif de formation, c'est répondre aux questions suivantes :

– Quel est **l'objectif de formation ?**
- quels sont les indicateurs de réussite ?

– Quels sont les **moyens** mobilisables ?
- en locaux et matériels ?

– Quels sont les **acteurs** concernés ?
- le public visé ;

- les formateurs du côté du prestataire ;
- l'encadrement…

– Quelles sont les **contraintes** de l'environnement ?
- rythmes de travail ;
- accès aux matériels…

– Quels **modes d'organisation** mettre en œuvre ?
- alternance ou continuité ;
- collectif ou individualisé ;
- « présentiel » ou à distance.

– Quelles **modalités d'évaluation** choisir ?
- en cours et à terme ;
- par qui ?
- pour quel type de décision ?

– Quel **système de pilotage** concevoir ?
- composition ;
- champ de compétences ;
- modalités de fonctionnement.

2. Quelques principes et modalités d'organisation

2.1 Le cours

C'est la première forme inscrite dans la logique de promotion sociale avec les « cours du soir ». Comme elle est la plus connue (qui n'a pas assisté à un cours ?) et la plus répandue dans la formation initiale, nous n'en développerons pas l'analyse. Constatons que son origine étymologique renvoie à l'idée de développement dans le temps et qu'elle a donné naissance au XVIIe siècle aux sens « d'ouvrage reproduisant de leçon » et de « leçon dispensée ». (1694)[25]

Ce retour éclaire les caractéristiques du cours en formation :
– une *succession de temps de courte durée :* une heure, deux heures ;

---

25. Le Robert, *Dictionnaire historique de la langue française*, 1994. p. 516.

– qui abordent une *discipline* : il est question de cours de mathématiques, de droit... ;

– de façon *expositive* : il s'agit de présenter de façon magistrale le savoir à faire acquérir à l'élève, à l'étudiant, au salarié.

Par rapport à notre schéma précédent, le cours se situe dans le secteur C car l'enseignant assure la conduite de l'action en se centrant sur les savoirs à transmettre. Aujourd'hui encore, il est pratiqué dans des organismes proches institutionnellement ou culturellement de la formation initiale. Avec l'introduction des technologies, le cours est plus actif (tableau numérique interactif, classe virtuelle, utilisation de webcam, etc.). Il n'en demeure pas moins que la conception pédagogique de la transmission demeure, mais l'usage de ces outils peut être source de motivation pour les apprenants des générations que l'on qualifie de « digital natives ».

2.2 Le stage

Le stage a été pendant longtemps la forme principale sous laquelle s'est déroulée la formation, à un point tel que certains ont parlé de « stagification de la formation ».

L'étymologie renvoie au latin médiéval *stagium* qui a, dans l'ancien français, le sens primitif « d'estage », c'est-à-dire d'un séjour temporaire en dehors du temps ordinaire. Jacques Guiguou[26] signale qu'il est possible d'établir un lien avec le terme « étage », donnant une connotation de hauteur et d'altitude. En formation d'adultes, c'est dans la période de l'entre-deux-guerres et dans le cadre de l'éducation populaire qu'est apparue cette forme que nous caractérisons comme le regroupement de plusieurs personnes dans un lieu donné, sur un temps limité (de cinq à quinze jours) et sollicitant une forte implication des participants. Ainsi, lorsqu'en 1937 s'est posée la question de la formation des moniteurs de centres de vacances, les CEMEA (Centres d'entraînement aux méthodes d'éducation active) ont lancé cette formule avec la session d'une dizaine de jours en internat. Voici ce qu'en disait la note de présentation : *« Il y aura quelques cours théoriques mais il y aura surtout des activités joyeuses et bien dirigées. Tous les sujets seront traités sous forme de démonstrations, débats, jeux, promenades, exercices pratiques. Les stagiaires recevront dans le minimum de temps le maximum de documentation immédiatement utilisable. On ne leur montrera pas seulement ce qu'il faut faire, on leur montrera à le faire et à le faire faire. »*[27]

---

26. « La stagification », *Éducation permanente*, n° 35, 1975.
27. « Trente-cinq ans de formation aux CEMEA », *Revue Pour*, n° 72, 1980, p. 75.

Et si l'on jetait un coup d'œil par la fenêtre pour observer un stage ?
Ce que l'observateur peut voir, c'est le plus souvent un groupe de personnes assises à des tables dont la disposition peut varier. Elles écoutent un formateur, prennent des notes et travaillent en petits groupes. Dans ce cas, les discussions sont souvent intenses et donnent lieu à des comptes rendus en grand groupe. Aujourd'hui, si ce terme est très utilisé pour des réalités fort différentes, nous l'employons pour désigner un dispositif dont les caractéristiques sont l'unité de temps, de lieu, d'acteurs et d'activités :

- *un temps*. Généralement le stage est une action de durée limitée (de quelques jours à quelques mois) à temps plein ;

- *un lieu*. Le stage se déroule dans un lieu unique qui nécessite souvent un déplacement. Les expressions des personnes annonçant qu'elles vont en stage, qu'elles partent en stage, sont révélatrices de ce trait ;

- *un groupe*. Le stage est le regroupement stable de personnes qui constituent une entité ;

- *des activités*. Elles sont communes à l'ensemble des participants et se font à un rythme unique, celui du groupe ;

- *un thème, un sujet*. Le contenu n'est plus disciplinaire comme pour le cours mais il est centré sur un projet à mettre en œuvre, un problème à résoudre, une compétence à développer.

Le maître mot de cette approche de la formation est le **Groupe.** Cela signifie qu'il doit y avoir un traitement pédagogique homogène pour les participants, traitement caractérisé par des objectifs communs à tous, un itinéraire unique, une validation globale.

Dans un tel dispositif, le formateur est un chef d'orchestre. Sa première tâche est de constituer le groupe, de permettre aux personnes de se connaître et d'engager une activité collective. Sa seconde tâche est d'établir un diagnostic afin d'organiser la progression pédagogique : nécessité ou non de rappel de notions, détermination d'objectifs intermédiaires et calendrier des étapes. C'est à cette occasion que le formateur rencontre une difficulté importante, celle de l'hétérogénéité des personnes en formation. Les différences sont relatives aux expériences, aux acquis, aux façons d'apprendre, etc. À qui doit-il s'adresser : à ceux qui ont des difficultés ? (mais les autres alors s'ennuient) ; à ceux qui travaillent vite ? (mais les premiers vont perdre pied). Certes, le groupe peut permettre de traiter ces difficultés en favorisant l'entraide et les échanges notamment et faire que l'expérience des uns devienne un capital pour les autres. Mais il ne peut être la structure unique qui résout ce problème.

Si les modalités précédentes avaient comme point commun la présence d'un formateur et la constitution d'un groupe, celles que nous allons présenter maintenant traitent la distance et l'individu.

Par rapport à notre schéma de la *page 161,* le stage prend appui sur les pratiques des participants. Pour la conduite de l'action, elle est le plus. souvent le fait du formateur : stage à thème et à programme préétabli.

L'offre dite catalogue de certains organismes n'est constituée que de cette modalité.

2.3 *L'individualisation*

L'idée n'est pas neuve mais elle s'est matérialisée dans des dispositifs organisationnels variés. Les organismes ont créé des Ateliers pédagogiques personnalisés (ou APP), des Centres permanents, des espaces langues. Se développent dans les entreprises des Centres de ressources intégrés, des formations modulaires, etc.

L'essor de ces dispositifs s'explique par la rencontre de deux types de préoccupations, l'une d'origine économique voulant optimiser les dépenses de formation, l'autre d'origine pédagogique constatant le caractère souvent inadapté du stage pour travailler avec des publics très hétérogènes. Il s'agit alors de répondre au plus près aux besoins de formation des personnes.

A. La formation ouverte et à distance

Une des formes les plus anciennes est la Formation à distance (FAD). Elle est née en France à la fin du XIXe siècle sous la forme de « cours par correspondance » : la première école a été créée par Émile Pigier. Prenant appui sur les progrès technologiques et une forte demande sociale, ces cours ont donné naissance à l'enseignement par correspondance, au télé-enseignement, à la diffusion de documents pédagogiques par satellite, etc. c'est-à-dire à la formation à distance que nous définissons comme une forme d'apprentissage assistée qui permet à l'adulte de se former en ayant accès à des sources médiatisées de savoirs, sans la présence d'un formateur mais avec le soutien d'un réseau.

Reprenons ces éléments pour mieux caractériser cette façon d'organiser la formation.

> – *Le formateur et l'apprenant sont éloignés.* La distance entre le formateur expert du contenu et l'apprenant est le premier trait saillant. Il n'y a plus de relation directe de personne à personne, même si l'apprenant

se forme dans un centre de ressources de l'organisme ou dans une salle multimedia.

– *Les médias sont utilisés dans une approche intégrée :* ils sont vecteurs de communication et s'organisent en fonction des objectifs et de la nature des savoirs (papier, vidéo, Cd Rom, clé USB…).

– *Qui dit distance ne signifie pas isolement :* des accompagnateurs identifiés de façon différente (tuteur – parrain – référent…) apportent un soutien, et des rencontres entre apprenants peuvent être organisées. C'est parce qu'elle combine différentes modalités qu'elle est qualifiée « d'ouverte ». Elle est en rupture avec les trois unités classiques du stage : unité de temps avec la possibilité de se former à n'importe quel moment ; unité de lieu avec le fait de se former en dehors de l'organisme ; unité d'action, avec un apprentissage à son rythme sur des activités spécifiques. Par rapport à notre schéma, si la formation consiste à suivre un « enseignement à distance », elle se situe dans le secteur C ; en revanche, si elle entre dans un dispositif ouvert, permettant à l'apprenant de faire appel à des personnes-ressources par téléphone ou télématique en fonction de ses besoins, elle est dans le secteur A : l'apprenant est le pilote de sa formation.

B. La formation individualisée avec centre de ressources

Et si l'on jetait un coup d'œil par la fenêtre ? Le spectacle qui s'offre à l'observateur est celui de personnes occupées à des activités fort différentes : certaines travaillent sur un ordinateur, d'autres s'informent en lisant un manuel technique, d'autres s'entraînent à résoudre des problèmes. Si vous revenez deux heures plus tard, il est fort probable que ce seront des personnes différentes qui seront présentes. Le formateur, lui, distribue le travail, donne des conseils, apporte des informations complémentaires.

Voilà ce que peut noter l'observateur extérieur. Mais sur quels *principes* repose un tel dispositif ?

– *Valorisation du projet individuel de formation :* il s'agit de l'aide à l'émergence du projet, à son expression et à la recherche des solutions les plus adaptées. Sont concernées toutes les personnes qui vivent des situations de rupture (reconversion professionnelle imposée ou souhaitée pour des salariés – recherche de qualification pour des demandeurs d'emploi ou des jeunes). Cette modalité se traduit concrètement par des phases de diagnostic, d'information, de bilan personnel et professionnel, d'orientation.

– *Individualisation du parcours :* il s'agit de choisir le chemin le plus efficace pour atteindre l'objectif visé. Ce chemin ou itinéraire de formation est la combinaison de différentes étapes (stages, modules, travail en centre de ressources, autoformation…).

– *Individualisation des situations d'apprentissage.* Deux modalités peuvent être repérées : la personne a un accès autonome aux ressources pédagogiques ou un accès guidé (certains parlent alors d'autoformation assistée).

– *Individualisation de la reconnaissance et de la validation des acquis.* Dans le cas particulier où une personne, après une période d'activité professionnelle, souhaite préparer un diplôme, elle peut être dispensée d'une partie de la formation et des épreuves. Pour cela il lui faut identifier les compétences qu'elle a acquises par la pratique et les faire reconnaître. Cette « validation des acquis » constitue un dispositif individualisé : chaque cas est étudié de façon particulière sur la base d'un dossier décrivant les emplois occupés et les compétences mobilisées. Cette validation permet d'adapter ensuite la formation en la centrant sur les besoins de la personne et en dispensant cette dernière de ce qu'elle maîtrise déjà.

Une formation individualisée présente donc les caractéristiques suivantes :

– *une concertation préalable entre la personne et l'organisme de formation* portant sur le projet de la personne et sur l'élaboration d'un parcours de formation. Un contrat pédagogique peut être formalisé à l'issue de cette phase.

– *la destructuration du groupe :* parce qu'elle constate la diversité des publics et l'homogénéité illusoire du groupe, cette approche privilégie des itinéraires, des rythmes, une centration sur l'apprenant acteur de sa formation. Le formateur est accompagnateur de la personne en relation directe avec l'objet de l'apprentissage.

– *une évaluation des acquisitions* tout au long de la formation.

Objet de l'individualisation	Moyens
Projet de la personne	Centre de bilan
Itinéraire de formation	Dispositif modulaire/centre de ressources/accès libre aux ressources
Situation d'apprentissage	Outils d'apprentissage en présentiel ou à distance
Validation	Outils d'évaluation Service académique de validation des acquis

Le travail du formateur dans un dispositif d'individualisation peut être articulé autour de quatre grandes fonctions :

– *une fonction « ingénierie » :* élaboration d'un parcours individuel à partir d'un diagnostic appelé le plus souvent positionnement ;

– *une fonction « conception »* : production d'outils d'apprentissage et d'autoévaluation ;
– *fonction « accompagnement »* : entretien d'aide méthodologique, mise en place de situations de remédiation et de soutien ;
– *une fonction « organisation »* : gestion des emplois du temps, des ressources de formation, du matériel.

C. Le « e-learning »

Le développement des technologies actuelles a généré cette modalité récente qui est en grande partie la modernisation de l'enseignement à distance. Des contenus de formation sont médiatisés sur des supports informatiques et accessibles par ordinateurs.

– Certains sont très informatifs (exposés accompagnés de questions de compréhension). Ainsi le « Rapid learning » consiste à présenter des diapositives complétées de commentaires audio de l'intervenant. Cette modalité est souvent utilisée dans certaines grandes entreprises pour former des cohortes nombreuses de salariés.

– D'autres se veulent des entraînements à la résolution de problèmes en simulant des situations de travail. L'essor des Serious games ou Jeux sérieux permet de traiter des savoir-faire professionnels avec l'apprenant qui doit résoudre des missions et qui bénéficie d'aides (avatars). Basés sur les jeux vidéos, ces serious games présentent trop souvent une progression linéaire qui freine les parcours individualisés.

Des chercheurs et professionnels ont prédit un succès à cette modalité qui devait révolutionner la formation. Force est de constater qu'elle demeure encore marginale mais qu'elle offre une ressource supplémentaire aux concepteurs de dispositifs pour mieux adapter la formation aux besoins des personnes.

Par rapport à notre schéma (page 161), les dispositifs individualisés se situent dans le secteur A dans la mesure où la personne assure la conduite de sa formation. Mais force nous est de constater que dans de nombreux cas, il en va autrement : les contraintes du programme l'emportent sur la mise en œuvre d'un projet.

Réfléchir à partir d'une situation : le fonctionnement d'un dispositif individualisé

Voici un document remis aux personnes pour présenter une formation. Repérez les traits caractéristiques de ce dispositif.

« Parce que les personnes ont des acquis différents, nous avons organisé des apprentissages individualisés.

Nous procédons de la façon suivante :

– tout d'abord, nous proposons une évaluation-accueil (c'est un ensemble d'exercices) pour connaître vos besoins en… Puis nous déterminons ensemble au cours d'un entretien individuel les modules à travailler et l'ordre dans lequel il est préférable de les aborder.

Pour chaque module, vous trouverez :

– une fiche contrat qui présente les objectifs ;

– des fiches pour apprendre présentes dans des classeurs ou sur ordinateur ;

– des corrigés d'exercices ;

– une fiche de suivi où apparaîtront les étapes franchies.

Une évaluation pour vérifier vos acquisitions vous sera proposée à la demande (quand vous serez prêt) et les résultats figureront dans votre dossier.

L'apprentissage se fait donc à l'aide de fiches, c'est-à-dire que vous travaillez vous-même. Comme les fiches idéales n'existent pas, vous devrez faire appel au formateur à la moindre difficulté ou incompréhension.

Attention, ne vous attendez pas à ce que le formateur vous fasse un cours traditionnel. En revanche, il est à votre disposition pour vous aider dans votre apprentissage. »

Repères pour l'analyse

Les traits saillants du dispositif sont :

– un contrat négocié entre formateur et apprenant portant sur les objectifs et le parcours à réaliser ;

– une relation directe apprenant/objet de l'apprentissage : les fiches présentent les notions, proposent les exercices, informent des corrigés ;

– un rôle spécifique du formateur qui ne fait plus cours mais accompagne les personnes en organisant leur parcours, en concevant des outils d'apprentissage et d'évaluation, en conseillant à la demande et en contrôlant les acquisitions.

2.4 L'alternance

L'alternance est présentée comme un élément indispensable aux actions de formation. Dans la formation initiale, c'est une sorte de révolution que de reconnaître une fonction formatrice au travail et au milieu professionnel. Mais l'idée ne date tout de même pas d'aujourd'hui. L'apprentissage au sens de la formation des apprentis a certes occupé une place limitée mais depuis le début du XXe siècle il assure la formation des professionnels de l'artisanat et du commerce en s'appuyant sur la complémentarité du travail chez un employeur et des cours en centre, prolongeant ainsi la tradition du compagnonnage. En France, les Maisons familiales et rurales (créées en 1937) ont, dès leur origine, appliqué le principe de l'alternance à la formation des agriculteurs, avant de l'étendre à d'autres métiers.

L'alternance est dite légère quand moins de 25 % du temps de formation se passe en entreprise ; au-delà (et souvent au-dessus de 50 %) on parle d'alternance lourde.

Mais suffit-il que le temps de formation en centre soit entrecoupé de séjours en entreprise pour qu'il y ait alternance ? Qu'est-ce qui constitue l'alternance comme système de formation ? Quels principes rendent ce dispositif formateur pour celui qui l'emprunte ?

A. Deux pôles

L'alternance repose sur l'existence de *deux pôles* de formation : *le centre de formation et le lieu de travail*. Il ne s'agit donc pas seulement de deux lieux mais de deux « milieux » et de deux types d'activités pour la personne en formation, deux milieux avec chacun sa culture, ses règles, son organisation et son système hiérarchique.

Deux milieux : celui de la formation avec ses professionnels que sont les formateurs, les conseillers, les personnels gestionnaires, administratifs éventuellement inscrits dans une logique de service public ; celui de l'entreprise, organisé autour de la rentabilité financière fondée sur un professionnalisme qui lui est spécifique, et soumis aux contraintes des marchés qu'ils soient locaux ou internationaux.

Deux types d'activités : en formation, il s'agit **d'étudier.** Tout est orienté vers l'acquisition de savoirs et de savoir-faire. L'appréciation se fait sur des critères scolaires ou éducatifs : contrôles, notations, sanctions. Les résultats sont purement individuels puisqu'il s'agit de la formation de la personne elle-même. Sur le lieu de travail, il s'agit de **produire.** Même si l'on n'exige pas la même productivité d'une personne en formation ou d'un apprenti que d'un autre salarié, on lui demande de prendre sa part de la marche des ateliers ou services. Les problèmes qui se posent à lui sont concrets et immédiatement sanctionnés par la production qu'il assure.

La personne en formation passe donc d'un milieu à un autre, d'une activité à une autre. L'alternance, c'est précisément l'articulation de ces deux pôles.

B. Deux rôles

Comment centre de formation et entreprise se répartissent-ils les rôles ? *Trois cas* se présentent :

1 – l'absence d'articulation. Les deux pôles agissent séparément et sans interférence : soit que les enseignants continuent à assurer l'ensemble du programme comme dans une formation « temps plein », soit qu'ils délèguent à l'entreprise certaines parties de façon à alléger le programme des cours ;

2 – une articulation fondée sur un rapport théorie/application. C'est sans conteste la conception et la pratique les plus répandues aussi bien du côté de l'entreprise que de celui du centre de formation. Les cours permettent d'apprendre les théories, les principes, les règles, les procédures tels qu'ils devraient se dérouler. Le lieu de travail est à la fois l'application de ces principes et une prise de distance car les contraintes de temps, les aléas du quotidien obligent à se servir d'astuces, de procédés pas nécessairement reconnus mais qui s'avèrent plus efficaces dans l'action. Du côté du centre de formation, il y a le savoir (celui qui sert pour l'examen et pour l'activité professionnelle) ; du côté de l'entreprise il y a le savoir-faire, celui qui permet d'agir dans les situations de travail ;

3 – une complémentarité fondée sur deux démarches différentes. Dans cette perspective, le savoir est aussi bien du côté du travail que du côté de l'étude mais on y accède par deux parcours différents.

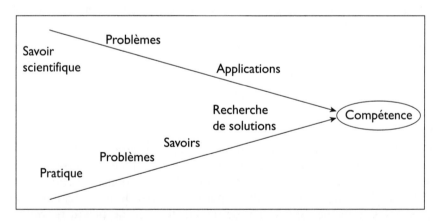

La démarche peut être à dominante déductive : on part des principes pour ensuite définir l'action et résoudre les problèmes concrets que celle-ci pose. Il est aussi possible de partir des tâches à accomplir et des difficultés de réalisation qu'elles présentent ; ce qui vient après cet appel à des informations, à des principes, à des procédures pour avancer dans la production. Le « producteur » se construit ainsi un savoir en traitant les problèmes que lui pose l'action.

Ces deux démarches doivent être mises en œuvre dans les deux lieux de formation même si l'entreprise aura tendance à privilégier l'entrée par les tâches, et le centre de formation celle par les savoirs.

L'alternance impose à l'apprenant de gérer deux démarches aussi nécessaires l'une que l'autre : d'une part engranger de façon systématique des connaissances selon un ordre logique et d'autre part se forger les outils (intellectuels ou manuels) au fur et à mesure que l'activité l'impose. Ces deux parcours ne devraient pas être conduits en s'ignorant mutuellement car le savoir-faire ébauché en centre de formation ne se trouve effectivement mis à l'épreuve du réel que dans la production. Et le savoir construit dans les temps de travail ne se trouve formalisé et structuré que dans le cadre de la formation.

Nous constatons que si l'alternance est vraiment intégrée par l'apprenant, s'il fait le lien entre les deux démarches, il y a des répercussions visibles : il devient exigeant à propos de l'enseignement en centre de formation, demande que certains sujets soient traités et en refuse d'autres. Symétriquement, dans l'entreprise, il supporte difficilement de faire un travail purement répétitif, en décalage avec la formation.

Comment procéder pour que cette fécondation mutuelle des deux démarches complémentaires puisse s'opérer ?

C. Trois temps, deux rythmes

D'abord notons qu'on ne peut parler de véritable alternance quand une formation ne comporte qu'un séjour en entreprise, soit au cours, soit à l'issue du cycle. L'alternance suppose des **allers et retours entre les deux pôles.** La périodicité peut être la semaine, la quinzaine, le mois ou plus mais l'essentiel réside dans le lien qui est assuré entre les temps en entreprise et ceux en centre.

L'enchaînement des séquences peut se concevoir selon deux rythmes :

Premier rythme

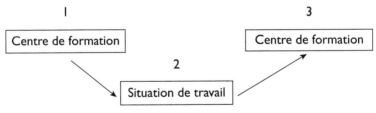

En fonction du programme, les individus partent en entreprise avec des observations à faire, des informations à recueillir, des illustrations à rapporter. Au retour en centre ils restituent les matériaux qu'ils ont recueillis et qui serviront à enrichir, illustrer les concepts ou techniques abordés.

Deuxième rythme

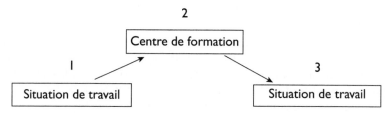

En fonction des activités de l'entreprise, les apprenants traitent et observent des situations qu'ils vivent ou des pratiques qu'ils voient mettre en œuvre. En centre ils rapportent des problèmes qui se posent, ils décrivent ce qui se pratique. Ils reviendront en entreprise éclairés par la réflexion et les informations recueillies en centre. Dans ce deuxième schéma le centre s'adapte au rythme de la production.

Dans la réalité ces deux modes d'enchaînement des séquences peuvent se combiner, mais ils manifestent l'articulation des deux démarches que nous avons identifiées dans le paragraphe précédent.

D. Une démarche

Construire un dispositif de formation en alternance, c'est donc :
1. Repérer les pôles :
   – le centre de formation ;
   – l'entreprise (ou autre lieu de travail) ;
2. Planifier le temps :
   – la répartition entre l'entreprise et le centre de formation ;
   – le rythme : base de la journée, de la semaine, de la quinzaine, etc. ;
3. Organiser la complémentarité :
   – sur le plan des acteurs :
     • les formateurs du centre ;
     • le tuteur sur le lieu de travail ;
     • l'apprenant ;
   – sur le plan des programmes :
     • ce qui sera étudié en centre de formation ;
     • ce qui sera réalisé en entreprise ;
        les activités confiées à l'apprenant ;
        les apprentissages visés ;

– sur le plan de la pédagogie :
  • la construction des séquences par les formateurs : la progression et la préparation ou/et l'analyse des activités en entreprise ;
  • la mission du tuteur ;
    les informations nécessaires ;
    la coordination, l'accompagnement, la formation.

Réfléchir à partir d'un exemple : Martine se forme au restaurant

Voici un texte inspiré d'un article de la presse régionale sous la rubrique : « La reconversion par alternance ».

Cet écrit n'a pas la prétention d'analyser un dispositif de formation et pourtant il éclaire plusieurs aspects de l'alternance. Quels sont ceux qu'il met en valeur et ceux qu'il laisse dans l'ombre ?

Martine la bachelière se forme au restaurant

À 23 ans, BTS action commerciale en poche, Martine change de voie. Elle prépare une formation tourisme et a choisi le système de l'alternance entre une maison familiale et un restaurant breton.

Sa nouvelle formation, Martine l'a vécue presque comme un coup de foudre. *« En vacances en Bretagne, j'ai vu une affiche sur les contrats de qualification en maison familiale. je me suis jetée à l'eau. »* Elle a signé un contrat de qualification avec Pierre X, responsable de l'auberge *Au Cheval Blanc.* La formule 1 000 heures de cours sur 2 ans et la majeure partie du temps au travail correspond à ses souhaits : *« J'avais déjà goûté au travail, je ne me voyais pas retourner à l'école. »*

Même satisfaction de l'employeur : *« C'est avant tout l'occasion rêvée d'avoir quelqu'un qui développe notre idée du tourisme. »* En effet, Martine se charge de la partie promotion du restaurant : contrat avec les auto-caristes, contacts avec les clubs du troisième âge, accueil des groupes. *« La présence de Martine m'évite de passer du temps derrière un bureau »,* reconnaît l'employeur. Une belle histoire de complémentarité.

175

Repères pour l'analyse

	Aspects présents	**Aspects absents**
Lieux	La Maison familiale, L'auberge.	L'article ne dit pratiquement rien sur le centre de formation. L'essentiel de la formation s'effectue-t-il sur le lieu de travail ?
Temps	1 000 heures en centre sur deux années.	Le rythme de l'alternance n'est pas précisé.
La complémentarité et la coordination : les acteurs	L'article s'intéresse à la personne en formation et à son tuteur	Il ne dit rien des formateurs.
Les programmes et activités	L'article parle de l'activité sur le lieu de travail plus en termes de tâches que d'apprentissage.	Il ne dit rien du programme dans le centre de formation.
La pédagogie		Rien n'est dit sur la façon dont les formateurs conduisent leurs cours. Rien n'est dit sur la façon dont l'aubergiste joue son rôle de tuteur. Il est plutôt décrit en tant que commerçant et employeur.

L'article de presse présente l'intérêt de montrer l'alternance sous un angle peu habituel. L'accent est mis à juste titre sur la personne en formation (et non sur le centre de formation qui monte et gère le dispositif). La complémentarité est vue plutôt comme une complémentarité d'intérêts entre un jeune et un employeur (et non entre un centre de formation et une entreprise). La situation est considérée sous l'angle de la motivation qu'elle entraîne plutôt que sous celui de l'apprentissage qu'elle permet.

Prenons ce texte comme une invitation à regarder la formation avec les yeux de ses interlocuteurs. C'est là une des exigences de l'alternance : la formation n'est plus sous la seule responsabilité des pédagogues, il leur faut négocier avec d'autres interlocuteurs et, si possible, construire un partenariat et un pilotage commun de l'action. Voilà le défi de l'alternance.

2.5 Le tutorat

Qu'est-ce qu'un tuteur ?

C'est une « *personne confirmée dans sa compétence près d'une personne débutante, un employé d'une entreprise chargé d'encadrer, de former, d'accompagner une personne durant sa période de formation* »[28].

Le tutorat est souvent conçu comme une des composantes de l'alternance : dans l'entreprise, le tuteur joue auprès de l'apprenant un rôle équivalent à celui du formateur dans l'organisme de formation. Cependant le tutorat peut exister comme dispositif autonome de formation, par exemple pour l'accueil et la formation des nouveaux salariés, pour la reconversion de personnels d'une activité à une autre au sein d'une entreprise.

Quel que soit le cas, le tutorat repose sur *plusieurs principes*.

A. Une fonction dans les organisations

Deux missions sont en général confiées au tuteur :

– **aider à l'apprentissage du métier ou du poste : mission de qualification.** C'est souvent la fonction la mieux perçue puisqu'elle porte sur les compétences professionnelles que le nouvel arrivé doit acquérir. Le niveau d'exigence est fonction de l'objectif recherché : adaptation au poste avec les tours de main nécessaires à l'exécution correcte de la tâche ou apprentissage du métier avec l'ensemble de ses savoir-faire.

Le tuteur est chargé de **« former sur le tas »** le nouveau venu. Il doit montrer, expliquer, vérifier la bonne mise en pratique, et suivre la progression. S'agit-il de transmettre son savoir ou de rendre le travail formateur ? Il y a là un choix pédagogique que nous traiterons plus loin *(paragraphe B)*.

– **aider à l'intégration dans le collectif de travail : mission de socialisation.** Quand les tuteurs décrivent leur activité, ils tendent à sous-estimer cette dimension, peut-être parce qu'elle est plus complexe, qu'elle n'est pas d'ordre technique et qu'il est donc moins facile d'en parler. Et pourtant elle est source de préoccupation, surtout quand le « tutoré » arrive de loin, quand son nouveau cadre de vie exige une remise en cause de ses repères et de ses habitudes.

Le nouvel arrivant intègre à un degré ou à un autre un milieu qu'il ne connaît pas. Ce peut être seulement un nouveau service pour l'employé qui doit élargir ses compétences à une nouvelle fonction. Pour le jeune en école ou en apprentissage, c'est la découverte même du monde du travail, avec ses exigences et ses modes de relation. Pour la personne en retour à l'emploi,

---

[28]. F. Danvers, *700 mots-clés pour l'éducation*, Presses Universitaires de Lille, 1992.

il s'agit de réintégrer une structure de travail qu'elle n'a plus fréquentée parfois depuis des années. Pour le salarié en mobilité interne, de nouvelles relations sont à établir, de nouvelles règles à intégrer.

Le rôle du tuteur pourra varier en fonction de la situation : dans certains cas, il n'aura qu'à donner les informations nécessaires à la personne pour qu'elle se repère dans ce nouveau contexte. Dans d'autres cas, il devra accompagner l'effort d'insertion, c'est-à-dire rappeler les règles, encourager, aider à déchiffrer les modes de fonctionnement du milieu professionnel, être à l'écoute de problèmes personnels.

Les activités du tuteur sont donc généralement les suivantes :
- accueillir et accompagner l'apprenant dans son intégration ;
- organiser une progression dans l'apprentissage ;
- faire acquérir savoirs et savoir-faire au poste de travail ;
- apprécier les progrès, évaluer les acquis ;
- participer à la régulation du dispositif (coordination avec la hiérarchie de l'entreprise et avec l'organisme de formation).

Le tutorat recouvre un ensemble de missions et d'activités à assurer pour qu'à travers la participation au travail et à la production, les personnes développent leurs compétences sociales (participer à une collectivité) et professionnelles (exercer un métier, tenir un emploi).

Ces activités ne sont pas nécessairement toutes assurées par la même personne :
- elles peuvent être assurées par l'encadrement qui accueille, oriente, organise la progression, gère les rapports avec l'organisme de formation ;
- elles peuvent l'être par un tuteur « pilote » qui assure un suivi général du début à la fin du parcours formatif ;
- la formation sur poste peut enfin être le fait de tuteurs « opérateurs ».

La répartition des rôles dépend à la fois de la taille de l'entreprise, de son organisation, et du nombre de personnes en formation.

B. Former sur le lieu de travail

Le tuteur est-il un formateur ? Certains répondent non parce que l'essentiel pour lui est d'être un « bon » professionnel : le tutorat n'est qu'une dimension de son professionnalisme et une composante de son activité quotidienne. D'autres insistent sur le fait qu'un bon professionnel n'est pas toujours pédagogue et ne sait pas nécessairement « transmettre ses connaissances ». Laissons de côté cette querelle de mots ; elle cache parfois un débat plus concret : faut-il intégrer la fonction tutorale dans l'activité professionnelle normale ou au contraire lui accorder une reconnaissance spécifique et le temps nécessaire à sa mise en œuvre ?

Le tuteur jouera son rôle s'il contribue à ce que le stagiaire ou le nouvel embauché apprenne son métier. Ce rôle de formation diffère de celui du formateur permanent : il s'exerce simultanément avec l'activité de production, dans les mêmes lieux, dans le même temps et c'est la logique de la production qui impose son rythme. En quoi alors consiste ce rôle ?

Il y a un aspect de transmission du savoir et du savoir-faire : le tuteur explique ce qu'il faut faire, pourquoi il faut le faire ainsi, montre comment faire. C'est la façon dont les tuteurs généralement présentent leur rôle. Mais est-ce suffisant ?

Qu'est-ce qu'un savoir professionnel, sinon la capacité à traiter tous les problèmes qui peuvent se présenter dans l'activité de production ? Comment le tuteur lui-même s'est-il constitué ce savoir ? En se confrontant aux situations difficiles, en revenant sur ses erreurs, en comparant avec la pratique des collègues, en recherchant de l'information, en testant de nouvelles méthodes, etc. bref par une démarche permanente de résolution de problème et d'expérimentation. N'est-ce pas là le cœur de la démarche de formation « sur le tas » ? Le tuteur joue son rôle s'il permet à l'apprenant de mettre en œuvre cette démarche, s'il propose un travail de telle façon qu'il soit formateur. Pour cela *deux conditions* doivent être réunies :

– une autonomie suffisante de l'apprenant pour qu'il puisse mener sa propre réflexion, et conduire lui-même son activité ;

– un accompagnement dans la démarche : non pas toujours dire ce qu'il faut faire mais poser les questions pertinentes et mettre les informations utiles à disposition pour permettre à l'apprenant de construire sa propre réponse.

De ce point de vue **le terme « tuteur » est ambigu** car il connote un rapport de dépendance fort (tutelle). **Le terme d'accompagnateur (celui qui chemine avec) souligne davantage l'autonomie de l'apprenant.**

C. Une formation pour les tuteurs ?

Les compétences nécessaires pour le tutorat sont de *trois ordres :*

– *relationnel :* communiquer, ce qui suppose une qualité de relation mais aussi un minimum de connaissance des techniques d'entretien ;

– *pédagogique :* rendre le travail formateur, ce qui implique analyser son activité, organiser une situation de travail ainsi qu'une progression, contrôler les acquis ;

– *organisationnel :* négocier, organiser, rendre compte, ce qui suppose de connaître le dispositif global de formation et de bien identifier sa fonction.

Ces compétences sont pour l'essentiel celles mises en œuvre dans le quotidien de la vie professionnelle. Une préparation au tutorat (ou un appui en cours d'opération) portera en priorité sur **la capacité de la personne à porter un regard distancié sur :**

– *son activité professionnelle :* mener l'analyse de son emploi est sans doute une nécessaire préparation pour construire un parcours de formation et pour accompagner l'apprenant,

– *sa façon de se former :* prendre conscience des moyens qui pour lui-même ont facilité le développement des compétences (l'apprentissage par l'expérience) servira au tuteur à dépasser une approche de son rôle comme transmission des savoirs,

– *ses relations avec l'apprenant :* s'arrêter sur ce que sont les apprenants, sur les écarts culturels qui existent avec les tuteurs permettra d'améliorer la communication.

– *sa façon d'évaluer les progrès :* les tuteurs ont besoin d'outils pour aider l'apprenant à mesurer ses avancées et pour participer à l'évaluation finale de la formation.

Voilà les axes qui peuvent faire l'objet d'une formation.

3. Le choix d'une modalité

3.1 Cohérence avec les objectifs

L'entreprise X veut former l'ensemble du personnel à la qualité. Elle souhaite également qu'un certain nombre d'ouvriers puissent améliorer leur niveau de culture générale afin d'accéder éventuellement à certaines formations de perfectionnement.

À ces demandes faut-il répondre par le même type de dispositif ? Non. Pourquoi ? Dans le premier cas (la formation à la qualité), on vise une évolution générale des comportements dans l'entreprise : une formation collective sur des durées courtes permettra de créer un climat de discussion sur les pratiques en cours. Dans le cas des formations générales, un dispositif individualisé avec des outils d'apprentissage dans un centre de ressources permettra aux personnes intéressées d'acquérir le niveau qu'elles souhaitent en fonction de leurs acquis. Le choix du dispositif doit être conforme aux objectifs poursuivis par la formation. La même démarche pourrait s'appliquer à une demande individuelle.

Découvrir : des modalités cohérentes avec quels objectifs ?

Complétez le tableau suivant en indiquant le type d'objectif de formation que permettent d'atteindre les modalités ci-dessous. Nous avons commencé en considérant que la modalité « groupe » était pertinente si l'action avait pour objectif d'améliorer la communication.
Quels peuvent être les autres objectifs ?
Puis vous mènerez la même réflexion pour les autres modalités.

Objectifs de l'action de formation	Modalités d'organisation
– Communiquer de façon efficace – – –	Le groupe
– – –	L'individualisation La formation à distance
– – –	L'alternance
– – –	Le tutorat
– – –	Le cours

Repères pour l'analyse

Objectifs de l'action de formation	Modalités d'organisation
– Communiquer de façon efficace – Intégrer les règles sociales – Partager une culture – Travailler en équipe – Résoudre des problèmes – Développer sa créativité – etc.	Le groupe

– Développer sa capacité à gérer ses apprentissages – Exercer des responsabilités – Gérer une documentation – S'adapter à des outils variés (papier, numérique…) – etc.	**L'individualisation** **La formation à distance**
– Intégrer le monde du travail – Acquérir une qualification – Conduire un projet – Traiter des problèmes dans leur contexte et leur complexité – etc.	**L'alternance**
– Partager une culture, des valeurs, des savoir-faire – Conduire un projet avec assistance – Acquérir une méthode de travail – Intégrer une équipe, un réseau – etc.	**Le tutorat**
– Être informé – Préparer un concours – S'initier à une matière, une discipline ou se remettre à niveau – etc.	**Le cours**

Cette liste n'a évidemment rien d'exhaustif : nous avons voulu vous indiquer une démarche (et non une recette).

3.2 Cohérence avec le travail pédagogique

Le mode d'organisation facilite ou au contraire freine le travail et du formateur et de l'apprenant. Si l'alternance permet une maturation de la réflexion, facilite l'analyse des expériences, elle exige un système de partenariat qui n'est pas toujours possible. Le stage intensif permet d'être libéré de toute préoccupation concernant le travail quotidien mais qu'en restera-t-il six mois après ? Chaque modalité a des avantages et des inconvénients, non seulement par rapport aux contraintes pratiques, mais par rapport à l'apprentissage lui-même.

Modalités privilégiées	Points forts	Points faibles
Groupe	– Coopération, émulation – Partage d'expériences – Dynamique du groupe – Soutien mutuel – Sentiment d'appartenance	– Rythme de progression basé sur une moyenne. – Difficile prise en compte de besoins individuels – Illusion groupale
Individualisation	– Adaptation au rythme et aux besoins des personnes	– Isolement, voire solitude – Absence de confrontations, d'échanges d'idées
Alternance	– Vérification en situation réelle – Du temps et de la distance pour assimiler	– Lourdeur de l'organisation – Une coordination entre partenaires est indispensable
Tutorat	– Bénéficier des acquis d'une personne expérimentée, reconnue professionnellement et connaissant bien le milieu du travail	– Concilier production et formation
Cours	– Présentation structurée d'un contenu – Échelonnement dans le temps	– La logique du programme peut l'emporter sur la réponse aux besoins

Construire un dispositif de formation est donc une étape clé de l'ingénierie de formation[29] qui mobilise plusieurs acteurs dont le formateur. Celui-ci peut concevoir le dispositif ou contribuer à sa construction, mais dans tous les cas, il doit s'informer du cadre général dans lequel son intervention va prendre place. Un dispositif est **une réponse à des besoins de formation.** Il réunit des moyens et mobilise des hommes dans une organisation particulière qui doit être la plus ajustée possible aux objectifs poursuivis et au contexte. Parce qu'aucune modalité de formation (cours, stage, groupe, individualisation, alternance, tutorat…) ne peut prétendre apporter la réponse la meilleure en soi, un dispositif est le plus souvent une **combinaison particulière de différentes modalités.**

Rappelons-nous ce principe formulé à partir de multiples expériences : la formation a une *triple dimension :*

– elle est « autoformation » et se réalise par le travail personnel ;
– elle est « coformation » et mobilise la réflexion collective ;
– elle est « hétéro-formation » et nécessite les apports extérieurs.

---

29. Avec le développement de l'indivudualisation et l'émergence de dispositifs de plus en plus complexes, il est question d'ingénierie des dispositifs et d'ingénierie de parcours.

Elle est *autoformation* dans la mesure où personne ne peut faire l'économie de la réflexion personnelle, de l'entraînement sur des situations-problèmes, du questionnement sur ses façons de faire, sur les difficultés rencontrées. Ce travail réflexif est facilité et favorisé par la discussion, l'échange, la confrontation entre pairs. Parce qu'elle fait découvrir d'autres façons de faire, parce qu'elle révèle des incohérences, cette *coformation* contribue au développement des compétences.

De même les théories et les démarches rigoureuses présentées à l'apprenant et apportant des éléments de réponse à des interrogations ou à des problèmes constituent le troisième fil de la torsade formative, celui de *l'hétéro*formation.

Synthèse

Le cours ou le stage ne sont plus les deux seules modalités d'action d'un formateur d'adultes.

Si, avec la promotion sociale, **les cours** (en particulier ceux du soir ou du samedi) ont constitué dans les années d'après-guerre la modalité dominante de la formation, celle-ci a fait place, à partir des années 1970, au « **stage** » (un groupe, un temps, un lieu) issu de l'éducation populaire.

Aujourd'hui il apparaît que d'autres formules répondent mieux aux besoins. La prise en compte des projets des personnes, de leurs acquis comme de leurs rythmes, a conduit à développer des **dispositifs modulaires d'individualisation** avec des centres de ressources et des formations ouvertes et à distance qui permettent des parcours spécifiques adaptés à chaque participant.

Un autre facteur a bousculé les dispositifs pédagogiques, c'est **l'articulation entre la formation et le travail.** Apprentissage et production ont longtemps été conçus comme deux réalités totalement séparées dans le temps et l'espace. Il a fallu la crise de l'emploi et les difficultés d'insertion des jeunes pour que l'on s'intéresse à la transition et surtout à l'articulation des deux domaines. Ainsi est réapparue la nécessité de **l'alternance** qui aujourd'hui est reconnue comme une composante de toute formation professionnelle.

Le formateur d'adultes n'est donc plus celui qui fait des cours ou qui anime des stages. Il doit participer à la conception de dispositifs adaptés **combinant de façon singulière les ressources et les contraintes,** intégrant à la fois une dimension collective et une prise en compte des personnes, des temps en centre de formation et des temps en milieu professionnel, des apprentissages en « présentiel » et à distance.

Pistes d'approfondissement

L'alternance multiforme

Derrière un même terme se cachent des pratiques très inégales. Yves Michel, s'appuyant sur son expérience de l'apprentissage, en distingue quatre :

1. « décréter l'alternance et attendre » : on programme les périodes en entreprise et on laisse faire !

2. « faire de l'entreprise un auxiliaire sous-traitant de la formation » : les enseignants confient au tuteur certains aspects qu'ils n'ont pas le temps de traiter, surtout ceux concernant la mise en œuvre ;

3. « tirer un trait de partage dans le contenu de la formation » : après étude de ce qui se fait dans les entreprises et si possible négociation, le programme est réparti entre centre de formation et entreprise ; à chacun de mener à bien sa partie ;

4. « construire et mettre en œuvre une stratégie globale de formation » : des objectifs globaux sont fixés pour chaque phase ; la formation se fait à la fois sur le lieu de travail et en centre avec interaction permanente.

« La Mission nouvelles qualifications » qui a pratiqué pendant plus de 10 ans (1982-1993) la formation des jeunes en difficulté d'insertion a identifié, elle, trois cas de figure :

– *l'alternance juxtaposée* : le stagiaire effectue seul le lien entre les deux pôles de formation ;

– *l'alternance empirique* : le centre de formation suit son programme et apporte un soutien à l'apprenant pour l'aider à tirer profit du temps passé en entreprise (fiches d'observation, mise en commun des expériences...) ;

– *l'alternance intégrative* : le tuteur, comme le formateur, est partie prenante de la formation ; la pratique est le point de référence permanent et la formation est construite autour de l'analyse des situations de travail. Bertrand Schwartz, fondateur et animateur de la « Mission nouvelles qualifications » à travers ses écrits a développé l'idée qu'une interaction entre l'école et l'entreprise est une réponse aux difficultés d'insertion des jeunes et des adultes.

Michel R., *Le guide des formations en alternance 2011-2012*, Idecom, 2011.

Bouges L-M., *À l'école de l'expérience : autonomie et alternance*, L'Harmattan, 2011

Pennaforte A., Pougnet S., *Alternance : cultivez les talents de demain*, Dunod, 2012.

L'entreprise formatrice

Les tuteurs sont parfois désignés sous d'autres termes : parrain, compagnon, maître d'apprentissage, maître de stage. Les termes renvoient à des contextes professionnels différents ou veulent mettre l'accent sur l'une ou l'autre des dimensions du tutorat :
– la guidance personnelle dans le milieu (parrain) ;
– l'aspect administratif et organisationnel (maître de stage) ;
– la formation au métier (compagnon, maître d'apprentissage).

L'alternance, le tutorat reposent sur le principe que le milieu et la vie professionnelle, comme d'ailleurs l'ensemble de la vie sociale, sont sources d'apprentissages. Quelles en sont les implications pour l'individu et pour l'entreprise ?

Pour l'individu, le travail peut être formateur. Ce principe est une application de la notion plus large « d'apprentissage expérientiel » tel qu'il est décrit dans l'ouvrage de Courtois et Pineau (1991). Se posent alors deux types de questions.

D'abord constatant que toute activité ne permet pas de développer des compétences, il s'agit de savoir à quelles conditions l'activité professionnelle est occasion d'apprentissage. Les réponses sont à chercher tant du côté du sujet, que du côté de la situation (voir *Actualité de la formation permanente,* n° 133).

Une autre question est posée par les chercheurs s'inscrivant dans une approche cognitiviste : « Qu'apprend-on dans le travail ? Ce qui est appris dans le cadre de l'entreprise est-il de même nature que ce qui est appris dans un dispositif de formation ? » Généralement on distingue les savoirs pratiques (liés à la résolution des problèmes concrets : ex. savoir rédiger une proposition de formation) et les savoirs théoriques (construits en fonction d'une logique interne aux sciences : ex. les stades du développement de l'intelligence chez l'enfant selon Piaget).

G. Malglaive décompose le « savoir en usage » (celui dont un individu a la maîtrise) selon deux champs, celui du symbole et celui de l'action.

1. Le champ du symbole, du discours, de l'abstraction comprend :
– les savoirs théoriques visant à connaître le réel et non à agir sur lui. Ils permettent de comprendre en transformant les représentations du réel, d'agir avec discernement. Ils font faire des économies par rapport à l'empirisme et permettent de contrôler l'action en donnant à connaître les résultats.

– les savoirs procéduraux qui disent comment faire, la démarche à suivre. Ce sont les enchaînements d'opérations, les règles et conditions à respecter pour obtenir les effets voulus et eux seulement. Ils sont formalisés.

2. Le champ de l'agir, lui, intègre :
– les savoir-faire incarnés dans l'action : ce sont les actes efficaces ;
– les savoirs pratiques plus ou moins codifiés (représentations nées de l'action, résultat d'une réflexion) et situés dans les interstices des savoirs théoriques et procéduraux qui ne peuvent dire tout le réel, tout expliquer, échecs, difficultés. Ces savoirs pratiques et les savoir-faire s'agissent plus qu'ils ne se disent.

Ces concepts fournissent une grille pour distinguer les apprentissages en entreprise de ceux du centre de formation.

Du côté de l'entreprise, ces considérations correspondent à l'évolution de ses rapports avec la formation. Celle-ci est devenue une préoccupation majeure pour l'entreprise à partir du moment où l'on a pris conscience que la source première de sa compétitivité résidait dans les compétences de son personnel. On peut alors distinguer *trois degrés* dans la prise en compte de cette dimension :

– l'entreprise se sent responsable de la formation de son personnel et lui offre la possibilité de suivre des « stages » : « l'entreprise formatrice » ;
– l'entreprise organise son fonctionnement et la production de telle façon qu'ils permettent aux individus et aux équipes de développer leurs capacités, d'accroître leur savoir-faire : « l'entreprise qualifiante » ;
– l'entreprise comme entité globale peut être en situation permanente d'apprentissage en repérant les possibilités nouvelles, en analysant ses erreurs, en diffusant l'information et les idées : « l'entreprise apprenante ». Les effets de modes sur ce discours managérial ne doivent pas faire oublier les recherches menées depuis les années 1970 par des chercheurs américains. autour de l'apprentissage organisationnel (Argyris est traduit en français).

Dans ce contexte, que devient le **tutorat ?** Il n'est plus possible de le cantonner à son aspect compagnonnage, rapport duel entre un « ancien » et un « jeune » : c'est l'entreprise dans sa globalité qui doit jouer un rôle d'intégration et de formation. Les auteurs parlent alors de **« fonction tutorale »** de l'entreprise (Blanc, 2006). De même qu'il existe une fonction commerciale ou une fonction production, la fonction tutorale correspond à tout ce qui contribue à accueillir au sein des équipes des stagiaires ou de nouveaux salariés, pour leur permettre de s'insérer et d'acquérir des compétences. Le management aussi bien que l'organisation quotidienne du travail y contribuent et tous les niveaux de l'entreprise sont concernés : la direction qui intègre cette dimension dans sa politique des ressources humaines, la hiérarchie qui organise le fonctionnement des services (on parle de « tuteur hiérarchique », ou « tuteur manager »), les opérateurs pour le compagnonnage quotidien sur poste (tuteur de terrain, tuteur opérationnel, tuteur de poste, tuteur formateur…).

Argyris C., *Savoir pour agir – Surmonter les obstacles à l'apprentissage organisationnel,* Dunod, 2003.

Blanc B., *Développer la fonction tutorale,* Chronique sociale, 2006.

Boru J.-J. et Leborgne C., *Vers l'entreprise tutrice,* Entente, 1992.

Boulet P., *L'enjeu des tuteurs,* Éditions d'Organisation, 1992.

Collectif d'auteurs, « L'alternance, au-delà du discours », *Éducation permanente,* n° 190. 2012

Courtois B., Pineau G., *La formation expérientielle des adultes,* La Documentation française, 1991.

Leborgne C., *Développer la fonction tutorale dans les entreprises,* ADEP, 1991.

Malglaive G., *Enseigner à des adultes,* PUF, 2005.

Savary E., *Former et accompagner les tuteurs,* Foucher, 1995.

« Rendre le travail formateur », *Actualité de la formation permanente,* n° 133, 1994.

La modularisation des dispositifs

Le développement de la thématique de la sécurisation des parcours, l'essor de la validation des acquis de l'expérience (VAE), la demande sociale prégnante du « sur-mesure » conduisent les organismes de formation à faire évoluer leurs dispositifs pour qu'ils puissent répondre à différentes situations et permettent de réaliser :

– des parcours complets pour obtenir une certification ;

– des parcours complets sur plusieurs années ;

– un parcours complémentaire suite à une VAE ayant abouti à la délivrance de certaines unités ;

– des perfectionnements professionnels de courte durée, dans le cadre du droit Individuel à la Formation ou du plan de formation ;

– etc.

Ils modularisent leurs dispositifs, c'est-à-dire qu'ils construisent une architecture d'ensemble basée sur un ou des référentiels d'activités professionnelles identifiant les différentes fonctions à assurer ainsi que les situations professionnelles caractéristiques. Deux possibilités se présentent alors : organiser le découpage par rapport aux contenus et aux disciplines ou par rapport au travail et aux compétences. Nous optons pour notre part pour la seconde voie car nous considérons les savoirs comme des outils au service de l'action, des ressources pour comprendre et agir avec lucidité et efficacité. Nous constituons donc des unités (correspondant aux fonctions) composées de différents modules, c'est-à-dire d'ensembles visant la maîtrise d'une compétence professionnelle conçue comme l'articulation de savoirs et de savoir-faire organisés, finalisés et contextualisés dans une activité professionnelle, une situation clé de travail.

La modularisation permet ainsi l'organisation des parcours individuels de formation, en réponse aux différents besoins des personnes nés de leurs expériences et de leurs projets d'évolution.

Cafoc de Nantes, *Repenser la formation,* Chapitres 6 et 7, Chronique sociale, 2006.

Chapitre 6

Définir les objectifs pédagogiques

Lorsqu'un formateur reçoit une demande d'intervention (« Vous allez vous occuper de ce groupe, il faut que vous fassiez les cours de..., vous devez prévoir trois jours sur tel thème, etc. »), beaucoup de questions se posent à lui et ses points d'appui sont divers : ce sont le cahier des charges de l'action de formation, le programme de la certification, le référentiel de formation, le dossier pédagogique réalisé par un collègue, le manuel scolaire et parfois... le vide.

Le formateur s'approprie ces ressources et construit son intervention *en reprenant un exercice déjà utilisé, un exposé trouvé dans un manuel, en reformulant telle consigne, en modifiant tel document.*

De quel(s) fil(s) conducteur(s) dispose-t-il pour mener ce travail de documentation, de réélaboration et d'invention ?

Nous voulons montrer qu'un formateur ne pourra choisir la méthode pédagogique appropriée que s'il a déterminé précisément où il veut conduire les apprenants. Ces objectifs pédagogiques ne se formulent pas par la simple déclinaison de l'objectif final mais sont établis en fonction des apprenants et d'une organisation du savoir à assimiler.

---

1. Faire le point
2. Prendre en compte les participants
3. Dégager les idées clés du contenu
4. Définir les objectifs pédagogiques

Situons ce chapitre dans la démarche d'élaboration d'une formation

Le formateur, quand on lui demande d'intervenir auprès d'un groupe ou de personnes en formation, s'interroge : « *Qu'est-ce que je vais faire ? Comment vais-je organiser les séquences pédagogiques, les situations d'apprentissage ? Par quoi vais-je commencer ?* »

Ces interrogations se subdivisent en de multiples questions qui ponctuent la préparation. Elles balaient l'ensemble du processus et vont de l'amont :
- Quels sont les besoins auxquels répond cette formation ?
- Qu'entend-elle changer chez les personnes, dans les organisations (entreprise, administration, association, service, etc. ?

à son aval :
- Comment seront contrôlés les apprentissages ?
- Comment sera évaluée cette action ?

Répondre à ces questions, c'est **aborder l'ingénierie pédagogique,** c'est-à-dire traiter l'ensemble des démarches, méthodes et outils nécessaires à la construction des situations d'apprentissage.

De même que nous avons consacré un chapitre à l'analyse des besoins *(chapitre n° 4)* nous en consacrerons un à l'évaluation *(chapitre n° 8)*.

Pour ce qui est de la préparation de l'intervention du formateur, nous distinguons *deux étapes* :
- la première concerne la *définition des objectifs pédagogiques* : elle sera l'objet de ce chapitre ;
- la seconde est relative au *choix des méthodes pédagogiques* et à la construction de la situation d'apprentissage : elle donnera lieu au chapitre suivant.

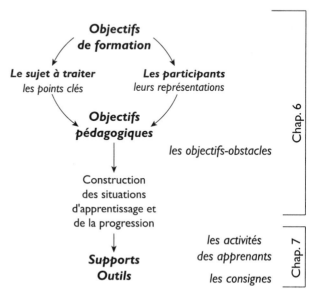

191

1. Faire le point

Choisissez parmi les trois affirmations relatives aux objectifs en pédagogie celle qui vous convient le mieux et complétez-la.

Dans ma pratique de formateur,

1. je n'ai pas à me référer à la notion d'objectif car…

2. Je me réfère à la notion d'objectif telle qu'elle est définie par le dictionnaire (but précis que se propose l'action) car préparer mes interventions en tenant compte des buts poursuivis :

m'amène à…

m'oblige à…

me permet de…

3. Pour moi, un objectif pédagogique doit répondre à des exigences très précises que j'énonce sous la forme suivante

« ....
.... »

et je me réfère aux critères de Ralph Tyler :

—
—
—

Repères pour l'analyse

1. Je n'ai pas à me référer à la notion d'objectif car…

Vous avez pu répondre quelque chose comme :

« Je fais un cours, mon programme est défini et ce n'est pas à moi de fixer des orientations particulières. »

Ou bien : « On me demande d'intervenir sur des sujets très pointus, je n'ai pas à me poser de questions pédagogiques. »

Si pour vous, **former** c'est transmettre un contenu, pour nous **c'est d'abord provoquer un changement chez l'apprenant.** Ce chapitre sera donc une invitation à modifier votre regard.

2. Je me réfère à la notion d'objectif telle qu'elle est définie par le dictionnaire (but). Autrement dit, j'ai à l'esprit la question « à quoi sert d'apprendre ceci ou cela ? » Cette préoccupation :

- m'amène à... *être attentif à l'utilité des savoirs et savoir-faire qu'acquièrent les apprenants ;*
- m'oblige à... *préciser ce qui me paraît essentiel ;*
- me permet de... *me mettre d'accord avec les personnes sur ce qui est recherché.*

Si vos réponses s'approchent de ce qui est écrit ci-dessus, c'est que pour vous, **former c'est agir :** on ne peut agir sans savoir ce que l'on attend de son action. De plus, celle-ci doit avoir des effets sur d'autres personnes et il est nécessaire dans ce cas que les différents interlocuteurs s'accordent sur leurs attentes.

Votre démarche correspond à celle que nous présentons dans ce chapitre. Nous utilisons dans cette situation la notion **d'intention,** celle d'objectif a pris en pédagogie une acception plus précise. Vous allez la découvrir.

3. Pour moi, un objectif pédagogique répond à des exigences très précises, que j'énonce de la façon suivante : *« L'apprenant, à l'issue de la formation sera capable de... »*
et je me réfère aux critères de Tyler :

– *comportement observable ;*
– *conditions de réalisation ;*
– *critères de réussite.*

Si vous avez répondu ainsi, c'est que pour vous, **former, c'est faire produire le comportement adapté.** Vous connaissez ce qu'on appelle « la pédagogie par objectifs » telle qu'elle a été diffusée en Europe depuis 50 ans. Vous retrouverez dans le chapitre les points essentiels de cette approche mais nous en soulignerons les limites et proposerons une démarche complémentaire prenant en compte les contenus de la formation ainsi que les idées et pratiques des participants.

Pourquoi s'intéresser aux participants et au sujet à traiter pour définir des objectifs pédagogiques ?

La formation est un chemin entre un point de départ et un point d'arrivée, entre une situation présente et une situation souhaitée, entre l'état des personnes au début de l'action et les objectifs de formation définis comme ce qu'elles devront être en mesure de faire à l'issue de cette action. La question centrale de ce chapitre est alors : **comment déterminer les étapes intermédiaires ?**

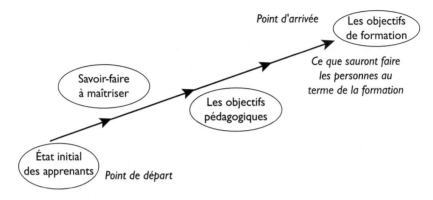

Quand un formateur construit la progression, c'est-à-dire l'ensemble des séquences, il dispose d'une indication précise sur le point d'arrivée : les objectifs de formation décrits dans le cahier des charges ou la fiche descriptive de la formation. Il lui faut alors déterminer les étapes pour y parvenir : ce sont les objectifs pédagogiques. Les définir ne consiste pas à prendre uniquement le point d'arrivée, les objectifs de formation et à les décomposer en sous-ensembles logiques. En effet, le formateur doit tenir compte également du point de départ et du « moyen de transport », les savoirs à maîtriser.

Il doit procéder à *deux types d'analyse :*

– **qui sont les apprenants** quand ils arrivent en formation ? Puisqu'il s'agit de les faire évoluer d'un état A vers un état B, il est nécessaire de connaître précisément cet état initial en termes de pratiques et de représentations pour leur proposer les étapes d'évolution. Sinon ce serait supposer qu'ils partent de zéro !

– **comment faut-il organiser le savoir** à maîtriser (savoirs, techniques, procédures...) pour qu'il soit assimilable ? Les notions, théories, règles, techniques sont en général déjà organisées de façon logique (dans un document de synthèse, un ouvrage) mais elles peuvent être éparses et il faut les rassembler. Dans tous les cas le formateur doit les réorganiser du point de vue pédagogique : l'ordre pédagogique diffère de l'ordre logique (celui de la science ou de la pratique) dans la mesure où il organise le contenu de façon à permettre son appropriation par les personnes.

C'est cette réflexion sur les apprenants et sur le contenu qui permettra de distinguer les séquences nécessaires avec leurs objectifs propres.

État initial des apprenants, contenu, objectifs pédagogiques : dans la pratique, il ne s'agit pas de trois temps successifs mais plutôt de trois pôles entre lesquels des allers et retours permettent au formateur de construire la progression.

2. Prendre en compte les participants

Si la formation est un changement, chercher à connaître les apprenants, c'est vouloir **identifier le point de départ, l'état initial, la culture de ceux qu'il faudra guider vers l'objectif.** À quelles informations un formateur peut-il s'intéresser ? Bien des données peuvent être éclairantes : l'âge, le sexe, la qualification, l'emploi, les formations suivies, les modalités d'inscription. Toutes ne nécessitent pas le même effort pour être recueillies et elles n'ont pas la même importance. Trois, selon nous, sont essentielles :

1. les motivations et attentes ;
2. les pratiques et les acquis dans le domaine concerné ;
3. les représentations du sujet traité.

Les deux premiers points seront seulement évoqués. En revanche nous nous arrêterons plus longuement sur les représentations, concept certainement moins familier.

2.1 Leurs motivations et leurs attentes

Ces questions permettent de comprendre ce qui pousse les personnes à participer à la formation.

Les motivations expriment à la fois le degré de volontariat et les enjeux que chacun met dans la formation (cherche-t-il à évoluer professionnellement, à préparer un concours, à s'assurer quelques jours loin du travail quotidien, etc.). À côté des objectifs fixés par les commanditaires (l'entreprise, les pouvoirs publics), il y a la stratégie des personnes qui détermine l'intérêt que d'emblée elles éprouvent pour la formation et donc l'implication dont elles feront preuve au cours de son déroulement.

Les attentes concernent le contenu que le formateur propose et la manière dont il le traite : les participants peuvent attendre des cours ou bien des échanges entre eux ; ils veulent des informations ou des outils ; ils souhaitent que vous abordiez tel aspect ou tel autre, etc.

L'approche des attentes pourra se faire par contact personnel avant la formation si l'on craint des ambiguïtés dans l'information donnée. Sinon elle se fera en début de formation. Une fois exprimées, les attentes doivent être mises en corrélation avec les objectifs assignés à la formation par le de-

mandeur. Quant à l'approche des motivations, elle est beaucoup plus complexe car elle inclut une grande part d'implicite. Une attention aux enjeux peut se révéler utile pour comprendre certains comportements inattendus...

2.2 Leurs pratiques et acquis

Cette question peut être comprise de *deux façons* :

– *les acquis conceptuels* : quels sont les savoirs que les apprenants maîtrisent déjà ? Autre formulation de la question : ont-ils la maîtrise des prérequis, c'est-à-dire les connaissances ou savoir-faire nécessaires à l'admission dans la formation ? Ou encore leurs pré-acquis correspondent-ils aux prérequis ? Derrière ces termes techniques, se manifeste le souci de savoir si les personnes vont pouvoir suivre avec profit la formation, si leurs acquis avant l'action de formation (d'où l'expression pré-acquis) correspondent à ce qui est exigé, requis pour être en mesure de participer pleinement à l'action. Les méthodes pour identifier les acquis initiaux des participants seront traitées avec l'évaluation puisqu'il s'agit d'une évaluation (ou positionnement) initiale.

– *les acquis « expérientiels »* : quelle est **leur pratique ?** Ce terme désigne une réalité complexe faite d'actions qui traduisent des intentions, des compétences (savoirs et savoir-faire mobilisés) et qui produisent des effets sur la personne qui agit, ainsi que sur son environnement. Cette réalité exprime également une manière singulière d'agir, de se comporter dans l'action de telle ou telle manière.

Pour nous la pratique est complexe au sens où elle articule des éléments différents :

– un cadre social et institutionnel ;

– des intentions et des savoirs incarnés dans une action ;

– une implication qui se traduit par un style personnel.

Nous partageons la définition qu'en donne Bernard Honoré : « *C'est une activité située dans un milieu, datée dans une évolution, dynamisée, organisée selon certaines règles ou certains principes et de quelque manière, valorisée.* »[30]

---
30. B. Honoré, *Pour une pratique de la formation*, Payot, 1980, p. 95.

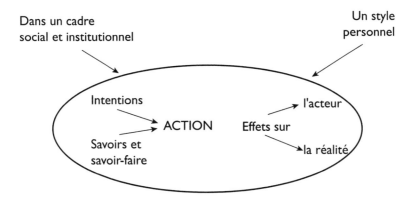

Comment faire exprimer les pratiques ? Deux techniques complémentaires nous paraissent pertinentes : d'une part l'observation en direct de l'action (éventuellement enregistrée ou filmée) et d'autre part le discours sur la pratique qui permet à l'auteur de porter témoignage de son agir. Notons que l'expression est facilitée par des questions ouvertes, une insistance sur le comment qui amène à décrire plutôt que sur le pourquoi qui suscite souvent des justifications.

2.3 Leurs représentations du sujet

Quelles idées ont-ils sur le thème qui va être abordé ?

Découvrir à partir d'une situation : que fait-on des idées des apprenants ?

> Après avoir lu les récits ci-dessous, repérez comment sont utilisées, par les différents formateurs, les idées des personnes sur le contenu traité pendant la séquence de formation. Pour chacune d'elles, caractérisez ces façons de faire pédagogiques.
>
> *Exemple n° 1 :* voici pour des salariés le début d'une séquence de formation en législation du travail, dans un cycle de préparation à une certification professionnelle.
>
> Le formateur s'adresse au groupe : « Aujourd'hui, nous allons aborder la question du conseil des prud'hommes. Avez-vous eu recours à ce tribunal ? En avez-vous entendu parler ? À quelle occasion ?
>
> — Moi, j'ai un copain qui a été licencié et qui a essayé de se défendre avec les prud'hommes. Je n'en sais pas plus.
>
> — Quand on n'est pas d'accord avec le patron, on peut faire appel à eux.

— Vos réponses sont intéressantes et je vous propose maintenant d'en savoir un peu plus sur ce sujet car nous pouvons tous avoir recours un jour ou l'autre à ce conseil. »

Exemple n° 2 : même séquence mais avec un autre formateur et un autre groupe.

Le formateur interroge le groupe à propos du conseil des prud'hommes, titre qu'il a écrit au tableau :

« Avez-vous déjà eu affaire à ce conseil et dans quelle situation ? Racontez-nous ce qui s'est passé.

— Moi, je n'ai pas été directement concerné mais si j'avais un problème avec le patron, je n'hésiterais pas. Ils sont là pour ça.

— Quand j'ai eu un pépin, il y a longtemps, c'était dans l'entreprise X, les prud'hommes se sont mis du côté du patron. Alors… !

— Ce que vous me dites montre que vous ne savez pas ce qu'est le conseil des prud'hommes. Vous en avez une fausse image. Nous allons rectifier cela. »

Exemple n° 3 : début de la même séquence mais avec un troisième formateur et un autre groupe.

Il écrit au tableau : « Le conseil des prud'hommes » puis se tournant vers le groupe, dit : « C'est un tribunal paritaire composé de représentants de salariés et d'employeurs, chargé de régler les litiges du travail. Nous allons d'abord analyser sa composition et le mode de désignation de ses membres puis les affaires qu'il traite et pour terminer nous aborderons la procédure mise en œuvre en prenant deux exemples de la vie courante. Commençons par… ».

Réfléchir à sa pratique

Vous retrouvez-vous dans un de ces exemples ? Lequel ? Sinon, comment procédez-vous ?

Repères pour l'analyse

Dans les exemples de démarrage de séquence, vous avez pu repérer 3 façons d'utiliser les savoirs du groupe.

Dans l'exemple n° 1, le formateur **utilise les acquis comme élément de motivation.** En effet, il prend appui sur ce que savent les apprenants pour les intéresser, les sensibiliser au thème abordé, en un mot pour les faire entrer dans l'apprentissage.

Dans l'exemple n° 2, le formateur met en œuvre une autre stratégie. Il sait que les salariés savent des choses mais des choses selon lui erronées, fausses. Autrement dit, il **prend en compte de façon négative ces savoirs** en tant qu'obstacle ou barrière à l'élaboration du savoir juridique.

Dans l'exemple n° 3, le formateur **fait l'impasse sur les acquis.** Il veut les ignorer et leur donner ainsi la bonne « forme ». D'un certain point de vue, il forme les personnes à la législation du travail comme s'ils étaient des analphabètes dans ce domaine. Quand on sait qu'il s'agit de salariés !

Mais en fin de compte, dans aucun de ces exemples les idées des participants ne sont véritablement utilisées c'est-à-dire discutées, retravaillées. Ne serait-il pas souhaitable d'aller plus loin ?

A. Quand les apprenants résistent !

Qui n'a jamais éprouvé le sentiment que son message n'est pas passé, que **l'autre n'a pas changé, rien retenu,** que l'information a ruisselé comme l'eau sur les plumes du canard, sans laisser de trace ? Une information apportée de l'extérieur (par le formateur) peut ne pas produire d'effet chez le receveur (la personne en formation).

Qui n'a pas remarqué que **celui qui reçoit une information garde ce qui est conforme à l'idée qu'il a déjà** du sujet abordé ou de l'émetteur ?

Ainsi, lors d'une séquence de formation traitant des données statistiques, le formateur a présenté la notion de « variable » comme ce que l'on mesure dans une étude statistique et comme son nom l'indique, cette variable peut... varier. Puis il a demandé de repérer dans la situation suivante, la variable de l'étude : le centre de ressources du CAFOC a relevé pendant 12 mois consécutifs le nombre de lettres de demandes d'outils pédagogiques adressées par des formateurs. Quelle est la variable de l'étude ?

1. une lettre – 2. le mois – 3. le nombre de lettres par mois – 4. le nombre de formateurs qui ont écrit.

Le formateur qui attendait massivement la réponse 3 a été surpris de trouver la réponse 1 : « la lettre » (avec l'idée que le contenu doit varier d'une missive à l'autre) ainsi que la 4 (avec l'idée que les statistiques, c'est un problème de nombre).

Qui n'a pas constaté que dans certaines circonstances **le message était transformé** par la personne pour le faire entrer coûte que coûte dans son schéma de pensée familier ?

Un exemple qui apparaîtra peut-être caricatural et qui pourtant est réel : un formateur explique les notions de volume, il indique comment, quand on parle de liquide, on s'exprime en litres, hectolitres, etc. Lorsqu'il propose un exercice, une personne se trouve dans l'incapacité de traiter le problème. Il s'aperçoit, après un moment d'échange, que pour elle, le « litre » désigne toute « bouteille » et non une unité de mesure : dans ce cas il y a des litres de 75 cl et des litres de 100 cl! L'explication du formateur devenait donc incompréhensible.

Ces situations ne peuvent s'expliquer fondamentalement par un manque d'attention des personnes mais par le fait que ce qu'elles ont déjà « en tête » conditionne leur perception de ce qui est proposé par le formateur. Ce constat corrobore ce qui a été dit sur l'acte d'apprendre : **se former, ce n'est pas remplacer du vide par du plein, de l'ignorance par du savoir mais bien transformer le déjà-là afin de le rendre plus efficace.**

Le déjà-là, c'est ce que nous appelons les représentations, c'est-à-dire une modalité de connaissance particulière, celle que toute personne utilise pour agir dans la vie quotidienne. Ces représentations forment le modèle explicatif, la grille de lecture, le « code » qui permet à la personne de **donner du sens, une signification aux actes** qu'elle effectue, à l'environnement dans lequel elle vit. Elles présentent *trois caractéristiques :*

1. la personne n'a pas conscience de ses représentations en tant que telles car, pour elle, celles-ci se présentent comme la réalité. Il s'agit alors de références qui vont de soi et sur lesquelles elle n'éprouve pas le besoin de s'interroger ;

2. les représentations ne sont pas directement observables. Elles sont reconstruites à partir du discours ou des actions que la personne conduit sur les objets ;

3. toute représentation comporte des aspects partagés par les membres d'un même groupe social. Ces aspects communs sont importants, c'est pourquoi l'on parle de « représentation sociale ».

Dans **une logique de transmission de savoirs,** l'accent est mis sur la clarté et la structuration du discours de celui qui sait et non sur les représentations des participants. C'est la pédagogie des idées claires. Si la personne ne comprend pas, le formateur répète le discours en variant certains aspects, en reformulant de façon plus simple, en expliquant certains termes mais il ne change pas radicalement sa méthode.

Or, **la logique de l'apprentissage n'est pas celle de l'exposé du contenu** (je dis ce qu'il faut savoir, je montre comment il faut faire). Les représentations qui se construisent sur le long terme résistent et peuvent faire souvent obstacle à l'apprentissage. Les personnes n'arrivent pas en formation l'esprit vide. Elles ont sur le sujet traité des impressions, des images, des idées, des jugements qui leur viennent de leur histoire personnelle, de la culture de leur milieu, d'expériences qui les ont marquées. Ces connaissances n'ont le plus souvent rien de scientifique et peuvent reposer sur des préjugés démentis par les faits. Mais elles sont profondément ancrées parce qu'elles constituent le socle qui, plus ou moins inconsciemment, règle les comportements quotidiens. Ainsi le « travail » pour certains évoque l'usine et pour d'autres une salle de réunion ; pour certains il est ressenti comme une corvée nécessaire, pour d'autres comme un moyen de promotion sociale, pour d'autres encore comme la possibilité d'être créatif, pour d'autres enfin comme un but inaccessible… Si un formateur intervient auprès de chômeurs en reconversion pour les aider à définir un projet professionnel, il ne peut pas ignorer ces différentes visions du travail. Le but de la formation est alors de **faire évoluer ces représentations vers une approche plus objective de la réalité afin de rendre l'action consciente et efficace !**

B. Le travail du formateur

La prise en compte des représentations des participants pose au formateur *deux types de problèmes :* les faire exprimer et les utiliser dans les situations pédagogiques.

Faire exprimer les représentations à propos du sujet traité

Toutes les techniques d'expression peuvent être utilisées : dire, écrire, dessiner, mimer, jouer… Il s'agit d'amener les apprenants à formuler les images, les sensations, les idées, les situations, les jugements qui leur viennent à l'esprit à propos de tel ou tel sujet. Ainsi pour connaître les représentations de salariés concernant la sécurité dans l'entreprise, vous pouvez les inviter à :

- citer trois mots que le sujet évoque ;
- classer des règles de comportement dans le travail par ordre d'importance pour eux ;
- se prononcer pour ou contre une série de propositions sur le sujet ;
- choisir dans un ensemble de photographies celle qui exprime pour eux la notion de sécurité et dire pourquoi ou celle qui leur suggère le risque le plus grave dans le travail ;
- dessiner le blason du travailleur soucieux de sécurité ;
- etc.

Mais **les techniques ne suffisent pas,** une **attitude d'écoute** de la part du formateur est essentielle car c'est au travers de toutes les situations pédagogiques que les participants manifestent leur vision des choses.

À quels moments peut-on les faire exprimer ? Bien sûr en début de séquence mais également en fin pour avoir le temps de préparer la séquence suivante ; à l'occasion d'un travail, de la correction d'une production ; lors d'une discussion entre participants, lors d'un entretien…

Utiliser les représentations dans les situations pédagogiques

La représentation erronée ou partiale de la réalité indique où se trouve l'obstacle à la compréhension, à un comportement nouveau. Cet obstacle va devenir un objectif à franchir par l'apprenant. Prendre en compte les représentations, c'est s'en servir pour définir les objectifs pédagogiques de la séquence : **deviendra un objectif ce qui pose problème** au moment où commence la formation. *Cette approche est reprise dans le paragraphe 3 concernant les objectifs.*

C. Application autour d'un exemple

Un groupe de formateurs prépare une formation pour des tuteurs encadrant des jeunes en contrat de professionnalisation dans divers métiers de l'industrie. Le cadre général leur a été fixé : il s'agit de concevoir une formation de trois journées pour préparer des ouvriers professionnels à cette fonction de tuteur. Quelles questions se posent les formateurs concernant les futurs apprenants ? Suivons-les dans leur réflexion.

• **Les motivations et attentes**

La motivation ne semble pas poser problème car les ouvriers ont tous été volontaires. Apparemment ils jugent la fonction valorisante (transmettre son savoir à un jeune) et utile (ils sont sensibles à la difficulté qu'ont les jeunes à trouver du travail).

En revanche les formateurs pensent qu'il y aura intérêt à faire exprimer les attentes car les problèmes peuvent varier d'une entreprise à l'autre. Un temps en début d'action devra donc être réservé à la présentation des situations dans chaque entreprise et aux questions que les uns et les autres souhaitent voir éclairer.

• **S'arrêter sur les acquis** ou niveaux de connaissance des futurs tuteurs est jugé peu pertinent car tous sont nouveaux dans la fonction. Ils n'ont suivi aucune formation sur ce sujet ou sur un sujet proche et n'ont pas une pratique particulière.

• Cependant les formateurs pensent que **les représentations** doivent être mises en lumière. En effet il semble que bien des incompréhensions entre tuteurs et jeunes viennent de deux visions différentes, voire opposées, du travail, de l'emploi, de l'entreprise... Cet écart apparaît dans des réflexions comme : « les jeunes n'ont pas de conscience professionnelle » pour expliquer un comportement jugé trop décontracté. Pour faire exprimer la vision des tuteurs sur le travail, les formateurs construisent une situation : ils présentent 25 propositions concernant les motivations au travail et ils demandent à chacun des tuteurs de retenir les 5 propositions les plus proches de leur propre pensée. Ils font par ailleurs la même démarche avec le groupe de jeunes. Ils mènent la synthèse des réponses pour chaque groupe. Cet exercice devrait permettre aux tuteurs de relativiser leur propre vision du travail, de constater que les jeunes en ont une qui est différente mais qui a sa logique et qu'il faut éviter de glisser tout de suite vers le jugement moral. La réflexion sur les représentations apparaît ici comme un moyen de lever un obstacle à la communication entre tuteurs et apprenants.

Attentes, acquis, représentations sont donc les premiers éléments à questionner pour préparer une intervention. Abordons maintenant le second point à explorer, le contenu même de la formation, ce qu'elle va traiter.

3. Dégager les idées clés du contenu

3.1 Faire le tri

Les formateurs ont en général trop d'informations à transmettre pour le temps qui leur est imparti. S'ils ne distinguent pas dans le contenu ce qui est essentiel, comment les personnes en formation pourront-elles le faire ? Elles seront submergées par une vague d'informations qui déferlera dans les têtes et laissera bien peu de chose sur son passage. Pour éviter cela, il est nécessaire de repérer les idées principales, les points clés ou les concepts : autant d'expressions qui signifient que tout ce qui est dit n'a pas la même importance et qu'il existe des éléments qui vont structurer l'ensemble, qui vont donner sens aux multiples faits, exemples qui viendront les illustrer.

Le « modèle du tamis » est une image qui permet bien de comprendre ce processus. Il met en évidence deux temps d'utilisation :

– *temps n° 1* : rassembler toutes les informations à transmettre.

– *temps n° 2* : déterminer un **« noyau dur »,** les idées essentielles, les concepts à faire maîtriser qui resteront dans le tamis.

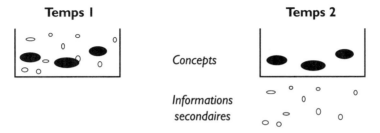

3.2 Trop d'informations tue l'information

Pourquoi distinguer ces points clés, ce noyau des connaissances à acquérir ?

Tout d'abord, parce qu'il y a, selon nous, *deux types de savoir*. Toutes les idées émises lors d'une formation ne sont pas de même niveau :

– certaines sont *d'ordre factuel,* événementiel : faits, dates, anecdotes, détails pratiques. Elles décrivent mais n'expliquent pas.

– d'autres sont *d'ordre structurel :* principes, lois, théories, méthodes... Ce sont des clés de lecture, des outils pour comprendre ou pour agir. On parle alors de concepts. Ceux qui peuvent être acquis au cours d'une séquence de formation sont en petit nombre mais ils donnent accès à tous les autres points car ils les organisent et les rendent ainsi compréhensibles.

Ensuite, parce que la mémoire à court terme, celle qui est immédiatement disponible, **n'est pas illimitée.** En effet, il existe *deux types de mémoire :* la mémoire à long terme et la mémoire à court terme ou mémoire de travail. Elles ne fonctionnent pas de la même façon :

– la première, la mémoire à long terme, peut stocker un nombre illimité d'informations mais celles-ci ne sont pas forcément disponibles ;

– en revanche, en mémoire de travail, les informations sont immédiatement disponibles mais en nombre limité. Si on lui impose un trop grand nombre d'éléments, elle rejette les premiers à mesure qu'arrivent les suivants. Il en est souvent ainsi au cours d'une séquence de formation.

Dans de nombreuses activités d'apprentissage, ce qu'il est demandé d'avoir présent à l'esprit dépasse souvent les capacités de la « mémoire de travail » : il y a débordement de l'espace de traitement et alors les difficultés se manifestent : la personne peut par exemple perdre le sens du problème qu'elle est en train de résoudre. Il faut donc trouver des procédures économiques pour compacter les informations. **Récapituler, recentrer** tous les quarts d'heure, faire ressortir les points forts sont des techniques qui permettent cette gestion de l'information.

Les personnes qui maîtrisent facilement les outils conceptuels le font seules : elles hiérarchisent et organisent les informations. Les personnes en difficulté, non, car elles manquent de techniques pour gérer les informations. Il faut donc les aider à les structurer, les hiérarchiser.

3.3 Qu'est-ce qu'une idée clé ?

Prenons un exemple : vous vivez dans une commune rurale et arrivez dans une ville que vous ne connaissez pas. Vous éprouvez sans doute un sentiment de malaise : vous vous sentez un peu perdu, « déboussolé », vous ne comprenez rien à cet univers. L'abondance des bruits, l'intensité du trafic, la disposition des sens interdits sont autant d'éléments qui peuvent augmenter la confusion.

En réalité, comprendre la ville, c'est prendre une **vue d'ensemble,** construire un schéma global qui permette d'ordonner tous les éléments que vous percevez. Cette carte composée des grands axes et des principaux quartiers facilitera vos déplacements et rendra aisée la lecture de cet espace.

Autrement dit, **un point clé ou une idée maîtresse est une idée directrice générale, abstraite qui permet de comprendre une réalité complexe.** Nous pouvons déjà remarquer en fonction de cette proposition que le point clé permet de **discriminer,** c'est-à-dire de distinguer ce qui fait partie d'un ensemble et ce qui n'en fait pas partie et de **généraliser** en rapprochant des éléments épars. Gardons en mémoire qu'un **point clé** est une **idée directrice** qui permet de comprendre une réalité.

3.4 La démarche à suivre

Comment procéder pour aller à l'essentiel et repérer les points clés ? Nous vous proposons une démarche en *quatre temps :*

temps 1 – noter l'ensemble des idées et informations à transmettre ;

temps 2 – distinguer d'un côté les idées maîtresses et de l'autre les idées secondaires, plus anecdotiques ;

temps 3 – organiser l'ensemble des idées autour des idées maîtresses. Écarter celles qui n'y ont pas leur place ;

temps 4 – organiser une progression, un chemin logique entre les idées.

Un exemple : la formation des tuteurs

Poursuivons l'exemple que nous avons étudié plus haut concernant l'élaboration d'une formation pour tuteurs. Comment ont procédé les formateurs pour décider des points à traiter ? Ils ont suivi les temps présentés ci-dessus et illustrés par quatre schémas.

Temps 1 : **les thèmes susceptibles d'être traités**

Ils ont eu un double point de départ : d'une part la définition du tutorat et des missions qui sont données au tuteur, d'autre part les difficultés et problèmes pratiques rencontrés. De là, un grand nombre d'idées susceptibles d'être présentées dans la formation. La double mission du tuteur : former au métier, intégrer dans l'entreprise.

Être un acteur dans le dispositif de formation	La connaissance du programme de formation
Les principes de la formation en alternance	Les règles et modalités d'évaluation
Les difficultés de communication entre tuteurs et jeunes	Le référentiel
Les documents de liaison à remplir	Les divers tuteurs dans l'entreprise
Le manque de temps pour avoir de vrais entretiens	La mentalité des jeunes, leur attitude vis-à-vis du travail
L'accueil dans l'entreprise	Une pédagogie de la réussite
Les liens entre le centre de formation et l'entreprise.	Le perfectionnement technique du tuteur dans son métier…

Temps 2 : l'identification des idées maîtresses ou points clés

Quatre idées ont été jugées essentielles :
- la mission du tuteur comprise comme un élément d'un dispositif plus global de formation ;
- l'accompagnement du jeune : dimension relationnelle ;
- la formation au métier : dimension pédagogique ;
- l'évaluation : suivre la progression du jeune et en rendre compte.

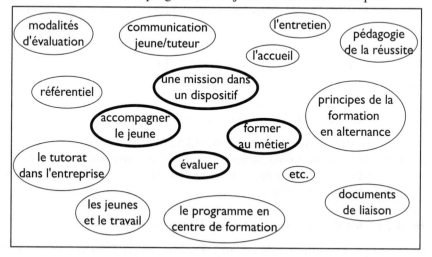

Temps 3 : la structuration autour des idées maîtresses

Les idées précédemment envisagées deviennent des éléments ou des illustrations des quatre idées clés.

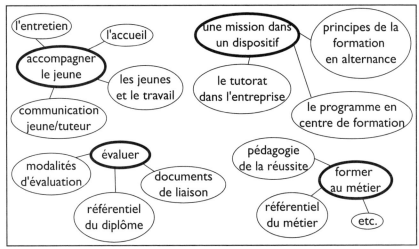

Temps 4 – un chemin logique de la formation

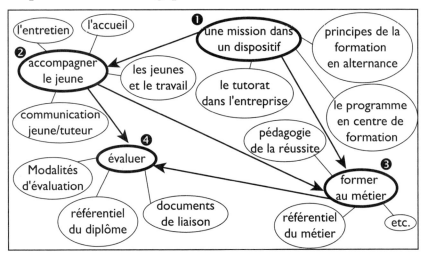

Ce schéma, qui pourrait aussi être organisé comme une carte heuristique, pourrait se concevoir avec des flèches à double sens car il s'agit d'un système qui se constitue. Le chemin logique indique les rapports de dépendance qu'entretiennent les concepts entre eux. La mission du tuteur au sein d'un dispositif est l'idée première car elle donne leur sens aux trois autres et servira de référence permanente. L'évaluation apparaît comme dernier maillon de cette chaîne logique puisqu'elle ne s'exerce que lorsque les autres ont été mis en œuvre.

La progression pédagogique peut s'inspirer de cette succession mais elle est d'un autre ordre : elle considère le cheminement concret des apprenants qui peut comporter bien des méandres et des allers-retours entre ces différents points clés. Ainsi le point clé n° 2 par exemple pourra être abordé à différents moments de la formation, en fonction des situations vécues par les tuteurs.

La progression pédagogique est le cheminement d'apprentissage pour les apprenants : il peut donc varier en fonction de ceux-ci pour un même contenu. Elle se formalise pour une séquence par le scénario pédagogique et pour une formation par l'ordre des séquences.

4. Définir les objectifs pédagogiques

Reprenons la démarche proposée pour la construction de la situation pédagogique. Dans le **cahier des charges, des objectifs de formation vous ont été fixés** en termes de compétences finales. C'est la référence pour l'élaboration de la formation (qu'il s'agisse d'un cycle complet ou seulement d'une séquence) : ils indiquent son point d'aboutissement.

Vous vous êtes interrogé ensuite à la fois sur les **participants** (leur situation au départ de la formation) et sur les **thèmes à traiter.** Vous avez ainsi structuré autour des points clés des séquences de formation.

De nouveau se pose pour vous la question des objectifs, mais cette fois-ci pour structurer votre progression, déterminer des étapes et pour chacune d'elles des activités d'apprentissage : il s'agit alors **d'objectifs pédagogiques.**

Mais **pourquoi formuler des objectifs pédagogiques alors qu'on a déjà des objectifs de formation ?** Ces derniers ont été précisés dans le cahier des charges par le demandeur, c'est vrai, mais ils sont exprimés en termes généraux : *« animer une équipe »*, *« utiliser de façon optimale un traitement de texte »*. Le formateur doit organiser les apprentissages, ce qui impose de repérer des passages obligés. Par exemple, pour l'objectif de formation *« utiliser un traitement de texte »*, il faudra que la personne sache brancher et allumer l'ordinateur, lancer la bonne application, se repérer dans les différents onglets, effectuer des mises en page, sauvegarder sur clé USB… autant d'éléments qui vont composer l'apprentissage et être exprimés en objectifs pédagogiques par le formateur concepteur et réalisateur de l'action de formation.

4.1 Qu'est-ce qu'un objectif pédagogique ?

A. Préciser ses intentions en formulant des objectifs pédagogiques

Quand on interroge les formateurs sur leurs objectifs à cette étape de leur préparation, beaucoup répondent : « *Je vais leur parler de..., je veux aborder aujourd'hui la notion essentielle de..., je veux leur faire comprendre l'importance de..., je vais les sensibiliser à...* »

Ils expriment selon nous non pas des objectifs mais des contenus à aborder (le moteur diesel, la France de l'entre-deux-guerres, etc.) ou des intentions. Expliquons-nous. Dans la littérature pédagogique, les intentions portent souvent le nom de finalités ou de buts. Sans entrer dans un débat technique, nous préférons pour notre part nous en tenir au terme « d'intention » qui exprime la volonté du formateur. L'intention du formateur désigne quelque chose de tout à fait réel et qui conditionne le travail pédagogique, mais elle ne fournit pas une indication précise sur les résultats escomptés, sur les compétences à développer. Il faut donc en venir à la formulation « d'objectifs ».

Prenons un exemple. *Devant intervenir auprès d'un groupe de 15 salariés préparant un CAP et traiter du problème juridique des conventions collectives, le formateur commence ainsi sa séquence : « Aujourd'hui, je veux vous parler des conventions collectives car c'est une question importante pour vous : elle concerne vos droits de salariés et est souvent posée à l'examen. Nous allons aborder tour à tour les points suivants : la définition des conventions collectives, leur mode d'élaboration, leur contenu. De plus je vous préviens que la prochaine fois, vous aurez un contrôle sur ce thème. »*

Les résultats du contrôle étant décevants, le formateur interroge les salariés qui lui disent qu'ils n'ont pas su repérer dans le cours ce qui était essentiel à apprendre. Que s'est-il passé ?

Comment pouvons-nous lire cette situation ?

Nous pouvons remarquer que le formateur annonce un contenu, présente différents thèmes dans un ordre précis. Mais il ne fait pas que cela, il exprime également une intention qui fonde son intervention, celle de fournir à ces salariés des informations pour défendre leurs droits dans l'entreprise et acquérir une qualification. Il indique en cela une visée générale, une orientation qui va donner du sens à la séquence. En revanche, il ne définit pas d'objectifs pédagogiques : il dit ce qu'il compte faire mais pas ce que les personnes seront en mesure de faire à l'issue de la séquence. Or c'est là le propre d'un objectif que d'indiquer ce que seront **capables de faire** les apprenants au terme de l'apprentissage.

Il aurait pu par exemple présenter l'objectif suivant : « *À l'issue de la séance, vous pourrez repérer dans une convention collective toutes les améliorations apportées au code du travail.* »

Le fait de n'avoir pas précisé ce qu'il attendait des personnes, concrètement, dans les faits, a rendu difficile l'apprentissage et peut expliquer les « résultats décevants ».

Le tableau suivant récapitule les différences entre une intention et un objectif :

	Intention	**Objectif pédagogique**
Pour qui parle-t-on ?	Pour le formateur	Pour les personnes en formation
De quoi parle-t-on ?	Orientation, désir, vœu	Résultat escompté et observable de l'apprentissage

Autrement dit, formuler un objectif pédagogique, c'est :
- indiquer le résultat visé ;
- chez l'apprenant ;
- de telle façon qu'il soit observable et personnalisable.

Définir des objectifs pédagogiques, c'est accomplir *deux ruptures* par rapport au simple énoncé d'intentions :

– par rapport à l'acteur : on ne s'exprime plus pour le formateur mais pour la personne en formation ;

– par rapport au degré de détermination : on passe d'une orientation générale à un résultat précis, concret, vérifiable.

Citons quelques exemples :

Intentions pédagogiques	**Objectifs pédagogiques**
« Je veux qu'il comprenne l'importance de l'argent dans la vie quotidienne. »	« Il sera capable d'établir à partir des informations suivantes un budget prévisionnel. »
« Je souhaite que ces salariés aient conscience de l'environnement économique dans lequel leur entreprise évolue. »	« Ils seront en mesure de citer quatre facteurs économiques qui ont une incidence directe sur leur emploi. »
« Je veux que ces jeunes maîtrisent l'emploi des temps. »	« Ils pourront écrire un récit situé au Moyen-Âge en utilisant les temps de la narration au passé. »

L'utilisation des verbes d'action est à relier à l'idée que nous avons développée dans le *chapitre 1 :* la formation vise à changer les pratiques des personnes, c'est-à-dire leurs actions.

Passer des intentions aux objectifs, c'est **privilégier les compétences à développer** ou possibilités d'action dans un contexte donné. La formation est un processus permettant aux personnes de passer d'un niveau N de compétences à un niveau N+1. Formuler des objectifs, c'est alors **indiquer ce point d'arrivée de façon précise et vérifiable.** Il s'agit de rendre les personnes capables de savoir-faire, ce qui ne signifie pas que les savoirs doivent être négligés mais ils ne sont pas une fin en soi : ils sont moyens pour agir et c'est l'agir qui est visé.

B. Enrichir ses objectifs pédagogiques en explicitant ses intentions

Intentions et objectifs pédagogiques peuvent être considérés comme **les deux faces d'une même pièce,** l'une regardée côté formateur, l'autre côté personne en formation.

L'intention pédagogique exprime **la direction de changement** qu'un acteur formule pour un autre acteur : *« Moi, formateur, je veux générer tel changement chez ces personnes, je veux les préparer à l'arrivée de cette nouvelle machine, je veux leur faire comprendre l'importance de cet aspect en vue de… »* Elle ne peut être complètement explicitée parce qu'elle est de l'ordre de l'aspiration. En revanche l'objectif pédagogique exprime le résultat visible qu'un acteur doit atteindre dans la formation : *« Vous devrez être capables d'identifier les composants de telle machine, de diagnostiquer tel type de panne, de formuler des conseils pour telle situation, etc. »* Il objective l'effet attendu, le rend concret, observable. C'est pour cette raison qu'il est libellé avec des verbes d'action et qu'il privilégie les faits.

L'intention et l'objectif pédagogiques se nourrissant au même processus (celui de la formation), ils entretiennent des rapports de complémentarité :

– **l'objectif matérialise l'intention,** il la rend opérationnelle et lui garantit d'une certaine façon sa réalisation. En effet, l'intention est de par sa nature en partie opaque à la personne en formation. Lui proposer un objectif, c'est l'aider à mieux se situer et lui indiquer les voies à explorer. Si les objectifs ne sont pas formulés et communiqués, la personne en formation les cherchera et pourra s'en donner de très différents de ceux visés par le formateur ;

– **l'intention donne du sens à l'objectif** car celui-ci est toujours plus restreint : c'est une traduction partielle de cette dernière. Le fait d'interroger ses intentions permet de dépasser les évidences du type : « c'est au programme, ça marche bien d'habitude, c'est important qu'ils connaissent cet aspect, etc. » et conduit le formateur à compléter ses objectifs pédagogiques. *Reprenons l'exemple de la séquence sur les conventions collectives. Le formateur dit : « Ce thème concerne vos droits de salariés ».* Il aurait pu expliciter davantage son intention en précisant : « *Je voudrais vous donner les informations nécessaires pour que vous puissiez défendre vos droits dans votre entreprise* ». Dans ce cas il proposerait comme objectif : « *Être capable d'utiliser une convention collective pour résoudre un désaccord entre employeur et salarié par exemple sur un départ en congé-formation* ». Si au contraire son intention avait été de sensibiliser au rôle de la négociation entre partenaires sociaux sur l'évolution du droit du travail, un des objectifs aurait pu être : « *Identifier les dispositifs conventionnels qui complètent le code du travail en ce qui concerne la formation* » ou « *Savoir présenter la position des partenaires sociaux sur cette question lors de la négociation de la convention* ». L'objectif a besoin d'être mis en perspective. L'intention est alors fondatrice de l'objectif car elle se situe dans une vision globale à moyen ou long terme.

Si l'intention exprime l'axe de changement sur lequel veut opérer le formateur, **l'objectif signifie un résultat de ce changement.** Ils jouent donc deux rôles complémentaires et indispensables dont le formateur ne peut faire l'économie.

S'entraîner à partir d'un témoignage : intervenir en entreprise

> *Voici un entretien avec un formateur interne d'entreprise. Lisez-le attentivement et repérez les intentions, objectifs et valeurs qui guident ce professionnel.*
>
> ### *Quelle activité mènes-tu aujourd'hui ?*
>
> « Actuellement, je suis formateur interne dans cette grande maison qu'est l'entreprise Y, une des plus grosses boîtes de la région. J'ai quitté la production, il y a quatre ans. On m'a proposé de faire de la formation, sans doute parce que je connais bien le travail, l'aspect technique – si tu veux – et puis j'ai un bon contact avec les gars. »
>
> ### *Alors que fais-tu ?*
>
> « Tu sais, moi, derrière les opérateurs comme on dit, je vois toujours un homme, un être qui a besoin de comprendre ce qui lui arrive pour pouvoir prendre les meilleures décisions possible. Si certains voient dans les salariés des machines à produire qu'il faut faire bosser plus vite, moi je considère qu'il faut d'abord respecter l'Homme. La formation ça m'intéresse parce que c'est un moyen de retrouver l'homme dans cet

univers. Aussi, je cherche toujours à leur apprendre à lire l'environnement, à comprendre ce qui se passe. Tu vois, je veux qu'ils comprennent ce qu'ils font, pourquoi telle opération vient après telle autre, pourquoi telle norme est imposée. Je veux qu'ils bossent avec leur tête et pas seulement avec leurs bras. »

Dans les faits comment se passent les formations ?

« La première chose que j'annonce aux gars c'est où on doit arriver le soir. Je leur dis ce qu'ils devraient savoir et pouvoir faire en fin de course si tout se passe comme prévu et s'ils participent. Par exemple, avec les opérateurs qui montent un petit élément d'un ensemble complexe, une chaudière, je leur dis qu'ils pourront situer leur pièce dans la chaudière et expliquer à quelqu'un à quoi elle sert. Tu vois, cela paraît modeste mais pour des gars qui ont fait le même truc pendant 10 ans sans savoir à quoi ça sert, le changement est important. Ils disent souvent après qu'ils comprennent mieux certains ordres. Ils se sont reconnus d'une certaine façon. »

Et comment t'y prends-tu ?

« Pendant très longtemps chez nous, la règle a été en caricaturant à peine : "Je te montre, tu fais et… tu te débrouilles". Aussi j'insiste beaucoup sur la parole. Je fais dire, raconter aux gars à partir d'un problème que je leur pose. Par exemple, quand on travaille sur le fonctionnement d'une machine, plutôt que de leur faire un bel exposé qui serait au point techniquement, je les mets dans la situation suivante : je leur dis qu'ils accueillent un jeune et qu'ils doivent lui causer de la machine. Là, on apprend des trucs intéressants. D'abord ils disent leur expérience, la mettent en mots en quelque sorte et c'est très important. Puis ils se posent des questions, pourquoi ci, comment ça, et tu as gagné, toi formateur. Tu peux les aider à comprendre comment ils font et repérer aussi des dysfonctionnements. »

Repères pour l'analyse

Le formateur qui parle de sa pratique ne dit pas seulement ce qu'il fait mais ce qu'il recherche, il exprime des visées de différents types. Présentons-les en allant du général au particulier.

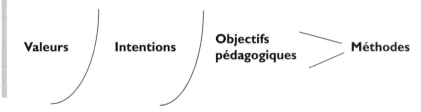

213

D'abord il exprime des **valeurs** qui fondent ses interventions, celles de l'humanisme : « *derrière les opérateurs, je vois toujours un homme, un être qui a besoin de comprendre* ». Il se situe clairement dans une vision de l'éducation permanente (vous pouvez vous reporter dans le chapitre Formation au paragraphe n° 3.4).

Ces valeurs sont le socle d'orientations très générales que certains pédagogues nomment **finalités** (une conception de l'homme et de la société).

Il énonce également des **intentions** qui vont donner corps à ces valeurs : « *je cherche à leur apprendre à lire leur environnement, je veux qu'ils comprennent ce qu'ils font…* »

Ces intentions, il les décline en **objectifs pédagogiques** lorsqu'il déclare : « la première chose que j'annonce aux gars, c'est où on doit arriver le soir. » Ils pourront par exemple « *situer la pièce dans la chaudière et expliquer à quelqu'un à quoi elle sert* ». Il s'agit là d'objectifs pédagogiques car ce qui est central, c'est le résultat escompté pour les personnes, à l'issue de la journée de formation.

Il précise enfin comment il fait, c'est-à-dire les **méthodes pédagogiques** qu'il met en œuvre : « *plutôt que de leur faire un bel exposé, je les mets dans la situation suivante…* ». Centrées sur les méthodes actives, les situations d'apprentissage qu'il propose s'appuient fortement sur l'expérience des salariés.

Ainsi, dans ce discours du formateur, nous pouvons repérer une cohérence forte structurée par des Valeurs qui fondent des Intentions opérationnalisées en Objectifs pédagogiques, ces derniers induisant des méthodes et des situations d'apprentissage.

Réfléchir à sa pratique

Et vous-même, comment parlez-vous de votre pratique ?

Repensez à une discussion avec un collègue ou enregistrez-la puis analysez vos propos à l'aide de ces repères.

Un conseil, soyez naturel, ne cherchez pas à dire « ce qui est bien » mais exprimez votre pensée. Repérez les éléments présents mais également ceux qui restent implicites : ils définissent sans doute un terrain de réflexion et de formation au sens de la mise en forme (par les mots) de ce qui est non-dit et pourtant fondateur des actions. Nous ne transformons que ce dont nous avons conscience !

4.2 Pourquoi définir des objectifs pédagogiques ?

L'approche par les objectifs est une aide aux acteurs de la formation, et ce à plusieurs niveaux :

– tout d'abord, elle permet au formateur de focaliser non sur le contenu à transmettre mais sur le **changement à générer.** Si, spontanément, les contenus sont déclinés (il faut leur parler de…) et ce le plus souvent de façon chronologique (je commencerai par…, puis…), formuler des objectifs impose de distinguer l'essentiel de l'accessoire et de privilégier les actions à faire réaliser, actions pensées en termes de manifestations des compétences mobilisées ;

– ensuite, elle lui fournit une **grille d'analyse de l'action pédagogique.** C'est un outil pour décoder ou construire une stratégie, c'est-à-dire la mobilisation de moyens au service de buts à atteindre. L'étude du discours du formateur interne vous a permis de distinguer un aspect philosophique, une certaine conception de la formation (des finalités), des intentions d'action (« je veux que », « il est important de ») des objectifs pédagogiques à atteindre, des méthodes à mettre en œuvre (créer des situations-problèmes). C'est l'axe **de cohérence pédagogique ;**

– à la personne en formation elle fournit des éléments indispensables à sa **motivation et à la gestion même de ses apprentissages.** En effet, dire à quelqu'un ce qu'il sera en mesure de réaliser à l'issue de son apprentissage donne sens à l'activité et contribue à générer l'énergie mentale nécessaire. Aider la personne à se fixer des buts, c'est développer chez elle une logique de projet et un désir de savoir. Indiquer les objectifs c'est également passer un contrat avec elle et la responsabiliser ; c'est lui donner des repères pour qu'elle puisse elle-même analyser ses productions, estimer ses progrès, déterminer les points à approfondir, en un mot, c'est lui permettre **d'autocontrôler ses apprentissages.**

Reste la question : comment le formateur peut-il procéder pratiquement pour établir des objectifs ? Trois approches se sont construites au fil des années et se présentent aujourd'hui. Nous les traiterons successivement (4.3, 4.4 et 4.5).

– *La première* qui s'est développée dans les années 1970 s'inscrit dans la **tradition comportementaliste** et conçoit leur formulation à partir de comportements observables.

– *La deuxième* datant des années 1990 est inspirée par le **courant constructiviste** et considère que l'objectif s'établit en fonction des difficultés que rencontre l'apprenant : il est alors question « d'objectif-obstacle ».

– Enfin, la plus récente, celle des années 2000 s'inspirant du **courant constructiviste,** et plus précisément des travaux relatifs à la **cognition située,** vise à développer des compétences plutôt qu'à faire exécuter des tâches ou à transformer des représentations. Très centrée sur l'action, elle entend mettre l'accent sur l'opérationnalité.

4.3 Formuler les objectifs en termes de comportements observables

C'est au début des années 1970 que la notion d'objectif pédagogique nous est venue des États-Unis. Elle a été formalisée par un formateur d'adultes, Ralph Tyler, qui s'est rendu compte qu'on a des chances d'obtenir ce que l'on veut en formation si l'on nomme le résultat attendu, si l'on dit ce qu'on attend exactement que l'apprenant fasse à l'issue de la formation, si on le lui dit de telle façon qu'il le comprenne et qu'il puisse s'autoévaluer. Autrement dit, **la formation est d'autant plus efficace qu'on a défini les objectifs en termes de comportement observable, de conditions de réalisation, de critères d'acceptabilité.** Il a ainsi formulé *trois critères*.

A. Les critères de Tyler

• *Un comportement observable*

Un comportement observable s'oppose à une action mentale : c'est la **manifestation externe d'une activité interne.** Un observateur peut se rendre compte par au moins l'un de ses cinq sens de l'activité de la personne.

Comprendre, réfléchir, s'intéresser, prendre conscience ne sont pas en tant que tels des comportements observables. Ils doivent être traduits en actes pour qu'un observateur puisse attester leur réalisation. En revanche, souligner, citer, énumérer, réaliser sont des comportements observables. Ils ne représentent pas tous le même degré de difficulté. Par exemple, je peux citer deux faits mais être incapable de définir ces faits. Je peux identifier un dessin et être incapable de le réaliser. Ces verbes indiquent tous l'action que doit effectuer la personne pour montrer qu'elle a compris, qu'elle maîtrise l'objectif. Ils décrivent clairement la tâche à effectuer.

L'objectif concerne donc la personne et indique ce qu'elle saura faire à la fin de la séquence de formation.

• *Des conditions de réalisation*

Les conditions de réalisation sont **les circonstances dans lesquelles le comportement va se manifester.** Elles incluent de nombreux éléments : le temps, le matériel, le degré de familiarité de la tâche, la guidance, etc. Elles font uniquement référence à l'exécution des tâches et non à la situation pédagogique d'apprentissage.

Changer les conditions, c'est changer la difficulté de la tâche. Saisir et mettre en forme un texte à partir d'un logiciel connu ou inconnu ne représente pas le même niveau de difficulté. Si le comportement observable est le même, les opérations intellectuelles mobilisées sont radicalement différentes (mémorisation et analyse).

Les types de conditions :

– les circonstances ;

– les supports ou documents ;

– le matériel et équipement fournis ;

– la guidance.

• *Des critères d'acceptabilité (ou de réussite)*

Un critère de réussite indique ce que **l'on exige et ce qu'on tolère comme erreur.** C'est le repère qui permet de dire si en fin de compte l'objectif est atteint ou non.

La perfection n'étant pas de ce monde ni pour le formateur ni pour les personnes en formation, le droit à l'erreur est un principe. Mais la difficulté est de définir le type d'erreurs admis et celui qui est refusé. Ainsi dans le cadre d'une formation de mécanique auto, vous faites réaliser un apprentissage dont l'objectif est de changer une roue. Quelles sont les erreurs inacceptables et celles qui peuvent être tolérées ? Oublier de serrer les boulons est un acte qui rend la tâche non réalisée alors qu'utiliser un cric trop puissant peut être accepté. Seul l'expert de la tâche peut déterminer ces critères de réussite.

Les différents critères :

– mesures de rapidité ou d'exactitude d'exécution ;

– spécifications de procédures (manières de faire) ;

– conséquences devant être évitées ou provoquées par l'intermédiaire de l'action.

Quand l'objectif pédagogique répond à ces critères, il est plutôt univoque : il ne laisse pas d'ambiguïté sur les résultats attendus. Il est également **personnalisable,** adaptable à une personne, tenant compte de ses acquis, son rythme, son projet.

Prenons un exemple et analysons-le : « Procéder dans des conditions réelles, à la mise en marche d'un camion, en se conformant aux mesures de sécurité en vigueur. »

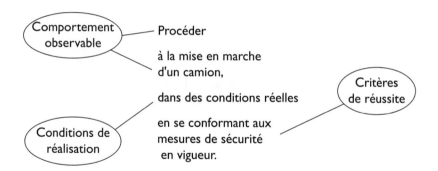

 ### S'entraîner à partir d'exemples : analyser un objectif pédagogique

Voici 7 objectifs pédagogiques plus ou moins bien formulés. Identifiez pour chacun d'eux comportement, conditions et critères de réussite. Si ces éléments sont absents, imaginez-les.

Objectifs pédagogiques	Comportement	Conditions	Critères
1. Comprendre les échanges internationaux.			
2. Reconnaître en les nommant au moins 4 poissons parmi les 10 photographiés dans un aquarium.			
3. Établir la fiche de paie de Monsieur X en respectant l'accord d'entreprise ci-joint. La calculatrice est autorisée. Pas d'erreur admise.			
4. À partir d'un catalogue, d'un schéma et d'un bon de commande, remplir ce dernier pour un relais thermique. Aucune erreur dans la rédaction du bon.			
5. Prendre conscience de l'importance de la sécurité lors d'un dépannage sur autoroute.			
6. Procéder à la mise en marche du tour à commande numérique en respectant les procédures réglementaires.			
7. Rédiger une synthèse de ces trois documents (1 000 mots avec 10 % de tolérance), en respectant les nuances qu'ils introduisent sur le thème.			

Repères pour l'analyse

1 : Aucun critère. Pour certains formateurs, comprendre, c'est dire ; pour d'autres, c'est appliquer ; pour d'autres encore, c'est expliquer… Il s'agit d'une intention d'action.

2 : Tous les critères sont respectés.

3 : Tous sont respectés : établir une fiche de paie est un comportement observable ; l'accord d'entreprise et la calculatrice sont des conditions et « pas d'erreur » le critère de réussite.

4 : Tous sont respectés.

5 : Aucun critère. Comment la personne montrera-t-elle qu'elle a pris conscience ?

6 : Il manque les conditions de réalisation.

7 : Tous sont respectés.

B. L'influence behavioriste

Cette approche des objectifs exprimés en termes de comportement observable est fortement marquée par une conception de l'acte d'apprendre que l'on appelle le behaviorisme, de l'anglais **behavior = comportement.** Cette conception postule que **l'observateur n'a pas accès à la réflexion de l'individu** qui se déroule dans une « boîte noire ». En revanche sont constatables les stimuli qui déclenchent la réflexion ainsi que les réactions ou comportements qui en résultent.

Imaginons la situation suivante : nous découvrons un serpent dans une salle. La vue du reptile provoquerait en chacun de nous des émotions, des sentiments divers qui pourraient se traduire par des réactions variées : certains pourraient se précipiter vers la porte, d'autres resteraient figés incapables du moindre mouvement, d'autres enfin pourraient aller vers l'animal, s'en emparer et en faire une écharpe originale. Nous avons en quelque sorte un déroulement en trois temps même s'ils sont très intégrés :

Vue du serpent ———— > (Émotions) —————— > Fuite…
Stimulus —————— > (Activité Mentale)   —— > **Réactions**

Les behavioristes font remarquer que l'étape centrale échappe à l'observation. Certes, il est possible de demander à la personne *a posteriori* ce qu'elle a éprouvé, ce qu'elle a pensé intérieurement mais **pendant l'acte, l'observateur n'a pas de prise,** d'où l'idée de « boîte noire ». Seuls donc peuvent être pris en compte le stimulus et la réaction. Appliquée à la pédagogie, cette conception retient qu'il est illusoire de parler de connaissance, de compréhension... impossibles à constater et qu'au contraire il faut se centrer sur ce qui est indiscutable : les comportements observables que les apprentissages permettent.

Les recherches en psychologie des apprentissages ont apporté des éléments de réponse sur ce qui se passait dans la « boîte noire » et en particulier ont montré que l'acte d'apprendre était beaucoup plus que la simple association entre un stimulus et un comportement. Les travaux de Jean Piaget en particulier ont permis d'identifier des étapes de développement, des opérations mentales et des modes de raisonnement qui jouent un rôle déterminant dans le traitement des informations *(voir chapitre 4)*.

Si la théorie behavioriste a aujourd'hui peu d'adeptes, l'approche comportementaliste des objectifs reste la référence de beaucoup de formateurs. Elle n'est en effet pas sans utilité, mais il faut en percevoir les limites et les dérives possibles.

C. Intérêt et limites de cette approche

Intérêt dans la mesure où **le formateur** ne peut plus se contenter de demander aux personnes de comprendre, de réfléchir, de prendre conscience, d'être sensible à, mais **doit préciser ses attentes, les traduire en résultats concrets, observables, mesurables.** Que signifie en particulier l'intention « je veux qu'ils comprennent » ?

Tous les formateurs veulent que leur public comprenne mais tous ne mettent pas la même réalité derrière cette expression : pour certains, il faudra que les personnes puissent redonner les informations ; pour d'autres, il faudra qu'elles puissent les utiliser, les appliquer dans des problèmes ; pour d'autres encore, il faudra qu'elles expliquent, démontrent, justifient le pourquoi des choses.

Intérêt également dans la mesure où cette formulation facilite le **contrôle des apprentissages.** En indiquant de façon précise les éléments (conditions, critères), le contrôle prend un caractère objectif, transparent et donne des points de repère au formateur qui diagnostique plus facilement les difficultés rencontrées, ainsi qu'aux personnes qui peuvent savoir elles-mêmes où elles en sont. Autrement dit, par la définition d'objectifs, le formateur responsabilise les personnes en formation en rendant possible **l'autoévaluation.**

Ses limites : Un formateur peut aisément reconduire une pratique centrée sur les contenus tout en l'assortissant de quelques « être capable de » sans que la nature même de son approche soit transformée. Mais au-delà de cette pratique courante, notons *deux dérives :*

– *la première,* **comportementaliste,** postule que le comportement est la compréhension. L'important alors serait de faire produire les actes et

de postuler que, parce que la personne a fait telle chose, elle a compris. Nombreux sont les exemples dans la vie quotidienne qui infirment cette hypothèse et montrent que l'apprentissage n'est pas le dressage ! Le formateur en langues peut entraîner une personne à répéter une phrase, cela ne signifiera pas qu'elle aura compris le sens des mots ! Le formateur en mathématiques pourra entraîner un apprenant à calculer des pourcentages sans que soit maîtrisée l'opération de proportionnalité, etc. Ce qui est visé dans l'apprentissage c'est bien la compréhension, le comportement n'étant que l'indicateur de la compréhension ;
– *la seconde* est « **taylorienne** » : à trop découper la tâche en micro-objectifs, à trop la décomposer, on atomise la formation (l'addition de comportements acquis séparément garantit-elle la maîtrise d'une situation complexe ?) et on se contente d'objectifs simples, voire simplistes (en demandant à l'apprenant d'énumérer, de cocher, de réciter…). À trop décomposer, le sens général se perd et l'atteinte des micro-objectifs ne garantit en rien que la personne saura résoudre un problème complexe.

Malgré ces limites il nous faut constater que cette approche est très présente dans le champ de la formation car elle est **simple** à mettre en œuvre et **utile** : il est indispensable pour le formateur de **préciser ses attentes à l'égard des résultats,** c'est-à-dire qu'il ne peut se contenter d'orientations générales mais au contraire doit formuler de la façon la plus concrète ce que devront être capables de faire les personnes à l'issue de la séquence, de la journée, du module de formation.

Par ailleurs elle est peut-être suffisante quand il s'agit de traiter de problèmes purement techniques. Si l'on veut en revanche prendre en compte la dimension personnelle de l'individu qui se forme, une autre approche est nécessaire.

4.4 Formuler les objectifs en termes d'obstacles à franchir

Deux notions vont nous aider à dépasser la traditionnelle « pédagogie par les objectifs » :
– face à la dérive comportementaliste, « l'objectif-obstacle » ;
– face à la dérive de taylorisation, la « compétence ».

L'objectif-obstacle

Prenons appui sur un exemple

Nous avons mené une formation à l'achat auprès des responsables de formation d'entreprises. Une analyse du contenu nous avait amenés à considérer que le premier acte de l'achat est la définition du besoin, besoin qui gagne à être exprimé dans un cahier des charges. Aussi avions-nous prévu de travailler l'expression de la demande de formation en respectant la présentation définie par la norme. La rédaction de ce document en était donc un point clé.

Après avoir mené au préalable une enquête auprès des participants et leur avoir, en formation, fait exprimer leurs pratiques d'achat, nous avons découvert qu'ils étaient très réticents vis-à-vis du cahier des charges, qu'ils en rédigeaient de très sommaires : aucune référence n'était faite aux problèmes rencontrés, aux dysfonctionnements à surmonter, aux projets à mener. Ils ne voulaient pas donner aux prestataires trop d'informations pour éviter, affirmaient-ils, d'être pieds et poings liés. La méfiance de ces responsables et la pauvreté de leurs cahiers des charges rendaient impossible une réponse formation adaptée.

Analysons cet exemple

Un des objectifs pédagogiques aurait pu être que les responsables soient capables de formuler leur demande dans un cahier des charges conforme à la norme.

Or ce qui pose problème, ce n'est pas le cahier des charges en tant que technique mais la représentation qu'ils s'en font : un outil qui les dessert et les fragilise devant les vendeurs.

Dès lors, il s'est agi de dépasser cet obstacle et de leur faire prendre conscience qu'une demande formulée en termes trop généraux interdit une réponse pertinente. L'objectif-obstacle a pu être formulé ainsi : repérer dans un cahier des charges les informations indispensables à fournir pour que le prestataire puisse élaborer une proposition adaptée au contexte.

Cette analyse de l'objectif-obstacle est capitale car elle conditionne les situations d'apprentissage. Dans le cas présent, préparer un exposé sur le cahier des charges n'était en aucune façon pertinent.

Nous avons demandé aux responsables formation de jouer le rôle de prestataires et de faire une proposition en réponse à un de leurs cahiers des charges. Cette situation leur a permis de prendre conscience qu'il leur manquait des informations essentielles.

Dégageons des repères

La démarche du formateur comme celle du médecin se déroule en *trois phases :*

– *phase de diagnostic* (recherche des symptômes pour l'un ; quête des représentations pour l'autre) ;

– *phase d'analyse* des informations recueillies au regard du savoir et de l'expérience ;
– *phase de prise de décision* (prescription pour l'un – objectif-obstacle pour l'autre).

Les objectifs pédagogiques conçus dans une approche dynamique sont au carrefour des représentations et des savoirs : ils expriment alors le progrès, l'obstacle à franchir pour les personnes. Pourquoi en effet organiser une formation sinon pour permettre de réussir là où on butait jusqu'alors ? Les difficultés étant identifiées, la formation sert à les « traiter », à les dépasser. Elle doit donc être organisée non pas en fonction d'un savoir à transmettre mais bien en fonction des progrès à faire réaliser, des compétences à développer.

Dès lors, **ce progrès, c'est une meilleure compréhension et le comportement n'est qu'un indicateur visible.** Ce qui est essentiel, c'est bien ce qui ne peut pas s'observer directement, ce qui se passe dans la tête de chacun.

C'est là un changement de perspective considérable : à partir du moment où l'essentiel, ce n'est plus ce que l'on observe mais bien la capacité intellectuelle, l'invisible, ce qui dure et est reproductible, le véritable objectif ne peut se réduire au seul comportement. Ce dernier est un indicateur au même titre que **le discours tenu sur l'ensemble de la tâche.** Il n'y a pas de raison de privilégier l'élément observable. Faire s'exprimer la personne sur ce qu'elle va faire, sur ce qu'elle a fait est un moyen de vérifier sa compréhension. Ce travail de *métacognition* (réfléchir sur « comment je fais quand j'agis »), la mise en mots des processus mentaux est un puissant outil pour comprendre la façon de faire de l'autre, les causes de ses difficultés et pour vérifier la maîtrise d'une compétence.

S'entraîner à partir d'un exemple : le concept de démocratie

> *Analysez la situation suivante au regard des principes exposés et imaginez une suite à cette séquence.*
>
> Au cours d'une action d'insertion pour des jeunes demandeurs d'emploi, une séquence est organisée autour de la presse qui traite en particulier des résultats d'élections législatives et d'un coup d'État dans un pays africain. Voici une occasion à saisir, se dit la formatrice, pour travailler les concepts de démocratie et de dictature.
>
> Avant de commencer l'étude des journaux, la formatrice distribue un questionnaire ouvert sur l'idée de démocratie (« Dans une démocratie,

> le pouvoir appartient à… ; le pouvoir est donné par… ; les habitants ont le droit de… »).
>
> Des réponses des jeunes, il apparaît une idée majoritairement partagée : démocratie = élections.
>
> *Formulez :*
> *– un objectif pédagogique* a priori *pour cette séquence ;*
> *– un objectif-obstacle pertinent pour ces jeunes ;*
> *– une situation possible d'apprentissage.*

Repères pour l'analyse

> L'objectif pédagogique défini à partir de l'analyse du « contenu à transmettre » aurait pu être exprimé ainsi : que les jeunes puissent indiquer les points communs et les différences entre démocratie et dictature, et illustrer chacun de ces termes en prenant des exemples dans l'actualité.
>
> Mais ces jeunes ont exprimé une représentation qui ne leur permet pas de comprendre ces articles de presse (les élections ne sont pas un indicateur suffisant pour déduire qu'il s'agit d'une démocratie : l'histoire contemporaine ne cesse de le rappeler).
>
> Il s'agit alors pour la formatrice de leur permettre de dépasser cette représentation et de se forger un concept plus pertinent. Comment ? En leur proposant de réfléchir à *quatre situations*. Par exemple :
> – une élection à candidat unique ;
> – une élection avec bureau de vote encerclé par l'armée ;
> – une élection avec l'opposition au pouvoir en place emprisonnée ;
> – une élection avec un vote public où chacun peut voir les bulletins déposés.

Si l'objectif pédagogique ne se réduit pas au seul comportement observable, il perd son aspect pointilliste car la compréhension renvoie à une approche globale : c'est ce qu'exprime la notion de compétence.

4.5 Développer les compétences plutôt qu'exécuter une tâche

Qu'est-ce que la compétence ? Nous avons déjà abordé ce concept à propos du métier du formateur. Longtemps mot-valise empruntant des éléments à la psychologie, à la linguistique, à la sociologie comme à l'ergonomie, la notion de compétence est aujourd'hui objet de consensus autour des points suivants :

– la compétence se manifeste par l'action, en agissant de façon efficiente dans un contexte donné ;

– elle est un tout combinant des connaissances mais également des techniques, des gestes professionnels, des comportements et attitudes (que nous nommons ressources internes à la personne). En ce sens elle est plus que la somme des éléments qui la composent ;

– elle s'exerce toujours en situation, dans un cadre donné ; le résultat de l'action, les moyens mobilisés et les caractéristiques de la situation déterminent un degré de maîtrise ou de performance.

La compétence ne peut se réduire à un résultat ou à un exercice résolu. Elle ne peut être isolée de tout contexte : elle ne fonctionne pas à vide. Elle n'est pas un corpus de connaissances ou de savoir-faire : le savoir agir exige plus que la répétition routinière des savoir-faire.

L'action n'est pas la compétence mais une composante de celle-ci : enfoncer une vis avec un marteau est une action certes mais c'est un élément insuffisant pour définir la compétence.

Le savoir n'est pas la compétence mais un de ses éléments : on peut connaître le théorème de Pythagore et ne pas pouvoir calculer le périmètre d'un triangle rectangle.

La compétence n'est pas la simple mise en œuvre du savoir : on peut maîtriser l'écriture et la lecture et ne pas pouvoir communiquer en situation.

Une action située

Aussi la compétence se manifeste par une action au regard du résultat obtenu (efficacité) et des moyens mobilisés (efficience) dans une situation particulière, un contexte déterminé (familier, complexe…).

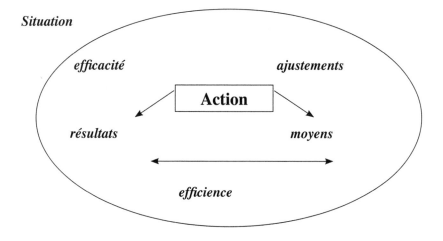

Est compétente dans la vie quotidienne ou professionnelle non seulement la personne qui sait mais surtout qui fait avec pertinence. La compétence mobilise simultanément et de façon imbriquée des connaissances, des procédures, des gestes, des attitudes. Ainsi dépanner un appareil électroménager requiert de la part de l'intervenant des connaissances (les pièces et leur fonction, etc.), des procédures (par ex, débrancher avant de…), des gestes (habileté pour emboîter, visser…) des attitudes (calme…). Cette activité mobilise également des ressources externes (documentation du fabricant, etc.).

Apprendre à quelqu'un à dépanner, cela peut être l'entraîner à mobiliser tous ces paramètres simultanément et pas successivement. Cela suppose de ne pas décomposer à l'excès les objectifs mais d'en formuler des pertinents par rapport à l'action à mener.

Une famille de situations

Mais si la compétente est située, en fonction d'une situation, elle ne saurait se réduire à un contexte spécifique, unique. Prenons deux exemples :

- un salarié qui fait des réparations d'appareils électroménagers arrive chez une cliente qui fait appel à ses services pour dépanner un lave-linge. Il découvre alors un modèle qu'il n'a jamais rencontré auparavant. Pour intervenir, il doit analyser la situation, repérer derrière cette singularité, l'apparence, un fonctionnement commun à cette famille de machines (la structure) et ensuite il devra appliquer la procédure qu'il maîtrise. L'incompétent dans ce cas, c'est le salarié qui déclare : "Je ne connais pas ce type d'engin, je ne peux rien faire".

- *autre exemple :* un jardinier voit ses camélias envahis par les pucerons. Malgré les traitements chimiques, aucune amélioration n'apparaît jusqu'au jour où il rencontre un ami qui lui conseille de laver les feuilles une à une au savon noir (quelle patience !). Les pucerons disparaissent mais l'hibiscus est atteint. Même cause, même remède se dit le jardinier : le problème, c'est que le camélia a des feuilles vernissées, l'hibiscus, non. Il perd donc toutes ses feuilles. Le jardinier n'a pas repéré quelle famille de problèmes peut être résolue avec le savon : en confondant les apparences (plante qui a des pucerons) et la structure (feuilles vernissées ou non), il a fait preuve d'incompétence.

Ces exemples nous alertent sur le fait que, au-delà d'une situation singulière, *la compétence est la possibilité pour un individu de mobiliser un ensemble intégré de ressources en vue de résoudre une famille de situations-problèmes*. Que voulons-nous dire ?

Un ensemble intégré de ressources désigne une combinaison singulière d'informations, de savoirs, de techniques apprises en formation ou au cœur de la pratique. Cette combinaison permet non seulement de réaliser une action dans un contexte donné mais de traiter un ensemble de situations qui partagent des points communs. La maîtrise d'un outil – théorique ou pratique – est un atout, encore faut-il savoir dans quelles situations l'utiliser. Chacun peut constater la difficulté à transposer dans la vie réelle les apprentissages réalisés en formation. Lev Vigotsky, psychologue soviétique du début du XXe siècle, propose une piste pour comprendre ces difficultés en montrant que ce qui apparaît en premier dans la comparaison de deux situations, ce sont les différences avant les points communs. Les premières se réfèrent aux traits de surface, aux habillages alors que les seconds sont des éléments de structure. Deux problèmes peuvent s'inscrire dans des contextes fort différents et avoir une structure identique.

En effet, un individu compétent est l'homme ou la femme de la situation. Il ou elle fait ce qu'il convient de faire en mobilisant ses ressources propres et/ou celles de son environnement. Cela signifie qu'il ou elle analyse la situation nouvelle, spécifique, pour puiser dans sa mémoire, son capital d'expériences, une réponse qui lui paraît adaptée, appropriée.

Mais qu'est ce qu'analyser une situation ? C'est repérer, au-delà de son habillage, de ses traits de surface (cela « parle de », cela « se présente comme »…) des éléments de structure, des modes d'organisation qui déterminent une famille de problèmes. La compétence, c'est donc dépasser les indices de surface pour diagnostiquer une appartenance à une famille de problèmes et mobiliser alors la démarche adaptée, la procédure adéquate, l'outil requis.

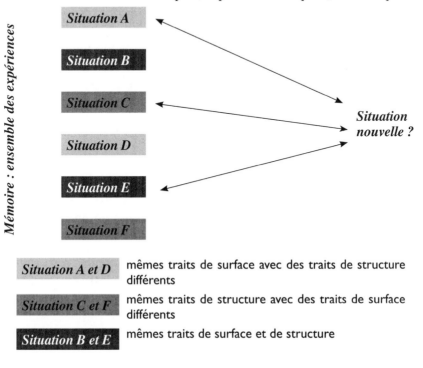

227

Être compétent, c'est analyser la situation nouvelle au regard des situations connues et mémorisées pour identifier les points communs et les différences en matière de traits de surface et de structure. À condition de réduire l'inconnu à du connu et de repérer des traits de structure partagés il est possible de transférer une réponse éprouvée. S'il n'y a pas de structure partagée, il faut alors innover, inventer une nouvelle façon de procéder.

Quelles conséquences pouvons-nous dégager ?

Ce qu'il s'agit de développer (l'objectif), c'est la capacité à résoudre une **famille de problèmes.** Il s'agit pour le formateur de repérer tout d'abord les grands types de problèmes que la personne peut rencontrer et ensuite les outils dont elle aura besoin. L'objectif défini en termes de compétence a un caractère général : il est transversal à plusieurs situations.

Prenons l'exemple d'un objectif formulé selon les critères de Tyler : rédiger votre CV selon les règles en usage (les erreurs d'orthographe et de syntaxe ne sont pas acceptées).

Comment le formuler en termes de compétences ? Le CV n'est qu'un des moyens pour se présenter à un employeur potentiel. Comme la lettre de motivation, l'entretien… il fait appel à la compétence suivante : argumenter la pertinence d'une candidature à un poste de travail.

Mais qu'est-ce que cela change de formuler ainsi les objectifs ? En apparence, peu de chose, dans les faits, beaucoup : cela impose au formateur et aux personnes en formation de repérer les situations dans lesquelles les savoirs et savoir-faire fonctionnent et celles dans lesquelles ils ne fonctionnent pas. Par exemple un apprenant doit prendre conscience que sa façon de conduire sur chaussée normale n'est pas pertinente sur chaussée glissante. Encore faut-il dans l'apprentissage tout d'abord faire maîtriser les ressources, entraîner à leur mobilisation dans des situations construites à cet effet, mais encore, faire repérer les situations qui relèvent de ces ressources et celles qui n'en relèvent pas. C'est la question du transfert.

Pour s'entraîner : cherchez l'erreur

> Un formateur en communication écrite propose à un groupe de salariés qui vise à développer ses compétences en matière de passation de consignes l'activité suivante : il leur demande de faire un résumé en une page d'un dossier de presse de 8 pages sur la pollution des eaux des rivières de leur commune. Puis la semaine suivante, il change de support et leur demande le même exercice sur le premier chapitre du roman d'Ernest Hemingway « Le vieil homme et la mer ».
>
> Beaucoup d'apprenants échouent, à la surprise de l'intervenant. Quelle hypothèse explicative proposez-vous ?

Repères pour lire vos réponses

Ces deux situations partagent de nombreux traits de surface : même activité (le résumé), même thématique (l'eau), même intervenant. Pourtant elles ont des structures différentes, l'une est un texte argumentatif, l'autre un écrit narratif. Aussi les outils intellectuels pour résumer la première (distinction des idées et des exemples, repérage des connecteurs logiques, etc.) ne sont plus pertinents pour la seconde.

Dégager des pistes d'action

À *votre avis, en prenant en compte ces éléments, comment le formateur peut-il favoriser le développement de ces compétences ? Quels impacts pouvez-vous identifier sur les scénarios pédagogiques ?*

Repères pour l'analyse

Beaucoup de scénarios pédagogiques sont construits en deux phases avec une présentation du savoir ou des savoir-faire et des exercices d'application qui requièrent pour être traités l'utilisation des éléments présentés.

Il est donc indispensable d'introduire une troisième phase, celle au cours de laquelle l'apprenant diagnostique les situations qui requièrent le savoir présenté et celles qui ne le requièrent pas. Pour cela, il doit être confronté à différentes situations qui diffèrent en termes d'habillage et de structure.

Certaines auront le même habillage (traits de surface identiques) mais une structure différente ; d'autres auront des habillages différents mais une même structure.

Nous pouvons déduire qu'apprendre un savoir ou un savoir-faire, c'est non seulement être capable de faire fonctionner ces savoirs mais encore repérer les problèmes qu'ils permettent de résoudre, les situations qu'ils rendent intelligibles. Cerner **le domaine de validité de ces savoirs** doit être un élément constitutif de l'apprentissage ; définir les objectifs pédagogiques en termes de compétences et en référence à des familles de problèmes est le premier pas dans cette voie.

Les différences entre les différentes approches des objectifs pédagogiques

	Approche 1 inspirée du behaviorisme Comportement	Approche 2 inspirée du constructivisme Objectif obstacle	Approche inspirée de la cognition située
Centration du formateur et de l'apprenant sur	le comportement, le résultat	le raisonnement, le processus	les ressources mobilisées, le résultat obtenu
Le comportement est alors	un but	un indicateur de compréhension	un niveau de performance en situation
Les indicateurs pris en compte	le produit de l'activité	l'activité elle-même et ce qu'en dit l'apprenant	l'activité elle-même, les ressources mobilisées, les résultats obtenus
Quand sont formulés les objectifs pédagogiques ?	avant la formation	également au cours et en fonction de la progression	En amont et pendant la formation
Les savoir-faire	à décomposer le plus finement possible	à organiser en fonction des obstacles	à organiser dans une approche globale

Synthèse

Quand il prépare ses interventions, (en d'autres termes quand il construit le dispositif d'apprentissage), le formateur d'adultes a deux repères : le résultat à atteindre (l'objectif de formation énoncé dans le cahier des charges) qui lui indique le point d'arrivée du processus et la pratique actuelle des apprenants, le point de départ.

*Pour éclairer le point de départ, le formateur s'intéresse aux pratiques des participants cherchant à dévoiler les **représentations** qui les guident. L'homme agit en fonction de la conception qu'il a de la réalité : c'est cette vision ou représentation que la formation a pour fonction de faire bouger.*

*Pour préciser le point d'arrivée, le formateur formule les **objectifs pédagogiques** qui marquent autant d'étapes dans le processus d'apprentissage. Pour les définir, il fait émerger ce qui pose problème en termes de représentations ou de pratiques pour l'apprenant. Ces obstacles aux apprentissages seront énoncés sous la forme de progrès à réaliser ou cours de la formation.*

*Pour le guider dans cette voie, le formateur doit « tamiser » le savoir qu'il maîtrise et que l'apprenant devra s'approprier : il s'agit de filtrer l'ensemble des notions pour retenir les concepts et les séparer de la multitude des informations, organiser les informations en **points clés**.*

Pistes d'approfondissement

Objectif pédagogique : un concept en évolution

Interrogeons tout d'abord l'expression très usitée chez les formateurs de « Pédagogie par objectifs » et le sigle fameux de « PPO ». C'est une expression fort maladroite selon nous car il s'agit plutôt d'une technique, d'une façon de faire que d'une pédagogie en ce sens que cette approche est un outil au service d'une pédagogie, une entrée dans la pédagogie (comme il y a celle traditionnelle, par les contenus).

Rappelons avec Daniel Hameline que la pédagogie *« consacre une option fondamentale et construit autour d'elle les pratiques de la formation des hommes »*[31]. Or, le fait de définir des objectifs ne dit rien des valeurs de

---
31. D. Hameline, *Les objectifs en formation initiale et continue*, ESF, 1983, p. 31.

référence ; indiquer le point d'arrivée auquel on veut amener une personne laisse dans l'implicite et le non-dit le chemin à parcourir, les moyens à mettre en œuvre, les ressources à mobiliser, les contraintes à prendre en compte, autant d'éléments constitutifs d'une pédagogie.

Le débarquement !

Cette technologie des objectifs en provenance des États-Unis a été introduite en Europe dans les années post-1968. Cette période que Ph. Meirieu qualifie de « surchauffe utopique » a été caractérisée par l'influence de la non-directivité et a privilégié l'épanouissement des personnes. Cette non-directivité était dominante dans les discours sur l'Éducation (dans les faits, c'est une autre histoire).

C'est dans ce contexte qu'est apparue la « pédagogie par objectifs ». En donnant des repères pour déterminer et contrôler les apprentissages, ces objectifs sont apparus aux formateurs comme un moyen efficace pour rationaliser leurs interventions, pour les organiser avec méthode et rigueur. Nombreux ont été alors les ouvrages qui ont diffusé cette notion, tant pour la formation initiale que continue. Le plus connu est incontestablement celui de Mager. Il est cependant à noter que Daniel Hameline a alerté très tôt les formateurs sur l'aspect réducteur de l'approche behavioriste mais c'est l'aspect rationalisation qui a été le plus entendu. Cet aspect a beaucoup séduit les services formation des entreprises qui ont vu dans cette approche une démarche similaire à un *process* de production : il suffit de bien formuler les objectifs pour obtenir les résultats escomptés ; de même il suffit de bien régler la machine pour fabriquer l'objet ! Certes la comparaison est provocatrice mais cette notion d'objectif a contribué à développer une conception techniciste de la formation et donc forcément réductrice car travailler avec l'être humain est fondamentalement différent de la production d'objets manufacturés.

Les premières critiques

Les formateurs qui ont formulé leurs objectifs en respectant les critères de Tyler ont fait plusieurs constats. Tout d'abord, ils se sont rendu compte qu'ils privilégiaient un certain nombre de verbes impliquant des actions simples : citer, identifier, souligner… au détriment de verbes renvoyant à un travail plus complexe (analyser, synthétiser, juger…). Ensuite, ils ont observé que procédant de cette façon, l'objectif, la consigne de travail, la situation de contrôle, c'était la même chose ! Ce qui avait pour conséquence de parcelliser l'activité. Enfin, ils ont pris conscience qu'ils étaient amenés à se centrer plus sur le produit que sur le processus, davantage sur le résultat final que sur la démarche mise en œuvre, malgré les propos de la « centration sur l'apprenant ». Vous retrouverez ces critiques et d'autres dans l'ouvrage du CEPEC et dans le n° 85 de la revue *Éducation Permanente*.

Et aujourd'hui ?

Deux pistes se dessinent. La première est celle de l'objectif-obstacle formulé par J.-L. Martinand et J.-P. Astolfi. Faisant le constat d'une « pulvérisation » des contenus et d'une définition *a priori* des objectifs et prenant appui sur les obstacles que rencontrent les personnes quand elles apprennent, ces chercheurs proposent de définir l'objectif comme le progrès intellectuel que représente le franchissement de l'obstacle.

La seconde est tracée par Ph. Meirieu quand il définit l'objectif comme la mise en relation d'un *« programme de traitement avec une famille de problèmes »*, c'est-à-dire la liaison entre un savoir, un savoir-faire, une méthode et l'ensemble des problèmes et situations dans lesquels ceux-ci sont pertinents, efficaces.

D'autres chercheurs francophones et des professionnels comme Guy Le Boterf ont développé cette approche qui mérite d'être généralisée aujourd'hui. Ce dernier auteur a insisté sur la nécessité de distinguer « posséder des compétences » et « agir avec compétence », privilégiant de ce fait l'action lucide et adaptée à la situation rencontrée. Pour se faire, il conseille de formuler ainsi les compétences ou objectifs :
– un titre qui renvoie à une situation et qui est structuré par un verbe d'action (préparer, réaliser, évaluer…) ;
– un repérage des façons de faire nécessaires (en procédant…) ;
– l'énonciation des résultats attendus (les critères qui permettent d'affirmer que la situation est traitée avec compétence) ;
– l'identification des relations à établir (avec qui) ;
– la mobilisation des savoirs de référence.

Astolfi J.-P. et Develay M., *La didactique des sciences,* PUF, 2002.

Astolfi J.-P., *L'école pour apprendre,* ESF, 2010.

Barlow M., *Formuler et évaluer ses objectifs en formation,* Chronique sociale, 1996.

CEPEC, *Construire la formation : outils pour les enseignants et les formateurs,* ESF, 1991.

Collectif, « L'approche par les objectifs en pédagogie », *Éducation Permanente,* n° 85, 1986.

Hameline D., *Les objectifs pédagogiques en formation initiale et continue,* ESF, 2005.

Le Boterf G., *Repenser la compétence*, Éditions d'organisation, 2010.

Mager R., *Comment définir des objectifs pédagogiques*, Dunod, 2005.

Martinand J.-L., *Connaître et transformer la matière*, Peter Lang, 1986.

Masciotra D., Morel D., Mathieu G., *Apprendre par l'expérience active et située. La méthode ASCAR*. PUQ, 2010.

Masciotra D., Medzo F., *Développer un agir compétent : vers un curriculum pour la vie*, De Boeck, 2009.

Meirieu Ph., *Émile, reviens vite... ils sont devenus fous*, ESF, 1994.

Roegiers X., *Des situations pour intégrer les acquis*. De Boeck Université, 2004.

Scallon G., *L'évaluation des apprentissages dans une approche par les compétences*, De Boeck Université, 2004.

Chapitre 7

Construire les situations de formation

Ayant défini le point de départ de la formation (les pratiques, acquis, représentations et attentes des participants), son point d'arrivée (les pratiques à transformer, les savoirs à acquérir, les objectifs à atteindre), il reste au formateur **à définir le chemin de l'apprenant** *pour aller de l'un à l'autre. C'est la question des* **méthodes pédagogiques.** *Que faire pour préparer la séquence de formation ? Cette question occupe, en dehors du « face à face », une grande partie de l'activité du formateur : temps de préparation où il structure son intervention, choisit les travaux à réaliser, réalise les documents et rassemble le matériel.*

Nous souhaitons que ce chapitre vous donne l'envie et les moyens **d'aborder chacune de vos interventions avec créativité.** *Il n'y a jamais une seule façon de traiter un sujet. À vous d'imaginer la forme pertinente pour chaque séance, à vous d'écrire le scénario « juste » pour chacun des acteurs de la scène pédagogique, sans oublier que le protagoniste est l'apprenant !*

---

1. Faire le point
2. Les méthodes pédagogiques
3. Les paramètres de la situation pédagogique
4. Les critères pour choisir une méthode
5. La progression pédagogique

---

1. Faire le point

Avant de commencer l'étude de ce chapitre, nous vous invitons à un retour sur votre pratique.

Lorsque vous préparez un cours, une intervention et plus généralement une séquence de formation, comment procédez-vous ? Situez-vous au moment que nous voulons aborder ici : vous connaissez le sujet à traiter, vous connaissez le public, ses motivations, ses représentations, on vous a indiqué les objectifs généraux, il vous reste à mettre en place cette séquence de formation. Que faites-vous ? Pour être concret, prenez la dernière intervention que vous avez conduite et décrivez en 5 ou 6 phrases, en quoi a consisté sa préparation :

–

–

–

–

Soulignez l'aspect qui vous apparaît le plus crucial dans cette préparation.

Lisez maintenant le chapitre. Nous faisons le pari que vous y trouverez des repères pour améliorer votre démarche et répondre à la question souvent formulée par le formateur qui prépare une séquence : **« Qu'est-ce que je vais faire ? »**

Pour nous, la formation est d'abord un apprentissage, c'est-à-dire une « autotransformation » des personnes. **La préoccupation principale doit donc concerner ce que feront les apprenants plutôt que l'activité du formateur.** Avant de déterminer les critères de choix, voyons quelles sont les possibilités qui s'offrent au formateur. Nous vous les présentons sous *deux entrées :*

– une description de différentes méthodes et techniques pédagogiques ;
– une réflexion sur les paramètres qui constituent la situation pédagogique et sur lesquels vous pouvez intervenir pour la construire ou la modifier.

Prenons une image. Vous décidez de partir en vacances à l'étranger. Vous avez deux possibilités : ou vous prenez le catalogue d'une agence de voyages et vous retenez le séjour qui vous convient le mieux ; ou vous organisez vous-même votre voyage et vous déterminez le moyen de transport, le mode d'hébergement, les étapes, l'assurance rapatriement, etc.

La première solution correspond à l'appel aux méthodes pédagogiques formalisées (paragraphe 1), la seconde correspond à l'étude des paramètres de la situation pédagogique (paragraphe 2). Ces deux démarches ne sont bien sûr pas exclusives l'une de l'autre.

2. Les méthodes pédagogiques

Au fil des expériences, les pédagogues ont expérimenté, codifié, classé différentes façons de conduire une séance pédagogique. Nous vous proposons d'en découvrir quelques-unes qui font partie aujourd'hui du langage commun du monde de la formation.

Découvrir à partir d'une situation : un contenu, trois méthodes

> Trois formateurs en expression écrite interviennent auprès de salariés d'entreprise qui préparent une certification professionnelle. Ils se retrouvent pour échanger sur leurs pratiques et chacun présente ce qu'il fait à propos du résumé de texte.
>
> *Après avoir pris connaissance des trois récits, vous répondrez aux questions suivantes :*
>
> *– Comment peut-on appeler chacune des méthodes mises en œuvre ?*
>
> *– Quelles activités ces méthodes induisent-elles pour les apprenants et le formateur ?*
>
> *– Quels points positifs et négatifs peuvent être relevés pour chacune d'elles ?*
>
> **Formateur A**
>
> « Je me suis adressé au groupe de 12 personnes et je lui ai dit : "Aujourd'hui nous allons aborder le résumé de texte (titre que j'ai écrit au tableau). Je vais d'abord vous donner une définition du résumé puis la démarche à suivre et nous terminerons par un exemple.
>
> Tout d'abord, un résumé consiste à présenter l'information de façon économique en délivrant l'essentiel du message. Faire un résumé, c'est réduire le texte au quart en respectant l'ordre des idées, le point de vue de l'auteur et en le reformulant sans recopie ni citation.
>
> Ensuite, comment procéder : il faut commencer par lire intégralement le texte et faire un premier bilan en répondant aux questions suivantes : de quoi parle le texte ? Quelle est l'intention de l'auteur ?

Il faut repérer les différentes étapes et distinguer les idées clés des exemples (n'hésitez pas à souligner, surligner, découper pour faire ressortir l'essentiel). Sont éliminés tous les éléments qui illustrent la pensée de l'auteur.

Enfin, il est nécessaire de dégager les articulations logiques et d'expliciter ces liens qui font avancer la thèse présentée.

Une fois que le texte est analysé et sa structure dégagée, commence un autre travail, celui de la reformulation.

Attention à ne pas commettre d'erreur de sens, à conserver le système d'énonciation (ne pas changer d'énonciateur, de temps, ne pas introduire de commentaire personnel). Remplacez plusieurs mots par un terme général, plusieurs phrases par une phrase complexe.

Relisez en vérifiant la cohérence d'ensemble."

Après ces éléments méthodologiques, je leur donne un texte et j'en fais le résumé en expliquant point par point la démarche que j'ai présentée. »

Appellation de la méthode ....
Activité principale du formateur ....
Activité essentielle de l'apprenant ....
Avantages ....
Inconvénients ....

Formateur B

Ceci est la transcription des échanges entre le formateur (F) et les apprenants (—).

« Moi, j'ai procédé différemment. J'ai donné un dossier de 5 pages qui traitait des accidents de la route et j'ai posé des questions.

F : Pour vous qu'est-ce que résumer ce dossier ?

— Dire la même chose mais en moins long.

— Cela me rappelle des souvenirs d'école quand on n'avait pas le droit de recopier des passages.

— Si, on a le droit de recopier des passages.

F : Vous avez dit que résumer c'est réduire un texte. Qu'est-ce qu'on élimine alors ?

— Les détails.

— Ce qui est moins important.

— Ce qui est répété par l'auteur.

— Les photos et les encadrés.

F : Nous pouvons nous mettre d'accord pour dire que résumer un texte, c'est le réduire en conservant les idées essentielles. Dans n'importe quel ordre ?

— ....

— Il me semble qu'on doit respecter l'ordre du texte.

F : Oui. Il faut que le résumé soit fidèle à la pensée de l'auteur. Alors, qu'est-ce qui est interdit ?

— ....

F : Vous ne voyez pas ?

— ....

F : Mais les commentaires personnels. Vous n'avez pas à dire si vous êtes d'accord ou non ni à donner votre point de vue. Maintenant revenons-en à la forme. Vous n'étiez pas d'accord tout à l'heure à propos de recopier des passages. La réponse est claire : vous devez reformuler les idées de l'auteur et en aucun cas les reprendre telles qu'il les a exprimées. Reformuler, quel sens a ce verbe ?

— C'est dire avec d'autres mots, avec notre vocabulaire les idées de l'auteur.

F : toutes les idées ?

— ....

— Non, les idées importantes.

F : Puisque nous sommes d'accord sur ce qu'est un résumé, notez les points que nous venons de dégager et qui sont au tableau. Nous allons appliquer ces éléments au dossier que vous avez entre les mains. Par quoi allez-vous commencer ?

— Par lire le texte.

F : D'accord.

Et j'ai mené ainsi le reste de la séquence. »

Appellation de la méthode ....
Activité principale du formateur ....
Activité essentielle de l'apprenant ....
Avantages ....
Inconvénients ....

Formateur C

« Pour traiter le résumé, j'ai fait vraiment autre chose. Je les ai mis par groupe de 3 et je leur ai demandé de chercher des situations dans lesquelles ils avaient recours à des résumés.

En grand groupe, nous avons établi une première liste qui comprenait en vrac des critiques de films ou d'émissions de télévision, des fiches de lecture, des procès-verbaux, des paragraphes au dos de certains livres, etc.

Puis je leur ai donné un texte de deux pages sur le thème « Nouvelles technologies et emploi » et trois résumés commentés de ce texte. Deux étaient bien réalisés et respectaient les critères alors que le troisième présentait de nombreuses erreurs corrigées dans la marge. À partir de ces documents, je leur ai demandé de donner une définition du résumé, d'en indiquer les exigences et de dégager une démarche pour en rédiger.

Une synthèse a été réalisée en deux temps : tout d'abord des groupes composés d'un membre de chacun des précédents ont confronté leurs résultats. Les débats ont été fructueux car les différences étaient significatives. Puis en grand groupe, nous avons rédigé une fiche de synthèse.

J'ai ensuite donné un texte plus court et par groupe de trois les apprenants ont réalisé un premier résumé. Chaque groupe a reçu alors celui d'un groupe voisin pour vérifier si les critères étaient respectés et indiquer des pistes d'approfondissement. Enfin, à l'aide de ces remarques, les personnes ont achevé seules le résumé du premier texte. »

Appellation de la méthode ....
Activité principale du formateur ....
Activité essentielle de l'apprenant ....
Avantages ....
Inconvénients ....

Repères pour l'analyse

Formateur A

Appellation de la méthode : affirmative. On dit aussi expositive ou magistrale.

Activité principale du formateur : structurer son exposé. Qualité requise : la clarté.

Activité essentielle de l'apprenant : écouter, ne pas perdre le fil du discours. Qualité requise : l'attention.

Avantages : rapidité.

Inconvénients : les « élèves » sont mis en situation d'appliquer plutôt que de réfléchir par eux-mêmes. Qu'en restera-t-il dans quelques mois ?

Formateur B

Appellation de la méthode : interrogative.

Activité principale du formateur : structurer son exposé. Poser des questions qui font progresser et auxquelles les participants sont en mesure de répondre.

Activité essentielle de l'apprenant : répondre aux sollicitations. Trouver la réponse qu'attend le formateur.

Avantages : séquence plus vivante. Participation d'une partie du groupe.

Inconvénients : aucune autonomie pour les apprenants qui doivent se couler dans la logique de l'enseignant. Quant à ceux qui auront répondu aux questions, est-il sûr qu'ils aient appréhendé l'ensemble de la démarche ?

Formateur C

Appellation de la méthode : active, ou méthode de résolution de problèmes.

Activité principale du formateur : préparer les travaux des apprenants, donner des consignes de travail, analyser les résultats.

Activité essentielle de l'apprenant : rechercher des solutions, confronter son point de vue avec celui des autres, réfléchir sur sa propre démarche.

Avantages : implication de l'apprenant, autonomie.

Inconvénients : durée de préparation et de réalisation plus longue que pour les deux précédentes méthodes.

2.1 Présentation de quelques techniques pédagogiques

Dans les pages qui suivent, nous présenterons quelques « techniques » que le formateur peut utiliser. Chacune devient une « méthode » quand elle est systématiquement utilisée et constitue la trame même de la formation. Ainsi l'exposé devient une méthode (« méthode expositive ») quand la formation repose pour l'essentiel sur des cours magistraux ou des conférences. L'étude de cas devient une méthode quand elle est utilisée systématiquement pour structurer un enseignement (certains programmes d'école de commerce). Le groupe de production qui peut n'être qu'un élément dans une formation, devient lui aussi une méthode quand il constitue à lui seul le dispositif de formation : c'est la « formation-action ».

Il est en effet indispensable de raisonner en termes de dominante et de repérer la technique la plus structurante de la séquence en considérant la durée mais également l'apprentissage concerné. Ce n'est pas parce qu'une séquence comporte 2 fois 5 minutes de questionnement, 15 minutes de travaux de groupe et 10 minutes de travail individuel qu'elle mobilise des méthodes actives si… 45 minutes sont consacrées à un exposé.

Fiche 1 : **L'exposé**

Cours, conférences avec ou sans supports (diaporamas, cartes heuristiques, présentation dynamique de type Prezi… en présentiel ou à distance…)

Objectif poursuivi

L'acquisition d'un savoir constitué.

Principe

La situation de formation est une situation de communication (d'un émetteur vers un récepteur).

Les activités de l'apprenant

Son travail apparent se limite à écouter, prendre des notes, poser des questions. Mais la réception par l'auditeur suppose :

– d'être en attente des informations qui lui sont données ;

– de se représenter mentalement ce qui est présenté ;

– de comprendre, mémoriser et structurer ;

– de rester concentré sur ce qui est dit.

L'exposé correspond à un fort niveau d'exigence pour l'apprenant. C'est là sa limite principale et la plus souvent oubliée par les formateurs.

Les activités du formateur

• Structurer le savoir qu'il veut transmettre

Passer du savoir scientifique ou technique à sa transposition pédagogique (savoir assimilable par un apprenant).

Le formateur détermine ainsi :

– les points clés de son exposé (se reporter aux pages précédentes sur les idées clés) ;

– les exemples qui les illustreront ;

– la progression qu'il suivra.

• Exposer oralement

La qualité de l'exposé dépend :

– de la présence physique du formateur (gestes, attitudes…) et de son expression orale (voix, intonation, etc.),

– des supports qu'il utilise. La voix a besoin d'être soutenue par des supports visuels (diaporamas, documents écrits, vidéos…).

– du rythme qu'il donne à son exposé : alterner les temps forts qui exigent une grande concentration et les temps de relâchement (anecdotes, place aux questions du groupe). Attention à ne pas dépasser les limites d'attention du groupe (qui varient suivant les publics).

- **Communiquer avec les participants**

Si l'exposé se fait surtout dans le sens formateur... apprenant, il a besoin de « retour » pour vérifier la compréhension.

Intérêts

– L'exposé est une forme rapide pour présenter une théorie, faire l'état d'une question à des personnes qui sont préparées à le recevoir, donner des informations complémentaires à des individus déjà formés.

– Il donne la possibilité de s'adresser à un grand nombre de personnes simultanément.

Limites

Cette méthode rencontre au moins *quatre limites* :

– **concernant la compréhension** : pour que l'auditeur suive l'exposé, il faut qu'il puisse se représenter mentalement ce qui est enseigné. Cela suppose un langage, une culture, des références communes. Le formateur facilitera l'assimilation s'il utilise d'autres modes d'expression que le langage abstrait : les images, les graphiques, les cas concrets, etc. et s'il prend ses exemples dans l'univers culturel des apprenants ;

– **concernant la motivation** : cette méthode donne des résultats à condition que l'apprenant ait d'entrée de jeu un fort désir d'apprendre. S'il n'arrive pas avec des attentes, l'exposé tombe dans un réceptacle sans fond et ne rencontre aucun écho. Pour stimuler l'intérêt, le formateur fera le lien entre les questions et préoccupations des auditeurs et les informations qu'il apporte ;

– **concernant la capacité de concentration** : l'écoute suppose une activité mentale permanente pour qu'il y ait mémorisation du contenu. Or la capacité d'attention est limitée dans la durée suivant les individus et leur contexte d'activité professionnelle. Pour rompre la monotonie, le formateur doit rythmer ses interventions : exemples, anecdotes, questions des auditeurs, pauses, etc. ;

– **concernant le contrôle** : si le formateur sait ce qu'il dit (on peut l'espérer !), il ne sait pas ce qui est entendu, compris, retenu ! La communication en retour vise à effectuer ce contrôle qui permettra de revenir si besoin sur les explications.

Fiche 2 : **L'exposé conduit sous forme interrogative**

Jeu de questions-réponses conduit par le formateur selon une trame préétablie. Cette technique n'est qu'une variante de l'exposé décrit ci-dessus.

Objectif poursuivi

L'acquisition d'un savoir constitué en s'appuyant sur ce qui a été acquis précédemment.

Principe

L'apprenant possède déjà des bribes de savoir qu'il faut faire exprimer pour les intégrer dans l'explication qu'apporte le formateur.

L'activité de l'apprenant

Il lui est demandé de trouver la réponse attendue par le formateur. Pour cela il doit puiser dans ses connaissances antérieures ou dans les informations fournies précédemment.

L'activité du formateur

L'accent mis sur le questionnement des apprenants ne doit pas faire oublier que le formateur doit parfaitement maîtriser à la fois le sujet traité (la préparation est la même que pour l'exposé) et la cohérence de la progression.

La technique du questionnement suppose une attention critique à la participation effective du plus grand nombre : à qui s'adressent les questions (au groupe, à X ou Y, suivant quels critères) ? La forme des questions ne favorise-t-elle pas certaines personnes ? Qui répond ? Comment le formateur prend-il en compte les réponses ? Comment réagit-il aux « mauvaises réponses » ?

Intérêts

Reportez-vous aux limites que nous avons indiquées pour l'exposé et vous constaterez que cette technique cherche à les prendre en compte :
– langage commun nécessaire au jeu des questions et réponses (au moins avec les stagiaires qui répondent!) ;
– intérêt suscité par les questions ;
– attention retenue par l'appel à la participation ;
– contrôle permanent de l'attention des participants, par les réponses qu'ils fournissent...

Limites

Cette méthode ne laisse aucune autonomie à l'apprenant. Quand le formateur pose une question, il n'attend qu'une seule réponse, la bonne! C'est donc abusivement que certains formateurs désignent cette méthode comme « active » : certes elle est « participative », mais elle ne permet pas à l'apprenant de mettre en œuvre une démarche personnelle.

Fiche 3 : **La technique de la démonstration**

Apprentissage de gestes ou procédés simples
fondés sur l'imitation d'une personne experte.

Objectif

Cette technique s'applique principalement aux apprentissages manuels. Elle peut aussi être transposée pour l'apprentissage de procédures ou techniques. L'apprentissage de l'activité informatique et des logiciels fait souvent appel à cette technique.

Principe

La formation par reproduction d'un modèle.

Les activités de l'apprenant et du formateur

Pour qu'elle soit efficace, elle doit comporter plusieurs temps :

1. avant la formation, le formateur doit **avoir décomposé** la tâche à accomplir en plusieurs gestes de telle façon que chacun de ces gestes puisse être appris par l'apprenant en une seule fois. Ces gestes, le formateur les effectue séparément, les uns après les autres ;

2. le formateur **présente** la situation (d'où vient le produit, ce que fait la machine…) ;

3. le formateur **fait** les gestes, d'abord sans commentaire puis avec commentaire (en expliquant ce qu'il fait et pourquoi il le fait) ;

4. l'apprenant **reproduit** le geste, d'abord sans commentaire puis avec commentaire (il est en effet important de faire parler la personne, pour l'aider à mémoriser et vérifier la bonne compréhension).

Intérêt

Cette technique est une formalisation de ce qui se pratique quotidiennement dans l'apprentissage « sur le tas ».

Limites

– Fondée sur la reproduction à l'identique, elle ne concerne que des apprentissages élémentaires où il n'y a pas place pour l'adaptation et l'initiative.

– Elle tend à figer les pratiques autour de modèles immuables.

Fiche 4 : La situation-problème

Analyse en groupe d'une situation-problème inspirée de la réalité.

Objectif

Appelée situation didactisée ou encore étude de cas, la situation-problème est une technique qui ne s'applique ni à l'acquisition du savoir purement théorique, ni à l'apprentissage des savoir-faire élémentaires. Elle prépare à la conduite d'actions exigeant à la fois un diagnostic de la situation et une prise de décision, partout où le savoir ne peut s'appliquer sans un ajustement au réel.

Principes

– L'action est la résultante d'une confrontation entre le savoir et les situations concrètes, singulières.
– Les interactions dans le groupe amènent les participants à évoluer dans leurs représentations et leurs attitudes.

Les activités des apprenants

L'analyse de la situation est l'œuvre des apprenants. Plusieurs temps peuvent être distingués.

Temps 1 : l'analyse de la situation
Cette première phase a pour but de faire prendre conscience :
– de la complexité de la situation ;
– du problème posé ;
– des différentes façons possibles de procéder.

Temps 2 : l'analyse méthodique
Les participants retiennent une méthode et s'arrêtent sur certains aspects qui semblent cruciaux : rechercher les causes, les solutions, dégager des conclusions communes.

Temps 3 : la généralisation
Il s'agit, à partir de la situation, de dégager des principes généraux applicables à d'autres situations.

Les activités du formateur

• **Préparer ou choisir la situation-problème**

Celle-ci se présente comme une « tranche de vie » : elle décrit, raconte les faits sans expliquer, montre le contexte, les attitudes et sentiments des protagonistes. Elle a donc toute la complexité d'une situation réelle. Mais elle est centrée sur un seul problème, un point crucial (un incident technique, un choix difficile…)

Présentée sous la forme d'un texte, d'un film vidéo ou d'un exposé oral, elle est donc :
- concrète (fidèle à la réalité) ;
- complexe (met en jeu différents facteurs) ;
- complète (toutes les informations disponibles sont données ou accessibles) ;
- problématique (exige un diagnostic et une prise de décision).

• **Animer la séance**

Le formateur est d'abord là pour favoriser l'expression individuelle, la confrontation des points de vue et la production du groupe : c'est un rôle d'animateur et éventuellement de personne-ressource pour apporter des informations utiles. Son attitude est donc :

– non-directive sur le fond :
- il évite de donner son avis personnel sur le sujet ;
- il ne porte pas de jugement sur les interventions des participants ;
- il accueille toutes les opinions ;
- il reformule, synthétise, questionne pour faire progresser la réflexion.

– directive dans la forme :
- il distribue la parole ;
- fait respecter l'égalité de participation dans le groupe ;
- fait respecter la succession des phases ;
- fait respecter le temps imparti.

Intérêts

Cette méthode :
- motive car elle prend appui sur des situations réelles ou possibles et sur un problème à résoudre ;
- favorise la confrontation des représentations et des idées dans le groupe ;
- développe la capacité d'analyse des situations.

Limites

La situation-problème vise à permettre à l'apprenant d'identifier les savoirs et savoir-faire dont il a besoin pour agir et qu'il développera ensuite dans des séquences pédagogiques. Elle n'est pas l'application de savoirs acquis précédemment.

Fiche 5 : Le jeu de rôle

Apprentissage à partir de la mise en scène
d'une situation et d'une simulation des attitudes et des choix.

Objectifs

Le jeu de rôle présente un intérêt particulier quand il s'agit de travailler sur les attitudes et les comportements dans une situation donnée. Il peut être un entraînement pour améliorer ses performances en assimilant des principes susceptibles de renforcer l'efficacité de l'action (exemple : simulation d'entretien d'embauche). Il peut être avant tout un support d'observation des situations relationnelles (simulation d'un échange conflictuel avec un collègue).

Principe

La formation par la simulation. Les comportements induits par un contexte même fictif manifestent les représentations et principes d'action (souvent inconscients) de la personne.

Les activités des apprenants

Suivant les moments, les apprenants sont amenés à :

– jouer. Pour cela le jeu de rôle exige une atmosphère de tolérance, d'écoute, de liberté ;

– observer (de préférence avec une grille) ;

– analyser (confrontation du ressenti, des observations, recherche des processus en œuvre…) ;

– généraliser (transposer ce qui a été observé en salle à ce qui se passe dans la réalité quotidienne).

Les activités du formateur

• **Préparer**

Une fois retenue la situation qui pose problème, le formateur doit définir le résultat recherché (l'attitude à faire évoluer, les choix de comportements à mettre en lumière…), formuler les consignes à donner aux participants, arrêter le mode de désignation des acteurs ainsi que la durée du jeu de rôle.

• **Animer**

Avant

Annoncer la situation, le problème que l'on veut traiter.

Présenter le jeu de rôle à l'ensemble du groupe, éventuellement donner des consignes spécifiques à chaque participant.

Laisser aux participants un temps (variable selon les rôles) pour qu'ils se préparent.

Pendant

Mettre les « joueurs » en vue de tout le groupe.

Ne pas intervenir durant leur prestation.

Arrêter le jeu s'il se prolonge inutilement.

Après

Faire s'exprimer les spectateurs et les acteurs sur ce qui s'est passé, sur les comportements des uns et des autres. Ce qui s'est produit correspond-il à ce qui se passe dans la réalité du travail ? D'autres choix étaient-ils possibles ?

Le jeu de rôle exige du formateur une connaissance de soi et des autres pour savoir jusqu'où mener l'analyse. Il n'est pas question de jouer au psychologue quand on ne l'est pas.

Intérêts

Cette méthode :

– fait appel à la spontanéité, à la libre expression ;

– apporte un élément d'animation, rompt le rythme exposé/questions ;

– donne l'occasion de réaliser avec droit à l'erreur une action qui fait difficulté ;

– met les participants en mouvement par rapport à leurs habitudes. Là où ils pensaient qu'il n'y avait qu'un comportement possible, ils découvrent (par le jeu ou l'observation) qu'il y a par conséquent un choix à opérer.

Limites

Tous les groupes et tous les contextes ne se prêtent pas à ce type d'exercice. Le jeu de rôle exige un climat favorable *à* l'expression personnelle permettant aux individus de ne pas se cantonner dans des comportements convenus.

Variantes

Le jeu en formation avec des maquettes et des supports ludiques tend à se développer dans les pratiques pédagogiques. Avec les technologies numériques, les Serious games offrent de nouvelles possibilités.

Fiche 6 : Le groupe de production

Apprentissage par production d'un texte, d'un outil, d'un programme d'action et par conduite de l'action elle-même (groupe projet, formation action).

Objectifs

Dans cette situation l'objectif est double :
– objectif de production : les personnes réalisent un outil ou conduisent une action ;
– objectif de formation : elles développent des compétences.

Cette méthode développe particulièrement l'analyse des problèmes, l'organisation de l'action, la comparaison et confrontation des points de vue, l'autonomie.

Principe

La formation par l'action. Le groupe de production suppose donc :
– la constitution d'un groupe susceptible de travailler collectivement ;
– un problème ou un projet réel à traiter ;
– une alternance entre des phases d'acquisition de connaissances, de méthodes et des phases de production ;
– une progression s'inspirant de la méthode de résolution de problèmes ou de conduite de projet :
  • diagnostic ;
  • détermination des objectifs ;
  • planification de l'action et répartition des rôles ;
  • pilotage de l'action ;
  • évaluation des résultats.

Les activités des apprenants

Comme dans toute méthode active, les apprenants se forment par la résolution des problèmes qu'ils rencontrent. Mais l'apprentissage ne sera complet que s'ils prennent conscience de la méthode suivie, des techniques et des informations utilisées, des erreurs faites, etc. Après la production, il est donc nécessaire de consacrer un temps à l'analyse des résultats et à la réflexion sur la démarche.

Les activités du formateur

Le formateur, dans cette situation, n'est pas celui qui transmet un savoir mais celui qui propose une méthode de travail, accompagne le groupe dans ses recherches, fait le lien entre les situations vécues et la théorie.

Intérêt

L'action réelle présente une complexité qu'un exercice « en salle » ne reproduit jamais totalement.

> **Limites**
>
> Cette démarche suppose un fort engagement de tous, surtout si le groupe travaille sur une longue période. Elle exige un environnement favorable au projet si les personnes sont sollicitées hors du temps prévu pour la formation.
>
> Si l'implication du formateur est insuffisante, c'est la logique de production qui l'emporte : le groupe devient un groupe de résolution de problème et les participants risquent d'oublier les objectifs d'apprentissage pour se centrer sur la façon la plus efficace de produire.

2.2 Pourquoi privilégier les méthodes actives ?

Si la formation vise la transformation des pratiques des personnes, celles-ci doivent être au cœur du processus d'apprentissage. **Les méthodes actives** (situation-problème, jeux de rôles, groupe de production, etc.) **se centrent sur le « faire », mettent les participants en situation d'agir.**

De plus, nous avons vu que les représentations résistent au changement, qu'elles ne se transforment pas sous l'effet d'une baguette magique, fût-elle celle de la formation ! Quelles sont les situations les plus favorables pour lever ces freins ? Ce sont celles qui bousculent, déstabilisent les personnes en suscitant des déséquilibres.

Il y a déséquilibre quand l'action se trouve paralysée, quand une information nouvelle ne peut être intégrée, quand la personne se trouve face à des données contradictoires : c'est ce que nous appelons la situation-problème. Parce qu'elles confrontent les personnes à des problèmes, parce qu'elles permettent l'expression de points de vue opposés et qu'elles imposent d'en débattre, **les méthodes actives sont un puissant levier pour déstabiliser des représentations et construire des pratiques plus conscientes, plus lucides, plus efficaces.**

Parce qu'elles mettent la personne au centre du processus d'apprentissage, ces méthodes la mobilisent complètement et ne substituent pas à sa réflexion et à son action celles du formateur.

3. Les paramètres de la situation pédagogique

Rarement le formateur se contente de reproduire une méthode préétablie. Il construit la situation en jouant sur un ensemble de paramètres. Lesquels ?

Reprenons le triangle qui décrit la situation pédagogique. Pour préparer sa séquence, le formateur est amené à s'interroger sur chacun des pôles :

1 – Pôle savoir

Quels sont les points clés ? Quand les présenter et avec quels supports ?

2 – Pôle apprenants

Quelle activité leur proposer ? Et quels regroupements (grand groupe, sous-groupes, travail individuel) ?

3 – Pôle formateur

Quelles consignes donner ? Quel mode de guidance exercer ?

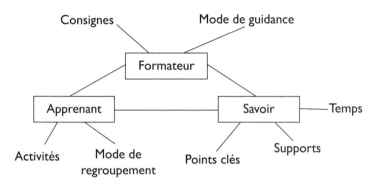

Détaillons ce questionnement.

3.1 Pôle savoir

A. De quelles informations les apprenants ont-ils besoin ?

Si les apprenants sont en formation, c'est qu'il leur manque des savoirs pour agir en situation. Ils ont donc besoin d'un apport (description d'événements, de situations, théories, principes, exemples…).

Prenons le cas d'une initiation au Plan d'occupation des sols pour un nouvel élu municipal (objectif : être capable de participer activement à une révision du POS). L'apprenant étant supposé n'avoir aucune donnée technique sur le sujet, il aura besoin d'informations sur les compétences de la commune en matière d'urbanisme, sur le contenu du POS (le règlement et la cartographie) et sur la procédure de révision. Il aura aussi besoin d'exemples car il est nouveau dans la fonction.

Détaillons les questions que se posera le formateur :

– *aspect qualitatif* : quelles sont les informations essentielles et les informations secondaires qui encombreront inutilement l'esprit de l'apprenant ?

– *aspect quantitatif :* jusqu'où aller dans ces informations pour ne pas saturer l'attention et la mémoire de l'apprenant ? Tout ne peut pas être dit sur le sujet car il ne s'agit pas de transformer l'élu en technicien spécialisé ;

– *aspect affectif :* quel est le degré de réceptivité de l'apprenant à ces informations ? Ou – autre formulation – quel attrait ont ces informations ? L'élu est-il pressé de connaître la définition des zonages du POS parce qu'il en a entendu parler sans pouvoir en donner une définition précise ? Est-il intéressé par la réflexion sur les enjeux de l'urbanisme ou les procédures qui seront mises en œuvre pour la prochaine révision dans sa commune ?

B. Avec quels supports donner ces informations ?

Écrit, oral, graphique, images, film… ? D'emblée on imagine un exposé du formateur. Mais est-ce la seule solution ? Est-ce même toujours la meilleure ? Pour connaître en quoi consiste un POS, il est peut-être plus efficace d'en donner un exemplaire à chaque participant, il y trouvera tous les éléments qui composent le POS, n'est-ce pas plus « parlant » que d'écouter un exposé théorique sur le sujet ? Restera à déterminer quelle activité le formateur proposera sur ce document, c'est l'objet du paragraphe suivant. En ce qui concerne les procédures d'élaboration du POS, un schéma situant les différentes étapes sera au minimum un complément nécessaire pour la mémorisation.

C. À quel moment les donner ?

Avant, pendant, après ? « L'apport de connaissances » est souvent imaginé comme premier : c'est le classique exposé suivi des réponses aux questions. Mais on peut commencer une séquence par un exercice de découverte, un test, un questionnaire, un échange sur la pratique… Les informations peuvent accompagner les travaux pratiques, par exemple sous forme de documentation mise à disposition. Les concepts, principes, théories, méthodes peuvent être récapitulés à l'issue des travaux et échanges sous forme de synthèse.

3.2 Pôle apprenants

A. Quelles activités solliciter ?

La formation est un acte « d'autotransformation », c'est donc fondamentalement l'activité de l'apprenant qui est déterminante dans une situation d'apprentissage. Mais toutes les activités n'ont pas dans une situation donnée la même valeur formative. Revenons à nos conseillers municipaux : le formateur peut leur proposer d'écouter l'exposé en prenant des notes, de tracer sur une carte le découpage de zones à partir d'une documentation, de définir les orientations qui ont présidé à l'élaboration du POS de la commune X, etc. L'important est d'identifier les activités intellectuelles mises en jeu dans ces différentes tâches. Distinguons *quatre types* :

– **Prendre de l'information :** écouter, lire, prendre des notes…
Exemple : les apprenants (toujours nos élus municipaux) écoutent un exposé sur les compétences de la commune en matière d'urbanisme, lisent la définition des différentes zones du POS et à travers divers exercices la mémorisent.
Ce type d'activité a une triple dimension que l'on pourrait désigner par comparaison avec l'ordinateur :
- saisir, recevoir les informations ;
- traiter (les comparer avec celles déjà connues, les organiser) ;
- mettre en mémoire.

– **Appliquer des principes, des théories, des règles, des procédures :** passer de la théorie à la réalité, des principes à leur application, de considérations d'ordre général à des situations particulières.
Exemple : on demande aux élus de résoudre le problème suivant : étant donné le « coefficient d'occupation du sol » dans le bourg de la commune, quelle surface pourra avoir une habitation construite sur un terrain de 850 m^2 ?
Il s'agit là d'appliquer une règle du code de l'urbanisme.

– **Produire des solutions :** résoudre un problème, produire un outil, élaborer un projet.
Exemple : voici une commune fictive avec ses caractéristiques (population, voirie existante, habitations, projets de développement), déterminez les principales zones que vous retiendriez pour le POS. Il s'agit là non d'appliquer une règle mais de tenir compte d'un grand nombre d'éléments pour imaginer un projet.

– **« Réfléchir » au sens fort** (on dit aussi « métacognition ») : prendre conscience de ce que l'on est en train de faire dans la formation elle-même ou dans la pratique quotidienne.
Par exemple on demande aux élus en formation, après avoir produit leur projet de POS, de le comparer avec les projets des autres et de dégager les principes qui les ont guidés en dehors des règles strictement d'urbanisme.
L'apprenant revient sur son activité : il en observe et analyse le déroulement, les présupposés, les conséquences, etc. La question pour le formateur est alors de décider laquelle de ces activités privilégier pour que l'appren-

tissage recherché se produise. En fonction de la réponse il proposera des tâches diverses :
- entendre des exposés, lire des articles, rassembler une documentation ;
- faire des exercices ;
- élaborer des réponses à des problèmes complexes (et alors quels problèmes sont pertinents ? Voir la notion d'objectif-obstacle au chapitre précédent) ;
- analyser leur propre pratique.

B. Quels regroupements organiser ?

Les différents modes de regroupement ne correspondent pas seulement à une volonté de favoriser un climat détendu et des relations conviviales, ils visent des apprentissages spécifiques :

– *grand groupe :* chacun face au formateur (le groupe écoute, les participants répondent individuellement aux questions…). Les personnes acquièrent une culture commune mais elles ne produisent pas ;

– *sous-groupes* de production en vue d'une confrontation des points de vue individuels ou d'une confrontation ultérieure des réflexions et productions des sous-groupes. Les personnes échangent des informations, elles confrontent des points de vue différents et imaginent des solutions nouvelles. Sur l'intérêt du travail de groupe, on se reportera au *chapitre 9* « Faire vivre la relation pédagogique » et particulièrement aux paragraphes 1.1 et 1.2. ;

– *travail personnel :* les personnes vérifient leurs capacités à mettre en œuvre savoirs et savoir-faire.

3.3 Pôle formateur

Il s'agit maintenant de préciser la partie qu'aura à jouer le formateur. Il aura certainement des apports à faire. Arrêtons-nous sur deux aspects qui pourraient être négligés.

A. Quelles consignes ?

Toute personne à qui l'on demande un travail tendra à le faire par le chemin le plus court, le plus facile, celui qui permet d'aboutir au résultat avec le moins d'efforts. Il n'est pas certain que ce soit la démarche la plus efficace pour apprendre. Rappelons-nous que **l'essentiel, pour apprendre, n'est pas le produit final de l'activité mais le processus mis en œuvre pour y parvenir.** C'est le but des consignes que d'obliger chacun à suivre un parcours formateur.

Prenons comme exemple deux consignes pour un même travail.

Consigne A : par groupes de trois, tracez sur la carte les différentes zones que vous imaginez pour le POS.

Consigne B : chacun, après avoir pris connaissance des données de la commune, trace sur la carte qui lui a été remise les zones qui lui apparaissent nécessaires. En se servant du document de référence, il leur attribue une dénomination précise. Ensuite par trois vous comparez vos productions, les choix qui les ont inspirées et vous négociez entre vous un zonage acceptable par tous.

Dans les deux cas, le produit sera le même (une carte avec un zonage) mais la démarche sera très différente (travail individuel ou pas, utilisation des documents, négociation), etc.

B. Quelle guidance ?

Comment le formateur intervient-il dans le travail des personnes ou des groupes tout au long de la séance ?

– **Encadrement permanent :** il est continuellement présent observant le travail et intervenant dès qu'un problème se pose.

– **Autonomie des individus ou des groupes :** après avoir donné les consignes, il laisse les apprenants mener leur activité, intervient à l'issue du travail pour analyser avec eux les résultats et la démarche suivie. Il s'agit dans ce cas de développer l'autonomie et le travail entre pairs.

– Des formules intermédiaires sont bien sûr possibles.

Les paramètres que nous venons d'identifier autour des trois pôles savoir, apprenants, formateur sont des leviers pour faire varier la situation pédagogique. Au formateur de s'en servir. Chacune des méthodes présentées plus haut correspond à une certaine organisation de ces facteurs.

Les méthodes affirmatives centrent l'attention sur **le pôle Savoir,** privilégient les informations à donner et l'activité sollicitée chez l'apprenant est du type « prendre de l'information ». Elles utilisent le grand groupe et une forte guidance.

Les méthodes interrogatives (proches dans leur logique des méthodes affirmatives) donnent un plus grand rôle au **pôle Formateur** qui guide en permanence l'apprenant.

Les méthodes actives privilégient le **pôle Apprenant** et se centrent sur les activités de celui-ci (de type produire des solutions, réfléchir). Elles privilégient le travail en sous-groupe.

S'entraîner à partir d'une situation : le gâteau au yaourt

Vous devez apprendre à des jeunes à réaliser un gâteau au yaourt. Comment procédez-vous ? En face de chaque rubrique, imaginez deux réponses possibles.

	Méthode A	Méthode B
Informations		
Supports		
Moment		
Activités		
Regroupement		
Consignes		
Guidance		

Réponses possibles

	Méthode A	Méthode B
Informations	Vous leur donnez à la fois les ingrédients et la manière de procéder	Les ingrédients sont fournis ainsi que la durée de cuisson et le degré de chaleur du four.
Supports	La fiche recette	Par oral
Moment	En début de séance	Au début. Mais surtout en cours de travail (doc.)
Activités	Appliquer la recette	– Imaginer ce qu'il y a à faire – Vérifier auprès de l'animateur – S'organiser pour le faire ensemble
Regroupement	Travail individuel	Travail collectif

Consignes		« À vous de trouver la manière de procéder en cherchant dans le livre de cuisine où se trouvent des recettes proches et en me posant les questions nécessaires. »
	« Chacun doit réaliser son gâteau sans tenir compte de ce que font les autres. »	
Guidance	Présence permanente pour répondre aux questions et corriger les erreurs	À distance : le « formateur » se tient dans une pièce voisine, prêt à répondre à toutes les questions.

Quand vous préparez une séquence de formation, vous ne traitez certainement pas les questions dans cet ordre-là ! Peu importe. Mais regardez bien, vous êtes dans tous les cas amené à vous prononcer sur chacun de ces aspects. Et c'est ainsi qu'aucune séquence ne ressemble à une autre.

À propos d'un même sujet, il est donc possible d'imaginer des séquences différentes en jouant sur un certain nombre de paramètres. Certes, mais qu'est-ce qui amène le formateur à choisir une méthode plutôt qu'une autre ?

4. Les critères pour choisir une méthode

Les critères sont multiples

Les contraintes organisationnelles imposées à l'action de formation :

– *la durée :* il n'est pas indifférent de disposer d'une heure ou de quatre heures pour un même sujet. Nous avons vu que la méthode expositive a l'avantage de la rapidité par rapport à des méthodes actives ;

– *le lieu et l'espace :* des travaux en sous-groupes supposent des salles en conséquence ;

– *le nombre de participants :* un suivi individuel ne sera possible qu'avec un nombre restreint de personnes. En revanche un groupe de trente permettra une variété de modes de regroupement, à condition qu'il y ait au moins deux formateurs et de disposer de locaux assez vastes : par exemple, exposé en grand groupe, temps d'appropriation en deux sous-groupes animés par l'un des formateurs, ateliers de trois ou quatre personnes, travail individuel ;

– *le matériel disponible :* par exemple, une formation à l'entretien se fera différemment si l'on dispose ou non d'une caméra vidéo pour filmer les mises en situation et les analyser ensuite. De même les méthodes de formation des conducteurs de train ont changé depuis que des simulateurs de conduite sont disponibles.

Les personnes et le groupe

– *Parcours antérieur :* les méthodes avec des jeunes à peine sortis de l'Université seront différentes de celles utilisées avec un groupe de travailleurs qui participent à une formation après 10 ou 20 ans de vie professionnelle : les premiers comprennent vite mais n'ont pas d'expérience à apporter, les autres ont besoin de plus de temps pour assimiler et confronter leurs acquis avec ce qu'ils apprennent en formation.

– *Le climat du groupe* et l'évolution relationnelle conditionnent les travaux que le formateur propose : il est difficile de proposer des échanges très impliquants quand les participants viennent juste de faire connaissance. Et à l'inverse une production collective pourra permettre de rapprocher des personnes et de souder un groupe.

– *La personnalité du formateur* est aussi un critère : il vaut sans doute mieux suivre une démarche dans laquelle on « se sent bien » que de s'imposer un mode de travail totalement étranger. À chaque formateur de savoir où il est à l'aise.

Les objectifs poursuivis

C'est sur ce dernier critère que nous nous arrêterons maintenant et ceci sous *deux aspects :*
– *dans quel domaine se situe l'objectif*
4.1 Savoir, savoir faire ou savoir-être ?
– *quel est son degré de complexité*
4.2 Degré de complexité : de quoi s'agit-il ?
4.3 Pourquoi se préoccuper du niveau de complexité ?
4.4 De quels outils dispose le formateur pour classer les objectifs ?
4.5 Comment choisir la méthode en fonction du niveau des objectifs ?

4.1 Savoir, savoir-faire ou savoir-être ?

Commençons par une courte histoire, celle de la petite fille et de la récitation. *Anne est une fillette comme tant d'autres à qui le professeur des écoles a demandé d'apprendre une récitation. La veille au soir, elle sollicite son père pour l'aider à apprendre son texte et après quelques efforts réussit l'exercice à la satisfaction de l'adulte. Le lendemain matin, le maître l'appelle, lui demande de venir sur l'estrade, face à la classe et de réciter ce fameux texte. Anne reste muette. Pâle, elle tremble et est incapable de prononcer un mot tant elle semble effrayée. Le maître s'impatiente et au bout de deux minutes la renvoie à sa place avec une note tristement célèbre : zéro. Il lui demande de réapprendre son texte pour le lendemain.*

Que s'est-il passé ? Anne n'a pas réussi le lendemain ce qu'elle avait effectué la veille avec succès. Pourquoi ? Les conditions ont changé, entraînant une performance nouvelle. Ce n'est, en effet, pas la même chose de réciter chez soi, à son père, qu'en classe, sur l'estrade, devant tous les camarades.

Ce n'est pas un manque de savoir qui a handicapé Anne, c'est un « savoir-être » qui a fait défaut. Le maître a cru travailler un objectif de savoir (la mémorisation d'un texte) et un objectif de savoir-faire (réciter un texte avec le ton, le rythme…). Il a en fait privilégié autre chose, un savoir-être, celui d'oser prendre la parole devant un groupe.

De fait, réciter un texte devant un groupe mobilise *trois types de ressources :*

- *des savoirs :* mémorisation du poème (certains parlent d'objectifs **cognitifs** au sens où ils mobilisent les connaissances) ;
- *des savoir-faire :* poser sa voix pour dire (certains parlent d'objectifs **psychomoteurs** au sens où ils mobilisent le corps). Attention car l'expression « savoir-faire » désigne ici la dimension corporelle de l'activité, alors que dans un autre contexte elle peut désigner plus largement la maîtrise d'une procédure, d'une technique comme dans « savoir conduire une réunion » ;
- *des savoir-être :* se maîtriser, oser (certains parlent d'objectifs **socioaffectifs** au sens où ils mobilisent les émotions dans la relation sociale).

Il s'agit là d'un découpage arbitraire de la réalité car lorsqu'une personne agit, ces aspects sont imbriqués dans un vécu unique. Son utilité pédagogique consiste à donner au formateur une grille de lecture des apprentissages et à attirer son attention sur des éléments qu'il n'a pas toujours présents à l'esprit, tant il a tendance à privilégier les aspects cognitifs.

Nombreux sont les objectifs qui comportent ces trois dimensions ; aussi est-il pertinent de les interroger quand des difficultés d'apprentissage apparaissent.

S'entraîner à partir d'une situation : « Savoir chasser »

> *Lors de l'assemblée des chasseurs bretons, un certain nombre des « fines gâchettes » de la région ont déclaré que beaucoup de jeunes avaient du*

mal à passer le permis de chasse. Ils ont insisté pour que la « fédé » fasse quelque chose. Celle-ci se tourne, en la personne de son président, vers Monsieur Dubois connu pour ses engagements associatifs et lui demande d'organiser une session de formation. D'accord, répond Monsieur X, mais vous allez m'aider. Vous allez écrire sur une feuille au moins un élément que devrait apporter cette action à ces jeunes.

Voici les réponses qu'il a obtenues. *Aidez Monsieur Dubois à classer ces objectifs en distinguant savoirs, savoir-faire, savoir-être.*

Le jeune devra :	S	SF	SE
1. Avoir confiance en lui quand il tire.			
2. Donner par écrit la liste des animaux protégés et qui migrent dans la région.			
3. Adopter la position appropriée pour viser.			
4. Se contrôler en toutes circonstances.			
5. Choisir le calibre de balle adapté à l'animal visé.			
6. Donner 3 arguments pour justifier la protection de telle espèce animale.			
7. Coordonner avec souplesse la fixation du fusil au creux de l'épaule et l'appui sur la gâchette.			
8. Manifester le désir de se tenir informé de la réglementation pour donner une image responsable du chasseur.			
9. Réciter les règles de sécurité à respecter pour transporter un fusil.			
10. Nettoyer son fusil en moins de 5 minutes.			

Repères pour l'analyse

Les objectifs n° 2 – 5 – 6 et 9 désignent une activité intellectuelle et mobilisent la pensée. Ils sont souvent désignés sous l'expression d'objectifs cognitifs car ils traitent des savoirs.

Les objectifs n° 3 – 7 – 10 indiquent une activité corporelle et mobilisent les gestes. On parle d'objectifs psychomoteurs désignant des savoir-faire.

Les objectifs n° 1 – 4 – 8 indiquent une activité émotionnelle et mobilisent les sentiments. Ils font partie du domaine socioaffectif et traitent des savoir-être.

> Être chasseur, c'est mobiliser des savoirs, des savoir-faire et des savoirs être.

4.2 Le niveau de l'objectif : simple ou complexe ?

Les objectifs se distinguent également par le niveau d'exigence qu'ils visent, le degré de complexité de l'apprentissage qu'ils impliquent.
Ainsi, à propos des rédactions à l'école, il peut être demandé à un jeune de :
- raconter ses vacances ;
- raconter ses vacances à la façon de Madame de Sévigné, de Marcel Pagnol… ;
- porter un jugement sur ses vacances.

Il est bien question d'un même thème mais les niveaux d'exigence sont fort différents (de la « simple » narration en passant par la transposition d'un style pour aboutir à l'évaluation d'une situation vécue).

Prenons un autre exemple et considérons un théorème mathématique. Plusieurs objectifs sont possibles :
- réciter par écrit le théorème ;
- utiliser ce théorème ;
- analyser un problème et le résoudre à l'aide notamment du théorème.

Ils ne présentent pas le même degré de difficulté pour le travail d'apprentissage et ne visent pas le même degré de compétence.

Le premier objectif mobilise principalement des opérations de prise d'information, de codage et de mémorisation (associer un contenu à une étiquette, $U = R \times I$ (contenu) pour la loi d'Ohm (étiquette)).

Le second fait appel à d'autres opérations puisqu'il ne suffit plus de se rappeler ledit théorème mais bien de l'utiliser. Il est alors nécessaire d'identifier dans une situation ce qu'est R, ce qu'est I, les unités dans lesquelles ces données doivent être exprimées pour pouvoir appliquer dans une autre étape le théorème que l'on sait pertinent.

Le troisième enfin présente une situation plus complexe qui requiert des opérations d'analyse des informations avec recherche de celles qui sont pertinentes et élimination de celles qui sont parasites (inutiles, redondantes).

Pourquoi se préoccuper des niveaux d'exigence des objectifs pédagogiques ?

Trois raisons essentielles :

   – la cohérence entre les objectifs de formation (définis dans le cahier des charges par le demandeur) **et les objectifs pédagogiques** (formulés par le formateur). Qu'est-il nécessaire d'apprendre, de maîtriser pour que la formation réponde aux besoins ? Sur un contenu, une activité, jusqu'où faut-il aller, où placer la barre de la maîtrise pour que la personne soit ensuite en mesure d'agir sur le terrain ?

– **la cohérence entre les objectifs et les situations d'apprentissage ou les méthodes pédagogiques** à mobiliser. Repérer le niveau d'exigence d'un objectif aide à choisir la méthode la plus adaptée et renseigne sur les erreurs potentielles qui pourront se produire dans l'apprentissage. *Si l'on veut par exemple que quelqu'un sache nager 25 mètres en bassin, une démonstration des mouvements aura ses limites. En revanche, si l'objectif est de reconnaître différentes nages, l'exposé démonstratif sera certainement plus adapté ;*

– **la cohérence entre les objectifs pédagogiques, les apprentissages effectués et le contrôle de ces apprentissages.** Cette « chaîne pédagogique » doit être fortement structurée, sans cassure. *Si l'objectif est de savoir utiliser telle machine ou système, la situation de contrôle qui demanderait ou une simple identification des éléments composant le système ou les principes scientifiques de fonctionnement du système introduirait une rupture et de fait contrôlerait autre chose que ce qu'elle voulait mesurer.*

4.3 Des outils pour classer les objectifs

Quand le formateur organise ses objectifs, les hiérarchise, il utilise spontanément un mode de classification. Les pédagogues et chercheurs ont formalisé et structuré ces classements sous forme de « taxonomies ». Une taxonomie (à l'image des sciences naturelles) est une classification qui instaure un ordre entre les éléments, se veut exhaustive (rien ne lui échappe dans le domaine concerné) et ses catégories doivent être mutuellement exclusives (un élément ne peut appartenir à deux classes). Plusieurs de ces classifications sont utilisées en formation d'adultes. Même s'il en a été construit également pour hiérarchiser les savoir-faire et les savoir-être, nous vous en présentons trois concernant les savoirs (domaine cognitif) parce qu'elles sont d'un usage plus courant.

A. La taxonomie de Benjamin Bloom[32]

C'est en 1948 que cet universitaire américain élabora un outil permettant de clarifier les différentes attentes des examinateurs par rapport aux produc-

---

32. *Taxonomie des objectifs pédagogiques : Domaine cognitif* (1956), traduction française par M. Lavallée en 1968.

tions de leurs étudiants. Il voulait leur permettre, à l'aide d'une référence commune, sorte de « maître-étalon », de clarifier leurs exigences pédagogiques et donc de préciser leurs objectifs. Cette réflexion aboutit en 1956 à la publication d'un ouvrage présentant un classement en six niveaux pour le domaine des savoirs.

Bloom définit *six grandes classes* organisées de la plus simple à la plus complexe.

1. Connaître, c'est être capable de dire. Il s'agit de mémoriser :
- des informations isolées : date, mot, événement *(la date de l'armistice)* ;
- des procédés : conventions, classification, méthode *(les niveaux taxonomiques de Bloom)* ;
- des lois, théorèmes, théories *(le théorème de Pythagore)*.

2. Comprendre, c'est être capable
- de reformuler c'est-à-dire d'exprimer en d'autres termes une information donnée *(traduire un texte en schéma)*.
- de reconnaître un même sens exprimé dans des messages de formes différentes *(un texte et des affirmations – reconnaître celles qui sont pertinentes)*.

3. Appliquer, c'est pouvoir utiliser des idées abstraites, des principes dans une situation particulière *(réaliser un plat à l'aide d'une recette de cuisine)*.

4. Analyser, c'est décomposer un ensemble en partie pour mettre en évidence des éléments, des relations, des principes organisateurs *(décrire les différentes tâches d'un poste de travail. Rechercher les causes d'un accident de travail)*.

5. Synthétiser, c'est organiser en un ensemble cohérent et communicable des éléments épars. Cet ensemble a trait au vécu comme au projet *(faire la synthèse des points de vue à l'issue d'une discussion. Élaborer une proposition de formation)*.

6. Évaluer, c'est la capacité à fonder un jugement en fonction de critères *(apprécier le niveau des personnes à l'entrée d'une formation. Faire l'audit du système de gestion d'une entreprise)*.

B. Le classement de Philippe Meirieu[33]

Ce pédagogue s'est interrogé sur la pertinence de telle ou telle méthode par rapport au niveau des objectifs. Il distingue *quatre niveaux d'exigence* qui correspondent à des degrés d'appropriation différents de l'information.

---
33. *Cahiers Binet-Simon,* n° 606, 1986, p. 40-42.

1. Le repérage caractérisé par le fait de pouvoir dire, énoncer sans pour autant maîtriser une application aussi simple soit-elle (cf. connaître chez Bloom). Exemple : *« Connaître les appellations des vins de Touraine »*.

2. La maîtrise caractérisée par la reproduction de la performance dans les conditions de l'apprentissage (cf. appliquer chez Bloom). *Savoir distinguer les différents cépages et appellations de Touraine lors d'une dégustation.*

3. Le transfert quand l'apprentissage fait l'objet d'une utilisation dans un autre cadre. *Savoir décrire les nuances d'un vin que l'on découvre.*

4. L'expression quand une information est mobilisée de manière originale et non prévisible, en dehors des champs convenus de son utilisation. *Savoir chez soi composer un assemblage original entre un plat et un vin.*

C. La taxonomie de Bertrand Schwartz[34]

Schwartz a construit sa classification à l'École des Mines de Nancy dans l'intention de mieux organiser les différents modules de formation que devaient suivre les adultes en reconversion professionnelle. Lui aussi distingue *quatre niveaux* qui s'appliquent particulièrement à l'apprentissage d'un outil, d'une technique ou d'une méthode.

1. « Connaître l'existence de » : être informé de, connaître et savoir reconnaître. *Ainsi à propos de mécanique auto, on peut savoir qu'un moteur est équipé de 4 pistons, que son fonctionnement fait appel à 2 systèmes : la carburation et l'allumage.*

2. « Pouvoir discuter de » impose un niveau supérieur d'informations et suppose la compréhension avec reformulation et interprétation. *Savoir discuter avec son mécanicien d'un problème de démarrage.*

3. « Pouvoir utiliser l'outil » : connaître les limites et les contraintes, savoir mettre en œuvre, réaliser. *Savoir régler l'allumage du moteur.*

4. « Pouvoir faire évoluer l'outil », le transformer, créer de nouvelles applications, l'enseigner à d'autres. *Savoir forcer un moteur ; le transformer.*

Laquelle de ces classifications utiliser ?

Les critères à prendre en compte peuvent être de plusieurs ordres :
– le contexte de travail : suis-je le seul concerné ou dois-je négocier avec une équipe de formateurs ?
– la simplicité d'utilisation : moins il y aura de catégories, plus la grille sera simple mais plus les catégories seront générales ;
– la proximité avec les termes utilisés : intellectuels chez Bloom et Meirieu, pratiques chez Schwartz.

---

34. « Formulation d'objectifs et gestion du temps », *Éducation Permanente*, n° 53, juin 1980, p. 3 à 20.

L'essentiel pour un outil est l'usage qui en est fait. Si le formateur le mobilise effectivement comme une aide à la formalisation des objectifs pédagogiques, à la conception des situations d'apprentissage, à la mise en œuvre des situations de contrôle, la classification permettra des gains en cohérence et évitera certains dysfonctionnements.

Les taxonomies servent donc dans la phase de conception de l'intervention (ingénierie pédagogique) lorsque le formateur construit le dossier pédagogique mais également après coup, lorsque le formateur analyse son intervention et s'interroge sur les résultats obtenus. Dans cette phase, la classification des objectifs peut constituer un élément d'une grille de lecture des difficultés rencontrées.

4.4 Choisir une méthode en fonction du niveau de l'objectif

Le principe est celui de la **cohérence entre l'objectif et la méthode, entre le point d'arrivée et le chemin proposé.** Derrière l'évidence de l'énoncé se cachent bien des méprises.

Prenons l'exemple du formateur qui fait un exposé sur les règles de sécurité et les gestes à effectuer en cas d'accident corporel. Si son objectif est *« être en mesure d'intervenir auprès d'un collègue accidenté »*, il y a erreur car la personne a appris à décrire les gestes (niveau 1 de Schwartz : « connaître l'existence de ») et non à les réaliser (niveau 3). On voit ici comment une taxonomie donne un repère pour accorder l'activité des apprenants avec l'objectif.

Prenons un autre exemple : *« savoir conduire un entretien »* (niveau 3 de Schwartz) supposera une méthode active où l'apprenant sera en situation de réaliser. Si l'on se contentait de faire échanger les participants sur leurs façons personnelles de procéder, on serait, en ce qui concerne l'apprentissage, au niveau 2 (« savoir discuter de »). Ainsi pour la taxonomie de Schwartz, on a la correspondance suivante :

Niveau d'objectif	Techniques pédagogiques
Connaître l'existence de… reconnaître, repérer, nommer, distinguer…	L'exposé renforcé par des supports divers : tableau, transparents… Le film La lecture…
Savoir discuter de… avec un professionnel, avec un expert.	La discussion en petits groupes.
Utiliser l'outil, la méthode réaliser, faire.	La mise en œuvre individuelle, Travaux pratiques.
Transformer l'outil, la méthode faire de la recherche, créer de nouvelles applications, enseigner à d'autres.	La formation-action, La résolution de problème, La recherche.

S'entraîner à partir d'exemples : niveaux taxonomiques

> *Voici une série d'objectifs pédagogiques. Identifiez, à l'aide des classifications présentées, le niveau d'exigence visé.*

Objectifs pédagogiques	Niveau visé		
	Bloom	Meirieu	Schwartz
1. Établir le plan d'un constat d'accident de la circulation à partir d'une description détaillée réalisée par un protagoniste (un document vierge avec les axes principaux est fourni). Pas d'erreur admise.			
2. Concevoir un plan d'action prenant en compte les enjeux des différents acteurs et mobilisant toutes les ressources déjà existantes.			
3. Réaliser toute pièce cylindrique en utilisant un tour à commande numérique et en respectant les tolérances indiquées sur le plan d'ensemble.			
4. Citer les 5 différences les plus marquées entre la pratique du football anglais et celle du football américain.			
5. Après visionnement d'une séquence pédagogique de 15 mn, indiquer les éléments sur lesquels une réflexion devrait être menée avec le collègue.			

Repères pour l'analyse

	Classification de		
	Bloom	Meirieu	Schwartz
1	Comprendre	Maîtrise	Savoir utiliser
2	Synthèse	Transfert	Savoir transformer l'outil
3	Application	Maîtrise	Savoir utiliser l'outil
4	Connaître	Repérage	Connaître l'existence de
5	Analyse	Transfert	Savoir utiliser l'outil

S'entraîner à partir d'exemples : cohérence objectif-méthode

Voici une série d'objectifs pédagogiques et des situations d'apprentissage envisagées.
Repérez les incohérences au regard du critère « niveau d'exigence ».

Objectifs pédagogiques	Méthode pédagogique	Incohérences
1. Constituer un dossier pédagogique à partir d'un cahier des charges.	Analyse de différents dossiers en les confrontant aux cahiers des charges.	
2. Citer les différentes taxonomies du domaine cognitif.	Donner un tableau avec objectifs, niveau taxonomique et faire repérer les erreurs.	
3. Démarrer un locotracteur en respectant les règles de sécurité.	Vidéo sur les gestes à accomplir.	
4. Assurer la première maintenance d'un locotracteur.	Prendre connaissance du manuel et répondre à un QCM.	

Repères pour l'analyse

1 : Rupture. Niveau de l'objectif : l'application ; niveau de la méthode : l'évaluation.
2 : Rupture. Objectif : le repérage ; méthode : l'utilisation.
3 : Rupture. Objectif : l'application ; méthode : la connaissance.
4 : Rupture. Objectif : l'application ; méthode : la connaissance

S'entraîner à partir d'une situation : la conduite de réunion

Une entreprise veut améliorer le fonctionnement des réunions organisées dans les services. Elle pense qu'une formation serait profitable à ceux qui ont l'occasion d'animer ces rencontres. Le prestataire lui propose plusieurs méthodes. Appliquez la grille de Schwartz à la technique d'animation de réunion.

	Niveau taxonomique
1. Regarder un film vidéo (durée sans les interruptions : 45 mn) Le film montre le déroulement d'une réunion d'un comité de direction qui cherche une solution à un problème de défaut de production. La projection est interrompue à plusieurs reprises et il est demandé aux personnes de choisir chaque fois entre 3 solutions concernant l'attitude que doit adopter l'animateur.	
2. Analyser de façon critique les réunions pratiquées actuellement dans les services Le formateur propose un tour de table où chacun présente la dernière réunion qu'il a animée et les questions qui se sont posées à lui. Le formateur note chaque cas au tableau. Ensuite le groupe retient 3 cas qu'il étudie collectivement.	
3. Écouter l'exposé d'un spécialiste de communication sur les différents types de réunion Cet exposé présente les différentes formes de réunion ainsi que les techniques d'animation appropriées en les illustrant d'exemples proches des situations que connaissent les auditeurs. Après chaque point, le formateur donne la parole aux participants et fournit les précisions demandées.	
4. Simuler en stage une animation de réunion Jeu de rôle avec observateurs.	

Repères pour l'analyse

Comment peut-on utiliser la grille de Schwartz pour analyser les modalités pédagogiques relatives à la conduite de réunion ?

Le niveau 1 correspond à une action de sensibilisation : savoir qu'une réunion se conduit avec méthode et que celle-ci porte sur la préparation, sur le mode d'animation, l'organisation en étapes, etc.

Le niveau 2, c'est être capable d'émettre des critiques sur ce qui se passe et d'apporter des propositions pour améliorer les réunions des services.

Le niveau 3, c'est être capable de conduire avec méthode une réunion.

Le niveau 4, ce serait par exemple être capable de former des collègues à la conduite de réunion. Si nous reprenons le besoin de formation, toutes les méthodes utilisées devraient se situer au niveau 3 puisqu'il s'agit de former des personnes qui devront mettre en œuvre une technique de conduite de réunion. En est-il bien ainsi ?

1. Le film vidéo. Il sensibilise aux différents aspects d'une réunion et amène les participants à discuter entre eux. Mais seul, il ne représente pas une situation d'entraînement (niveau 2).

2. Analyse des réunions pratiquées. Traitant directement des pratiques, les participants auront plus de facilité à les faire évoluer. Dans ce sens nous sommes au niveau 3 si les participants ont déjà animé des réunions. S'ils sont simples participants, c'est le niveau 2.

3. Suivi de l'exposé d'un spécialiste. À la fin de l'exposé, les auditeurs sauront distinguer les différents types de réunion (niveau 1).

4. Simulation d'une animation de réunion. À la fin de l'exercice, ceux qui auront joué le rôle de l'animateur se seront entraînés à utiliser une méthode. Ils auront appris à faire (niveau 3). Les observateurs auront appris à analyser une situation (niveau 2). Réflexions complémentaires à propos de cet exemple. Il est fréquent que le formateur se fixe un certain objectif et propose des situations qui correspondent à un niveau plus élémentaire d'apprentissage. Pourquoi ?

N'est-ce pas parce qu'il pense que :
– si la personne a entendu, elle a compris ;
– si elle a dit, elle sait faire ;
– si elle a fait dans une situation donnée, elle sait faire dans une autre situation ;
– etc.

Or les faits démentent trop souvent ces évidences.

5. Construire des situations-problèmes

Comme nous l'avons développé au chapitre 6 sur les objectifs, nous prônons l'idée qu'agir avec compétence, *c'est mobiliser un ensemble de ressources (internes et externes) en vue de résoudre une situation.* Dès lors se pose la question de l'apprentissage : comment entraîner les personnes à cela ? Pour y répondre, il est indispensable de cerner la notion de situation-problème. Deux chercheurs posent les premiers repères. Pour Xavier Roegiers, la situation est « un ensemble contextualisé d'informations à articuler en vue d'une tâche déterminée » et Gérard Scallon insiste sur « toute tâche complexe, tout projet qui pose à l'apprenant des défis, dont celui de mobiliser ses ressources ».

Ce sont donc des situations construites à partir des situations réelles de travail, de vie sociale ou personnelle, celles-là même qui font appel de façon significative à la compétence. Elles sont didactisées, c'est-à-dire mises en scène (description du contexte, des personnages, de la mission à réaliser). Il s'agit de proposer aux personnes en formation un environnement immatériel et/ou matériel qui simule de façon réaliste l'environnement réel de la situation (documents réels, objets à manipuler...). Elles sont qualifiées de situations-problèmes au sens où elles confrontent les personnes à une difficulté, un obstacle à franchir qui nécessite un apprentissage.

En résumé, ces situations sont *problématiques* au sens où elles appellent l'action, *spécifiques* dans la mesure où le bon sens ne suffit pas pour venir à bout du problème (et qu'elles exigent des savoirs, des techniques pour être résolues), *emblématiques* car elles se rencontrent souvent.

5.1 Les caractéristiques d'une situation-problème

Afin de bien nous faire comprendre, nous proposons un tableau marquant l'opposition entre ce qu'elle est et ce qu'elle n'est pas et en la comparant à un exercice scolaire.

Critères	Situation-problème	Exercice scolaire
Contexte	Une situation véridique ou vraisemblable. Un environnement décrit avec précision dans un des champs (travail, vie sociale et vie personnelle). Un environnement didactisé (construit en fonction d'un objectif de développement de compétence).	Un prétexte, un arrière-plan. Un artifice
Caractéristiques	Pertinence : liée à la famille de situations. Elle est finalisée : une production est attendue. Elle peut être déroutante car nouvelle.	Ciblé : centré sur une procédure. Réconfortant : a un air de « déjà-vu ».
Ressources requises	Liées à la résolution de problèmes et à la compétence visée	Spécifique (un savoir, un outil, une technique...)

Consigne	Une mission à remplir, un problème à résoudre, mal défini (la solution n'est pas évidente).	Une application à effectuer (trouver la procédure qui convient et la mettre en œuvre).
Informations	Beaucoup d'informations (certaines redondantes ou parasites - superflues ; d'autres manquantes).	Peu d'informations centrées sur l'application
Aléas	Ils sont constitutifs du contexte et de la situation	Sans objet
Mode de résolution	Plusieurs façons possibles de s'y prendre	Un mode unique de résolution
Évaluation	Vérifier la possibilité pour la personne de mobiliser les ressources internes et externes	Vérifier la maîtrise d'une ressource

5.2 Comment se présente une situation-problème ?

Trois éléments essentiels la composent :
– la description d'un contexte qui enracine la situation dans du « vraisemblable » ;
– une mission à réaliser qui est l'activité à conduire ;
– des documents associés ou supports qui sont des aides de nature variée pour réaliser la mission.
En fonction du degré de performance visé, des aléas peuvent venir interrompre le déroulement de l'activité. C'est là un point déterminant au regard de la performance, car un des traits de la complexité, selon Edgar Morin, c'est l'irruption des aléas, de l'imprévu dans la situation.

À propos du contexte

Le contexte, c'est le cadre, l'environnement de la situation. Il fournit la thématique générale (le de quoi ça parle) mais également des informations multiples sur cette thématique : certaines peuvent être utiles, d'autres redondantes ou parasites. Voyons des exemples :

Dans le cadre du jumelage de votre ville avec Stratford upon Avon, en Angleterre, vous avez cette année décidé d'accueillir une famille pendant une semaine. Ainsi vous aurez la possibilité si vous le souhaitez, de vous rendre ensuite dans cette ville du centre de l'Angleterre, où naquit Shakespeare…

Nous sommes le 18 mai et les familles doivent arriver le 21. Un pot d'accueil est organisé par la mairie vers midi, puis les invités sont ensuite pris en charge par leurs hôtes respectifs. Vous avez prévu de vous présenter, vous et votre famille, au cours du déjeuner. Puis, après le café, vous donnerez à vos invités toutes les informations nécessaires et utiles au bon déroulement de leur séjour. Comme il vous tient à cœur de ne rien oublier pour recevoir au mieux cette famille, vous décidez de préparer ces deux moments de présentation et d'information.

Une petite association humanitaire « Des puits pour le Sahel » organise diverses actions pour développer l'agriculture de villages sahéliens : puits, canaux d'irrigation, formation des villageois, etc. Cette année le problème est la répartition des ressources dans le prochain budget. Plusieurs actions sont possibles, mais le budget est limité. Les projets obéissent à des logiques différentes, par exemple le creusement de canaux d'irrigation permettrait sur le long terme une amélioration des rendements (et donc de mieux nourrir davantage de gens), le creusement d'un puits sur le court terme donnerait des résultats plus rapides mais sur une plus petite échelle. On peut aussi envisager la formation des villageois.

Manuel, jeune diplômé de 23 ans, vient enfin, après 9 mois de recherches, de décrocher un emploi dans une entreprise de conception de panneaux photovoltaïques sur Nantes.

Il lui faut donc trouver un logement en urgence. En effectuant des recherches sur Internet, son choix s'est rapidement porté sur un T1bis dans un immeuble récemment réhabilité, au 22 rue de Chateaubriand. Il a aujourd'hui signé le bail et pense donc maintenant à organiser son déménagement pour le week-end suivant le prochain.

Depuis la fin de ses études et son précédent déménagement, ses quelques meubles et cartons sont stockés dans le garage de son père à Rennes. Hier, avant de partir pour Nantes, il était passé pour estimer le volume à déménager.

Il a donc consciencieusement établi la liste ci-dessous :

1. une machine à laver (60×60×80)
2. un frigo « top » (60×55×80)
3. un four micro-ondes multifonctions (60×30×45)
4. une table basse (100×50×45)
5. une petite armoire (45×45×180)
6. deux petits fauteuils (30×30×30)
7. un canapé (160×80×80)
8. un matelas (200×140×30)
10. un sommier (200×140×10)
11. quinze cartons de taille standard (xxyxz)
12. etc.

À propos de la mission

Nous utilisons le terme de « mission » de préférence à celui de consigne pour traduire l'idée d'une activité confiée à quelqu'un. Cette activité est ouverte :
– il n'y a pas qu'une seule façon pertinente de faire ;
– il ne s'agit pas uniquement d'appliquer *stricto sensu* une procédure mais de mobiliser plusieurs éléments.

Cette activité nécessite une organisation qui peut être soumise aux aléas. Poursuivons nos exemples :

Vous prendrez d'abord connaissance du dossier que je vais vous remettre et vous disposerez d'environ 2 heures pour préparer ce que vous voulez dire. Pour vous aider, le sous-dossier intitulé *« ressources utiles pour faire face à la situation »* : il comporte des documents audio, des fiches... bref, tout ce dont vous êtes censés avoir besoin, voire plus ! (À vous de faire le tri dans ce qui vous sera utile et ce qui ne le sera pas) pour mener à bien votre mission.

Après ce temps de préparation individuelle ou à deux, n'oubliez pas de vous enregistrer. Vous devrez vous exprimer pendant environ 2 minutes. Puis nous serons heureux de jouer le rôle de la famille anglaise à l'écoute...

Attention ! Vous devrez être attentif à l'attitude de vos interlocuteurs : à deux reprises ceux-ci montreront, par un signe que vous devrez repérer dans le sous-dossier *« contexte/fiches aléas »*, leurs difficultés de compréhension. Il s'agira pour vous, de faire face à ces aléas en agissant comme il se doit pour débloquer la situation.

> Trois membres actifs de l'association doivent débattre avant de présenter différents choix possibles et d'aider les adhérents à prendre des décisions lors de la prochaine Assemblée Générale. Ces trois personnes ont des parcours différents et n'ont pas forcément les mêmes idées sur les options à prendre. Vous devrez vous mettre « dans la peau » de l'un d'eux et défendre et argumenter son point de vue. Votre mission sera de préparer la réunion des membres de l'association en présentant de façon claire les différentes actions qu'il est possible de réaliser et que vous souhaitez défendre.

> Vous devez donc préparer votre déménagement. Pour vous aider dans la préparation de ce déménagement, votre frère Thierry vous a préparé quelques documents essentiels qu'il a glissés dans un dossier.
>
> Au cours de la résolution de la situation, vous recevez un appel. Il s'agit de la négociatrice de l'agence qui vous informe que l'état des lieux ne pourra pas avoir lieu comme convenu le vendredi, veille du déménagement, mais seulement le samedi matin, jour du déménagement. Cet aléa perturbe profondément votre organisation et vous devrez argumenter pour ne pas accepter cette modification.

Comment élaborer une mission ? Comment la façonner, à partir de quels éléments ?

Trois éléments sont déterminants :

– la compétence que l'on souhaite développer et la ou les situations emblématiques qui la mobilisent ;

– ce qui pose problème et qui doit être surmonté ;

– les possibilités offertes par le contexte.

À propos de ce qui pose d'ordinaire problème, dans le monde du travail, dans une activité professionnelle, nous parlerons de dysfonctionnement défini comme ce qui est préjudiciable au bon « fonctionnement », à court ou moyen terme sous l'angle de l'économie, de la qualité ou de la sécurité.

Pour la sphère sociale ou personnelle, nous parlerons de difficulté ou de point d'achoppement au sens où il s'agit de repérer ce qui fait problème, ce qui empêche l'action d'être efficiente. Ainsi pour l'objectif « interpréter et exprimer un message oral » lors de la situation « demander à un passant son chemin pour se rendre à un endroit précis », ce qui fait souvent difficulté, c'est de ne pas interrompre son interlocuteur pour reformuler au fur et à mesure de l'énonciation, ce qui fait que le sujet a trop d'informations à traiter et ne retient que très peu de chose.

À propos des documents associés

Ces documents, qui sont mis à disposition, contribuent à poser l'arrière-plan de la situation et à ouvrir la mission (en garantissant plusieurs chemins pour atteindre l'objectif). Leur nature et leur fonction peuvent être variées :
– enrichir, préciser, illustrer le contexte ;
– fournir des pistes de travail ;
– apporter des aides méthodologiques.

Quelques exemples pour le déménagement

• Une note de la Communauté de Commune de Nantes sur les modalités de demande d'une autorisation exceptionnelle de stationnement lors d'un déménagement.

• De la documentation de loueurs présentant les prix de location de camionnettes de 10 m^3, 12 m^3, 16 m^3, 20 m^3, 25 m^3. Une note fait apparaître que le volume de contenance du camion doit être supérieur de 10 % au volume à charger.

• Un modèle de bordereau de réservation permettant de préparer la saisie sur le site web du loueur choisi.

• Un petit post-it de Thierry collé sur la première page de la documentation des loueurs.

> Fais attention, je crois me souvenir que pour accéder à la rue Chateaubriand en arrivant de Rennes, un samedi, du fait de la fermeture du cours des 50 otages, tu as intérêt à éviter le bas de ma rue Paul Bellamy… mais fais attention aux sens interdits ! Regarde donc sur Googlemaps ou Mappy.

- Un post-it de votre père est également collé sur la dernière page du dossier

> Dis-moi, je pense que vous allez terminer d'emménager tard samedi soir (et peut-être faire un peu la fête…). Je me permets de te rappeler que tu as pris une location dans une résidence et qu'il faut sans doute penser à ménager d'ores et déjà des voisins. Tu devrais donc imprimer une feuille à afficher dans le hall d'entrée pour les informer de ton emménagement. Transmets-moi un rapide projet, je le corrigerai si tu veux…

Entraîner les personnes en formation à résoudre des situations-problèmes, c'est mettre en œuvre une pédagogie actionnelle visant non pas simplement l'acquisition d'un Savoir mais le développement d'une compétence. Cela suppose de construire une progression pédagogique qui favorise le transfert, c'est-à-dire la mobilisation de la compétence dans une situation nouvelle.

6. La progression pédagogique ou comment favoriser le transfert

Quand le formateur a formulé ses objectifs pédagogiques et qu'il a choisi des situations d'apprentissage possibles, comment sélectionne-t-il la première séquence ? Comment organise-t-il la progression entre les différentes étapes ? Nous voulons esquisser non pas un itinéraire unique mais des étapes clés. En effet, deux familles de principes peuvent guider le formateur d'adultes : la première **référée au contenu à traiter** est d'ordre didactique (logique de la discipline) alors que la seconde **liée aux processus d'apprentissage** est d'ordre pédagogique.

Les **principes didactiques** sont fondés sur l'organisation intrinsèque des contenus et prennent en compte les contraintes qu'ils imposent. Ainsi certains savoirs requièrent, pour être assimilés, la maîtrise au préalable de certaines notions : le théorème de Pythagore ne peut être compris si le triangle est une figure inconnue ; la règle du participe passé employé avec l'auxiliaire avoir ne peut être utilisée si la notion de complément d'objet n'est pas acquise. Il en va de même pour certains savoir-faire qui mobilisent des actions dans un ordre imposé : il est indispensable de poncer avant de peindre, de régler sa machine avant d'usiner, etc.

Les **principes pédagogiques** découlent de l'idée que le formateur se fait de l'apprentissage *(cf. chapitre 4)* et des processus d'apprentissage qu'il veut activer.

6.1 Les processus d'apprentissage

Des travaux de Jean Piaget, nous pouvons déduire qu'un apprenant passe par deux phases lors d'un apprentissage, l'une de déstabilisation lorsqu'il est confronté à un problème, l'autre de rééquilibration quand il intègre le savoir pertinent (par savoir, nous entendons aussi bien les concepts que les techniques ou procédures). Le déséquilibre né de l'incapacité à agir, est d'ordre cognitif *(« je ne sais pas faire »)* et peut également avoir une dimension affective *(« je ne suis pas bon, je ne vais pas m'en tirer »)*.

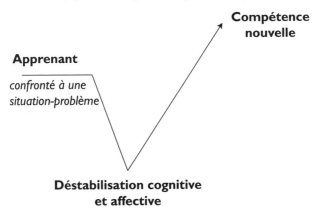

La rééquilibration se fait à travers le processus de l'assimilation-accommodation qui génère une compétence nouvelle dans la mesure où la personne élargit son champ de compréhension et d'action.

6.2 Phases d'appropriation d'un savoir

Pour que ce processus d'apprentissage soit activé et qu'une compétence soit développée, le formateur doit respecter certaines étapes dans la construction de sa séquence.

A. Diagnostic

Cette phase initiale vise à faire le point par l'expression des pratiques, l'émergence des représentations, la mise en évidence des acquis. Nous renvoyons le lecteur au *chapitre 6* et plus particulièrement aux paragraphes 2.2 et 2.3.

B. Découverte de l'objet d'apprentissage

Il s'agit de **motiver** l'apprenant en lui montrant le type de problème qu'il saura résoudre, les situations qu'il pourra analyser. En effet, le savoir doit apparaître à la personne comme un moyen de mieux agir et de comprendre son environnement. Il doit être un passage obligé pour agir. Il s'agit alors de rendre les personnes « demandeuses de savoirs » en les confrontant à des situations, à des problèmes qui requièrent ces savoirs. C'est pourquoi les situations doivent « parler » aux personnes et s'inscrire dans leurs préoccupations professionnelles ou personnelles. Elles doivent tout à la fois les rassurer en les plongeant dans du connu et les intriguer en leur faisant percevoir de l'inconnu.

Deux critères peuvent être définis :
- ce sont des situations vraies, ayant l'épaisseur de la vie ;
- ce sont des situations familières aux personnes ou du moins susceptibles d'être rencontrées.

C. Formalisation des savoirs et savoir-faire

C'est l'étape nécessaire de **l'abstraction,** indispensable pour ne pas réduire le savoir à un usage restreint (celui exclusif de la situation où il a été présenté). Les apprenants passent de l'appréhension d'une situation concrète à des clés de compréhension utilisables pour d'autres problèmes. Cette étape peut s'appuyer sur l'exposé d'un intervenant ou sur la critique et la mise en ordre des réponses produites par les apprenants.

D. Entraînement

L'apprenant met en œuvre ce savoir dans des situations aux difficultés croissantes. Cette phase permet **d'acquérir ou de retrouver une confiance en soi.** La guidance du formateur (les consignes qu'il donne, les encouragements qu'il prodigue) doit diminuer tout au long de cette étape pour lui permettre de développer son autonomie. Par exemple, les premiers exercices peuvent être réalisés à deux ; les exercices intermédiaires seuls avec des aides (fiches méthodologiques, cartes « chance » qui mettent sur la voie…) et les exercices terminaux en autonomie.

E. Extension

À quel type de problème les notions, méthodes acquises s'appliquent-elles ? Il s'agit de repérer le **domaine de validité** du savoir. En effet, la personne a enrichi sa « caisse à outils intellectuels », encore faut-il qu'elle identifie les situations pour lesquelles l'outil découvert est pertinent, sous peine de la voir utiliser une pince là où une clé serait plus appropriée !

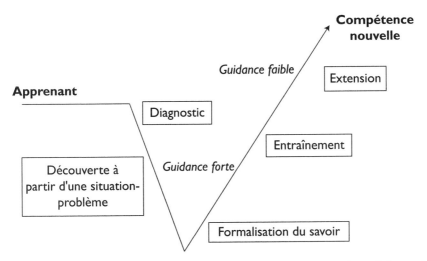

Illustrons notre propos avec une séquence de formation pour des adultes qui suivent une « remise à niveau ». Celle-ci traite des formes active et passive.

A et B – Lecture de plusieurs phrases écrites à la forme active et à la forme passive. Repérage des couples sujet/verbe puis questions pour faire émerger les deux formes.

C. Synthèse formalisant les éléments découverts lors des phases précédentes.

D. Situations d'entraînement : ce sont des phrases à transformer, des phrases à imaginer aux deux formes.

E. Extension.

Recherche dans diverses publications :
- de phrases qui ne peuvent être transformées (celles qui n'ont pas de complément d'objet direct ; celles qui ont pour sujet « on » ou « je ») ;
- de phrases à la forme passive (difficulté car confusion sur les formes verbales entre les phrases à l'actif et au passé composé et celles au passif et au présent de l'indicatif).

6.3 Le transfert dans l'approche des situations-problèmes

Trois étapes structurent la progression pédagogique :
– la première traite de la résolution d'une situation-problème dans un contexte donné et diagnostique des ressources à acquérir ;
– la deuxième concerne les entraînements portant sur ces ressources, portant sur des contenus multiples (des savoirs, des procédures, des exercices, etc.) et pouvant mobiliser des modalités variées ;

– la troisième est relative à la résolution d'une situation-problème dans un autre contexte et permettant de mobiliser les ressources acquises lors de la phase précédente.

Le schéma ci-dessous illustre ces points.

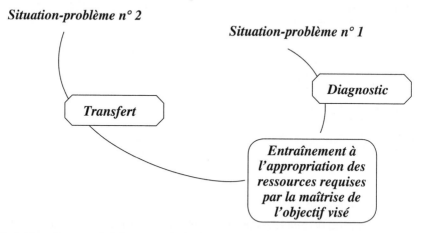

6.4 Quelques évidences à interroger

Il est fréquent d'entendre que la formation doit aller du **simple vers le complexe.** Or de nombreux apprentissages s'organisent suivant une logique inverse. Comment par exemple avez-vous appris à faire du vélo ?

Dans cette situation et dans beaucoup d'autres, il n'y a pas eu apprentissage d'un élément simple puis d'un autre mais au contraire appréhension globale d'une complexité (l'équilibre à vélo) puis décomposition de certains actes et entraînement (freiner, lâcher une main…).

Un autre chemin évident est celui qui va de la **théorie vers la pratique :** il est nécessaire de comprendre dans un premier temps pour ensuite faire. Or là encore, les pratiques d'apprentissage vont souvent à l'encontre de cette idée. Comment avez-vous appris à jouer aux cartes, à utiliser un traitement de textes, une calculatrice ?

Nombreux sont ceux qui essaient, se lancent dans la tâche et qui ont recours à la théorie (manuel, mode d'emploi, traité) quand un problème surgit. Autrement dit, il n'y a pas un chemin mais au moins deux voies possibles.

Les critères décisifs peuvent alors être formulés ainsi :

– **la tâche proposée a-t-elle du sens** pour la personne ?

– correspond-elle à un **progrès qu'elle puisse accomplir ?**

Synthèse

Après avoir défini les objectifs pédagogiques, le formateur doit imaginer **les chemins de l'apprentissage,** concevoir les situations qui permettront à la personne de développer ses compétences. Pour construire ces situations il appuie sa réflexion sur le principe que la formation est un processus d'autotransformation ; aussi va-t-il privilégier non pas son activité (ce qu'il va dire, montrer) mais bien celle de **l'apprenant.**

Le formateur dispose alors de la réflexion accumulée par les pédagogues autour des différentes **méthodes pédagogiques.** Distinguer méthodes expositives, démonstratives, actives, identifier les caractéristiques d'un jeu de rôle, de l'étude de cas ou de la formation-action sont autant de repères « pour organiser efficacement les situations d'apprentissage ». Elles peuvent donc être pensées autour de trois pôles :

- le pôle apprenants : quels problèmes vont-ils devoir résoudre, selon quelles modalités de travail ?
- le pôle savoir : quelles informations donner, sous quelles formes, à quel moment, avec quels supports ?
- le pôle formateur : quelles consignes formuler, sous quelle forme ; quelle guidance proposer ?

C'est en répondant à ces questions que le formateur construit les situations de formation. Mais il ne doit en aucune façon oublier que l'essentiel ne réside pas dans la préparation des séquences mais dans leur **adaptation aux personnes,** et ce dans l'espace-temps de leur mise en œuvre.

Pistes d'approfondissement

Méthodes pédagogiques : opposition ou complémentarité ?

Pour présenter les différentes méthodes, nous nous en sommes tenus dans ce chapitre à une classification courante (affirmatives, interrogatives, actives) et nous y avons intégré des techniques généralement utilisées. Mais le monde de la pédagogie connaît une multiplicité de méthodes désignées par le nom de leur auteur (méthode Freinet, Carrard, Montessori, etc.) ou par leur objectif (méthode de découverte, méthode d'entraînement). C'est dire l'intérêt qu'ont porté les pédagogues à la question des méthodes. Pendant de nombreuses années, le débat reposait sur l'opposition entre la pédagogie traditionnelle (privilégiant les méthodes expositives) et l'Éducation Nouvelle (prônant les méthodes actives). Les formateurs d'adultes se sont inscrits d'emblée dans cette voie des méthodes actives (tant dans les discours que pour beaucoup d'entre eux dans les actes). Aujourd'hui, beaucoup de praticiens raisonnent plus en termes de **situations pédagogiques** qu'en termes de méthodes, considérant qu'il s'agit dans une séquence d'articuler plusieurs techniques possibles. En effet, autant l'exposé ne peut être le mode de fonctionnement unique, autant cette modalité peut être pertinente pour apporter des informations. De même pour la méthode interrogative : certes elle impose à tous les apprenants un rythme unique, celui du formateur, mais elle peut permettre une mobilisation des connaissances déjà acquises par les apprenants et susciter leur participation.

Approches plus théoriques :

Palmade G., *Les méthodes en pédagogie,* PUF, 2005.

Peretti A. (de), *Organiser des formations,* Hachette, 1991.

Vial J., *Histoire et actualité des méthodes pédagogiques,* ESF, 1987.

Approches plus pratiques :

Lorenzi J.-P. et Prima C., *Les outils de la formation,* Nathan Entreprises, 1992.

Noyé D. et Piveteau J., *Guide pratique du formateur,* INSEP, 2005 : ouvrage s'adressant particulièrement à des formateurs d'entreprise débutants ou occasionnels.

Si vous souhaitez approfondir une méthode, une technique :

Ancelin-Schutzenberger A., *Le jeu de rôle,* ESF, 1995.

Chevrolet D., *Méthodes directives et formation des adultes,* ESF, 1980.

Courau S., *Les outils de base du formateur, Parole et supports,* ESF, 2010.

Courau S., *Les outils d'excellence du formateur, Pédagogie et animation,* ESF, 2011.

De Vecchi G., *Faire vivre de véritables situations-problèmes,* Hachette éducation, 2002.

Huber M., Dalongeville A., *(Se) former par les situations-problèmes,* Chronique sociale, 2011.

Mucchielli R., *Les méthodes actives dans la pédagogie des adultes,* ESF, 2012.

Mucchielli R., *La méthode des cas,* ESF, 1987.

Préparer ses interventions : ne pas oublier l'apprenant

Cœur de l'ingénierie pédagogique, la préparation de l'intervention du formateur se concrétise par la production d'un dossier pédagogique ou d'un scénario qui constituent le guide auquel il se réfère dans l'action. Deux tendances peuvent être identifiées quant à la conception de ces documents. Certains praticiens réalisent des productions très détaillées et indiquent avec force précisions les actions du formateur, ce qu'il dira aux apprenants, les supports qu'il utilisera, la durée à la minute près de chaque étape. D'autres privilégient les tâches que doivent mener les apprenants : ils insistent alors sur la formulation des consignes, l'élaboration des aides. Pour nous, une préparation trop minutieuse peut générer des effets pervers en termes de centration : à trop vouloir faire ce qu'il a prévu, planifié, le formateur risque d'oublier l'apprenant, ses représentations, ses difficultés. Au contraire, **se centrer sur l'apprenant, c'est intégrer dès la préparation une liberté pour vivre une rencontre avec des personnes qui devront non pas être objets mais bien auteurs de leurs apprentissages.** Nous pourrions affirmer : « Dites-moi comment vous préparez vos interventions, je vous dirai vos choix pédagogiques. »

En termes de méthode de préparation, certains choisissent les objectifs, d'autres les problèmes. Ainsi, Pierre Gilet (dans un ouvrage du CEPEC) propose une démarche centrée sur les objectifs pédagogiques. Il croise deux entrées qu'il juge complémentaires, celle par les capacités et celle par les compétences. La première repère des intentions transdisciplinaires dans les champs cognitif *(sélectionner des informations, faire un plan…)* socioaffectif *(communiquer un message à un groupe, prendre de la distance par rapport à une conduite)* et psychomoteur *(organiser l'espace, maîtriser ses gestes…)*. La seconde entrée identifie des situations professionnelles (fabriquer un meuble), des tâches représentatives (réaliser un assemblage par tenon et mortaise) et sélectionne les contenus à maîtriser (lecture de plan). La « table de spécification » (tableau à double entrée) permet de croiser capacités et contenus et de déterminer à chaque intersection des comportements observables, indicateurs des compétences développées.

Philippe Meirieu propose une démarche centrée sur les situations-problèmes. Il intègre trois éléments constitutifs de la situation d'apprentissage : le projet, les opérations intellectuelles mobilisées et les stratégies personnelles de l'apprenant. En effet, pour ce chercheur en Sciences de l'éducation, apprendre, c'est avoir **un** projet, mettre en œuvre l'opération intellectuelle sollicitée par l'objectif et utiliser les procédures les plus efficaces pour la personne.

CEPEC, *Construire la formation*, ESF, 1991.
Meirieu Ph., *Apprendre… oui, mais comment*, ESF, 2012.

La « classe inversée » ou la « formation inversée »

C'est une façon différente d'enseigner et d'apprendre. Comparativement à une classe traditionnelle, la prise de connaissance des notions se fait à l'extérieur de la classe (à la maison, à la bibliothèque, bref, n'importe quel endroit où des vidéos présentant la théorie peuvent être visionnées) et le temps de formation libéré est utilisé pour approfondir, appliquer et assimiler les notions. Puisque le formateur n'a plus à « présenter » la matière, il est disponible pour accompagner, motiver et soutenir les apprenants dans leur apprentissage. La finalité est de passer d'un modèle centré sur le formateur à un modèle centré sur l'apprenant afin de répondre aux besoins individuels de chacun.

Cette façon de faire est utilisée aux États-Unis, à l'école, au lycée comme à l'université depuis 2007. Au Québec, elle se développe depuis 2011.

La question de l'autonomie

Sujet récurrent parmi les formateurs, condition de réussite pour les uns (je ne peux leur proposer telle activité car ils ne sont pas autonomes), objectif pour les autres, l'autonomie ne laisse personne indifférent. La mise à distance des contenus a renforcé cette thématique de même que les attentes des employeurs à l'égard des salariés qu'ils souhaitent responsables, faisant preuve d'initiatives et… autonomes dans leur travail.

De quoi parle-t-on ? Commençons par ce qu'elle n'est pas, selon nous. L'autonomie n'est pas l'apprentissage sans formateur : elle n'est pas l'auto-instruction en se passant des autres. Elle n'est pas un laisser-faire du formateur qui renoncerait à tout contrôle. Elle n'est pas non plus une méthode ou un contenu qu'il s'agirait d'enseigner à l'égal des disciplines.

L'autonomie, c'est se fixer des objectifs, gérer ses activités et son temps au sein d'un ensemble qui détermine ce qui est possible et ce qui ne l'est pas. Ce n'est donc ni un état stable ni permanent mais davantage « un processus dynamique ouvert et relativement indéterminé[35] » relatif à une situation, à une activité, à un projet.

Il ne faut pas confondre autonomie et capacité à réaliser une activité sans aide extérieure. En effet, on peut qualifier un apprenant « d'autonome » s'il sait solliciter une aide extérieure adaptée à son besoin pour atteindre son objectif. Ainsi, un individu autonome est un individu capable d'utiliser de façon adéquate les différentes composantes de son environnement pour atteindre son objectif. C'est pourquoi l'autonomie ne peut se définir, et donc s'évaluer, que par rapport à une situation donnée. On dit alors que

---

35. Morin E., *Introduction à la pensée complexe*, ESF, 1991

l'autonomie est contingente. Un apprenant peut être qualifié d'autonome par rapport à un dispositif particulier et pas du tout par rapport à un autre, si ces deux dispositifs divergent fortement quant aux compétences liées à l'autonomie qu'ils nécessitent.

Dans le champ des apprentissages, l'autonomie ou l'autonomisation (au sens de processus), consiste à mobiliser des compétences de métacognition pour se distancier par rapport à sa propre action, prendre conscience des mécanismes de sa propre pensée et donc les améliorer et les piloter. Planifier son parcours, identifier ses difficultés, expliciter ses cheminements cognitifs, s'autoévaluer, définir de nouvelles connaissances à acquérir : autant de facettes à développer.

Quels sont donc les axes de travail pour le formateur ? Voici quelques repères clés, sachant que l'ensemble du livre est orienté dans cette perspective :

– permettre à l'apprenant de mieux se connaître, d'identifier son style et ses stratégies d'apprentissage pour qu'il puisse décider en connaissance de cause ;

– encourager à l'autoévaluation c'est-à-dire à l'analyse par l'apprenant de ses propres productions avant de confronter son appréciation avec celle de l'intervenant,

– différencier la guidance en fonction des acquisitions réalisées : privilégier le questionnement sur le recours à des aides ; différencier la nature de ces aides (un savoir, les mots clés de la consigne, un exemple, une piste à explorer, etc.) ;

– aider à l'exploration plutôt que de donner des réponses : dans cette optique, devant une question posée par l'apprenant, il est préférable d'encourager à la recherche d'informations (*selon toi, où peux-tu trouver cet élément ; dans quelle partie du didacticiel peux-tu rechercher ? etc.*) que de fournir des réponses toutes faites ;

– favoriser l'anticipation plutôt que de porter jugement (*si tu procèdes ainsi, que risque-t-il de se passer, quelles informations obtiendras-tu, etc. ?*).

Ainsi l'autonomie ne s'enseigne pas, elle se vit, elle se pratique : c'est une attitude, une valeur à développer. C'est une façon d'être, de décider, de penser et de s'exprimer. C'est une visée du formateur nourrie par des pratiques professionnelles qui permettent à l'apprenant, dans l'interaction sociale, de décider, en conscience, de ce qu'il convient qu'il fasse pour apprendre et atteindre les objectifs qui ont été négociés.

Chapitre 8

Évaluer les apprentissages et les effets de la formation

Lorsque le formateur anime les séquences de formation, il a besoin de savoir si les personnes progressent et en fin d'action dans quelle mesure les objectifs ont été atteints. Se pose à lui comme aux autres acteurs la question des résultats :

– quelles compétences ont été développées par les personnes ?

– quels changements ont été générés par cette action ?

– quels éléments du dispositif pédagogique ont été efficaces ?

– en quoi les moyens ont été pertinents ?

L'évaluation est partie intégrante de la formation. Mais malgré des discours ambitieux, ne se réduit-elle pas souvent à un simple « contrôle » (des acquis, des savoirs…) ? Nous souhaitons donc attirer votre attention sur ce que suppose une évaluation des résultats de la formation.

Ainsi, à l'issue de ce chapitre, vous disposerez d'éléments théoriques et méthodologiques pour :

– analyser la demande d'évaluation adressée au formateur,

– construire des situations d'évaluation tout au long d'une action de formation.

---

1. Faire le point
2. Pas de formation sans évaluation
3. Évaluations, au pluriel
4. L'évaluation pédagogique
5. Ne réduisons pas l'évaluation au contrôle

I. Faire le point

Nous nous proposons de prendre connaissance des trois modalités suivantes :
– un questionnaire ouvert sur votre pratique de l'évaluation ;
– un questionnaire à choix multiples (QCM) ;
– une situation d'évaluation « surprise ».
Surtout répondez le plus naturellement possible. Si certains points vous paraissent confus ou ardus, n'hésitez pas à répondre de façon spontanée, sans chercher à décoder nos attentes, sans vous demander ce que nous voulons vous faire dire.

1.1 Votre pratique de l'évaluation (questionnaire ouvert)

Citez les 10 mots ou expressions auxquels vous pensez **spontanément** *quand vous entendez le mot évaluation ?*

– ....   – ....
– ....   – ....
– ....   – ....
– ....   – ....
– ....   – ....

L'évaluation : à quelles situations concrètes de **votre** *itinéraire personnel et professionnel cette notion vous renvoie-t-elle ?*

Vous participez à une réunion de formateurs sur l'évaluation. Pour faciliter la discussion, il vous est demandé de proposer une définition de ce terme en une phrase. Vous répondez :

1.2 Vos idées sur l'évaluation (questionnaire à choix multiples)

Pour chacune des questions posées, plusieurs réponses sont proposées. Une seule est attendue. Entourez-la.

1. En formation, l'évaluation, c'est :
- 1.1 le contrôle des savoirs et savoir-faire
- 1.2 la recherche des effets produits par l'action
- 1.3 la récompense des meilleurs travaux
- 1.4 le repérage des personnes qui ne réussissent pas à acquérir savoirs et savoir-faire

2. En formation, on évalue pour :
- 2.1 mesurer les apprentissages
- 2.2 classer les personnes
- 2.3 prendre des décisions
- 2.4 connaître les progrès réalisés
- 2.5 cerner les difficultés rencontrées

3. L'évaluateur, c'est principalement :
- 3.1 le formateur
- 3.2 la personne qui finance
- 3.3 le responsable de l'action
- 3.4 les personnes en formation

4. L'évaluation pédagogique se déroule plutôt :
- 4.1 tout au long de l'action de formation.
- 4.2 en amont de l'action de formation
- 4.3 pendant l'action de formation
- 4.4 à la fin de l'action de formation

5. L'évaluation sommative est celle qui :
- 5.1 sanctionne une formation
- 5.2 aide le formateur à remédier aux difficultés des personnes en formation
- 5.3 prévient les échecs
- 5.4 permet de constituer des groupes homogènes

6. Vous avez dit « évaluation formative » ?
- 6.1 toute évaluation est formative
- 6.2 c'est celle qui permet de réguler l'apprentissage
- 6.3 c'est celle qui diagnostique les façons d'apprendre
- 6.4 c'est celle qui exige la préparation la plus longue

7. Si la pédagogie était un voyage, l'évaluation serait :
- 7.1 La discussion sur ce qu'a apporté à chacun ce voyage
- 7.2 le compostage des billets en gare de départ
- 7.3 le contrôle des billets par l'agent commercial
- 7.4 le paysage qui défile

1.3. Pour reprendre une idée de René Magritte

René Magritte est un peintre surréaliste belge du XXe siècle qui a réalisé entre autres ce tableau :

En reprenant son idée, nous vous proposons maintenant ce « chef-d'œuvre » de l'art pédagogique.

A. Évaluez ce tableau.

B. Quelles remarques formulez-vous à propos de ce « tableau » et de la tâche qui vous est demandée ?

Repères pour l'analyse

1. À propos du questionnaire : « L'évaluation et vous »

1. Voici une liste non exhaustive de termes que des formateurs citent souvent quand ils répondent à cette question :

validité, calcul, sanction, confort, classement, acquis, progrès, bilan, difficulté, arbitraire, correction, dosage, mesure, contenu, échelle, motivation, place, confiance, faute, grille, test, observation, savoir-faire, examen, contrôle, processus, vérification, exercice, objectif, notation, instrument, positionnement…

2. Quant aux situations concrètes qu'ils lient à l'évaluation, elles présentent très souvent *trois caractéristiques :*
- les personnes sont davantage en position d'évaluer que d'évaluateur ;
- la forme dominante est la notation et l'école occupe une place de choix avec les examens, les interrogations écrites, les « colles » ;
- l'objet de l'évaluation est double : il s'agit d'évaluer l'action de formation ou/et les apprentissages réalisés.

3. En ce qui concerne les définitions de cette notion, nous en avons retenu arbitrairement quatre qui peuvent vous aider à vous situer :
- moyen de connaître les acquis et les manques des stagiaires ;
- outils aux formes variées qui permettent de rendre compte des savoirs, des savoir-faire maîtrisés par les personnes ;
- questionnement qui cherche à repérer les effets de l'action afin de prendre des décisions ;
- technique visant à situer la place ou le niveau d'un individu par rapport à son groupe d'appartenance en fonction de ses connaissances.

Commentaire

Ce qui se dégage des réponses des formateurs, c'est d'une part une très grande diversité des références et des pratiques très diversifiées ; d'autre part la prégnance du modèle scolaire toujours vivace. L'abondance des termes, leur hétérogénéité révèlent, nous semble-t-il, une absence de culture professionnelle à propos de cette notion. Ce constat peut s'expliquer par le fait qu'il n'y ait pas ou peu de formation à l'évaluation, ce qui amène les collègues à reproduire ce qui se fait depuis longtemps, ce qu'ils ont eux-mêmes vécu en tant qu'élève ou stagiaire.

2. À propos du questionnaire à choix multiples

Pour la question n° 1, la réponse 1.1 est centrée sur la mesure des apprentissages des personnes alors que la 1.2 concerne plus l'efficacité de l'action. Si ces deux réponses renvoient à un processus en aval, la réponse 1.4 met l'accent sur son déroulement pendant les séquences de formation. Quant à la réponse 1.3, c'est une conséquence de l'évaluation. Nous ne détaillerons pas les réponses à toutes les autres questions mais indiquons celles que nous privilégions : 2.3, 3.4, 4.1, 5.1, 6.2, 7.1. Si vous constatez beaucoup d'écarts pour les premières réponses, vous devrez travailler plus particulièrement la première partie de ce chapitre. Si vous constatez des écarts pour les dernières questions, mettez l'accent sur la seconde partie.

3. Et Magritte ?

L'évaluation de ce tableau plonge souvent le formateur dans la perplexité. En effet, la difficulté est double :
- évaluer un tableau pose la question des critères. Par rapport à quoi donner une valeur : à un ressenti personnel, au tableau de Magritte reproduit, au marché de l'art, etc. ? Cela interroge également la forme de la réponse attendue : est-ce un prix, une note, un texte argumenté ?
- de plus, le thème lui-même est troublant car il traite de l'évaluation, tout en affirmant qu'il s'agit d'autre chose. Et si ce n'est pas de l'évaluation, de quoi s'agit-il ?

Magritte a intitulé son tableau original : « La trahison des images » pour attirer l'attention du spectateur sur le fait qu'une reproduction diffère toujours de l'objet tangible. Autrement dit, à un premier niveau, « ceci n'est pas une évaluation » signifie que nous sommes en présence d'une représentation de ce phénomène et non du phénomène lui-même.

Mais allons plus loin. Et si cette note sur 20 points était la représentation d'autre chose encore ? La suite du chapitre éclairera cet aspect.

Analysons ces trois modalités de diagnostic

Elles ont un élément commun : aider le lecteur à faire le point sur une notion et se situer avant la phase d'apprentissage proprement dite. Mais elles présentent de nombreuses différences.
- Le QCM a un corrigé type alors que les autres modalités n'en ont pas. Il porte sur les savoirs du lecteur et vise à **vérifier ses pré-acquis.** Il peut donner lieu à notation (sur 10 points, sur 20 points, sur 100 points avec des barèmes variés : même nombre de points pour chaque question, des questions coefficientées, des points négatifs pour certaines réponses erronées…) et déboucher sur un itinéraire dans le chapitre (concentrer ses efforts sur le point 1, survoler le 2, faire un exercice du 3…), voire sur la non-étude du chapitre.
- Les modalités 1 et 3 ne peuvent donner lieu à un corrigé type et à une notation : que signifierait en effet une note sur 20 pour la liste de mots ?

Cela s'explique par le fait que ces modalités visent à **faire émerger vos représentations** de cette notion, c'est-à-dire la façon dont vous la pensez en fonction de votre histoire et de vos pratiques. Il n'y a pas de bonne ou de mauvaise représentation, il y a des représentations. Elles peuvent être adaptées ou inadaptées, partiellement ou globalement à l'exercice de l'activité professionnelle.

La modalité 1 utilise un procédé (les questions ouvertes) fréquemment mis en œuvre en formation alors que la dernière en prenant appui sur Magritte joue sur la surprise et vise des réponses plus « vraies », moins biaisées par des préoccupations du type : quelles sont leurs attentes quand ils posent ce type de questions ?

Les trois modalités que nous avons présentées diffèrent donc profondément tant par les informations qu'elles mobilisent que par les exploitations qu'elles permettent. Et pourtant, on ne les qualifie dans le langage courant que d'un seul terme : évaluation !

2. Pas de formation sans évaluation

L'évaluation est une démarche qui vise à faire connaître les résultats de l'action de formation, ceux qui étaient visés et ceux qui ont été induits par l'action elle-même. Appelée également bilan, c'est une recherche de la valeur qui doit mobiliser toutes les personnes concernées.

2.1 Qui évalue quoi ?

Évaluer, c'est se donner des repères pour apprécier les effets produits par l'action de formation. Aux apprenants, l'évaluation permet de prendre conscience des acquisitions réalisées, de mesurer leur progression, de définir des points à travailler.

Au formateur, elle fournit des indications sur le travail réalisé, les apprentissages effectués, les difficultés rencontrées, les ajustements à mettre en œuvre à propos du rythme, du dispositif...

Aux commanditaires, l'évaluation informe des changements qui ont été générés par l'action, ceux qui étaient visés et ceux qui ont été induits. L'évaluation renseigne, éclaire tous les acteurs concernés par l'action de formation et porte sur *deux objets* essentiels :

- les apprentissages réalisés : les savoirs, savoir-faire qui ont été acquis par les personnes *(Exemple 1, une formation à la sécurité dans le travail : les participants maîtrisent-ils les postures de manutention ? Exemple 2, stage de dynamisation pour demandeurs d'emploi : les participants savent-ils conduire une démarche auprès d'employeurs ?).*
- les effets de l'action : les changements qui ont été produits par celle-ci dans l'entreprise, l'environnement social *(exemple 1 : les accidents de travail ont-ils diminué ? Exemple 2 : ont-ils trouvé un emploi trois mois après la formation ?).*

2.2 Pourquoi ?

Si nous reprenons notre schéma de base d'une action de formation, nous pouvons dire qu'il est nécessaire de connaître les résultats réels obtenus par rapport aux résultats visés.

En effet, cette situation nouvelle est une situation projetée, visée, espérée (les compétences des personnes). Qu'en est-il réellement ?

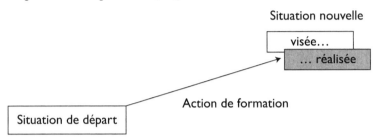

Évaluer c'est repérer les résultats obtenus, cerner des écarts entre ceux-ci et les résultats souhaités, chercher la cause de ces écarts pour prendre des décisions. L'évaluation est un processus d'aide à la décision.

Qui évalue ?	... pour décider quoi ?
La personne en formation	**... de la gestion de son apprentissage** Je vois que je progresse, je dois faire des efforts sur...
Le formateur	**... de la conduite de l'action de formation** J'ajuste la progression au rythme de travail des personnes, je modifie le dispositif en fonction des résultats...
Le commanditaire	**... de la pertinence de la formation** Je vérifie si la formation a produit les changements attendus, je décide de reproduire cette action, de reconduire cette convention avec le prestataire.

Nous constatons que le formateur n'est pas l'unique acteur concerné par l'évaluation. Nous allons donc resituer cette activité dans le cadre général de l'action de formation puis préciser ce qui est de son ressort.

3. Évaluations, au pluriel

Parce qu'elle mobilise différents acteurs et cherche à savoir si le projeté, l'attendu s'est réalisé, l'évaluation est un processus qui, s'il est mis en œuvre plutôt à la fin de l'action, doit être préparé dès son début. En effet, comment savoir si les changements ont été réalisés s'ils n'ont pas été énoncés ? Comment certifier que les compétences ont été maîtrisées si elles n'ont pas été définies auparavant ?

Reprenons donc pour mémoire les différentes étapes d'une action de formation.

3.1 Les quatre étapes d'une action de formation

Étape 1 : le constat de situation

À l'origine d'une action de formation, il peut y avoir une difficulté, un problème, un dysfonctionnement, un projet individuel ou collectif. C'est par rapport à ces éléments que le commanditaire agit. Illustrons notre propos :

Mme Dupont travaille dans le service de secrétariat depuis 10 ans et aimerait avoir plus de responsabilité dans l'organisation de son travail. Le coordonnateur emploi-formation d'une zone en liaison avec les structures d'accueil et d'orientation des jeunes observe qu'un certain nombre de jeunes ayant quitté l'école sont sans emploi, sans qualification ou avec une qualification obsolète.

Étape 2 : la formulation d'objectifs de changement

À partir de ce constat de départ, sont proposées des orientations, des intentions quant à la situation souhaitée, intentions qui sont traduites en objectifs de changement, c'est-à-dire en résultats à atteindre.

Pour reprendre nos exemples, Mme Dupont se fixe comme objectif d'intégrer la hiérarchie de proximité en devenant chef d'équipe. Le conseiller de Pôle Emploi veut réduire le nombre de jeunes chômeurs de 15 % sur le bassin d'emploi.

Étape 3 : la détermination des moyens à mobiliser et la formulation des objectifs de formation

Pour atteindre ces objectifs de changement, les individus et les organisations ont le choix entre différents moyens : des moyens matériels, organisationnels et « humains ». Par moyens « humains », nous entendons ce qui a trait aux compétences et donc au processus de développement de celles-ci. Bien sûr, nous n'ignorons pas qu'il est possible par rapport à ce moyen de licencier et de recruter d'autres personnes mais nous voulons nous situer résolument sur l'axe formation. Quand la formation est le moyen estimé le plus pertinent pour réaliser les objectifs de changement, il faut alors définir les objectifs de formation, c'est-à-dire indiquer la compétence attendue, ce que devront être capables de faire les personnes après la formation.

Pour Mme Dupont, un des objectifs de formation pourrait être : « savoir animer une équipe de travail ». Les jeunes sans emploi devront acquérir une qualification, c'est-à-dire maîtriser les savoirs et savoir-faire la constituant.

Étape 4 : la mise en œuvre de la formation avec la définition des objectifs pédagogiques et la construction des séquences d'apprentissage

Énoncer le résultat attendu à l'issue de la formation ne dit rien des compétences de départ, du chemin à parcourir ni des étapes à franchir, autant d'éléments qui sont au cœur du métier du formateur. Le formateur fonde son intervention sur des intentions telles que le développement de l'autonomie, la prise de conscience des enjeux, puis, pour chacune des étapes donnant matière à des apprentissages, il formule avec les personnes des objectifs pédagogiques.

Pour Mme Dupont, il s'agira à titre d'exemples d'identifier son style de management. Pour les jeunes, de réaliser telle production, d'organiser tel poste de travail, d'identifier tel outil.

Acteurs	Action de formation
Le commanditaire (qui peut être l'apprenant)	**analyse la situation,** repère un problème, élabore un projet. **fixe des objectifs de changement** détermine parmi les moyens possibles à mobiliser l'action de formation. **fixe des objectifs de formation** cible les personnes concernées
Le formateur	**fixe des objectifs pédagogiques** construit et anime des séquences de formation
Les apprenants	**réalisent les apprentissages,** développent leurs compétences, contribuent aux changements

Si la formation est ainsi construite, où apparaît l'évaluation ? Quand est-elle préparée puis mise en œuvre ?

3.2 Niveaux d'évaluation et niveaux d'objectifs

Aux trois types d'objectifs que nous avons repérés correspondent *trois niveaux d'évaluation.*

A. Évaluation pédagogique

Aux **objectifs pédagogiques** correspond un premier niveau qui vise à vérifier s'il y a eu développement de compétences : mise en œuvre de savoir-faire, acquisition de savoirs, meilleure compréhension des phénomènes. Il s'agit de **comparer les résultats obtenus aux résultats attendus** tels qu'ils étaient explicités dans les objectifs pédagogiques. Ce à quoi on se réfère (les objectifs) est appelé le référent et ce qu'on y rapporte, les résultats obtenus, est appelé le référé. Les apprenants et le formateur sont les acteurs de cette phase : le formateur peut évaluer seul l'atteinte des objectifs mais dans une perspective andragogique il est indispensable de rendre les apprenants acteurs de cette démarche qui est partie intégrante de l'apprentissage.

B. Évaluation des compétences

Aux **objectifs de formation** correspond un autre niveau de vérification. L'objet est la mise en œuvre en situation réelle des compétences développées en formation. L'analyse est la **comparaison entre « ce qu'il était prévu de faire » et « ce qui se fait réellement »**.

C. Évaluation des changements sociaux et professionnels

Enfin, aux **objectifs de changement** correspond un procédé de vérification de leur atteinte. Les acteurs sont des commanditaires ou prescripteurs de formation. Il s'agit d'abord de **comparer les résultats obtenus aux résultats attendus tels qu'ils étaient explicites dans les objectifs de changement.** Ensuite un questionnement plus large peut être mené associant l'ensemble des acteurs concernés. Il est à noter que cette phase ne peut être mise en œuvre que si elle est pensée avant la formation.

D. Le bilan de fin de formation

Et le fameux bilan de fin de formation : où le positionner ? Vous avez mis en œuvre cette évaluation en fin d'action ou participé en tant qu'apprenant à une telle activité. Il s'agit généralement d'un recueil d'opinions, d'indices de satisfaction ou d'insatisfaction concernant les conditions matérielles et l'aspect pédagogique. Réaction à chaud, elle ne dit rien de la mise en œuvre des compétences après la session. Beaucoup de formateurs ont fait le constat suivant : une formation peut être enthousiasmante sur le moment (fort degré de satisfaction) et ne rien changer aux pratiques ensuite ; inversement elle a pu être déstabilisante (faible indice de satisfaction) et se révéler pertinente après coup, dans des contextes nouveaux.

N'oublions pas que **rien en formation ne se joue dans l'instant** et qu'il est nécessaire là aussi de distinguer temps des semailles et temps des récoltes.

Pourquoi dans ce cas, continuer à mettre en œuvre ce type d'évaluation ? Deux raisons y concourent. D'une part, c'est la mise en œuvre d'une **démarche de formation centrée sur les attentes des participants** : en effet, pour certaines actions, les personnes sont d'abord demandeurs de formation. Le bilan vise à connaître le degré de satisfaction de ce client individuel. D'autre part, considérer l'adulte responsable, c'est a minima lui donner la parole sur ce qu'il vit en formation.

L'évaluation des objectifs pédagogiques et de formation renvoie à une autre démarche, celle de la **commande** : les organisations (entreprise, pouvoirs publics, etc.) ont recours à la formation pour développer les compétences individuelles et collectives.

Enfin, celle des objectifs de changement s'inscrit dans une démarche de projet d'organisation. La formation est alors l'un des moyens pour générer des changements dans le travail, dans la société, dans l'existence des personnes.

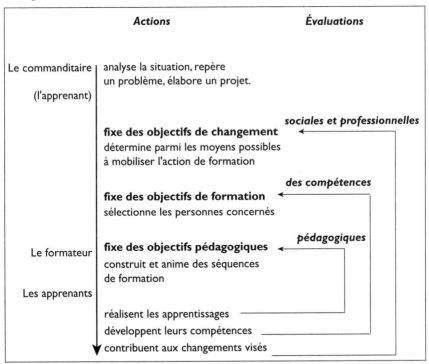

S'entraîner à partir d'exemples : les évaluations

Voici 6 situations qui se rapportent à l'évaluation. Nous vous demandons de les situer par rapport aux différentes étapes présentées, d'identifier les acteurs, leurs intentions, les informations qu'ils utilisent.

A) Jacques est accueilli au centre de formation du bâtiment. Après avoir visité les locaux, il a un entretien avec un formateur pour faire le point sur son projet. Il lui est également demandé, à partir d'un article de presse traitant de l'emploi dans les travaux publics, de répondre par écrit à 5 questions (3 mobilisant la compréhension et 2 les opérations mathématiques).

B) L'animateur territorial réunit les formateurs et responsables de l'action « maçonnerie » pour rendre compte du taux de placement des jeunes 7 mois après la formation.

C) Mme X est reçue en entretien par le responsable formation qui lui annonce que, suite à sa demande, il est envisagé de lui confier de nouvelles fonctions. Pour faciliter ce changement, une formation importante lui est proposée et le responsable lui présente les objectifs principaux. Il lui demande si elle est d'accord avec le projet et ensemble ils formalisent un contrat prévoyant notamment une nouvelle rencontre à l'issue de la formation.

D) M. V est en stage de reconversion depuis 2 mois et prépare une certification de réparateur électroménager. Ce matin, il dispose de quatre heures pour réparer seul une machine à laver le linge : non seulement il doit diagnostiquer la panne mais encore procéder au dépannage et établir une note sur son travail. Cette évaluation est une application des séquences qu'il vient de suivre. Si ses résultats sont satisfaisants, il suivra un autre module ; en cas contraire, il bénéficiera d'un capital de deux jours pour travailler les notions non maîtrisées.

E) Le responsable des ventes réunit les salariés qui ont participé à la formation sur la climatisation un mois après l'action pour « faire le point ». Certains disent qu'ils ont mis en œuvre les éléments présentés, notamment la partie argumentation, alors que d'autres insistent sur les problèmes organisationnels qui viennent entraver cette application.

F) Quatre mois après une formation de dix jours à la sécurité, le directeur du département « Production » réunit les agents de maîtrise pour faire le point sur l'évolution du nombre et de la gravité des accidents du travail.

Repères pour l'analyse

Les situations qui vous ont été proposées peuvent être réparties sur le schéma général en trois ensembles :
– les situations (B – E – F) ont lieu **après la formation** et sont mises en œuvre par le commanditaire ;

– les situations B et F présentent des évaluations qui se situent par rapport aux objectifs de changement : ces changements ont-ils eu lieu et dans quelle mesure ? La formation était-elle le moyen le plus adapté ? De l'atteinte des objectifs dépendra la reconduction des actions ;

– la situation E est construite, elle, en référence aux objectifs de formation : les personnes sont-elles compétentes dans les situations professionnelles et sociales ? Dans l'entreprise, c'est l'encadrement de proximité qui réalise le plus souvent ce type d'évaluation. Pour les formations certifiantes, les examens sont organisés par une instance statutaire ;

– les situations (A – D) ont lieu **pendant l'action de formation** et sont mises en œuvre par le formateur. Celui-ci recueille des informations pour piloter son intervention, adapter son dispositif aux personnes, procéder aux ajustements nécessaires et attester des compétences mises en œuvre ;

– enfin la situation C n'est pas une situation d'évaluation à proprement parler mais elle y prépare en déterminant les objectifs poursuivis. Mise en œuvre par le commanditaire, elle vise à définir les résultats attendus à l'issue de l'action de formation.

L'évaluation de l'action de formation ne se cantonne pas au domaine pédagogique et ne mobilise pas que le formateur. Le domaine pédagogique n'est qu'un sous-ensemble d'un système plus complexe dans lequel interviennent commanditaires et encadrement.

4. L'évaluation pédagogique

Traditionnellement l'évaluation a été pensée après l'apprentissage, en fin de séquence de formation. Nous faisons allusion aux fameux « contrôles des connaissances », interrogations écrites, compositions, devoirs sur table, examens, dossiers d'évaluation, etc.

De plus elle a été longtemps réduite au système de notation. La note scolaire se développe pendant la Révolution française en même temps que se met en place un système homogène de mesure qui permet les transpositions (remarquons que la progression du système de notation chemine avec les armées napoléoniennes : elle s'installe en Rhénanie, en Belgique, en Italie, en Espagne, pas au Portugal, jamais en Angleterre). La note participe d'un système chiffré unique qui va permettre d'additionner, de calculer des moyennes, d'introduire des coefficients, en un mot de rationaliser la mesure.

Et aujourd'hui ?

Pour répondre à cette question, nous vous proposons de prendre connaissance de cet échange entre trois formateurs à propos des pratiques d'évaluation. Le premier, Jean, intervient dans le champ de l'insertion ; le second, Pierre, est formateur de technologie et anime des sessions en entreprise alors que la troisième, Odile, spécialiste d'expression écrite et orale, travaille avec tous les publics de la formation des adultes.

Découvrir à partir de témoignages : les pratiques d'évaluation

> Odile – Moi je commence à être à l'aise avec ces évaluations dans la mesure où je ne focalise plus tout en fin de formation. Je crois que ce qui est essentiel c'est ce qui se passe pendant la phase d'apprentissage et c'est l'entraînement qu'il faut développer.
>
> Pierre – Dans les stages que j'anime en entreprise, j'ai constaté que si les prérequis sont bien formulés et si les pré-acquis des gens ne sont pas trop en décalage, alors le stage est bien lancé. Faire du contrôle à la fin, d'accord mais il ne faut pas oublier que la référence, on la trouve au départ. Quand cela se passe mal, le groupe rame et le formateur avec.
>
> Jean – Dans les stages d'insertion, ma pratique a changé du jour où j'ai formulé des objectifs pédagogiques et où je les ai présentés aux stagiaires. Avant, je n'étais pas satisfait des notes que j'attribuais : je me référais plus à la copie précédente qu'au corrigé type que j'avais préparé. Dans ces conditions, noter au point ou au demi-point n'a pas grande signification.
>
> Pierre – Moi je me retrouve bien dans ce que tu dis, car en entreprise, nous travaillons avec les référentiels pour construire la formation : que ce soient des référentiels d'emploi ou de certification, ils nous fournissent des indications précieuses et même si tout n'est pas parfait et évident, le salarié s'y retrouve mieux : pour caricaturer, indiquer les objectifs atteints facilite plus la prise de responsabilité que « mettre 10 et dire moyen ».
>
> Odile – D'accord avec vous pour cerner les critères. Mais il ne faut pas oublier que l'essentiel est l'apprentissage et que le travail du formateur est d'abord de le faciliter. À trop évaluer, à vouloir systématiser ces évaluations qui sont des contrôles, nous risquons de passer à côté de l'essentiel, à savoir permettre aux personnes de développer leurs compétences. Si nous voulons contrôler et contrôler, nous allons découper, décomposer et aller à l'encontre de ce que nous voulons, permettre aux

personnes de résoudre des problèmes réels et donc complexes, que les contrôles ont tendance à simplifier abusivement.
Voilà ce que disent des formateurs de leurs pratiques. Répondez maintenant aux questions suivantes :
• *quels sont les différents moments d'évaluation qui sont indiqués par ces formateurs ?*
• *quels sont les buts recherchés ?*
• *quelles formes l'évaluation prend-elle ? Avantages et inconvénients ?*

Repères pour l'analyse

La clé de lecture de vos réponses se trouve dans les paragraphes suivants.

4.1 Les fonctions de l'évaluation

L'évaluation assure une **fonction de régulation** et se situe en amont, pendant et en aval de l'action de formation.

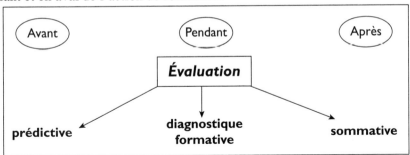

En amont et en aval, cette fonction est d'assurer que les caractéristiques des personnes répondent aux exigences de l'action de formation :
  – dimension prédictive lorsqu'il s'agit de contrôler l'accès à la formation ;
  – dimension sommative lorsqu'il s'agit d'attester des compétences acquises en fin de formation.

Pendant l'action, la fonction est d'assurer que le scénario pédagogique est adapté aux modalités d'apprentissage des personnes :
– dimension diagnostique au début de la formation ;
– dimension formative en cours de formation.

303

Avant l'action

La fonction prédictive vise à comparer les pré-acquis de la personne aux prérequis nécessaires pour suivre la formation, et sur la base de cette comparaison, **prendre une décision d'admission ou d'orientation.** Les prérequis sont les savoirs et savoir-faire que la personne doit maîtriser pour pouvoir participer à la formation. Ils sont exprimés en termes de niveaux de qualification, de certifications (CAP, Baccalauréat), de pratiques professionnelles actuelles ou futures (exercer le métier depuis 2 ans – se préparer aux fonctions d'agent de maîtrise), de ressources à maîtriser (rédiger un cahier des charges – se repérer sur un plan – effectuer les quatre opérations). Les pré-acquis sont les compétences maîtrisées avant la formation.

Cette fonction prédictive vise donc à répondre à la question : *cette personne pourra-t-elle suivre la formation et développer ses compétences compte tenu de sa situation d'entrée ?*

À la fin de l'action

La **fonction sommative** (à la fin d'une séquence ou de l'action elle-même) **compare les compétences mises en œuvre par la personne** dans une situation construite à cet effet **et les compétences attendues.** De cette comparaison naît la décision d'attester, de reconnaître ou non les compétences. Les modalités sommatives (adjectif venant de l'idée d'additionner les acquisitions) peuvent être multiples aussi bien en termes de compétences, de situations que d'environnement :

– elles sont intégrées à l'action (contrôle continu, en cours de formation, unités capitalisables) ou séparées de l'action (examen ponctuel) ;

– elles portent sur des savoirs déclaratifs (contrôle de connaissances), des savoirs procéduraux (résolution de problèmes), des savoir-faire en situation simulée (usiner une pièce, conduire un entretien, mettre un texte en page…).

Les résultats n'ont pas une valeur pédagogique mais sociale, au sens où les difficultés d'apprentissage ne sont pas retravaillées.

Cette fonction permet de répondre à la question : *cette personne a-t-elle les compétences que la formation devrait lui permettre de développer ?*

Pendant l'action

Nous avons repéré *deux fonctions complémentaires*.

La **fonction diagnostique** se déroule en début d'action ou au lancement de chaque séquence de formation. Elle vise à partager des informations entre formateur et personnes en formation à propos des représentations, des méthodes de travail, des compétences à acquérir. Elle vise à rendre l'apprenant demandeur de savoir en lui permettant d'une part de réfléchir à ce que l'on attend de lui, de formuler ses objectifs personnels, et, d'autre part, en lui fournissant des repères auxquels il pourra se référer tout au long de son apprentissage.

Les modalités sont multiples et vont du travail **d'émergence des représentations** (cf. chapitre 3 : Apprendre) jusqu'à la discussion à partir d'un **outil d'autopositionnement** *(ça, je sais faire ; ça, je peux l'expliquer à d'autres ; ça, je veux l'apprendre…)*

Cette fonction permet à l'apprenant de répondre à la question : *quels objectifs puis-je me donner ? et au formateur : quels sont les points clés à travailler et quelles sont les modalités les plus pertinentes ?*

Quant à la **fonction formative,** elle est intimement liée à l'apprentissage et permet de procéder aux ajustements nécessaires à partir des observations et de l'expression des personnes. C'est là encore un partage d'informations pour faciliter l'apprentissage et mettre en œuvre les scénarios les plus adaptés et aux objectifs et aux modes d'apprentissage. Cette fonction permet d'analyser les situations vécues, les difficultés rencontrées et de procéder aux ajustements nécessaires.

Elle permet de répondre à la question : *quelles sont pour nous, apprenants et formateur, les modalités pédagogiques les plus adaptées à la progression de l'apprentissage ?*

Réfléchir à partir de textes : ce qu'en disent les pédagogues

Voici ce qu'écrivent, à propos d'évaluation, quelques experts en Sciences de l'éducation. Le contexte est souvent celui de la formation initiale.

1. Identifiez la fonction que l'extrait ci-dessous présente.

« Son principe consiste, compte tenu d'un objectif pédagogique préalablement choisi – par exemple, dans une classe de mathématiques, la maîtrise des relations d'ordre – et d'un programme d'apprentissage préalablement établi, à vérifier si l'élève progresse et s'approche de l'objectif. Dans le cas d'une évaluation […] l'objectif est donc d'obtenir une double rétroaction, rétroaction sur l'élève pour lui indiquer les étapes qu'il a franchies dans son processus d'apprentissage et les difficultés qu'il rencontre, rétroaction sur le maître pour lui indiquer comment se déroule son programme pédagogique et quels sont les obstacles auxquels il se heurte. Il est clair que cette forme d'évaluation devrait tenir la place principale dans l'action pédagogique, mais il est non moins clair que dans le système éducatif qui est le nôtre il n'en est rien. »[36]

2. Caractérisez les fonctions en complétant les espaces libres

« Alors qu'une évaluation… est normalement effectuée au terme de chaque tâche d'apprentissage, notamment pour intervenir immédiatement là où une difficulté se manifeste, l'évaluation… revêt le caractère d'un bilan. Elle intervient donc après un ensemble de tâches d'apprentissage constituant un tout, correspondant, par exemple à un chapitre de cours, à l'ensemble du cours d'un trimestre, etc. Les examens périodiques, les interrogations d'ensemble sont donc des évaluations sommatives. Alors que l'évaluation… revêt, en principe, un caractère privé (sorte de dialogue particulier entre l'éducateur et son élève), l'évaluation… est publique : classement éventuel des élèves entre eux, communication des résultats aux parents par bulletin scolaire, attribution d'un certificat ou d'un diplôme. »[37]

3. L'auteur du texte ci-dessous attire notre attention sur un point. Lequel ?

« À l'issue d'un cours, le professeur donne une *interrogation écrite :* s'il en tire parti pour indiquer à chaque élève le point où il achoppe et/ou pour revenir sur un aspect du cours, alors on est dans le cadre de *l'évaluation formative*. S'il les rend simplement la semaine suivante avec une note qui comptera pour la moyenne et pour le passage dans la classe supérieure, il s'agit *d'évaluation sommative*. D'abord parce que la note n'a qu'un faible pouvoir d'information et qu'elle ne renseigne pas sur ce qu'il aurait fallu faire ; ensuite parce qu'il s'agit d'une évaluation-sanction à partir de laquelle des décisions seront prises.

Annoncer la première forme d'évaluation (formative), et réaliser la seconde (sommative), c'est se livrer à une *supercherie. »[38]*

Repères pour l'analyse

Premier extrait

Il s'agit de la fonction **« formative** de l'évaluation », celle qui permet de réguler les modalités pédagogiques par rapport à la progression des apprenants.

---

36. G. Caverni et J.-P. Noizet, *Psychologie de l'évaluation scolaire*, PUF, 1978.
37. G. de Landsheere, *Dictionnaire de l'évaluation et de la recherche*, PUF, 1979.
38. P. Pelpel, *Se former pour enseigner*, Dunod, 1993.

Second extrait

Alors qu'une évaluation **formative** est normalement effectuée au terme de chaque tâche, l'évaluation **sommative** revêt un caractère de bilan.

Alors que l'évaluation **formative** revêt un caractère privé, l'évaluation **sommative** revêt un caractère public.

Troisième extrait

Patrice Pelpel attire notre attention sur le fait que si la distinction entre ces fonctions est claire sur le plan théorique, dans la pratique il peut y avoir des contaminations qui se font au profit du contrôle et au détriment de la fonction formative.

4.2 Les formes de l'évaluation sommative

Aujourd'hui, deux formes sont utilisées : A. la notation ou évaluation normative ; B. l'atteinte des objectifs ou évaluation critériée.

A. La notation

Nombreux sont les praticiens qui mesurent les apprentissages avec des notes (c'est même la forme la plus usitée). Nombreux sont les travaux consacrés à cet aspect, travaux qui ont donné naissance à la **docimologie** (science dont l'objet est l'étude des notations et examens) et qui montrent de nombreux écarts entre les mesures effectuées par différents correcteurs pour une même production (résolution de problème, écrit, pièce réalisée…). Pour notre part, nous avons demandé à des formateurs ayant la même qualification et intervenant auprès du même public de corriger 15 copies de Mathématiques d'une certification professionnelle avec la même échelle de 0 à 20.

Le tableau ci-dessous montre la répartition des notes obtenues.

Copies	Notes extrêmes	Écarts
n° 1	8 et 13	5
n° 2	7 et 16	9
n° 3	5 et 11	6
n° 4	9 et 16,5	7,5
n° 5	10 et 14	4
n° 6	10 et 12	2
n° 7	4 et 9	5
n° 8	2 et 6	4

n° 9	10 et 15	5
n° 10	2 et 12	10
n° 11	6 et 6	0
n° 12	7 et 11	4
n° 13	10 et 14,5	4,5
n° 14	9 et 16	7
n° 15	9 et 11	2

Vous êtes surpris et vous vous dites certainement que cela n'est pas possible. En philosophie peut-être mais en mathématiques, certainement pas. Rassurez-vous, nous n'avons rien contre les mathématiques mais les résultats que nous avons obtenus dans cette situation et qui n'ont pas de valeur scientifique, sont confirmés par les nombreuses études, ce qui a fait écrire à un chercheur : « *Les notes telles qu'elles sont obtenues sont scientifiquement sans valeur, pédagogiquement insuffisantes et moralement suspectes dans la mesure où on les utilise pour prendre des décisions importantes* »[39].

- « Scientifiquement sans valeur » : lorsque les écarts sont tels pour une même production, il ne peut être question de parler de science.
- « Pédagogiquement insuffisante » : la note donne une information qui renseigne plus la personne sur sa position par rapport à un groupe que sur les points à travailler, surtout lorsqu'elle s'accompagne de commentaires sybillins.
- « Moralement suspecte », la note l'est quand nous savons que dans certaines situations elle constitue la base pour des décisions d'orientation qui dessinent de façon durable des parcours personnels et professionnels.

Comment expliquer ces écarts ?

De nombreux facteurs interviennent qui se conjuguent et amplifient les données :

– *facteurs pédagogiques* : alors que l'échelle de notes théorique est de 0 à 20, certains formateurs refusent de mettre moins de 2 ou 5 et plus de 16 ou 18 points. Différents critères sont pris en compte (résultat, démarche, part de la présentation, de l'orthographe...) et des poids différents sont accordés à un même critère.

– *facteurs psychologiques* : influence des informations dont dispose le correcteur sur l'apprenant (statut, résultats antérieurs) qui induisent des attitudes. Corrigez-vous de la même façon une copie de salarié et de jeune sans emploi ?

---

39. P. Pelpel, *Se former pour enseigner*, Dunod, 1993.

– *facteurs « mécaniques »* : importance de la place de la copie dans une série (début, fin) et dans son contexte de proximité. Corrigez-vous la même production (passable) à l'identique si elle suit une production excellente ou une médiocre ?

Ces pratiques d'évaluation sont dites **normatives** au sens où le référent (la norme) est non explicité et constitué le plus souvent par ce qu'a dit ou montré le formateur. Ainsi P. Foulquié définit la norme comme *« le type idéal ou le modèle déterminé par référence auxquels sont portés les jugements de valeur »*[40]. Alors la production contrôlée l'est dans une comparaison aux autres productions. La performance de la personne est comparée à celles des autres membres du groupe. Cette pratique est largement induite par la conception de l'apprentissage comme transmission d'informations.

D'autres pratiques d'évaluation se sont développées à partir d'un **référent explicité avec la notion d'objectif pédagogique.** En effet dans la mesure où l'objectif pédagogique est formulé avec des conditions et des critères de réussite, le résultat ne peut être que binaire : l'objectif est atteint dans les limites des critères donnés ou il n'est pas atteint. Le critère, nous dit le dictionnaire *Robert* vient du grec *kriterion* qui signifie discerner. C'est un « principe auquel on se réfère pour énoncer une proposition, émettre un jugement, distinguer et classer des notions, des objets ».

B. L'évaluation critériée

Réfléchir à partir d'un exemple : la norme ou des critères ?

> Vous venez d'achever une séquence d'apprentissage qui avait pour objectif d'être capable de réparer la crevaison de la roue avant d'un vélo. Vous avez mené une évaluation au cours de laquelle les apprenants devaient, individuellement, réaliser le comportement attendu. Pour observer de façon rigoureuse la situation, vous avez décomposé la performance visée en 10 éléments nécessaires à contrôler, c'est-à-dire que vous avez repéré 10 critères.
> Les résultats du contrôle sont les suivants :
> – 8 stagiaires ont réussi à 10 critères sur 10 : *groupe A*
> – 4 stagiaires ont réussi à 9 critères sur 10 : *groupe B*
> – 3 stagiaires ont réussi à 5 critères sur 10 : *groupe C*

---

40. P. Foulquié, *Dictionnaire de la langue pédagogique*, PUF, 1971.

Que pouvez-vous dire de ces résultats, dans la perspective de l'évaluation normative ?

Maintenant, selon les principes d'évaluation critériée, quels apprenants ont atteint l'objectif ?

Pour préciser votre réponse, voici la grille de contrôle pour les personnes des groupes B et C (la lettre X signifiant réussi).

Critères	Groupes	
	B	C
1 – Positionner le vélo	x	
2 – Desserrer les écrous à ailettes	x	x
3 – Ôter la roue, puis le pneu	x	x
4 – Localiser la fuite et sa cause	x	x
5 – Préparer la chambre à air	x	
6 – Choisir la rustine appropriée	x	
7 – Procéder au collage	x	x
8 – Remonter la chambre à air	x	x
9 – Remonter le pneu puis la roue	x	
10 – Serrer les écrous à ailettes		
Résultats	**9**	**5**

Repères pour l'analyse

Dans le cadre d'une évaluation normative, vous dites que le premier groupe est excellent, que le second est moyen et le troisième très faible.

Si lors d'une autre session, vous n'avez que les résultats du type B et C vous en conclurez que le Groupe B est le meilleur. Autrement dit, un vélo bien remonté équivaudrait à un vélo mal remonté (bonjour la chute si les ailettes ne sont pas serrées !).

Dans le cadre d'une évaluation critériée, seul le groupe A a atteint l'objectif fixé, les autres groupes sont en voie d'acquisition. Ont-ils eu suffisamment de situations d'entraînement ?

Passer de l'évaluation normative à l'évaluation critériée a deux conséquences :
– l'une **au niveau de l'apprentissage.** L'évaluation devient une modalité pédagogique pour aider la personne à développer son autonomie dans la mesure où elle a des informations sur « ce qui va et ce qui ne va pas » :

c'est la fin du flou et d'une situation de dépendance totale de la personne vis-à-vis de l'évaluateur ;

– l'autre **au niveau de la reconnaissance des compétences.** C'est la fin du « tout ou rien » (réussite ou échec) dans la mesure où des objectifs généraux peuvent être atteints, validés et d'autres non.

C'est également la garantie de compétences professionnelles. En effet, imaginons que vous voyagiez dans un avion dont le pilote vous dise : « *J'ai fait des études remarquables avec quelque chose comme 16 dans la majorité des disciplines sauf pour l'atterrissage où j'ai obtenu 3. Mais comme j'ai eu 14 de moyenne générale, tout ira bien.* » Êtes-vous rassuré ou préférez-vous un pilote qui vous dise que tous les objectifs de formation ont été validés, y compris celui qui était formulé ainsi : être capable de poser l'appareil quelles que soient les conditions météorologiques et techniques, en respectant les règles de sécurité en vigueur ?

C. Attention à la cohérence

Se référer aux objectifs, c'est bien mais encore faut-il qu'il y ait **cohérence entre l'objectif pédagogique, la situation d'apprentissage et le contrôle.** Si vous évaluez autre chose que ce que vous visiez, votre analyse sera faussée et les décisions que vous prendrez inefficaces.

S'entraîner à partir de deux situations

Voici deux exemples caricaturaux mais qui se produisent fréquemment.

- Le formateur qui veut sensibiliser un groupe de jeunes à l'actualité et développer la lecture fixe comme objectif d'avoir dégagé l'information essentielle d'un article de presse traitant de la vie quotidienne. Il leur demande d'apporter des journaux : des classements d'articles sont effectués par thèmes, rubriques, modes de présentation ; les éléments composant un article sont identifiés, etc. Lors d'une évaluation sommative, il leur demande de transformer une courte nouvelle de Maupassant en un article d'un quotidien régional.

- Lors d'un module de mécanique générale, le formateur qui veut développer l'autonomie des apprenants sur la machine à commande numérique propose comme objectif la réalisation d'une pièce à partir d'une matière brute en respectant les cotes. Plusieurs séquences sont consacrées à des réalisations. Lors d'une évaluation sommative, la consigne est bien d'usiner une pièce de même difficulté technique mais sur une machine sur laquelle les personnes n'ont jamais travaillé (cela les changera un peu, pense-t-il).

Les résultats qu'obtiennent les apprenants de ces deux collègues les désespèrent. Ont-ils raison ?

Votre réponse :

Repères pour l'analyse

Non, les deux formateurs n'ont pas à être désespérés ni des résultats ni des apprenants (le niveau ne baisse pas) car le problème est ailleurs : il y a eu en effet rupture dans la chaîne pédagogique entre objectif séquence d'apprentissage d'une part et d'autre part évaluation. Les collègues ont contrôlé autre chose que ce qu'ils visaient et à quoi ils préparaient les personnes. Dans les exemples, il y a décalage entre l'objectif poursuivi et le contrôle proposé : repérer une information dans un texte et produire un texte (à partir d'un autre texte), c'est modifier la performance, la production attendue ; réaliser une pièce sur une machine connue et sur une machine inconnue, c'est modifier la condition de réalisation Pour approfondir, se reporter au *chapitre 7* « Construire une séquence ».

S'entraîner à partir d'exemples : questions de cohérence

Voici une série de situations pédagogiques et la présentation des procédures d'évaluation auxquelles elles ont donné lieu. Ces épreuves vous semblent-elles en cohérence avec les apprentissages réalisés ? Sont-elles adaptées à ce qu'elles entendent vérifier ? Pour répondre, demandez-vous, dans chaque cas, quel était l'objectif visé par le formateur et ce qu'il évalue réellement dans la situation qu'il envisage.

1. Un formateur en expression écrite a déclaré aux apprenants : « On aura gagné si, après ces exercices, vous employez les formules de politesse adéquates ». Quelques jours plus tard, il examine la façon dont ces adultes ont rédigé une demande d'entretien et une lettre de réclamation.

Évaluation cohérente   parce que...
Évaluation non cohérente   parce que...

2. Un formateur en Langue (Anglais) a travaillé avec des conducteurs de TGV aux procédures de communication orale dans un tunnel. Après des exercices de simulation, il décide pour vérifier leur apprentissage de leur faire écrire un dialogue entre le conducteur et le régulateur de Waterloo station.

Évaluation cohérente parce que...
Évaluation non cohérente parce que...

3. Des jeunes préparant une qualification dans l'électroménager doivent être capables, à mi-parcours, de déceler n'importe quelle panne d'alimentation. En guise d'évaluation, le formateur met chaque jeune en présence de 3 sèche-linge en panne d'alimentation. Après examen, chacun d'eux doit cocher sur une liste les causes de la panne de chaque appareil (un fil sectionné, etc.)

Évaluation cohérente parce que...
Évaluation non cohérente parce que...

4. L'œnologue indique au groupe qui assiste à ses conférences qu'il veut que les personnes soient capables de reconnaître les grands vins français par la seule dégustation. À la dernière séance, il dispose sur une table huit bouteilles portant chacune un numéro et demande aux participants d'indiquer, après avoir goûté, le nom de la région correspondant à chacune des bouteilles.

Évaluation cohérente parce que...
Évaluation non cohérente parce que...

5. Lors d'une colonie de vacances (ou stage estival) dans un pays étranger, il est annoncé aux adolescents qu'il faudra qu'ils se débrouillent avec le plan de ville pour prévoir leur parcours. Des informations sont fournies et un plan des rues de la ville est remis à chacun. Il est demandé d'effectuer en bus le trajet le plus direct menant du Centre d'hébergement au musée des Beaux-Arts.

Évaluation cohérente parce que...
Évaluation non cohérente parce que...

Repères pour l'analyse

Problème n° 1 :

Il y a cohérence dans la mesure où l'objectif poursuivi par le formateur est que ces personnes sachent utiliser ces formules, non seulement durant son intervention mais dans toutes les situations.

Problème n° 2 :

Il y a rupture entre l'objectif et la situation d'évaluation : ce qui était visé c'est que ces salariés communiquent en anglais à l'oral et non à l'écrit. Les compétences mobilisées sont fort différentes. Une situation de contrôle cohérente aurait pu être de répondre à un régulateur lors d'un échange enregistré au magnétophone.

Problème n° 3 :

Il y a cohérence car il s'agit ici non pas de réparer la panne (ce qui exigerait d'autres savoirs et savoir-faire) mais de la diagnostiquer.

Problème n° 4 :

Il y a cohérence entre l'objectif poursuivi et l'évaluation mise en place (même niveau de performance).

Problème n° 5 :

Il y a rupture car l'évaluation n'impose pas de mobiliser les informations pour réussir la tâche. De plus, savoir lire un plan est différent de connaître les itinéraires des lignes de transport en commun.

D. Construire un outil d'évaluation critériée

• *Ce qui s'impose au formateur : l'objectif et la nature de l'apprentissage*

1. L'objectif

Vous avez compris en nous lisant que le premier point est d'interroger la **cohérence entre l'objectif pédagogique** annoncé qui renvoie à une compétence **et les situations d'apprentissage et d'entraînement réalisées.** La situation d'évaluation opérationnalise l'objectif, c'est-à-dire le traduit dans une situation particulière, singulière. À propos de l'objectif, vous devez encore **repérer les conditions de réalisation et les critères de réussite** énoncés et ayant servi de guide lors de l'apprentissage *(voir chapitre 6).*

2. La nature de l'apprentissage

Il faut analyser l'objet de l'évaluation : s'agit-il d'un **savoir (niveau notionnel ou procédural) ou d'un savoir-faire ?**

S'il s'agit de savoirs notionnels (énoncer la loi d'Ohm, la règle du participe passé), les supports peuvent être nombreux, allant de la question fermée au questionnaire à choix multiples, en passant par les textes à compléter, à mettre en ordre...

S'il s'agit de savoirs procéduraux (utiliser telle loi, mettre en œuvre telle démarche, etc.), la résolution de problème s'impose.

S'il s'agit de savoir-faire, il est nécessaire de construire une situation la plus proche possible des situations réelles, tout en sachant qu'elle aura un caractère artificiel.

• *Ce qui est laissé à son initiative*

Enfin, vous devez faire des choix sur d'autres paramètres, tels que :
- le nombre d'informations données et leur pertinence : y a-t-il beaucoup d'informations à gérer ; sont-elles toutes utiles ?
- le support de l'information : écrit, oral, image, schémas ;
- le degré de familiarité avec l'habillage de la situation (connu... inconnu) et sa charge affective.

Si nous résumons, vous avez à prendre en compte 5 paramètres : deux sont des contraintes, 3 sont des espaces de liberté offrant des choix.

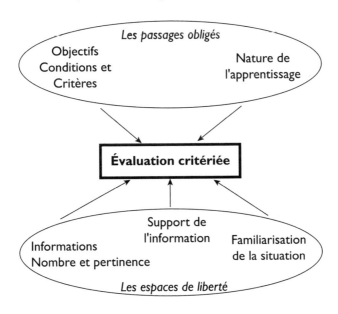

4.3 L'évaluation formative

A. Un moyen de réguler les apprentissages

L'expression « d'évaluation formative » date des années 1970. Elle a été utilisée pour la première fois par un chercheur américain, Scriven, qui attirait l'attention des pédagogues sur la nécessité de réguler les apprentissages tout au long de l'action. Cette démarche vise à fournir des informations qui permettent aux apprenants et au formateur de prendre conscience de ce qui se passe dans la situation. En ce sens elle est au cœur du processus de régulation de l'action pédagogique.

Cette évaluation permet aux formateurs et apprenants **d'échanger sur les situations d'apprentissage, d'interroger leur signification, de repérer des difficultés, de tenter de les comprendre pour pouvoir y remédier.**

Elle donne naissance à des ajustements et des adaptations sinon elle se transforme en contrôle sommatif du type caricatural : « ça va ? – oui – on continue alors. Nous passons maintenant à… »

Pour ce faire elle doit prendre pour cible non seulement les résultats mais également la démarche, non seulement le produit fini mais le processus qui l'a généré. Trop souvent en formation, les résultats sont l'unique objet de l'attention des personnes, aussi bien apprenants que formateur. L'histoire de la notation scolaire explique pour une large part cet état.

Pourquoi s'intéresser à la démarche ? Pour nous qui nous situons dans une conception constructiviste de l'apprentissage, **le résultat n'est qu'un indicateur de la compréhension et de la compétence.** Il peut être obtenu par des procédures répétitives, routinières, imitatives qui empêcheront d'utiliser le savoir dans d'autres situations, c'est-à-dire dans des situations nouvelles ou reconnues comme nouvelles, en se fiant à des indices d'habillage et non de structure. En effet, **la compétence se distingue de la performance** dans la mesure où elle permet la réussite dans des situations structurellement identiques bien que superficiellement différentes.

Illustrons notre propos par un exemple. Lors d'une séquence de formation en entreprise pour des salariés chargés de la maintenance, le formateur propose deux problèmes :

• *premier problème*. L'agent de maintenance procède toujours ainsi. Si le voyant rouge est allumé, alors il appuie sur le bouton. S'il appuie sur le bouton, alors il prévient le chef de ligne. Il a appuyé sur le bouton. Quelles sont les conclusions qui vous paraissent justes ?

– Il prévient le chef de ligne. Il ne le prévient pas. On ne peut savoir s'il le prévient.

– Le voyant rouge est allumé. Il n'est pas allumé. On ne peut savoir s'il est allumé.

• *second problème.* Jacques agit toujours ainsi. S'il pleut alors il va aux champignons. S'il va aux champignons, il invite son voisin.
On sait qu'il est allé aux champignons. Quelles conclusions vous paraissent justes ?

– Il a invité son voisin. Il n'a pas invité son voisin. On ne peut savoir s'il l'a invité.
– Il a plu. Il n'a pas plu. On ne peut savoir s'il a plu.

Le formateur s'est rendu compte que beaucoup de salariés réussissaient l'un des deux problèmes mais pas les deux. Ils les considéraient sans point commun et ne pouvaient pas raisonner de la même façon. Ils repéraient bien des indices de surface différents (une histoire de boutons et de champignons) mais pas une structure identique :
– Trois propositions ABC
– Si A alors B. Si B, alors C. B est vrai
– C est vrai, faux ou on ne peut savoir si C est vrai. *Idem* pour A.

De cet exemple, nous pouvons dégager *quatre enseignements :*

1. le résultat est un indicateur insuffisant pour attester de la compréhension d'un problème ;

2. la réussite à un exercice est insuffisante pour attester d'une compétence ;

3. l'explicitation de la démarche, du « Comment fais-tu ? » est essentielle et permet à l'apprenant de prendre conscience de ce qu'il fait quand il fait et au formateur de faire des hypothèses sur les points de blocage ;

4. l'évaluation formative est un temps de l'apprentissage, une situation d'entraînement au cours de laquelle les personnes confrontent leurs démarches, expliquent leurs méthodes de travail, s'interrogent sur le sens et la portée du savoir.

B. Évaluation normative et conception de l'apprentissage

Mesurons la différence entre l'évaluation formative et une évaluation sommative : lorsque le formateur interroge, il connaît la réponse ; sa question vise à vérifier si la personne sait. En évaluation formative, lorsqu'il questionne, il n'a pas la réponse ; seule la personne qui apprend a les éléments à partir desquels le formateur fera des hypothèses et proposera des situations d'ajustement. Pour obtenir ces informations pertinentes, Pierre Vermersch[41] nous est d'un grand secours quand il nous dit qu'il y a un type de question qui se révèle peu efficace, c'est le Pourquoi. En effet, cette question amène une rationalisation qui est toujours délicate pour la personne qui éprouve des difficultés : si elle savait pourquoi elle ne réussit pas, elle réussirait ! Vermersch nous invite alors à poser les questions du comment : *comment as-tu fait, par quoi as-tu commencé, quelle information as-tu retenue…?*

Mesurons aussi la différence entre l'approche centrée sur les objectifs *(cf. théorie du conditionnement : chapitre apprendre)* et celle que nous vous présentons.

En effet, la centration sur les objectifs entraîne une focalisation sur les comportements observables et donc sur les résultats au moyen de situations de vérification (exercices, tests) cohérentes. Leur interprétation se fait dans une comparaison entre la performance observée et celle réalisée.

De ce fait, les difficultés sont lues en fonction des conditions externes de l'apprentissage : prérequis non maîtrisés, temps d'apprentissage insuffisant, progression pédagogique non adéquate, *feedback* fourni à l'apprenant insuffisant en nombre et en qualité. Et les adaptations concernent le plus souvent une organisation pédagogique restructurée : exercice de rattrapage, guidance plus prégnante, *feedback* plus nombreux. Cette conception de l'acte d'apprendre développe une « évaluation formative » de type « contrôle formatif » afin de mieux maîtriser les situations d'apprentissage proposées aux personnes.

Si, en revanche, nous accordons une large place aux démarches, au processus d'apprentissage, seront privilégiées les discussions formateur/apprenants, les observations de la personne effectuant une tâche, d'un groupe discutant de la façon de s'y prendre, etc. Les difficultés seront lues par rapport au fonctionnement intellectuel, au raisonnement tenu : quels sont les représentations de la tâche effectuée, les stratégies adoptées, la sélection des informations, le degré d'abstraction… ?

Et les adaptations viseront à provoquer des déséquilibres et des structurations : confrontation à un problème adapté, travaux en petits groupes, entretien formateur/apprenant…

---

41. P. Vermersch, *L'entretien d'explicitation en formation initiale et continue*, ESF, 1994.

Tableau récapitulatif : l'évaluation formative et les conceptions de l'apprentissage

Évaluation	Conception de l'apprentissage	
	Conditionnement	Constructivisme
Ce qui est privilégié	Les comportements observables et donc les résultats.	Le processus et les démarches, donc le « comment ».
Moyens de recueil de l'information	Situations en cohérence avec l'objectif (test...).	Entretiens, observations.
Lecture des difficultés	Conditions externes : pré-requis, durée, progression pédagogique, *feedback*.	Conditions internes : représentation, prise d'informations, stratégie utilisée...
Conséquences pédagogiques	Adaptation du dispositif en termes d'exercice, de guidance et de *feedback*.	Adaptation de la tâche pour déstabiliser et rééquilibrer : travail individuel, collectif, entretien...
Conclusion	Prédominance d'un « contrôle formatif » avec souci de maîtriser les situations d'apprentissage proposées.	Prédominance d'une évaluation formative basée sur le questionnement et centrée sur la démarche d'apprentissage.

C. Des outils pour l'évaluation formative

Comment mener alors une évaluation formative ? Posons quelques repères.

a. L'évaluation formative est d'abord une situation d'apprentissage : elle n'est pas un temps déconnecté et postérieur à l'apprentissage mais s'inscrit dans la phase d'apprentissage elle-même.

b. Elle est une situation active où **l'apprenant agit, seul ou en groupe** : il travaille par rapport à l'objet de l'apprentissage, laisse des traces objectives (brouillon, ébauche...) et verbalise son action. Une situation d'évaluation formative est donc une situation d'apprentissage au cours de laquelle ou au terme de laquelle la personne explicite son résultat et sa démarche sous des formes variées, ce qui fournit les informations nécessaires à la régulation de la progression.

c. Le travail du formateur consiste à observer et à questionner. Pour cela il a besoin de repères. Nous vous proposons un **outil transversal pouvant servir à l'observation et au questionnement d'une personne ou d'un groupe en situation d'apprentissage.** Nous distinguons *trois étapes :* la prise d'informations, le traitement des informations et la restitution du résultat, et, pour chacune d'elles, des éléments à observer et à questionner.

Grille d'observation d'un apprentissage

Étape n° 1 – La prise d'informations ou le travail autour de l'énoncé et de la consigne
– 1.1 temps de réaction par rapport à la consigne : l'impulsivité
– 1.2 représentation de la tâche à accomplir
– 1.3 reformulation de la consigne
– 1.4 recueil d'informations pertinentes : lesquelles – comment ?
– 1.5 demande d'informations supplémentaires de la part de l'apprenant

Étape n° 2 – Le traitement des informations ou l'exécution
– 2.1 stratégie(s) utilisée(s)
– 2.2 savoirs mobilisés (lois, règles…)
– 2.3 outil activé (tableau, arbre…)
– 2.4 ordre des actions, hésitations,
– 2.5 prise d'informations complémentaires (consignes, ressources)

Étape n° 3 – La restitution : le résultat et l'explicitation
– 3.1 présentation du résultat/consignes
– 3.2 procédure de vérification
– 3.3 explicitation : « comment avez-vous fait ? »
– 3.4 stabilité de la performance : contre-propositions (« mais certains disent que… ; d'autres ont procédé comme…, qu'en pensez-vous ? »).

Nous terminerons cette partie sur l'évaluation formative en illustrant la grille de *deux exemples* pris au quotidien et en attirant votre attention sur l'importance de l'étape « prise d'informations ».

Premier exemple : pendant une formation pour des personnels administratifs chargés de dépouiller une enquête, les apprenants avaient résolu des problèmes nécessitant de trouver toutes les combinaisons possibles d'éléments puis nous avons posé le problème suivant : lors d'une enquête sur les conditions de vie des agriculteurs, quatre questions avaient trait au logement (questions a, b, c, d) et les sondés avaient trois possibilités de réponse codées ainsi : 1 – satisfaisant ; 2 – insatisfaisant ; 0 – sans opinion. Nous demandions de trouver le nombre total de codes (à quatre chiffres) possibles. Les personnes ont eu beaucoup de difficultés, non par manque de savoirs ou de maîtrise de l'opération de combinatoire mais à cause d'une représentation non pertinente de la tâche à accomplir.

 Prenez quelques minutes de réflexion pour résoudre cette tâche et faire des hypothèses sur l'origine de la difficulté.

Ce qui posait problème, c'était le code à 4 chiffres avec... 3 possibilités de codage, donc 3 chiffres alors que si l'agriculteur est satisfait pour les 4 questions, ses réponses sont codées 1111 !

Second exemple : des salariés devant gérer leur production, une séquence est organisée sur l'outil « tableaux à double entrée ». Des situations sont résolues sans difficulté jusqu'au moment où une tâche fait apparaître dans l'énoncé trois types d'informations : origine de pièces, destination des pièces et jour de la semaine. Problème : que mettre en lignes et en colonnes ou quelles sont les informations pertinentes et celles qui ne le sont pas ? Comment le savoir ?

Seule l'explicitation du raisonnement mis en œuvre peut faire prendre conscience à la personne de ses choix, de ses critères de sélection des informations et au formateur des origines possibles du problème. Nous souhaitons attirer votre attention sur le fait que le formateur pense trop souvent que les difficultés d'apprentissage sont dues à un problème de savoir. Or combien de fois les personnes savent mais sont incapables de faire ! Combien de fois elles peuvent vous dire la règle (savoir déclaratif) mais ne l'utilisent pas (savoir procédural) !

Privilégier les savoirs, c'est oublier que **la compétence comporte deux éléments : la maîtrise d'un outil intellectuel et la famille de problèmes que cet outil permet de traiter.**

5. Ne réduisons pas l'évaluation au contrôle

5.1 Une confusion fréquente

Vous avez remarqué que, tout au long de ce chapitre, nous avons utilisé le terme **évaluation** pour des pratiques et des situations différentes. Que ce soit dans le champ pédagogique ou dans d'autres domaines, cette notion peut être équivoque.

Découvrir à partir d'un exemple : la patinoire

Une équipe de formateurs se réunit pour faire le point sur l'avancée des travaux et préparer les activités de la semaine. Ces collègues travaillent dans le cadre d'une session de formation de redynamisation avec des femmes âgées de 40 à 50 ans qui veulent « renouer des liens sociaux ». Elles sont en situation d'exclusion et il s'agit de les inscrire dans une dynamique d'insertion sociale.

« Et si nous les emmenions à la patinoire ? Pourquoi pas, ça leur ferait découvrir un loisir et ça leur montrerait qu'elles sont capables de vivre comme tout le monde ». L'idée avancée par une formatrice est discutée : certains disent les réticences des femmes devant un loisir « pour les jeunes », d'autres insistent sur un moyen de restaurer une image positive de soi, « à condition de ne pas s'écraser sur la glace » rajoute le corrosif du groupe.

Le grand jour est arrivé. Avant que chacune ne s'élance sur la glace, la formatrice annonce l'objectif : « À la fin de cette séquence, vous devrez faire un tour de la patinoire par groupe de deux ou de trois, en vous tenant la main, à un mètre de la balustrade et sans tomber. Vous allez suivre mes conseils. Commençons par... »

L'heure et demie se déroule plutôt bien malgré les résistances de certaines femmes qui n'osent pas se lancer. Il faut toute la persuasion de la formatrice et sa fermeté pour que tout le groupe glisse à pas plus ou moins assurés.

Dix minutes avant le départ, toutes les femmes sont réunies et la formatrice annonce l'évaluation : « Formez vos groupes et quand vous êtes prêtes, allez-y. Rappelez-vous, vous devez faire un tour complet, par deux ou trois mais loin de la balustrade. Et les chutes sont interdites ! ». Objectif atteint pour l'ensemble des personnes.

Sur le chemin du retour, les femmes bavardent et à l'arrivée au centre de formation, la formatrice demande : « Alors cette activité, c'était comment ? » Et là les femmes s'expriment, non pas sur l'activité en elle-même, mais sur la signification qu'elle revêt pour elles.

« Cela a été difficile. Nous faire faire ça à notre âge ! Moi ça m'a paralysée au début. Qu'est-ce qu'ils vont penser les autres, non pas les copines, mais les jeunes qui étaient là. On n'est plus des starlettes !

— Moi, j'ai cru qu'on voulait nous faire faire du sport, et pourquoi pas nous entraîner pour les Jeux Olympiques ?

— Moi aussi j'ai pensé à ça, mais maintenant je me dis que j'ai appris autre chose : ne pas avoir peur, avoir confiance dans la main qu'on me donne. Pas vous ?

— D'accord, quand on se tient la main, on est vraiment plus fort. Ensemble, on peut faire des trucs que je n'aurais jamais faits toute seule.

— C'est vrai, le fait de se tenir, d'être liée les unes aux autres, ça nous rend fort. Alors, ça peut rigoler autour, je m'en tape.

— Quand je vais dire ça à ma fille, c'est elle qui va être sur les fesses, c'est moi qui vous le dis. On peut faire des choses quand même. Il faut oser. »

Analysez la situation du point de vue de l'évaluation :
– quels sont les temps d'évaluation ?
– comment sont-ils organisés et par qui ?

Repères pour l'analyse

À propos des temps de l'évaluation, vous avez pu repérer *deux temps distincts*.

Le temps de la vérification de l'apprentissage

À quoi veut aboutir la formatrice et comment s'y prend-elle ? Son intention est de s'assurer que l'apprentissage est effectué. Autrement dit, elle se situe dans une logique de vérification.

Pour cela, elle organise une situation particulière suivant les principes suivants :

– annonce d'un objectif à atteindre ;
– situation de vérification par rapport à cet objectif.

Pour savoir si les femmes savent effectuer le tour de piste la formatrice compare deux éléments : le résultat attendu avec le résultat obtenu effectivement et repère éventuellement des écarts qu'elle mesure ou non au moyen de notes. Elle organise un contrôle des apprentissages.

Le temps de la discussion sur l'apprentissage

Vous avez pu repérer que c'est une phase distincte de la situation de vérification. Ce temps de discussion est centré sur la question des « pourquoi et pour quoi faire cela », c'est-à-dire sur la recherche de la signification de l'apprentissage.

La discussion fait apparaître des éléments qui vont donner du sens aux résultats obtenus, qui vont éclairer les participantes dans la mesure où elles vont y découvrir des raisons profondes non dites dans l'objectif annoncé.

Ce temps est centré sur la parole collective. Il diffère profondément du temps de vérification : il est une recherche du sens, de la valeur de l'apprentissage pour les personnes, valeur prise non comme une mesure (ça vaut 10 ou 15 ou 0) mais comme un fondement de l'action humaine. Ces discussions sont des temps **d'évaluation.**

Au quotidien, les formateurs et les différents acteurs de la formation des adultes n'utilisent qu'une seule notion pour parler de ces temps si différents, l'évaluation. Mais ici comme ailleurs, un train peut en cacher un autre : ce qu'on appelle évaluation n'est peut-être qu'un contrôle des résultats.

Découvrir à partir d'un second exemple : l'entreprise Filac

L'entreprise Filac produit des appareils électroniques. Elle se situe sur un marché international très mouvant et elle souhaite que ses 250 opérateurs peu qualifiés soient davantage en mesure de s'adapter aux bouleversements qui ne manqueront pas de se présenter et qui deviendront probablement une donnée permanente dans l'avenir. La direction décide qu'une formation pour l'ensemble de ce personnel serait un moyen approprié pour faire évoluer les mentalités et les comportements. D'une durée de 5 jours, cette formation a pour objectif une meilleure connaissance de l'entreprise et de ses produits. Elle est animée par des formateurs externes et des intervenants internes (techniciens). Pour la première année on décide d'organiser 6 groupes de 12 participants. Cette première vague a valeur de test et trois mois après la fin de l'action il apparaît nécessaire de conduire une évaluation avant d'organiser une deuxième série de sessions. Si l'on ne veut pas se contenter d'un recueil d'impressions, quel dispositif d'évaluation peut être mis en œuvre ?

Un premier niveau relativement simple pourrait être la vérification des objectifs fixés. Un objectif de formation était : connaître l'entreprise et ses produits. On peut donc vérifier à travers quelques indicateurs si les participants connaissent l'organisation, les personnes et leurs fonctions, etc. Un objectif de changement était la « mobilité ». Vérifions combien de personnes se sont manifestées pour envisager un changement de poste. Mais ces données traduiront-elles les répercussions de la formation sur les personnes et l'entreprise en regard de la préoccupation de la direction ? Pour prendre en compte l'ensemble des retombées, un dispositif plus complexe est imaginé. D'une part une série d'entretiens est organisée auprès des opérateurs qui ont participé à la formation autour de deux types de questions : qu'est-ce qui a changé pour vous (dans votre travail, sur le poste, dans vos relations avec les autres, dans votre perception de l'avenir) et qu'est-ce qui a changé autour de vous (comportement de votre hiérarchie, ambiance, fonctionnement du service…). D'autre part des réunions avec les autres acteurs sont planifiées. Ainsi les agents de maîtrise pour la plupart ont ressenti un changement surtout dans le fait que les opérateurs demandent davantage d'explications (ce qui n'apparaît pas forcément positif à l'un des présents). Les contremaîtres souhaiteraient bénéficier eux-mêmes d'une information sur la marche de l'entreprise. Les techniciens, eux, ont souligné que leurs rapports avec les opérateurs ont changé : ils viennent maintenant les trouver plus facilement pour avoir une explication ou pour résoudre un problème ; eux-mêmes perçoivent mieux les causes de certains dysfonctionnements. Une synthèse des données chiffrées (nombre de participants ayant demandé des informations pour évoluer) et des réflexions des différentes catégories est écrite par le formateur responsable de l'opération, accompagnée de préconisations pour la suite. Elle est présentée au comité de pilotage pour être enrichie puis soumise au directeur des ressources humaines pour éclairer ses choix concernant la suite.

Quelles sont les modalités de l'évaluation dans cette action ?

Repères pour l'analyse

Nous avons là *deux niveaux d'analyse* des résultats de la formation :
– le premier niveau est une simple vérification de l'atteinte des objectifs. Appelons-le contrôle ;
– le deuxième niveau représente une tentative de prendre en compte l'ensemble des retombées de l'action sur les personnes et l'organisation. Il s'agit là d'une véritable évaluation.

Il nous semble important de distinguer clairement ces deux niveaux car si l'on parle beaucoup d'évaluation, souvent on ne met en œuvre de façon structurée que du « contrôle ». L'opération est chiffrable : l'apprenant a 12/20, les objectifs sont atteints à 80 %… Mais on n'aura pas pris en compte l'ensemble des données ni peut-être les plus significatives.

5.2 Le contrôle

Ce terme se constitue vers 1611 à partir de la contraction de l'expression **« contre-rôle »,** le rôle étant le registre (rôle des équipages, rôle électoral) tenu en double, ce qui permet d'authentifier les écritures. Il agit donc dans un contexte administratif et comptable.

Remarquons qu'il s'applique à de multiples actes de la vie quotidienne et que les « contrôles » de connaissances voisinent avec les contrôles douaniers, médicaux, de police, d'identité, de sécurité ; les tours de contrôle des aéroports, les contrôles industriels de fabrication, etc. Notons également que la plupart des instruments de mesure en électricité ou électronique sont appelés des « contrôleurs ».

Comment définir ce terme ? Nous considérons que le contrôle est un **dispositif construit par le formateur pour établir la conformité** (ou la non-conformité) entre, d'une part un résultat attendu, une production souhaitée, une norme, une procédure type et d'autre part le résultat obtenu, la production réalisée, la procédure mise en œuvre. Il s'agit d'une mesure des écarts.

De ce fait, le contrôle ne peut être que programmé (même s'il est inopiné). Il doit s'effectuer à partir d'un **modèle de référence** qui est toujours extérieur et antérieur à l'opération de contrôle proprement dit ; cette référence est définie avant la situation de vérification et constitue l'élément auquel le formateur réfère les productions des personnes. Constituée par l'objectif annoncé ou le corrigé type des problèmes posés, elle doit être une constante afin que les productions des différentes personnes soient vérifiées en fonction d'attentes identiques.

5.3 *L'évaluation*

L'évaluation a pour origine le mot **valeur** précédé du préfixe ex qui exprime l'idée « *d'extraire de* ». Évaluer, c'est chercher la valeur de quelque chose, de quelqu'un, la dégager d'un ensemble de faits, d'idées.

Dans notre monde marchand, la valeur est souvent entendue comme « *l'équivalent monétaire de* », c'est-à-dire le prix. Mais ce terme a un autre sens puisqu'il renvoie historiquement à l'estime, au beau, au vrai, au bien. L'évaluation peut être comprise comme **l'interrogation sur la valeur** professionnelle, relationnelle, morale, esthétique, politique et pas uniquement sur la valeur économique.

Qu'ajoute donc l'évaluation au simple contrôle ?

– **Elle prend en compte l'ensemble des effets** et non seulement ceux qui avaient été formulés au départ. Ainsi dans l'entreprise Filac, des répercussions importantes apparaissent concernant les rapports des opérateurs avec la hiérarchie de proximité et avec les techniciens alors que cet aspect-là n'avait pas été retenu parmi les objectifs prioritaires. Il n'aurait donc pas été pris en compte par un simple contrôle.

– **L'évaluation ne retient pas seulement des faits et des chiffres mais aussi le sens que leur donnent les acteurs concernés.** Chez Filac, il y a eu dix demandes d'information sur les possibilités personnelles d'évolution : en termes de « contrôle » de l'atteinte des objectifs, c'est peu par rapport aux 80 participants. Mais une véritable évaluation de la mobilité générée par la formation suppose de préciser avec les personnes pourquoi elles ont fait cette démarche, ce qu'elles en attendent, etc. La même étude est à faire auprès de celles qui n'ont pas entrepris de démarche mais perçoivent peut-être autrement leur avenir professionnel.

– Le **référent de l'évaluation,** ce ne sont pas seulement les objectifs tels qu'ils ont été formulés dans le cahier des charges, mais l'ensemble des **intentions du commanditaire et des participants.** Nous avons noté précédemment que les objectifs représentent une expression partielle et même réductrice des intentions des acteurs : les demandes de changement de poste (objectif observable de la mobilité) ne sont qu'une indication partielle de la mobilité mentale des personnes et donc de leur capacité d'adaptation. Par ailleurs un objectif atteint peut se révéler être un comportement en contradiction avec l'intention des responsables : telle personne peut, suite à la formation, demander à quitter son poste, non par esprit de mobilité mais parce que les conflits avec son chef d'équipe se sont accentués.

– **L'évaluation n'est pas une opération technique** (confrontation mécanique des résultats et des objectifs) mais :

- elle implique **l'expression des acteurs.** Pour contrôler il suffit de relever des faits et des chiffres. Pour évaluer, chacun des « partenaires » engagés dans l'action s'exprime et débat : la confrontation des perceptions peut mettre en lumière des aspects inattendus.
- elle exige un **jugement, une prise de position** de la part de ces acteurs (participants, expert-évaluateur, décideurs) : les conclusions de l'évaluation ne sont pas automatiques, elles amènent à confronter des réalités qui ne sont pas de même ordre et pourtant doivent être prises en compte dans un même ensemble de données (ex. l'ambiance dans l'atelier et le coût financier des heures de formation).

Le formateur, quant à lui, **peut contrôler sans la participation des apprenants ; en revanche il ne peut évaluer seul, sans leur implication.** L'évaluation mobilise (requiert une position active), engage les différents partenaires (personnes en formation, formateurs, commanditaire). C'est une recherche, elle n'est donc jamais totalement close, achevée.

Pour évaluer il ne suffit pas d'ajouter au dispositif de contrôle l'expression libre des acteurs. **L'évaluation suppose une démarche construite et rigoureuse.** Elle produit des fruits (des données permettant d'éclairer la décision) si elle est conçue comme un dispositif structuré : sur le plan du contenu (évaluer quoi, en regard de quoi, sur la base de quelles hypothèses ?) et sur le plan de l'organisation (qui évalue, auprès de qui et propose ses conclusions sous quelle forme, à qui ?). Sans cette rigueur méthodologique, l'évaluation n'est en réalité qu'une tactique à l'usage de certains des acteurs pour renforcer leur point de vue dans la prise de décisions.

5.4 Deux fonctions distinctes et indispensables

L'évaluation et le contrôle répondent à *deux logiques différentes*. Le tableau suivant synthétise leurs oppositions.

	Contrôle	*Évaluation*
qui ?	**Un** intervenant unique.	Participation de **l'ensemble** des acteurs concernés.
analyse quoi ? (référé)	Des **faits**.	Des faits éclairés par le **sens** que leur donnent les acteurs.
en regard de quoi ? (référent)	Des **objectifs** de l'action, de la norme.	Des objectifs de l'action éclairés par les **intentions** des acteurs.
pour identifier quoi ?	Des **écarts** avec ce qui était attendu.	L'ensemble des effets et leur **« valeur »**.
par quel type d'opérations ?	Comparaison, vérification, **mesure** d'écart *(une seule réponse attendue).*	Interrogation, élucidation, **compréhension**, jugement.

Dans la vie quotidienne, nous avons besoin de recourir à des procédures de contrôle : vérifier le montant d'une addition, le détail d'une livraison, contrôler l'état de fonctionnement d'un véhicule.

De même en formation, la vérification des apprentissages est un élément indispensable. Elle permet au formateur et aux personnes en formation d'avoir des repères sur la progression, de diagnostiquer des difficultés, de reprendre des travaux, d'attester d'acquisitions et de compétences.

Réciproquement, nous avons également besoin de l'évaluation, en tant qu'interrogation sur le sens, les significations et la valeur. C'est ce processus qui fonde nos jugements et nos décisions. L'anecdote suivante est révélatrice à cet égard. Jean-Paul Sartre décrivait ainsi un match de rugby : *« J'ai vu des adultes en culottes courtes qui se battaient et se jetaient par terre pour faire passer un ballon de cuir entre deux piquets de bois... »* et il ajoute : *« J'ai fait la somme de ce que j'ai vu, mais j'ai fait exprès d'en manquer le **sens**. »*

En formation, on ne peut faire l'économie de la réflexion sur ses enjeux, sur les raisons de son investissement, sur les pistes qu'elle compte emprunter, car cette recherche du sens et des valeurs fonde l'engagement et rend possible la mobilisation pour des projets.

Autrement dit si la logique du contrôle est de rendre des comptes, celle de l'évaluation est de se rendre compte, de prendre conscience.

Le contrôle répond à une commande et a pour fonction d'apporter des preuves : c'est l'institution qui l'organise et le met en œuvre pour vérifier et attester les apprentissages ; l'évaluation inclut et recherche l'autonomie de la personne de façon à ce qu'elle soit responsable et auteur de sa formation.

S'entraîner à partir d'exemples : contrôle ou évaluation ?

Lisez attentivement les descriptions des situations suivantes qui s'inscrivent toutes (peu ou prou) dans une logique de contrôle ou d'évaluation. Classez-les dans l'un des deux ensembles en indiquant ce qui fonde votre choix.

1. À l'issue de plusieurs séances de législation, je (moi formateur) propose aux apprenants un article de presse avec des questions relatives aux thèmes abordés en formation. La consigne est de répondre dans un temps limité.

Logique de contrôle ou d'évaluation ? Expliquez :

2. En module de formation sur l'environnement, une réflexion collective a lieu : les participants échangent et confrontent leurs idées à propos de l'apport de l'action vis-à-vis de leurs pratiques professionnelles. Ils commentent les productions réalisées puis dégagent des pistes de travail pour la dernière journée de formation.

Logique de contrôle ou d'évaluation ? Expliquez :

3. Après une intervention, le formateur vérifie si un jeune gère correctement son budget. Pour cela, il lui demande de présenter l'état de ses comptes à mi-mois.

Logique de contrôle ou d'évaluation ? Expliquez :

4. Propos d'une personne devant le groupe : « Vous voyez, ce que m'apporte cette formation, ce n'est pas un ou deux outils supplémentaires mais surtout le fait que maintenant j'ose penser par moi-même. Je ne me réfère plus à tel ou tel, je ne me cache plus derrière tel théoricien mais au contraire, je formule mes idées. Je crois que j'ai progressé en confiance et j'accepte maintenant le débat, la confrontation car je sais que j'ai plus à gagner qu'à perdre ».

Logique de contrôle ou d'évaluation ? Expliquez :

Repères pour l'analyse

Situation n° 1

Il s'agit d'une situation classique de « contrôle des connaissances ». Elle est organisée par le formateur qui va comparer les réponses des personnes aux réponses attendues et mesurer des écarts.

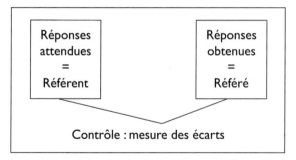

Situation n° 2

Il s'agit là d'une situation d'évaluation, c'est à dire d'une recherche collective de signification par rapport aux pratiques développées. Il n'y a pas un référent unique mais bien des référents multiples confrontés lors de la discussion basée sur les données objectives (les différentes productions réalisées au cours de la formation).

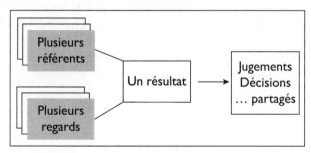

Situation n° 3 : situation de contrôle d'application des règles recommandées.

Situation n° 4 : situation d'évaluation, d'élucidation des changements survenus lors de la formation pour la personne qui s'exprime.

S'entraîner à partir d'un texte : deux logiques en présence

Voici un extrait d'un article intitulé « Le contrôle, cet obscur objet de désir », publié dans la revue Pour *consacrée à l'évaluation. Lisez-le attentivement puis répondez aux questions :*

« Le contrôle s'appuie sur la décomposition d'une réalité vivante en éléments distincts les uns des autres. La démarche est essentiellement analytique. En extrayant d'une réalité forcément complexe car sociale, un élément qui sert d'indicateur, le contrôle hiérarchise insidieusement la valeur des composants de cette réalité. Ainsi les éléments économiques sont actuellement survalorisés, la création d'emploi devenant l'élément clef des processus dits d'évaluation (alors qu'il s'agit, de fait, de processus de contrôle).

L'évaluation, à l'inverse, restitue, et donc clarifie les systèmes de relations d'une réalité sociale. Cette clarification a pour objet et pour effet de produire de la compréhension. li ne s'agira donc jamais d'un système d'explication mais d'implication, qui ne clôture pas l'action mais la prolonge sur du devenir. »[42]

1. Quelles sont les deux différences que l'auteur présente entre le contrôle et l'évaluation ?

2. Appliquée aux formations visant l'insertion, qu'apporte cette distinction ?

Repères pour l'analyse

Question n° 1

Les deux différences que note l'auteur entre contrôle et évaluation sont les suivantes :

– le contrôle par nature travaille sur la séparation des éléments alors que l'évaluation se centre sur les relations entre les éléments ;

---

42. Y. Harvois, "Le contrôle, cet obscur objet de désir", in « L'évaluation au pouvoir », *Revue Pour*, n° 107, juin 1986, p. 116.

– le contrôle clôt l'action, l'évaluation l'ouvre et la prolonge.

En effet, pour contrôler, il faut procéder à une décomposition de la réalité, sérier les facteurs et choisir des indicateurs. Or ce choix n'est pas neutre mais révélateur des orientations politiques (au sens de la vie dans la cité) du commanditaire ou du contrôleur. Le contrôle est réducteur par rapport à la réalité sociale. En revanche l'évaluation s'inscrit dans une autre logique, celle non pas de l'explication mais de la compréhension par la mise en relation d'éléments d'ordres différents.

Question n° 2

L'auteur aborde dans ce court extrait l'évaluation des formations à l'insertion et indique que seuls les critères économiques comptent aujourd'hui, en particulier l'accès à l'emploi. Il indique que nous sommes alors dans une démarche de contrôle : comparaison des résultats attendus avec les résultats constatés.

Autant les formations à l'insertion doivent aider les personnes à développer leurs compétences professionnelles et personnelles, autant il est illusoire et dangereux de leur assigner comme objectif le placement des personnes car si elles ne trouvent pas d'emploi, cela ne signifie pas que la formation n'a généré aucun changement.

S'entraîner à partir d'une situation : écrire au travail

Une entreprise de 150 salariés spécialisée dans la fabrication de meubles a découvert à l'occasion d'une réorganisation qu'un grand nombre de ses salariés avaient de sérieuses difficultés avec l'écrit, à un point tel que certains ont refusé des postes impliquant des écrits. La direction décide malgré tout d'affecter les salariés compétents aux postes d'encadrement et de les aider à utiliser les documents requis par la gestion et le management.

Une formation à la communication écrite dans le champ professionnel est organisée pour 8 de ces personnes volontaires. Au formateur il a été demandé qu'elles soient en mesure d'écrire les documents nécessaires à leur fonction d'encadrement : compte rendu, note de service, rapport…

Des séances de formation sont réalisées à partir des documents de l'entreprise mais également de supports de la vie hors travail.

Quelques exemples :

– suite à une panne de machine dans l'atelier montage et à une intervention d'un ouvrier d'entretien, un rapport circonstancié est réalisé par les participants ;

– après avoir visionné un accident du travail, les salariés rédigent un compte rendu ;

Si vous aviez à organiser un contrôle ou une évaluation, quels seraient vos objectifs et quelles modalités choisiriez-vous ?

	Dans quel but ?	**Sur quel point ?**	**Selon quelles modalités ?**
Contrôle			
Évaluation			

Repères pour l'analyse

	Dans quel but ?	**Sur quel point ?**	**Selon quelles modalités ?**
Contrôle	Prolonger la formation pour ceux qui en ont besoin. Adapter les prochains cycles.	Maîtrise des différents outils de communication écrite.	Ex : rédiger le compte rendu d'un incident, écrire une note d'information
Évaluation	Modifier l'organisation du travail. Imaginer des formations d'un autre type.	Le rapport des salariés à l'écriture : quelle perception, quels usages ?	Ex : faire expliciter les attentes par rapport à un document écrit.

Synthèse

Comme toute action humaine, la formation vise un résultat. Quand le formateur d'adultes se pose **la question des résultats** de son action, il évalue.

Il évalue pour **organiser l'apprentissage** : c'est l'évaluation diagnostique qui repère les acquis des personnes en début de formation.

Il évalue **pour réguler l'apprentissage** : c'est l'évaluation formative qui permet de mesurer les progrès, d'identifier les difficultés et d'apporter les remédiations.

Il évalue **pour attester et certifier les acquis** : c'est l'évaluation sommative qui atteste les compétences acquises.

Ce n'est pas le seul acteur impliqué dans ce processus, les commanditaires, les pouvoirs publics... évaluent également mais ils se centrent sur les effets de la formation dans les situations professionnelles et sociales. Cette évaluation des effets permet de vérifier la pertinence de l'action et d'apporter les correctifs.

Évaluer c'est donc comparer ce qui était recherché et ce qui est effectivement advenu. Mais si l'opération est menée sous forme de mesures, nous risquons d'avoir des repères fragmentés et une vérification qui n'est rien d'autre qu'un **contrôle** point à point où peut se perdre le sens, où disparaît la perspective globale qui inspire l'action. La véritable **évaluation** prend en compte cette dimension du **sens** en s'intéressant à ce qui n'était pas prévu, à ce qu'en perçoivent et en disent les acteurs.

Pistes d'approfondissement

L'évaluation : études et outils

« Mais qu'est-ce qui nous prend à évaluer ? » C'est par cette question que Guy Berger s'interrogeait en 1977. Il avançait l'idée qu'il n'y a plus « *d'entreprise d'éducation ou de formation qui soit porteuse de sa propre évidence* »[43] et que les acteurs de la formation « *ne sont plus très sûrs de ce qu'ils font* ». Cette quête du sens est encore plus forte aujourd'hui dans un environnement en profonde mutation où les repères traditionnels sont

---
43. G. Berger, « Mais qu'est-ce qui nous prend à évaluer ? », *Revue Pour,* n° 5, 1977, p. 13.

malmenés (croissance, emploi, travail, corps social, etc.) et où l'horizon tend à se réduire au court terme, à la rentabilité immédiate. Les commanditaires (pouvoirs publics, entreprises) s'interrogent sur l'investissement formation : est-ce un moyen efficace pour générer les changements attendus ? Cette façon d'appréhender la formation en fait un outil stratégique mais en même temps restreint considérablement le champ de l'évaluation. Il nous semble qu'il y a pour le moins tendance à réduire l'évaluation des effets à celle des résultats (privilégiant ainsi ce qui était visé au détriment de ce qui a été induit par l'action) quand la quête du sens ne renforce pas le simple contrôle des résultats, au sens d'une vérification de la production attendue. Les démarches d'ingénierie et celles de la Qualité en développant une instrumentation abondante peuvent contribuer à ce glissement et rendent, à nos yeux, encore plus indispensables les travaux des philosophes de l'éducation qui permettent aux praticiens d'interroger leurs pratiques.

Dans la littérature consacrée à l'évaluation, nous pouvons distinguer trois ensembles : des ouvrages de réflexion sur les concepts, des études consacrées à la docimologie et des écrits présentant démarches et outils.

Parmi les écrits de réflexion, la revue *Pour* a contribué à poser les problèmes dans ses n° 55, 56 et 107, notamment par les articles de Guy Berger : « Qu'est-ce qui nous prend à évaluer ! » (n° 55 – 1977) et de Jacques Ardoino : « L'évaluation comme interprétation » (n° 107 – 1987). Ces deux philosophes de l'éducation développeront les notions de contrôle et d'évaluation.

En ce qui concerne les ouvrages consacrés à la docimologie (la notation) nous retiendrons l'étude de G. Noizet et J.-P. Caverni qui, après avoir montré les écarts entre les corrections d'une même production, analyse les facteurs qui interviennent dans ce processus.

Pour les ouvrages de méthodologie et outils nous retiendrons que celui de G. de Landsheere se situe dans une perspective sommative, celui du Cafoc d'Auvergne dans une perspective critériée alors qu'André de Peretti a rassemblé de multiples outils que le formateur peut mobiliser lors de ses interventions.

Les modèles de l'évaluation

Véronique Bedin distingue dans les pratiques d'évaluation 4 grands modèles. Le premier est celui de la **mesure** dont la visée est de situer un objet sur une échelle de valeurs, de mesurer des écarts par rapport à un référent, de les expliquer (docimologie, évaluation sommative…). Le deuxième est celui de la **gestion** qui vise à réguler et à aider à la décision (évaluation par objectifs, évaluation formative…). Le troisième est celui des **valeurs** visant à énoncer les valeurs, à les interroger ou à les élucider (évaluation formatrice, évaluation de l'expérience…). Enfin le quatrième est celui de la **reconnaissance** avec l'acte d'attribution de la valeur (validation des acquis de l'expérience, reconnaissance professionnelle, etc.).

Pour sa part, Michel Vial distingue trois modèles, celui de la **mesure,** le plus ancien, celui de la **gestion** avec l'évaluation des objectifs et celui de **l'évaluation située** qui s'intéresse au sens que les sujets donnent à ce qu'ils font : « Problématiser des situations vécues, c'est non seulement se donner des outils méthodologiques et théoriques pour tenter de les décrypter et d'en rendre compte à d'autres en prenant de la distance par rapport aux normes que l'action quotidienne oblige à intérioriser, mais c'est aussi accepter de l'examiner sous différents angles et assumer le doute que ce type d'exploration peut engendrer ». Pour ce chercheur, le but de l'évaluation située est « un repérage dans l'agir professionnel par le professionnel lui-même. Il s'agit par l'évaluation de l'activité de permettre la prise de conscience des zones d'aises et des zones d'effort ».

Ardoino J. et Berger G., *D'une évaluation en miettes à une évaluation en actes,* Matrice, 1989.

Bedin V., *Les modèles de l'évaluation,* CREFI-T, 2008.

CAFOC d'Auvergne, *Évaluer les apprentissages. Pratiques de l'évaluation critériée,* 1989.

Landsheere G. (de), *Évaluation continue et examens. Précis de docimologie,* Nathan, 1992.

Ministère de l'éducation – sous la direction d'A. de Peretti, *Recueil d'instruments de processus d'évaluation formative,* INRP, 1980.

Noizet G. et Caverni J.-P., *Psychologie de l'évaluation scolaire,* PUF, 1978.

Vial M., *Se repérer dans les modèles de l'évaluation : méthodes, dispositifs, outils,* De Boeck, 2012

Chapitre 9

Faire vivre la relation pédagogique

La **formation,** *ce n'est pas seulement un programme mis en œuvre, c'est également un moment de « face à face »,* **une relation.** *Ce qui s'y déroule, le formateur ne peut toujours le prévoir et tout ne dépend pas de lui. Il lui faut donc improviser, s'impliquer, écouter, s'opposer, s'imposer peut-être, et tout cela sans être certain d'aboutir. Pour une part, la réussite d'une formation dépend de la qualité de la relation instaurée entre formateur et personnes en formation.*

Ce chapitre attire votre attention sur quelques aspects qui conditionnent les échanges dans une situation de formation. Et comme il ne s'agit pas seulement de techniques à mettre en œuvre mais de capacités personnelles à développer, il est une **invitation à un travail sur soi.**

> 1. Animer les groupes
> 2. Accompagner les personnes

Découvrir à partir d'une situation : un après-midi pesant

Un groupe de cadres est réuni en séminaire ; un consultant, expert en management, participe à leurs travaux. Cet après-midi, il doit commenter des écrits réalisés par les participants et animer les échanges. Il prend le premier texte, s'arrête sur un mot, le commente, fait des digressions, en profite pour parler de collègues éminents qu'il a rencontrés dernièrement. Il parle, il parle... Le groupe s'assoupit. Certains se passent des petits papiers avec des remarques humoristiques. Un des participants suggère d'appliquer les théories présentées à des situations concrètes et propose un exemple. Le consultant, après avoir écouté et apporté quelques observations, continue son exposé. Les participants restent silencieux. L'après-midi se termine et dans le couloir on peut entendre : *« Il était temps que ça se termine. J'ai cru que je n'allais pas supporter ! »*

Quelles sont pour vous les causes de l'échec de cet après-midi de travail ?

Repères pour l'analyse

Pourraient être objets de l'analyse :
– **les objectifs :** étaient-ils univoques pour l'intervenant comme pour les participants ?
– **le contenu :** était-il pertinent ? Les digressions avaient-elles une utilité ?
– **la méthode :** l'intervenant a privilégié l'exposé tout au long d'un après-midi alors que ce moment est déjà, on le sait, fort sollicité par la digestion ! Cependant il avait annoncé qu'il souhaitait le débat ; or les participants n'ont pas utilisé cette possibilité.

Mais ce qui est en jeu dans cette situation, c'est autre chose. La relation qui s'établit entre l'intervenant « expert » et ce groupe peut être questionnée de plusieurs façons :

– quel **lien** s'est instauré entre intervenant et participants ? On aurait envie de dire : aucun. Chacun a joué son rôle : l'intervenant a parlé, renforçant continuellement sa position d'expert, les participants ont écouté, mais aucun échange réel ne s'est produit alors que sur le sujet traité tous avaient des expériences et des préoccupations à communiquer ;

– quels **phénomènes de groupe** ont conduit chacun à ne pas réagir alors que tous en avaient l'envie ? Le groupe s'est comporté comme aucun des participants pris individuellement n'aurait souhaité le faire !

Crainte des enjeux institutionnels liés à cette intervention ? Peur de passer pour un trouble-fête ?…

Ce sont ces deux clés de lecture de la relation pédagogique que nous proposons à votre réflexion. Elles seront présentées moins comme des techniques à mettre en œuvre que comme des pistes de questionnement personnel à explorer.

1. Animer des groupes

Découvrir à partir d'une situation : Jacques, Nathalie et les autres

Un formateur parle : « *La session que j'anime regroupe une quinzaine de demandeurs d'emploi et de salariés en reconversion. Ceux-ci doivent élaborer leur projet professionnel. Dès le début, un participant, Jacques, chômeur de 35 ans, se déclare en désaccord avec le but de l'action : "Je ne suis pas venu pour pouvoir trouver du travail. Ce qui m'intéresse, c'est de voir des gens !" Par la suite d'autres participants adoptent son point de vue et critiquent les activités que je propose. De plus, ils sont agressifs à l'égard des participantes, tout en réalisant ce qui est demandé : ils sont assidus aux regroupements et trouvent des stages pratiques.*

Au fil du temps, malgré les consignes, les sous-groupes de travail s'organisent en fonction de l'attitude vis-à-vis de la formation : d'un côté les plus coopérants, de l'autre les plus critiques.

Cette semaine chaque participant présente un compte rendu d'enquête auprès d'entreprises. Lorsqu'arrive le tour de Nathalie qui a une attitude très active au sein du groupe, elle est interrompue à plusieurs reprises et sur un ton agressif par Jacques. Au bout d'un moment, excédée, elle réagit très vivement : "Je ne t'ai pas coupé la parole quand tu parlais. Alors la moindre des corrections, ce serait de me laisser parler !" Il rétorque alors qu'elle "prend un peu trop de place dans le groupe". »

Arrivé à ce point du récit, le formateur indique qu'il s'est demandé ce qu'il devait faire.

Repères pour l'analyse

Proposons-lui d'abord de mieux comprendre ce qui se passe.

– La situation peut être analysée sous **l'angle organisationnel et institutionnel** : comment se fait-il qu'une personne (ou plusieurs) ait été recrutée alors qu'elle affirme être en désaccord avec l'objectif de la formation ? Quelle information a été donnée préalablement aux candidats et par qui ? etc.

– Une autre approche possible est celle de la **psychologie individuelle.** Qui est Jacques ? Quelle est son histoire ? Quelle est sa situation personnelle ? Quelles préoccupations personnelles perturbent son engagement dans la formation ? Pourquoi d'autres se reconnaissent-ils en lui et le suivent ? Quelle est l'attitude habituelle de Nathalie ? Y a-t-il eu précédemment des conflits entre eux ?

– Une autre clé de lecture est le **groupe** lui-même. Si Jacques se pose en contradicteur, c'est peut-être lié à l'anxiété qu'entraîne sa situation de chômage, mais c'est peut-être dû également au rôle qui lui a été progressivement donné d'être le *leader* de l'opposition ? Et si Nathalie s'emporte, l'explication est à chercher dans les tensions qui se sont accumulées au cours des premières semaines. Les phénomènes qui nous sont décrits ne sont pas d'abord liés aux personnalités en présence mais aux relations qui se sont établies entre elles au sein du groupe.

La dimension « groupe » doit donc être prise en compte par le formateur car elle est constitutive de la situation de formation : elle contribue aux apprentissages (paragraphe 1.1) et à la motivation des apprenants (1.2). Encore faut-il que le formateur sache décrypter les phénomènes qui s'y manifestent (1.3) et puisse ainsi jouer son rôle d'animateur (l.4).

1.1 Le groupe favorise l'apprentissage

Pour certains formateurs d'adultes, prendre en compte le groupe se résume à *deux préoccupations :*

– conduire le cours de façon participative pour le rendre plus vivant, plus agréable : les apprenants sont alors plus attentifs et donc apprennent mieux ;

– résoudre les conflits qui inévitablement se présentent : éviter qu'une atmosphère tendue ne perturbe la formation.

Pour nous le rôle du groupe va au-delà : en tant que tel, il contribue de façon spécifique aux apprentissages eux-mêmes. Par les interactions entre ses membres, il est source de développement intellectuel.

Découvrir à partir d'une expérience : changer ses habitudes

Aux États-Unis, **Bavelas,** psychologue collaborateur de **Kurt Lewin,** mène en 1945 une expérience sur la modification des habitudes alimentaires. Le but est de modifier le comportement des ménagères pour mieux l'adapter aux contraintes d'une économie de guerre, en particulier de développer la consommation des « bas morceaux » de viande tels que les cœurs de bœuf, les rognons, les tripes.

Six groupes expérimentaux sont créés. Trois écoutent des exposés vivants mettant en lumière le lien entre l'alimentation et l'effort de guerre, entre l'intérêt diététique des « bas morceaux » (vitamines, minéraux…) et l'intérêt économique lié à leur faible coût. Des modes de préparation de ces viandes sont présentés avec des techniques susceptibles d'atténuer les aversions qu'elles peuvent provoquer (odeur, texture, aspect…). Des recettes sont distribuées.

Dans les trois autres groupes, c'est la technique de la discussion de groupe qui est mise en œuvre. Après avoir fait le lien entre la situation de guerre, la santé et la nutrition, les psychologues proposent aux groupes de traiter le problème suivant : « comment amener les ménagères à consommer davantage de bas morceaux autrement que par les méthodes de vente ? » La discussion permet aux ménagères participantes d'expliciter les obstacles qui s'opposent à cette consommation. Le débat porte sur la façon dont il est possible de surmonter certains obstacles comme l'aversion du mari ou les odeurs de cuisine. Le diététicien apporte ses informations au cours de la discussion et les recettes viennent enrichir l'échange.

Quelque temps après, le nombre de ménagères qui utilisent des viandes qu'elles n'ont jamais préparées auparavant est comptabilisé : 3 % des femmes qui ont écouté l'exposé et 32 % de celles qui ont participé aux discussions.

Indiquez en une phrase en quoi cette expérience peut s'appliquer à la formation.

Repères pour l'analyse

La discussion en groupe favorise le changement des représentations et par là des comportements de ses membres. L'individu ayant tendance à se soumettre aux normes du groupe dans lequel il se trouve, il est plus facile de modifier les comportements par une action collective que par une intervention auprès des individus pris isolément.

Application pédagogique : lorsque l'objectif de formation concerne des représentations ou comportements solidement ancrés, un apport d'information par le formateur ou une autre personne extérieure au groupe aura peu d'efficacité alors que des échanges au cours desquels les différents points de vue s'expriment sont susceptibles de permettre une évolution des personnes. Mais n'oublions pas que la discussion de groupe peut aussi renforcer les attitudes existantes : il faut que le changement apparaisse comme solution au problème posé et que soient mises à disposition des participants les ressources nécessaires pour rendre le changement réalisable (dans l'expérience, les recettes et les conseils du diététicien).

Ce constat rejoint un principe plus général : **l'intelligence se forme en se confrontant au raisonnement des autres.** Il y a progrès intellectuel si les représentations d'une personne entrent en conflit avec des informations, des raisonnements apportés par d'autres et si cette contradiction est assumée par la personne : le conflit qui est d'abord externe (opposition, débat avec une autre personne) devient interne (confrontation d'arguments opposés) et est l'occasion d'un dépassement et d'une nouvelle organisation de la pensée (traitement personnel de l'opposition). C'est ce que les psychopédagogues, prolongeant Piaget, appellent le « **conflit sociocognitif** ».

Ce principe relatif en premier lieu au développement intellectuel de l'enfant est applicable aux situations de formation. La personne développe ses capacités à raisonner, à traiter les problèmes en confrontant ses points de vue et démarches à ceux des autres avec la volonté de trouver des solutions acceptables par tous. Tout formateur peut constater que la réflexion en petit groupe organisé permet une avancée plus grande qu'un travail isolé, surtout quand il s'agit de traiter une situation nouvelle, inhabituelle. Peut-être avez-vous fait l'expérience du « jeu de la Nasa » où l'on demande aux participants de se projeter dans la situation de cosmonautes accidentés sur la Lune ayant à choisir le matériel le plus adéquat pour rejoindre leur fusée mère. Le choix est d'abord individuel puis collectif : la comparaison des résultats montre que le travail collectif permet des choix plus fondés que la seule réflexion individuelle. C'est ce constat qui amène les formateurs à rythmer les journées par des travaux en petits groupes : lieux où s'exercent ce frottement des esprits, cette opposition constructive des pensées qui conduit chacun à inventer et à progresser.

Ces « *sous-groupes* » présentent en effet l'avantage :

1. de constituer **une situation d'égalité entre les membres :** les personnes travaillent entre pairs, hors de l'intervention directe du formateur. Le principe d'autorité n'intervient pas dans les échanges (ou du moins faudra-t-il veiller à le limiter), laissant libre jeu à l'expression et à l'argumentation.

2. de permettre, de par leur petite taille, **une participation de tous et un grand nombre d'échanges.**

N'oublions pas le sens de ces travaux de groupe (situations-problèmes à traiter collectivement) : en formation, le travail de groupe n'a pas pour but

premier la réalisation d'une tâche mais le progrès individuel de chacun des membres. Le critère d'efficacité du groupe n'est pas le produit final qu'il est en mesure de présenter mais l'avancée réalisée par chacun des membres. La *question* à se poser avant de proposer un travail collectif est donc *double* :
– sur quel point les participants ont-ils principalement à transformer leurs représentations ?
– quelle sera la situation qui leur permettra de réaliser cette « réorganisation » des représentations par confrontation des points de vue ?

Retenons trois principes pour l'organisation des travaux de groupe :
– *principe d'égalité* devant le problème à résoudre : la confrontation a lieu et est utile si chacun dispose de données équivalentes ou complémentaires.
– *principe d'implication personnelle* : que chacun se sente engagé à communiquer avec les autres participants, à défendre son point de vue et à rechercher un terrain d'entente.
– *principe de confrontation* : le travail doit faire apparaître la divergence des points de vue.

Réfléchir à sa pratique

> *À vous maintenant de porter un regard critique sur les travaux de groupe qui ponctuent vos stages.*
> – *Quel est leur sens ? Des moments clés de progrès par la confrontation ? Ou en réalité de simples temps pour « souffler » ?*
> – *Autour de quels sujets les organisez-vous ? Des questions décisives pour l'évolution des personnes, pour les apprentissages. Ou des aspects simples où les apprenants pourront facilement produire quelque chose ?*
> – *Le travail que vous proposez permet-il à chacun de s'impliquer activement et d'apporter un point de vue personnel ?*
> – *Comment constituez-vous les groupes : selon un critère de sympathie, d'égalité, de complémentarité, de différence de point de vue devant le problème ?*
> – *Les consignes que vous donnez sont-elles suffisamment précises pour obliger chacun à construire et à exprimer sa réflexion personnelle ? Encouragent-elles le débat et la négociation entre participants ?*
> – *Jugez-vous du fonctionnement du groupe au seul résultat qu'il présente ou observez-vous le déroulement des échanges ?*

1.2 Le groupe motive

Partons d'un postulat : le cognitif dépend de l'affectif. En d'autres termes, pour apprendre, il faut en avoir le désir et divers facteurs en sont la condition : certains liés à l'histoire et aux projets de la personne, d'autres à l'environnement relationnel. Le groupe en formation fait donc partie de ce contexte socioaffectif qui facilite ou entrave les apprentissages.

La vie d'un groupe est conditionnée par sa cohésion. Celle-ci désigne l'attrait des participants à l'égard des autres membres et à l'égard du groupe lui-même. Plus la cohésion est forte, plus le groupe est perçu comme un « nous », comme un « être ensemble » et plus la formation devient un but commun, une œuvre partagée.

La cohésion dépend de facteurs extrinsèques et antérieurs à la constitution du groupe : la similitude d'âge, de sexe, de profession, de statut, d'idéologie. Elle dépend également de facteurs intrinsèques d'ordre affectif et d'ordre organisationnel.

Sur le plan affectif, la cohésion est renforcée par :

– la réussite d'une tâche collective ;

– les manifestations valorisant le groupe à l'extérieur ;

– les menaces provenant de l'extérieur ;

– l'échec que l'on peut imputer à un agent étranger au groupe.

Sur le plan organisationnel, la cohésion est renforcée par une répartition des rôles qui donne une place à chacun, qui privilégie les démarches coopératives plutôt que les démarches de compétition.

 ## S'entraîner à partir d'une situation : Jacques et Nathalie (suite)

> *Reprenez l'exemple cité en début de paragraphe concernant les personnes en reconversion. Il apparaît rapidement qu'une clé de lecture du conflit qui oppose Jacques et Nathalie est le faible degré de cohésion du groupe. Approfondissons cette analyse. en répondant aux questions suivantes :*
>
> *– quels facteurs antérieurs à la formation rendaient la cohésion difficile ?*
>
> *– quels facteurs intrinsèques au fonctionnement du groupe ont empêché la cohésion ?*
>
> *– quelles actions pourraient entreprendre le formateur pour favoriser le développement d'une cohésion ?*

Repères pour l'analyse

– Facteurs antérieurs à la formation

La différence hommes/femmes est apparemment décisive. Il serait intéressant de voir si elle s'est manifestée à d'autres occasions. Cette différence masque peut-être d'autres écarts comme l'âge, le statut, la rémunération, la qualification, la facilité d'expression, etc.

– Facteurs intrinsèques au fonctionnement du groupe

Les facteurs les plus apparents sont la constitution de deux sous-groupes d'affinité qui se sont formés en opposition l'un à l'autre ainsi que l'existence d'un ou de plusieurs *leaders* œuvrant dans des directions différentes. Mais pour aller plus loin, il faudrait sans doute observer comment a fonctionné ce groupe pendant les premières semaines : qui s'est exprimé, à quelles occasions ? Comment ont été organisés les travaux en sous-groupes (tâches à effectuer, mode de regroupement…) ? Comment le formateur a-t-il porté ses appréciations : de façon purement individuelle ou collective ? En bref, les rapports se sont-ils instaurés sous le mode de la compétition ou de la coopération ?

– Actions possibles pour le formateur

Il semble que ce renforcement de la cohésion soit déterminant pour la suite de la formation, sinon il n'y aura plus un groupe mais deux sous-groupes ne communiquant que de façon conflictuelle.

Deux directions de travail se présentent au formateur :

- *l'une centrée sur la tâche :* proposer des exercices, des travaux qui permettent à des personnes, aujourd'hui opposées, de travailler et de réussir ensemble.

- *l'autre centrée sur l'élucidation des problèmes relationnels :* favoriser la prise de conscience de ce qui se passe dans le groupe et rechercher ensemble des solutions aux difficultés de communication. Cette option est plus délicate car le formateur est lui-même impliqué dans les relations du groupe. Cependant elle s'avère nécessaire lorsque la situation devient trop tendue : il s'agit alors d'ouvrir des espaces d'échange, de dialogue. Dans certains groupes en formation où l'atmosphère devient insoutenable, il arrive que le formateur fasse appel à un intervenant extérieur pour conduire la réflexion du groupe sur son fonctionnement.

Quels sont les effets positifs d'une forte cohésion du groupe en formation ?

– une plus grande satisfaction au travail ;

– un sentiment de sécurité pour les membres ;
– une augmentation de l'estime de soi ;
– une plus grande liberté pour parler des situations délicates, impliquantes ;
– une possibilité d'expression des émotions.

Plus généralement, la cohésion renforce l'activité des participants et diminue l'absentéisme. Mais **une forte cohésion peut avoir des effets négatifs.**

Le formateur doit veiller en particulier à *deux phénomènes :*

– *le conformisme*. Des normes ou modèles collectifs de comportement s'imposent aux membres du groupe et les amènent à adopter une certaine uniformité de conduite, de sentiments, d'opinions, de langage. Ce mécanisme est pour l'essentiel inconscient. Il a pour conséquence d'entraîner les participants d'un module à préférer l'unanimité au débat, la bonne entente à la confrontation. Or la contradiction mutuelle est un élément essentiel d'évolution des représentations et plus généralement un moyen de construction du raisonnement comme nous l'avons vu dans le paragraphe précédent.

Le corollaire de cette attitude est la mise à l'écart du déviant (celui qui transgresse les normes du groupe) plutôt que son intégration (même conflictuelle).

Comment lutter contre le conformisme : en déplaçant les repères, en introduisant de la mobilité physique (places occupées dans la salle, composition des sous-groupes), ou mentale (témoignage d'un acteur étranger au contexte, proposition d'action inédite…), en mettant en lumière les contradictions internes au groupe et en les faisant analyser.

– *l'illusion groupale*. Les membres du groupe survalorisent leur communauté et surestiment ses possibilités d'action. Cette illusion se manifeste en particulier quand le groupe se sépare à l'issue d'une formation : « *Il faut absolument continuer à se revoir, à travailler ensemble !* » Le formateur qui prend au pied de la lettre de telles déclarations de fin de formation sera fort déçu quand, ayant organisé cette rencontre unanimement demandée, il ne réunira que quelques participants. Quand le groupe est dispersé les liens qui le constituent retrouvent leur juste valeur, celle d'un regroupement occasionnel, l'illusion s'est dissipée. Au formateur de ne pas être dupe et d'aider les participants à acquérir la nécessaire lucidité.

Dans le cadre de dispositifs modulaires regroupant différents publics aux parcours individualisés, cette mixité met en cause l'illusion groupale. En revanche, elle impose aux formateurs de mettre en place une animation spécifique qui favorise la coopération entre les participants afin d'éviter les « attitudes complices » de ceux qui se connaissent bien au risque de provoquer l'exclusion d'autres.

1.3 Le fonctionnement d'un groupe

Le groupe, nous venons de le montrer, conditionne les apprentissages de chacun des membres, tant sur les plans intellectuel qu'affectif. Mais en quoi consiste cette existence collective ? Y a-t-il des constantes d'un groupe à l'autre dont l'identification permettrait au formateur de décoder ce qui se passe entre les personnes ?

A. Un et un font plus que deux

Des œufs, de la moutarde, de l'huile et du vinaigre posés sur la table ne sont rien d'autre qu'eux-mêmes ; que le cuisinier les mélange et il n'y a plus seulement quatre ingrédients mais une mayonnaise. Prenons une métaphore plus culturelle : un tableau de Magritte ne se réduit pas aux couleurs et aux traits qui le composent. De même le groupe n'est pas la simple juxtaposition de plusieurs individus mais un système de relations qui s'instaure entre les participants : ce système constitue une réalité nouvelle qui fonctionne suivant ses propres règles. *Kurt Lewin* (psychologue américain, 1890-1947) développa ce concept de « dynamique de groupe » : le groupe est un champ où s'exercent des forces (analogie avec la physique), il n'est pas réductible aux individus qui le composent mais constitue un système d'échanges entre eux (attractions, tensions, normes, rôles). Son fonctionnement tend à établir un équilibre entre les forces qui s'exercent en son sein et à le conserver contre tout ce qui pourrait le mettre en cause.

Premier principe donc pour le formateur : **le groupe (dont il est l'un des éléments) est une réalité originale par rapport à la personnalité de chacun des participants.** S'il veut comprendre ce qui s'y passe, il ne suffit pas qu'il s'intéresse à chacun, il faut qu'il porte attention à ce qui se produit entre les personnes, à ce système d'actions et de relations qui se construit sous ses yeux. Ces phénomènes collectifs lui serviront alors de levier pour agir sur le comportement des personnes.

Arrêtons-nous sur quelques-uns de ces mécanismes.

B. Tâche et relation

La vie du groupe est faite des interventions successives des participants. Un psychologue américain, *Bales* (1950), note que toute intervention est une interaction, c'est-à-dire qu'elle est dirigée vers les autres membres, qu'elle est effectuée en réponse à l'action préalable d'un participant et qu'à son tour elle provoquera une réaction. L'activité du groupe est donc une chaîne d'interactions.

Bales a observé des groupes de discussion de 3 à 12 membres sans animateur désigné et a établi une classification des interventions en distinguant *deux champs d'intervention :*

– celui de la tâche à effectuer collectivement ou champ socio-opératoire : débattre d'une question, prendre une décision, résoudre un problème, se former, etc.

– celui de la relation ou champ socioaffectif : s'opposer, critiquer, encourager...

Constatant que ces interventions peuvent être négatives ou positives, il aboutit à quatre grandes catégories et à 12 types d'interactions :

	Catégories	Types d'interaction
La relation	A. Interactions socioaffectives positives	1. Montre de la solidarité, encourage, aide, valorise 2. Cherche à détendre, plaisante, dédramatise 3. Donne son accord, cherche à comprendre autrui et accepte ses propositions
La tâche	B. Interventions socio-opératoires positives	4. Donne des suggestions 5. Donne son opinion 6. Donne une orientation, informe, clarifie
	C. Interactions socio-opératoires négatives	7. Demande une orientation 8. Demande une opinion 9. Demande des suggestions
La relation	D. Interactions socioaffectives négatives	10. Manifeste son désaccord 11. Manifeste de la tension, se retire du groupe 12. Montre de l'antagonisme, s'oppose, dénigre

Vous constatez une symétrie entre les attitudes positives et les attitudes négatives : la 7 est le contraire de la 6 ; la 8 le contraire de la 5, etc.

Cette grille est très complexe et difficilement utilisable pour l'observation quotidienne des groupes de travail. En revanche, elle fournit au formateur quelques repères pour son action.

D'abord, elle attire son attention sur l'intérêt d'observer avec précision les interventions des membres d'un groupe. Prenez une situation courante : certains participants prennent beaucoup de place dans la vie du groupe, vous pouvez utiliser une grille simplifiée pour mieux cerner leur mode d'intervention au cours d'une séquence.

Exemple de grille simplifiée

Interventions portant sur :	Participant 1	Participant 2	Participant 3
la tâche de façon positive			
la tâche de façon interrogative ou négative			
les relations de façon positive			
les relations de façon négative			

Noter d'un trait chaque intervention d'un participant dans la case correspondante.

Cette observation plus attentive, éventuellement à l'aide d'un enregistrement vidéo, vous permettra de mieux caractériser le comportement des individus, d'identifier sur quoi s'appuie l'influence de l'un ou de l'autre et de repérer, d'une séance à l'autre, une évolution de leurs comportements en fonction des circonstances et de la maturation du groupe.

Pour l'action, le formateur dispose alors de deux champs d'intervention : **la tâche et la relation.** S'il y a un blocage, à lui de choisir le levier qu'il va mobiliser.

Réfléchir à partir d'une situation : un groupe passif

> *Depuis le début de la journée, les apprenants sont peu actifs, ils semblent écouter distraitement. En milieu de matinée, vous décidez de leur proposer un travail en sous-groupes. Vous donnez les documents et les consignes nécessaires mais cinq minutes plus tard, personne n'a encore bougé. Que faites-vous ?*

Repères pour l'analyse

1 – Identifier la cause de ce comportement passif

S'agit-il de la tâche : le travail proposé est-il mal compris ? Apparaît-il injustifié, inaccessible ou trop facile ?

S'agit-il de relation : existe-t-il des tensions dans le groupe qui empêchent les personnes de se réunir autour d'un travail commun ? Leur motivation a-t-elle été entamée par des événements extérieurs à la formation ? etc.

2 – Choisir le levier de l'action

Si l'origine est liée à la tâche proposée, il est nécessaire d'engager le dialogue pour comprendre le malaise.

Si l'origine est d'ordre relationnel ou affectif (tensions, manque de motivation…) vous avez alors le choix entre :
- **agir par la tâche** (interventions facilitant la constitution ou l'activité des groupes) en supposant que c'est le travail effectué collectivement qui permettra d'établir des rapports plus harmonieux ;
- **intervenir au plan relationnel** en amenant les personnes à exprimer leur état d'esprit : attentes, craintes, conflits…

C. Tout communique : les mots, la voix, les gestes…

Toute situation de groupe est une situation de communication. Deux aspects sont alors à prendre en considération :
- ce que disent ou entendent les acteurs de la communication : les mots prononcés, les paroles échangées ;
- ce qu'ils ressentent au moment où ils prononcent ou reçoivent le message.

Leur **ressenti** est communiqué de façon variée. Le ton de la voix est un premier indicateur des émotions. Il peut être en complet décalage avec le message explicite. Combien de fois voit-on un individu en colère s'écrier : « Puisque je te dis que je suis parfaitement calme ! » À l'opposé, il vous est sans doute arrivé de rencontrer quelqu'un affirmer ne pas craindre d'affronter telle situation délicate, d'une voix… hésitante, pour ne pas dire tremblante.

À la voix s'ajoutent les gestes et les attitudes. Un regard droit dans les yeux, une poignée de main ferme sont des messages pour l'interlocuteur.

Ces **signes non-verbaux** peuvent constituer à eux seuls une communication. Si vous ne voulez pas adresser la parole à un collègue ou à un voisin, il vous suffira de ne pas le « voir » en le croisant : votre attitude lui signifiera que vous ne voulez pas entrer en relation avec lui. Et au-delà de l'expression immédiate de la personne, le vêtement, la voiture ou l'habitation peuvent devenir porteurs de messages : il n'est pas indifférent pour un commercial de se présenter chez un client en Twingo ou en BMW !

Découvrir à partir d'une situation : premier jour de stage

Relevez dans le texte suivant quelques-uns des « messages » que les apprenants reçoivent au cours de leur première matinée au centre de formation.

« Ce lundi matin, les participants ont été convoqués dans des locaux annexes, anciennes salles de classe d'un collège en partie désaffecté. Ils passent la grille, aperçoivent des enfants qui jouent dans une cour plus loin. À l'entrée d'une salle un formateur, souriant, tenue décontractée, les attend. Il les salue, leur serre la main et les invite à entrer. Il leur explique que, faute de place, les tables ont dû rester alignées sur cinq rangs. Et il ajoute d'emblée : « Ce n'est pas grave, cela ne nous empêchera pas d'échanger ». Les participants prennent place avec hésitation. Deux d'entre eux se consultent du regard pour choisir deux places voisines. Un autre pose ostensiblement son attaché-case sur la table. Le formateur se rend à sa table et commence par se présenter : il indique que ce n'est pas la première fois qu'il encadre un tel stage et qu'il le fait toujours avec plaisir. Le participant à l'attaché-case lui demande alors sur quelle expérience professionnelle il s'appuie. Un peu surpris, il répond en donnant quelques indications sur son cursus puis distribue à chacun – "simple formalité !" précise-t-il – le règlement intérieur de l'organisme. Il annonce ensuite les horaires de travail, le programme du cycle puis il invite les apprenants à se retrouver autour d'un café. »

Les messages :

Qui ?	dit quoi ?	par quel moyen ?	à qui ?

Repères pour l'analyse

Il y a bien sûr les paroles du formateur. Certaines sont destinées à donner des informations : les horaires de travail et le programme du cycle ; d'autres sont destinées à détendre les participants : remarques sur son état d'esprit, sur le mobilier, sur le règlement intérieur.

Mais ce qui aura frappé les nouveaux apprenants c'est peut-être moins ce qui aura été dit que ce qu'ils auront vu et ressenti :
- la grille, les élèves dans la cour, la disposition des tables : « Nous sommes dans un établissement scolaire », message qu'ils auront peut-être traduit par « retour à l'école » ;
- le règlement intérieur remis dès le début : « Nous sommes dans une institution, il y a des règles à respecter » ;
- le salut et la poignée de main : « Il porte attention à chacun » ;
- la tenue décontractée du formateur : « Il ne se prend pas trop au sérieux » ou bien « Est-ce un formateur sérieux ? » ;
- l'invitation à prendre un café : « L'atmosphère sera conviviale ! »
- etc.

> Si les participants se sont peu exprimés, ils ont montré par leur attitude leur manque de familiarité avec la formation. Deux d'entre eux se sont mutuellement encouragés… du regard. Un autre a voulu se démarquer : quel est le message caché derrière l'attaché-case : « Si je suis aujourd'hui au chômage, j'ai été cadre » ou bien « Attention, on ne me fera pas faire n'importe quoi ! » Et l'interrogation sur l'expérience du formateur s'adresse à celui-ci (« je ne prends pas les bonnes paroles pour argent comptant ») mais aussi aux autres participants (« je parle d'égal à égal avec le formateur »).

Ainsi nous remarquons qu'en plus des messages oraux ou écrits, **tout peut devenir porteur de sens et d'information.** Certains messages viennent des personnes effectivement présentes (le formateur, les apprenants), mais aussi de personnes ou d'instances indirectement présentes (l'organisme de formation à travers ses locaux, son règlement, etc.). Certains apportent une information (horaires, programmes) alors que d'autres concernent les relations (poignée de main, disposition des tables). Certains messages sont délibérés (la poignée de main…) ; d'autres ne sont que le résultat de la situation (la disposition des tables). Si enfin il y a des messages « univoques » et sans ambiguïté (les horaires par exemple), d'autres sont susceptibles d'interprétations différentes et discutables parce qu'ils sont riches en connotations (ici l'attaché-case). Le **cadre de référence des interlocuteurs** (leur histoire, leur milieu, leur culture…) est alors un facteur explicatif déterminant.

La notion de système de communication est une clé à la fois pour l'observation et pour l'intervention auprès du groupe. Les messages se conditionnent et se donnent sens mutuellement : au formateur **d'être attentif à tous les échanges,** aux réseaux qui s'établissent et aux règles qui s'instaurent car le sens de ses interventions est pour une part dépendant de ce contexte. Et si le formateur veut favoriser **des changements** dans les relations, il n'oubliera pas que le groupe fonctionne comme un tout, on ne modifie pas un élément sans faire bouger l'ensemble. Il s'agira de repérer les décisions qui pourront opérer comme les leviers les plus efficaces.

D. Affinités et rôles

Le groupe n'est pas un ensemble homogène d'échanges et de relations. *J.-C. Moreno* (1959) a mis au point une technique d'enquête dite sociométrique partant du principe que les êtres humains peuvent éprouver trois types de sentiments : **la sympathie, l'antipathie ou l'indifférence.** À l'occasion d'un travail collectif, il est demandé aux personnes d'indiquer avec qui elles désirent travailler et avec qui elles refusent de travailler. Le dépouillement des résultats permet d'établir une sorte de radiographie des liens affectifs existants au sein du groupe que l'on appelle *le sociogramme*.

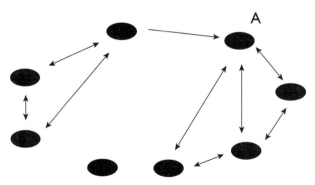

Ce sociogramme où chaque flèche correspond à l'expression d'un lien de sympathie, montre que le groupe concerné se compose en fait de deux sous-groupes et que l'individu A représente un pôle d'attraction pour ses collègues. Ce type d'observation peut permettre de constituer des sous-groupes plus cohérents, plus soudés ; à l'inverse il peut attirer l'attention du formateur sur les scissions qui s'opèrent et l'inviter à prendre des initiatives pour renforcer la cohésion générale.

Le schéma de type sociogramme peut constituer également un support pour l'observation des échanges dans un groupe de discussion. L'observateur note de la façon suivante (schéma ci-dessous) : quand A s'adresse à B, il trace une ligne partant de A dans la direction de B et à chaque intervention dans cette direction il inscrit un trait (intervention brève) ou une flèche (intervention longue) ; quand A s'adresse à l'ensemble du groupe, il trace une ligne en direction du centre. Cette observation peut être réalisée par un membre placé à l'extérieur du cercle.

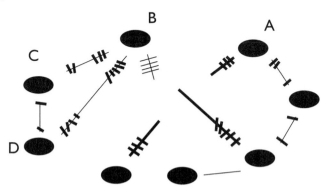

Cette grille met en évidence les personnes qui parlent et leurs interlocuteurs ; elle visualise également les réseaux d'échange qui s'établissent dans le groupe (par exemple le sous-groupe entre B, C et D).

Les leaders

Dans tout groupe, nous pouvons constater qu'un ou plusieurs des membres **exercent une influence prépondérante sur le fonctionnement de l'ensemble.** Cette influence concerne la tâche à réaliser (le *leader* fournit des informations, propose des méthodes, coordonne les efforts, répartit les rôles, pèse sur les décisions), les relations et le climat (il encourage, détend, critique, cherche à séduire, etc.). Deux types de *leader* se dégagent : celui qui s'appuie sur ses **compétences,** son savoir et celui qui s'appuie sur son **charisme,** son pouvoir de séduction. Le formateur aura soin de les identifier : qui exerce une influence ? sur qui ? comment manifeste-t-il son pouvoir tant en ce qui concerne la tâche, c'est-à-dire la formation (adhésion, rejet…) qu'en ce qui concerne les relations et l'atmosphère au sein du groupe ?

Le *leader* peut être un allié ou un adversaire. Admettons qu'une certaine lutte de pouvoirs s'exerce au sein des groupes en formation comme dans les autres groupes. Plutôt que de l'ignorer mieux vaut, pour le formateur, en tenir compte et si possible s'en servir de levier pour exercer son propre rôle et créer une dynamique favorable aux apprentissages.

Les explications précédentes n'ont pas la prétention de vous introduire à la sociopsychologie des groupes mais de vous inviter à observer avec quelques instruments simples ce qui se passe dans vos formations. Reste maintenant à mieux caractériser votre fonction d'animateur et à identifier quelques repères pour la mettre en œuvre.

1.4 Le formateur : un animateur

Dans un groupe, l'animateur n'est pas un participant parmi d'autres. Son style influe sur le comportement des participants et détermine en partie le climat général. Qu'entend on par style d'animation, style d'animateur ? En quoi cette notion peut-elle éclairer la pratique du formateur ?

A. Style du formateur, climat du groupe

Découvrir : l'expérience de Lippitt et White

À la fin des années 1930, *Lippitt et White,* psychologues américains, réalisent une expérience qui est restée célèbre. Des enfants sont invités à participer à des clubs d'activités extrascolaires (travail du bois, peinture, fabrication de masques, aéromodélisme, etc.). Quatre clubs de cinq enfants sont organisés. Chaque club a trois séries de séances de travail avec des animateurs différents. Mais – et c'est là l'intérêt de l'expérience – trois types de rôles (ou styles) sont assignés aux animateurs.

L'animateur autoritaire doit prendre toutes les décisions importantes et diriger point par point toutes les activités du club. Il n'a pas à expliquer au départ le plan général du travail, chaque enfant devant se renseigner à chaque étape sur le travail à accomplir. Il doit dire au groupe « Voilà ce que vous avez à faire » et à chacun « Voilà ce que tu as à faire ». Si une tâche exige plus d'une personne, c'est lui qui organise les regroupements. Les éloges ou blâmes sont individuels. Lui-même ne participe pas au travail sauf pour montrer comment faire.

L'animateur « laisser-faire » doit laisser au groupe la plus grande liberté pour prendre les décisions quant au travail et à son organisation. Il fournit seulement les matériaux et les instruments au fur et à mesure des besoins. Il ne prend la parole que pour répondre aux questions posées. Il ne porte aucune appréciation ni sur le groupe ni sur les activités individuelles.

Le troisième rôle est celui de **l'animateur « démocratique »** (participatif, dirions-nous aujourd'hui). Celui-ci doit amener le groupe à définir lui-même sa politique, en facilitant la discussion et la décision collective. Il vérifie que chaque enfant se représente clairement le plan général de travail. Il propose des méthodes de travail mais en faisant en sorte que ce soit le groupe qui décide. Il laisse les enfants se répartir le travail et choisir avec qui chacun veut travailler. Ses remarques sont les plus objectives possibles et ses appréciations ne portent que sur le résultat du travail, sans faire de louange ou de critique personnelle.

Imaginez quels furent les effets de chacun de ces trois styles sur les enfants :
– leurs comportements relationnels ;
– leur assiduité au travail ;
– la satisfaction manifestée à l'égard des résultats.

Repères pour l'analyse

Les résultats obtenus par les deux psychologues Lippitt et White sont les suivants :

1. Relations au sein des groupes. Avec l'animateur autoritaire, deux types de réactions se produisirent : l'agressivité ou la soumission. Dans les groupes où l'emporte l'attitude agressive, les enfants manifestent fréquemment de l'hostilité les uns à l'égard des autres mais celle-ci diminue lorsqu'entre un étranger au groupe (un concierge) qui critique le travail :

l'agressivité se reporte sur lui et il joue le rôle de bouc émissaire. Dans le cas de réaction de soumission, il y a moins d'hostilité entre les participants mais elle reste forte à l'égard de l'étranger. Dans les deux cas, il y a peu de manifestations d'amitié entre participants et à l'égard de l'animateur.

Avec l'animateur « laisser-faire », il s'installe entre les membres du groupe une animosité qui dure, sauf si les participants sont fortement motivés par la tâche et s'ils s'organisent sous l'influence d'un *leader* informel après avoir pratiquement exclu l'animateur.

C'est dans le groupe de l'animateur participatif qu'apparaissent le plus fréquemment des comportements amicaux tant à l'égard de l'animateur que des autres enfants.

2. *Attitude à l'égard du travail*

Le tableau ci-après indique le pourcentage de temps passé à « s'intéresser activement » au travail en fonction de la présence ou de l'absence de l'animateur.

	L'animateur est présent	L'animateur est absent	L'animateur vient de revenir
Style autoritaire avec réaction agressive	52 %	17 %	58 %
Style autoritaire avec réaction de soumission	74 %	29 %	81 %
Style laisser-faire	31 %	49 %	19 %
Style participatif	49 %	47 %	39 %

– Quand l'animateur autoritaire est présent, les enfants sont actifs surtout s'ils acceptent son autorité mais quand il part, chahuts et bagarres indiquent un net relâchement. Son retour rétablit le bon ordre et les enfants se remettent au travail. S'ils travaillent dans l'ensemble avec application, ils font preuve de peu d'initiatives et préfèrent attendre les directives.

– Avec l'animateur « laisser-faire », les enfants travaillent par à-coups et leur application est meilleure quand il est absent. Le travail est souvent interrompu par des jeux anarchiques et on enregistre des comportements de pure inactivité qui ne se manifestent pas avec les autres animateurs.

– Avec l'animateur participatif, les enfants travaillent régulièrement mais avec une application moins systématique qu'avec l'animateur autoritaire. Son absence n'a qu'un faible impact sur l'activité et les enfants ne se montrent que peu déconcertés s'il arrive en retard. Ils parlent plus fréquemment du travail qu'ils sont en train de faire et donnent des suggestions concernant la tâche.

3. Satisfaction à l'égard des résultats

– Avec un animateur au style autoritaire, on enregistre peu de notations de plaisir : un groupe célébra même sa dernière séance en détruisant avec violence les masques qu'il avait confectionnés. D'une façon habituelle les enfants semblent attendre les félicitations de l'animateur pour être contents d'eux-mêmes.

– Avec un animateur au style « laisser-faire » les membres se désintéressent de leurs productions.

– Enfin avec l'animateur au style participatif, les enfants s'intéressent et discutent spontanément entre eux du travail à faire.

Même si cette expérience se situe dans un contexte particulier, retenons l'idée que nous pouvons vérifier dans les groupes en formation : le style de l'animateur engendre un climat qui induit des comportements relatifs à la tâche à accomplir et aux relations.

Attirons l'attention sur une autre application de l'expérience, celle de **la succession des styles de formateur dans un même groupe.** Celle-ci ne se fait pas sans difficultés. Si un formateur propose des méthodes actives à la suite d'un cours conduit de façon rigide et sans discussions, les participants risquent de décharger l'agressivité qu'ils ont contenue dans la séance qui a précédé. Si en revanche ils subissent avec soumission l'enseignement précédent, ils risquent d'attendre la même autorité de leur formateur. Si un style participatif succède à un style laisser-faire, les participants risquent d'y importer le climat anarchique qu'ils viennent de connaître. Le formateur est donc dépendant du climat qui règne avec ses collègues. C'est l'une des raisons qui, à nos yeux, rend indispensable la coordination entre les formateurs intervenant auprès d'un même groupe : il s'agit de **rechercher** une plus grande **cohérence** dans leurs modes d'intervention.

 Réfléchir à sa pratique

Abordons deux aspects :

– *quel est votre style ?* Vos comportements effectifs correspondent-ils au style que vous pensez adopter ? Pour répondre à ces questions comparez vos comportements quotidiens aux rôles attribués ci-dessus aux trois types d'animateur ;

– *quel style faut-il adopter ?* La question est biaisée, direz-vous. L'expérience met en évidence l'intérêt du style participatif si l'on veut non seulement que les participants soient studieux mais également autonomes et inventifs. Les formateurs expérimentés vous diront que le style à adopter est fonction de la motivation des personnes et de leur capacité

> à s'organiser, c'est-à-dire de leur niveau d'autonomie dans la conduite de leur projet de formation.
>
> Il est bien certain que les choix du formateur doivent être fonction de la maturité du groupe qu'il encadre. Mais dans le sens inverse, – et c'est ce que montre l'expérience de Lippitt et White – le comportement du formateur contribue à la maturité du groupe ou la freine. Dans cette perspective, le style participatif donne une indication du souhaitable pour une **éducation à l'autonomie et à la responsabilité**.
>
> Il s'agit là d'un choix d'ordre philosophique et non technique dans la mesure où il met en jeu les finalités que l'on assigne à la formation. *Vous-même, quelle est votre position personnelle sur cette question ?*

B. Les problèmes relationnels au quotidien

Arrivé à ce stade de notre réflexion, vous vous dites sans doute que ces considérations sont très générales et vous fournissent bien peu d'éléments sur ce qu'il faut faire concrètement, face aux difficultés de relation, de communication et d'animation !

Appliquer des recettes ?

« *Le stagiaire F est un bavard qui monopolise la parole dans le groupe ; il discute avec ses voisins et, sur tout sujet, il a son idée et la développe avec plaisir. Que faire ?* »

Ouvrez le premier ouvrage de vulgarisation sur l'animation de groupe et vous lirez par exemple :

« Évitez de le regarder dans les yeux (pas d'incitation à la parole).

Rappelez les objectifs et les horaires.

Utilisez des questions fermées quand vous l'interrogez.

Pour l'arrêter (entre deux respirations), enchaînez en montant d'un ton votre propre niveau d'intervention.

Levez-vous (ne soyez pas en face de lui).

Faites silence sans le regarder... »

« *Le stagiaire L est un contestataire qui malheureusement entraîne avec lui une partie du groupe. Il s'oppose en toute occasion au formateur et empêche les autres de s'exprimer.* »

À cette situation, notre manuel du parfait animateur suggérera par exemple :

« Ne l'attaquez pas de front.

Appuyez-vous sur les membres du groupe ayant une attitude positive et valorisez leurs interventions.

Mettez-le en position de faire : il se montrera sans doute moins expert qu'il ne le prétend. »

« *X est un leader participatif qui non seulement s'intéresse à la formation mais approuve et renforce les interventions du formateur. Jusqu'à quel point peut-il être un appui ?* »

« Puisque son action va dans le sens de la formation, pourquoi ne pas l'utiliser ? Mais attention, il risque de devenir envahissant et d'empêcher l'expression des autres, en particulier des personnes les moins intégrées. Par ailleurs il risque de finir par se considérer comme le formateur et d'empiéter sur votre fonction. »

Réfléchir à ces conseils : qu'en pensez-vous ?

Voici une liste d'adjectifs. Choisissez-en trois qui sont selon vous significatifs.

Concrets

Dangereux

Empiriques

Évidents

Rassurants

Simples

Stupides

Utiles

Repères pour l'analyse

Vous n'attendez bien sûr pas la bonne réponse ! Il s'agissait de prendre du recul par rapport aux recettes parfois données de façon péremptoire.

Ces qualificatifs répondent à *deux questions*.

Ces conseils sont-ils fondés ?

– *Évidents ?* Ils expriment un choix qu'il serait difficile de ne pas faire. Encore faut-il y avoir pensé !

– *Stupides ?* Disons qu'ils évitent de se poser trop de questions mais, pris à la lettre, ils risquent de devenir débilitants.

359

> – *Empiriques ?* Très certainement. Sur quoi en effet reposent-ils ? Sur l'expérience accumulée de formateurs et d'animateurs qui ont pu constater les effets de telle ou telle technique.
> **Ces conseils sont-ils efficaces ?**
> – *Concrets ?* Oui, puisqu'ils sortent des considérations générales et proposent des réponses à des difficultés quotidiennes.
> – *Utiles ?* Ils suggèrent des idées qui peuvent permettre de sortir d'une situation bloquée ou de trouver un comportement nouveau face à une situation qui se répète.
> – *Simples ?* Bien sûr puisqu'ils ne supposent pas une analyse approfondie et proposent d'emblée une réponse à la portée de tous.
> – *Dangereux ?* Ils peuvent de fait ne pas correspondre à la situation et générer des effets contraires à ceux recherchés.
> – *Rassurants ?* Ils donnent l'impression qu'à toute situation difficile, il y a une réponse possible. Alors pourquoi pas celle qui est proposée ?

Constatons qu'à un moment ou à un autre l'appel à quelques recettes aide à trouver une solution sans procéder à une analyse complexe. Chacun a ses propres repères qui fonctionnent presque automatiquement.

« *Quand un stagiaire se prend pour un expert, je lui demande de réaliser un travail.* »

« *Je ne propose des situations qui demandent une expression personnelle que lorsqu'un climat de coopération a pu s'installer dans le groupe.* »

« *Si un climat de tension s'instaure, j'essaie de le régler par la tâche, c'est-à-dire par une organisation plus coopérative du travail. Ce n'est qu'ensuite, en cas d'échec, que j'envisage d'amener le problème en débat.* »

Ces règles d'action sont le fruit de l'expérience et de la réflexion des praticiens. Elles ont leur utilité d'abord pour celui qui les a forgées.

… Ou analyser sa pratique ?

Se former à l'animation de groupe c'est autre chose que s'approprier quelques recettes. Il faut accepter le détour par l'analyse des situations, partant du principe qu'un groupe est une combinaison singulière d'individus et qu'une situation est un ensemble complexe de données de tous ordres qu'il faut prendre en compte. Ce qui est nécessaire à l'analyse des situations, ce sont des outils théoriques (les idées concernant les phénomènes de groupe, notamment) et un entraînement à l'observation. De plus un travail sur soi doit être mené selon *deux axes :* **développer sa capacité d'écoute** (centration sur la personne des apprenants) et **sa capacité d'affirmation de soi** (se faire reconnaître comme personne et se positionner comme porteur d'une fonction et d'une responsabilité spécifique au sein du groupe).

Pour développer sa compétence à gérer les groupes, le formateur dispose de *deux moyens :* un effort continuel d'analyse des situations rencontrées et un entraînement à agir en situation.

Comment conduire l'analyse d'une situation de groupe ?

Voici une situation vécue par un formateur lors d'une action réalisée dans une grande entreprise.

« Ce lundi matin j'interviens dans un module technique avec quinze participants. C'est le démarrage d'une nouvelle phase de 15 jours après une période d'initiation. Ma journée commence très bien par une présentation du thème et une description des matériels. Les participants semblent très intéressés, certains posent des questions. Après une heure trente d'exposé, j'invite à une pause de 10 minutes. Au retour, ils entrent dans la salle avec des illustrés et diverses revues. Lorsque je reprends mon cours, ils se mettent à les lire. Un seul d'entre eux m'écoute et participe, je décide de continuer pour lui. Au bout de quelques minutes, progressivement, tous les autres se mettent à participer tout en gardant leurs revues devant les yeux. À la fin de la séance une brève évaluation par un jeu de questions-réponses me permet de constater que pour l'essentiel mon exposé est passé... Pouvais-je prendre une autre attitude ? »

Cette situation a fait l'objet d'une analyse collective. Suivons-en les étapes.

1. Quelle était réellement la situation ?

Le formateur concerné (nous l'appellerons Pierre), après avoir décrit la situation, est amené à répondre aux questions que lui posent les autres participants :

– combien de personnes effectivement lisaient et combien sont intervenues ? Pierre, après avoir repris sa première présentation, n'est plus tout à fait sûr que tous aient effectivement lu et, quand il dit que par la suite tous participaient, il ne sait plus très bien qui a pris la parole. Vite il apparaît que le formateur s'est centré sur la personne qui faisait écho à son intervention et il semble avoir oublié les autres ;

– quand on lui demande de décrire l'attitude des salariés avant la pause, il insiste sur l'un des participants, très coopérant durant cette première partie et qui ensuite s'est « fermé ». Cette attitude l'a particulièrement déstabilisé dans la seconde partie de la matinée.

Ainsi, au fil de l'échange la situation s'enrichit de facettes que Pierre n'avait pas perçues au moment de l'action.

2. Comment expliquer la situation ?

Trois approches se dégagent des réflexions des participants :
- une approche « institutionnelle » : comment est organisée la formation et qu'est-ce qui expliquerait l'implication distante des apprenants ? Comment ont-ils été recrutés ? Quel était l'enjeu pour eux ?
- une approche « pédagogique » centrée sur les acquis des personnes à leur entrée en formation : l'analyse a montré que pour une part les participants connaissaient déjà ce qui était traité.
- une approche « animation de groupe » : l'attitude des participants manifeste-t-elle un conflit (avec l'animateur ou l'entreprise) ? S'il s'agit d'un jeu collectif prémédité (« Testons le nouveau formateur ») ou d'un simple relâchement (les revues étaient disponibles dans la salle de pause) ?

3. Comment agir ?

Chacune des approches précédentes conduit à des pistes d'action spécifiques :
- *organisation* : une information préalable des participants ;
- *pédagogie* : mise en place en début de séance d'un temps de vérification des acquis ;
- *animation* : lucidité quant à l'importance des diverses interventions (ne pas se laisser absorber par la personne qui attire l'attention que ce soit en participant ou en contestant).

De son côté Pierre a surtout retenu que le comportement effectif du groupe n'est pas forcément tel qu'on le perçoit au moment de l'action.

Pourquoi avoir présenté ce cas ? Parce qu'il illustre une démarche possible pour progresser dans l'appréhension des phénomènes collectifs et dans la gestion du groupe en formation. Ce travail peut être mené seul, en se servant de l'écriture. Mais, plus fructueusement, il sera conduit avec d'autres formateurs : le regard d'autrui est, à nos yeux, une composante nécessaire à ce type d'analyse.

2. Accompagner les personnes

Le formateur travaille avec des groupes mais également avec des **personnes,** chacune ayant son histoire, ses acquis, ses projets. Il est souvent sollicité pour écouter, prendre en compte des attentes qui débordent le strict objet de la formation.

Quand l'action s'étend sur une longue période, il participe au cheminement des uns et des autres. Quand le dispositif est individualisé, il doit négocier avec chacun le mode de coopération. **La relation pédagogique est aussi une relation duale.**

2.1 Accompagner

Accompagner, c'est « se joindre à quelqu'un pour **aller là où il va en même temps que lui** » *(Le Robert)*. Dans la vie quotidienne, les expressions « conduite accompagnée », « accompagnement musical », « accompagnement au mourant » désignent des actions qui visent à **soutenir, conforter l'action d'une autre personne.** L'acteur central alors n'est pas l'accompagnant mais la personne aidée. Le formateur est celui qui accompagne les personnes dans ce processus de changement, qui fait le parcours avec elles, à leur côté. Dans cette posture professionnelle, il se doit de récuser deux positions extrêmes, celle du « fais comme tu veux » et celle du « fais comme je veux », celle du désintérêt comme celle de la dépendance. Il œuvre à l'autonomie de l'accompagné et doit éviter deux écueils : l'un est de considérer les personnes comme incapables d'être responsables, l'autre de « faire comme si » elles l'étaient déjà. Dans les deux cas, il y a négation de ce temps de maturation où l'autre se forme, se dote des compétences nécessaires.

Ainsi, dans l'apprentissage de la conduite automobile, l'apprenant bénéficie de l'assistance d'un professionnel qui propose des situations de difficulté croissante, apporte aide, conseils et intervient en cas d'urgence (pour éviter l'accident) ; de même dans toute formation, la personne doit bénéficier de l'accompagnement d'un professionnel qui joue ce rôle de médiateur entre l'environnement et elle pour que le processus de formation ne soit pas compromis par les obstacles rencontrés.

Cet accompagnement doit s'appuyer sur des principes déontologiques forts. Si l'accompagnement pédagogique vise à terme **l'autonomie,** le dispositif doit fournir des appuis suffisants pour franchir les étapes : imposer une responsabilité à quelqu'un sans que celui-ci possède les moyens de l'assumer est une supercherie. Mais à l'inverse le formateur ne doit pas se substituer à l'apprenant. Dans une situation d'urgence, il peut être amené à tellement « faire avec » qu'il fait momentanément « à la place de ». Cela n'est acceptable que s'il met en place un dispositif pédagogique qui permette à l'accompagné de progressivement travailler sans aide. Attitude ô combien difficile, comme en témoigne Jacques Ardoino[44] :

« Il y a sans doute, en dépit de tous les efforts moraux contraires, un déchirement et une résistance de notre nature à devoir, au moins symboliquement, mourir pour permettre à autrui d'exister plus pleinement en prenant ce que nous estimons être notre place. En fait, l'éducateur n'aura jamais été aussi utile que quand il aura réussi à se rendre inutile puisque ce sera le signe de sa double victoire, sur lui-même comme à l'égard de celui qu'il formait. »

---

44. J. Ardoino, *Propos actuels sur l'Éducation*, Gauthier-Villars, 1978.

2.2 Établir une relation de personne à personne

Parce que l'apprenant est une personne, un sujet unique avec des craintes et des désirs, une histoire et des projets, sur quelles convictions peut s'appuyer le formateur pour établir la relation ?

Pour répondre, nous nous inspirons des travaux de *Carl Rogers* (psychologue américain, 1902-1987) qui développe *trois concepts* essentiels pour toute relation vraie, en particulier dans les domaines de la thérapie, de l'enseignement et de l'éducation :

- congruence ;
- considération positive inconditionnelle ;
- compréhension empathique.

Derrière des termes un peu barbares, nous trouverons de précieux repères pour interroger notre façon de vivre les relations pédagogiques.

A. La congruence

Il s'agit, pour celui qui veut entrer en relation, de rechercher une harmonie intérieure, un accord entre l'expérience et la conscience qu'on en a, entre cette conscience et la communication qu'on en fait.

Prenons un exemple. Pierre a rencontré des difficultés avec un groupe de salariés. Il en discute avec des collègues en insistant sur les conditions matérielles, sur la sélection inadéquate des participants, etc. Ses collègues sentent qu'il ne parle pas de l'essentiel, d'une question qu'il éclairera lors d'un débat ultérieur : « suis-je compétent pour ce travail ? »

La congruence, c'est accepter de laisser venir à la conscience les questions qu'on se pose, même si elles dérangent. C'est aussi accepter de les exprimer devant les autres. L'attitude contraire est la défensive ou le « bluff » : faire croire autre chose que la réalité. La première condition pour une relation authentique est **d'être en accord avec soi-même.** Cette attitude conduit le formateur à admettre parfois qu'il ne connaît pas, à reconnaître les limites de son expérience, à ne pas pratiquer la langue de bois, le langage convenu. L'effort d'authenticité consiste à dire les choses avec lesquelles il est en accord et à refuser les discours tout faits.

B. La considération positive inconditionnelle

Nous pourrions traduire cette expression par « quoi qu'il arrive, je regarde la personne avec espoir ». Reprenons les termes. « Considération positive », c'est refuser de privilégier le négatif, ce qui ne va pas, ce qui manque, c'est rechercher au contraire dans toute personne ce qu'elle a de positif, ce qui lui permettra de progresser, ce sur quoi l'on peut s'appuyer pour proposer une avancée. « Considération positive inconditionnelle » : l'expression va beaucoup plus loin puisqu'inconditionnel signifie « sans conditions », quel que soit le passé ou le comportement actuel de la personne. C'est **penser que dans toute personne, malgré les difficultés, malgré la déchéance, il y a encore une source d'énergie qui peut lui permettre de progresser.** Si le fils se montre incapable de projet, se drogue... le père ne pourra maintenir avec lui une relation que s'il conserve encore un espoir, que s'il croit encore en lui. Il en est de même pour le formateur, même si les situations sont, généralement et heureusement, moins tragiques. S'il aborde un nouveau groupe en pensant, avant même de l'avoir rencontré : « Qu'est-ce qu'ils vont encore me tendre comme piège ? », le formateur rentrera sans doute chez lui le soir en décrivant le manque d'intérêt des uns et l'absence de courage des autres et il n'aura certainement pas suscité l'envie d'apprendre chez ceux qui ne l'avaient pas !

C. La compréhension empathique

Le formateur qui veut comprendre la non-motivation d'un apprenant peut procéder de plusieurs façons : consulter le dossier d'inscription, analyser les comportements à l'occasion des différents travaux proposés, discuter avec un psychologue du centre de formation. Carl Rogers propose une autre démarche, celle de la compréhension par l'intérieur : porter attention aux sentiments que l'autre éprouve à l'égard de lui-même. Il ne s'agit pas de s'identifier à l'interlocuteur au point d'éprouver les mêmes sentiments mais plutôt **d'entrer suffisamment en relation avec lui pour percevoir l'autre de son propre point de vue.** L'attention au ressenti est ici importante : derrière les mots, il faut rechercher le vécu. Une attention confiante permettra à l'autre d'exprimer son ressenti et par là d'entrer dans une démarche positive.

Peut-être pensez-vous : « Je ne suis ni psychologue, ni thérapeute, vous m'emmenez sur un terrain qui n'est pas le mien ! » Le formateur doit en effet connaître les limites de son intervention. Cependant l'attitude « centrée sur la personne » telle qu'elle est proposée ici n'impose pas de traiter tous les problèmes qui apparaissent ni d'apporter une réponse autorisée à toutes les questions que se posent les apprenants. Chaque intervenant social ou éducatif a son domaine de compétence. L'idée centrale est de vivre les relations humaines de manière authentique et la situation de formation est une situation de relation humaine. Les conditions dans lesquelles elle s'exerce, les objectifs qu'elle se donne, les contraintes qu'elle accepte ne doivent pas empêcher que s'établissent des rapports vrais qui seront un élément facilitant pour les apprentissages, surtout s'ils mettent en jeu des orientations décisives pour les apprenants.

Ces postulats posés – il s'agit bien de postulats car des formateurs pourront affirmer que cette dimension ne leur est pas nécessaire, sans qu'une démonstration scientifique puisse les convaincre d'erreur ! – comment les traduire au quotidien de l'action du formateur ?

D. Des attitudes quotidiennes

Dans les années 1950, *E.-H. Porter,* disciple de Rogers, a identifié *six attitudes fondamentales* en observant les comportements de personnes lors d'entretiens à deux ou de groupe. Ces attitudes vous permettront d'analyser votre propre façon de vivre les relations.

Découvrir à partir d'une situation : le stagiaire qui s'isole

> *Dans une action d'insertion rassemblant une quinzaine de jeunes, Alain éprouve des difficultés particulièrement importantes à s'intégrer. D'un comportement plutôt agressif, il a le contact peu facile. Au fil du temps ses interventions sont de plus en plus mal reçues par les autres qui l'isolent progressivement. Aujourd'hui vous proposez un travail par groupes de trois personnes : il se retrouve tout seul à sa place alors que les autres se sont déjà organisés. Que lui dites-vous ?*
>
> *Écrivez la première phrase de votre intervention.*

Repères pour l'analyse

> Voici les six attitudes identifiées par Porter telles qu'elles s'appliqueraient à notre cas.
>
> **1 – L'attitude de décision**
>
> *« Alain, vous pouvez vous joindre au groupe qui est là. Ils sont déjà trois mais le travail peut très bien se réaliser à quatre. »*
>
> Cette attitude consiste à donner des ordres, des conseils sur ce qu'il faudrait faire. *« Alain, prenez donc l'habitude de vous intégrer tout de suite à un groupe de travail, sinon vous resterez toujours tout seul »*, ou *« Alain n'hésitez pas à vous imposer, il y a une place pour tous ».*
>
> Par l'attitude de décision le formateur se substitue à la personne concernée. Ici distinguons les consignes précises données pour la réalisation d'un travail – c'est bien le rôle du formateur d'indiquer ce qu'il y a à faire – de ce qui peut devenir à la longue le maintien des autres dans un état de dépendance.

2 – L'attitude d'évaluation

« Vous avez tort de vous isoler. Vous restez trop dans votre coin. »

L'attitude d'évaluation consiste à porter des jugements de valeur sur ce que disent et font les autres. La vie quotidienne est émaillée de ces avis donnés comme s'il s'agissait de faits objectifs et indiscutables. La formation n'y échappe pas ! Et bien souvent ce sont les apprenants eux-mêmes qui réclament le jugement du formateur sur leurs travaux ou sur leurs aptitudes.

Distinguons cependant deux situations : le formateur qui dit d'un individu qu'il est nul porte un jugement sur la personne. En revanche lorsqu'il identifie des lacunes dans une activité, il se réfère à des critères et ne prétend apprécier qu'un résultat ou un produit.

3 – L'attitude de soutien ou d'aide

« Je comprends bien qu'il ne soit pas facile de vous intégrer à un groupe. Mais je sais que pour ce travail vous allez pouvoir apporter des éléments utiles aux autres. Ce sera une façon de vous faire apprécier. »

Cette attitude consiste à aider, encourager, rassurer, réconforter pour permettre de sortir d'une situation difficile.

4 – L'attitude d'enquête (ou d'élucidation)

« Alain, que se passe-t-il ? Vous avez des préoccupations ce matin ? Ce travail ne vous plaît pas ? »

L'attitude d'enquête consiste à interroger l'autre pour mieux préciser le problème, pour s'informer soi-même et avoir des éléments pour mieux apprécier la situation.

5 – L'attitude d'interprétation

« Ça fait plusieurs fois que vous restez à l'écart. Vous avez peur de travailler avec les autres ? »

Cette attitude consiste à expliquer de façon personnelle ce qui se passe, à donner sa propre perception des choses. L'interprétation est toujours subjective. Elle peut se faire de façon affirmative comme plus haut ou de façon interrogative : « Vous restez à l'écart. Ne serait-ce pas que vous craigniez d'être rejeté par le groupe ? » L'interprétation est un moyen d'aller plus loin dans la prise de conscience de la situation. Mais si elle va au-delà d'une simple hypothèse avancée pour aider la réflexion, elle se transforme en jugement et dans ce dernier cas elle devient un obstacle à l'expression de la personne.

6 – L'attitude de compréhension

« Vous ne vous êtes pas joint à un groupe. Comment voyez-vous ce travail collectif ? »

L'attitude de compréhension consiste à entrer dans la démarche de l'autre, (ici en l'aidant à s'exprimer sur le travail proposé et à formuler ce qu'il ressent), à adopter (au moins provisoirement et pour le besoin du dialogue) son point de vue. Une technique d'entretien correspond à cette attitude, c'est la « reformulation » : je reprends ce que me dit l'autre soit dans les mêmes termes, soit avec d'autres termes mais en en respectant le sens. Au-delà de cette technique, la compréhension vise l'empathie, c'est-à-dire à comprendre de l'intérieur ce qui amène la personne à telle décision, à tel comportement.

Les deux premières attitudes sont dites **« directives »** dans la mesure où elles sont centrées non sur l'interlocuteur mais sur celui qui parle ou sur le savoir qu'il veut transmettre, les comportements qu'il veut inculquer. Prises comme telles et de façon permanente, elles tendent à nier l'autonomie de l'autre. Elles entraînent soit l'agressivité, soit la soumission accompagnée souvent d'un sentiment de dévalorisation.

Les deux dernières sont dites **« coopératives »** car elles sont centrées sur la personne de l'interlocuteur, dans une attitude d'écoute active qui non seulement entend mais aussi cherche à comprendre. Dans ce sens l'interprétation a un rôle positif.

Les attitudes 3 et 4 occupent une position intermédiaire. L'attitude de soutien indique une attention, rassure et peut aider à franchir un moment douloureux. Mais elle tend à mettre en situation d'infériorité. Quand elle est permanente elle se transforme en « paternalisme » ou en « maternage » !

L'attitude d'enquête peut permettre également de sortir d'une passe difficile en amenant la personne concernée à prendre en compte d'autres éléments d'information. Mais adoptée de façon permanente, elle apparaît comme indiscrète – voire inquisitrice.

S'entraîner à partir d'un exemple : la recherche d'un lieu de stage

> *Un jeune recherche un stage en entreprise. Il n'a pas encore trouvé de lieu d'accueil et dit à son formateur : « Donnez-moi des noms d'entreprises. C'est trop compliqué de chercher des adresses par soi-même, mais je suis sûr qu'ensuite je n'aurai aucun problème à prendre contact avec ces employeurs. »*
>
> *À quelle attitude correspond chacune des réponses du formateur ?*

1 – Si j'ai bien compris, ce n'est pas le contact avec les personnes qui te pose problème mais tu as de la difficulté à te documenter à l'aide des annuaires et journaux qui t'ont été remis.
   Attitude de ....
2 – Prends d'abord le temps de consulter les rubriques des pages jaunes.
   Attitude de ....
3 – Tu ne chercherais pas par hasard à me faire faire les démarches à ta place ?
   Attitude de ....
4 – Quels documents as-tu déjà consultés ?
   Attitude de ....
5 – Oui, c'est un peu fastidieux de consulter des annuaires mais tu vas certainement trouver des adresses qui te seront utiles.
   Attitude de ....
6 – Tu exagères. Tu ne fais aucun effort. Ce n'est pas comme ça que tu réussiras.
   Attitude de ....

Repères pour l'analyse

1. Compréhension – 2. Décision – 3. Interprétation
4. Enquête – 5. Soutien – 6. Évaluation

S'entraîner à partir d'une situation :
« Que me conseillez-vous ? »

Vous intervenez auprès d'un groupe d'employés de banque. Un des participants, qui s'est montré particulièrement intéressé, vient vous trouver à l'issue de la séance et vous parle de sa situation : « Je suis agent commercial depuis plus de 10 ans. Le travail ne me plaît plus. L'année dernière, je me suis porté volontaire pour être tuteur et j'ai commencé à donner quelques cours à des collègues dans un séminaire interne. J'aimerais bien devenir formateur mais je ne sais si c'est bien réaliste. Attention, surtout n'en parlez pas à mes responsables car s'ils pressentent que j'envisage un autre travail, ça risque de m'attirer des ennuis. Que me conseillez-vous ? »

Imaginez ce que vous diriez en adoptant chacune des attitudes de Porter. Quelle pourrait être alors la réaction de votre interlocuteur ?

Attitude de…	Ce que vous dites	Effets sur votre interlocuteur
Décision		
Évaluation		
Soutien		
Enquête		
Interprétation		
Compréhension		

Repères pour l'analyse

Attitude de…	Ce que vous dites	Effets sur votre interlocuteur
Décision	« Prenez contact avec M.B, il vous donnera des renseignements sur la démarche à suivre. Un conseil : prenez le temps de réfléchir, la situation de l'emploi dans le monde de la formation n'est pas évidente. »	Vos conseils peuvent correspondre aux besoins et suffire à l'interlocuteur. Ils peuvent aussi être mal venus car vous n'avez pas pris le temps de lui laisser présenter ses préoccupations et ses souhaits. Cette attitude favorise la soumission ou l'agressivité de l'interlocuteur.
Évaluation	« Vous avez raison de chercher un nouveau travail si celui-ci ne vous satisfait plus. » Ou « Vous avez tort de vouloir conduire votre projet sans en parler à votre chef que je connais bien et qui est très compréhensif. »	Ces jugements expriment votre propre point de vue. Si votre interlocuteur est d'accord avec vous, il en repart renforcé dans son choix. S'il n'est pas d'accord, il cherche à se justifier. Dans les deux cas où est le progrès de la réflexion dû à l'échange ?
Soutien	« Je vous encourage. Il y aura des moments difficiles. Moi-même je suis passé par les mêmes difficultés et je peux vous assurer qu'ensuite j'ai été très content d'avoir persévéré dans mon projet. »	Si votre interlocuteur peine à mettre en œuvre son projet, votre encouragement peut le réconforter momentanément.

Enquête	« Dites-moi, combien avez-vous déjà fait d'interventions ? Savez-vous si l'entreprise recherche des formateurs internes ? Avez-vous pris contact avec le responsable formation pour savoir s'il n'aurait pas d'autres interventions à vous confier ? »	Peut-être en effet votre interlocuteur n'a-t-il pas pensé à prendre en compte ces différents aspects que vous soulevez. Mais il peut aussi vous trouver inquisiteur.
Interprétation	« Ne seriez-vous pas en train de fuir une ambiance entre collègues qui est devenue très tendue, si j'en crois ce qui se passe dans certaines agences ? »	Tout est dans le ton. Si vous lui assénez cette interprétation comme un jugement sans appel, vous êtes dans l'attitude 2 et le dialogue risque de s'arrêter là. Si vous l'avancez de façon interrogative, vous aurez peut-être mis en lumière une motivation que lui-même ne percevait pas.
Compréhension	« Vous me dites que vous souhaitez devenir formateur pour trouver une nouvelle motivation dans le travail. »	En reformulant ce qu'il vient de vous dire et en l'amenant à préciser ses souhaits, ses intentions, vous entrez dans sa démarche, vous l'aidez à l'exprimer clairement et à vérifier par lui-même la solidité de sa réflexion. Cette attitude est fondamentale pour poser les bases d'une communication vraie. Suffira-t-elle ? Elle a sans doute aussi besoin de quelques informations objectives.

Réfléchir à sa pratique : quelles attitudes dans la relation ?

Ces six attitudes constituent une grille de lecture que vous pouvez utiliser pour décoder les situations que vous vivez : entretiens, interventions dans les groupes...

Comment procéder ?

1. Commencez par **reconstituer l'échange :** qu'a dit l'autre ? Qu'avez-vous dit ? Ce temps de formalisation, si possible par écrit, de ce qui s'est

effectivement dit est indispensable à la réflexion ultérieure. Vous pouvez en effet avoir le sentiment d'avoir été très à l'écoute et constater que vous avez surtout donné des conseils.

2. Ensuite **caractérisez chacune de vos interventions** en regard des six attitudes. Pour apprécier le sens de chacune, il y a les paroles elles-mêmes, le ton et le contexte dans lequel elles ont été prononcées, la façon dont elles ont été reçues par l'interlocuteur. En fonction du principe suivant : « Je ne sais vraiment ce que j'ai dit que lorsque je sais ce que l'autre en a compris », la perception de l'autre éclaire le sens des paroles.

3. **Enfin interrogez-vous.**

– Parmi les attitudes manifestées, en est-il une qui domine parce qu'elle revient plus souvent ou parce qu'elle intervient aux moments stratégiques de l'échange ?

– Quels effets cette attitude a produit chez l'autre ?

– Quelles autres attitudes pouviez-vous adopter ? Laquelle aurait été préférable et pourquoi (réfléchissez en fonction des effets produits sur l'interlocuteur) ? Imaginez alors quel aurait été l'échange.

– Pensez à des situations voisines : avez-vous eu le même comportement ?

E. Son problème ou le vôtre ?

Peut-être avez-vous quelques difficultés à catégoriser vos attitudes. Quand vous dites, comme dans un exemple précédent : « *Si vous êtes inquiet, n'est-ce pas parce vous accordez trop d'importance à l'opinion des autres sur vous ?* », vos paroles traduisent une attitude d'interprétation. Vous proposez une explication, mais elle peut être perçue comme un jugement, une attitude d'évaluation.

Pour préciser le sens de cette grille de Porter, insistons sur un élément déterminant : êtes-vous centré sur vous-même ou sur l'autre ?

Dans un entretien, je peux être centré sur moi et traiter le problème à partir de mes valeurs, mes connaissances ou bien je suis centré sur l'autre et je l'aide à traiter son problème à la lumière de ses valeurs, ses expériences, ses projets… La première attitude correspond à un style directif (centré sur soi ou sur des normes posées comme universelles), la deuxième correspond à un style non-directif (centré sur l'autre et sur sa propre approche des choses).

Dans l'entretien, sur quoi mon attention est-elle centrée ?

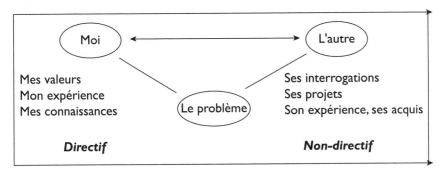

Très souvent l'attitude effective se situera quelque part entre les deux extrêmes. La question qui se pose alors est : « dans quelle direction est-ce que je souhaite évoluer pour améliorer la qualité de mes interventions ? »

F. La « bonne » attitude ?

La grille de Porter ne pose-t-elle pas comme principe qu'il y a une attitude préférable à toutes les autres, celle de la compréhension qui correspond à une centration sans équivoque sur l'interlocuteur ?

Au lieu de considérer que certaines attitudes seraient à proscrire et d'autres à adopter systématiquement, retenons quelques idées :

– cette grille est un outil pour lire les situations et non pour prescrire des comportements ;
– toute attitude peut, dans certaines circonstances, se révéler utile : une attitude de décision peut être momentanément nécessaire pour aider une personne dans l'incapacité de choisir. Une attitude de compréhension peut à l'inverse se révéler néfaste lorsqu'elle semble encourager l'interlocuteur à ressasser ses doutes alors qu'il aurait besoin de passer à l'action. Une attitude se juge, bien sûr par sa cohérence avec celui qui l'adopte (authenticité du rapport, « congruence »), mais surtout par l'effet qu'elle produit chez l'interlocuteur ;
– le formateur trouvera dans cette réflexion l'occasion d'interroger son comportement : sur quoi son attention est-elle centrée ? Sur le savoir à transmettre ? Sur sa propre prestation ? Ou sur l'apprenant ? Ce choix transparaît à travers les dispositifs et méthodes mis en œuvre mais aussi dans la qualité des rapports qui s'instaurent entre formateur et « formés », individuellement ou en groupe. Cette réflexion sur les attitudes met en jeu une philosophie de la formation : voulez-vous avant tout transmettre des savoirs, inculquer des comportements ou permettre à des individus de développer leur personnalité en même temps que leurs compétences ? Ces orientations ne sont pas contradictoires, mais quelle est celle qui donne sens aux autres ?

– la grille des attitudes de Porter est une entrée possible sur cette dimension relationnelle de la situation pédagogique. Nous vous l'avons proposée parce qu'elle est simple et connue dans le monde de la formation et des relations humaines. Elle est facilement applicable lorsque le formateur est en position d'aide, d'apport. Mais quand il est lui-même mis en cause, objet d'attaques, quand il lui est difficile de s'imposer face au groupe, quels registres peut-il mobiliser ?

G. S'affirmer

Nous avons insisté sur l'exigence d'une écoute active des apprenants. Les formateurs qui sont avant tout préoccupés du savoir à transmettre ont particulièrement besoin de s'interroger sur cette dimension personnelle de l'intervention pédagogique. Mais pour d'autres, ce n'est peut-être pas sur ce point-là qu'ils ont à progresser. Nous pensons en particulier à ceux qui, en réfléchissant à leur parcours et leurs motivations *(chapitre 2, paragraphe 1)*, se sont reconnus dans les portraits des formateurs « thérapeutes » ou « éducateurs » : ils situent d'emblée leur intervention comme une aide apportée à des personnes en cours d'évolution. Nous leur suggérons de réfléchir à une autre dimension, tout aussi nécessaire au formateur pour jouer son rôle : **l'affirmation de soi.**

Imaginez quelques situations où votre position est en question au sein du groupe :
– vous annoncez les horaires de travail (qui vous sont imposés par l'organisme) et voilà qu'un des apprenants – vite relayé par les autres – proteste et demande des horaires raccourcis pour pouvoir bénéficier de l'environnement le soir ;
– un participant s'est affirmé comme *leader* depuis le début. Après une de vos interventions il conteste vos propos et met en doute votre compétence ;
– dans une session en entreprise, un salarié vous agresse, vous accusant de défendre les positions de la direction.

Dans ces situations, vous avez schématiquement le choix entre *quatre attitudes* :
– *la fuite*. Cette attitude consiste à éviter le problème, la confrontation :
  • vous ne dites rien ;
  • vous ne savez pas dire non ;
  • vous laissez passer en attendant que le conflit se résolve de lui-même.
– *l'attaque*. Elle consiste à vouloir soumettre l'autre :
  • vous parlez plus fort ;

- vous interrompez ;
- vous renforcez la contradiction ;
- vous ironisez.
– *la manipulation*. Il s'agit d'amener l'autre à vos fins sans qu'il s'en aperçoive :
   - vous faites semblant d'aller dans le sens de l'interlocuteur ;
   - vous flattez et tentez de le séduire.
– *l'affirmation de soi*. C'est l'attitude qui consiste à dire aux autres : « Voilà ce que je suis, voilà quel est mon rôle, voilà ce que je sais, voilà ce que je ressens ».
   - vous savez dire non ;
   - vous défendez vos droits ;
   - vous ne vous laissez pas déstabiliser par un contradicteur mais vous pouvez l'écouter.

L'affirmation de soi apparaît comme l'attitude la plus positive que l'on puisse prendre dans une situation de conflit ou simplement d'opposition et elle débouche, si possible, sur la négociation.

Cette attitude peut concerner en particulier *trois domaines :*
– *la fonction :* le formateur occupe une place spécifique dans le groupe. Cette fonction lui est assignée par l'organisme au sein duquel il travaille. Les personnes, en acceptant de participer à une formation, acceptent le rôle particulier du formateur. S'affirmer c'est faire reconnaître ce rôle avec les conséquences pour le fonctionnement du groupe : certaines questions ne sont pas négociables ;
– *les compétences :* affirmer ses acquis, son expérience tout en sachant en reconnaître les limites ;
– *la personne :* le formateur doit se faire respecter comme personne. Toutes les attitudes des stagiaires ne sont pas admissibles.

Se faire reconnaître et respecter sous ces trois aspects est une condition pour que s'établissent des rapports sains dans un groupe en formation.

Suffit-il de le décider pour que cela se produise ? Non bien sûr. Nous avons indiqué deux voies – la relation centrée sur l'autre ou écoute active, et l'affirmation de soi – comme deux pistes de développement personnel pour le formateur. À chacun de les cultiver en fonction de ses besoins.

Synthèse

Être Formateur, c'est exercer un métier de relation. Si les interlocuteurs sont multiples : commanditaires ou prescripteurs, personnes en formation, collègues, etc. une constante demeure : le formateur doit **être à l'écoute** tout en sachant **s'affirmer.**

La relation qu'il établit avec les personnes en formation repose sur trois piliers. Il s'agit d'abord d'une **identité de nature** avec les apprenants : comme eux, il peut, lorsqu'il apprend, rencontrer des difficultés, éprouver du mal-être et du plaisir. Cette identité se conjugue avec une **différence de fonction** : en tant que professionnel, il exerce des responsabilités et a en charge une mission particulière. Cette relation est médiatisée par un **objet d'apprentissage** : cette rencontre existe et se vit en fonction d'objectifs assignés, d'apprentissages, de compétences à développer.

Travailler avec les groupes, accompagner les personnes requiert de la part du formateur d'adultes non seulement des compétences spécifiques (connaître les phénomènes de groupe, savoir reformuler pour faire avancer un débat, etc.) mais également un **engagement personnel.** Seul un engagement qui prend appui sur une déontologie forte peut permettre au formateur de mettre en tension la visée de socialisation avec celle d'autonomisation, et de n'en sacrifier aucune.

Pistes d'approfondissement

La dynamique des groupes

Kurt Lewin (1890-1947), psychologue, dut fuir l'Allemagne nazie et se réfugier aux États-Unis. Il mena de nombreuses expérimentations sur les phénomènes de groupe et mit en lumière la réalité du groupe comme irréductible aux individus qui le composent. Il mit au point après la guerre, avec d'autres chercheurs, la technique du *Training-Group* : exploration, sans thème ni programme préétabli, des rapports qui s'établissent entre les participants, les animateurs ayant pour souci de faciliter la prise de conscience des participants en vue d'une meilleure intégration.

Après sa mort, cette démarche est reprise dans de nombreuses formations à la relation humaine sous diverses appellations : groupes de base (approche psychosociologique), groupe de diagnostic (approche psychanalytique) groupe de rencontre (approche rogérienne), etc. Les groupes Balint, du nom du psychanalyste qui les mit en œuvre d'abord avec des médecins, se servent de la dynamique des échanges à propos des pratiques et situations professionnelles. Les séminaires de dynamique de groupe se répandirent en France à partir de 1955 pour la formation des cadres, puis des travailleurs sociaux et enseignants.

La « dynamique de groupe » désigne donc à la fois l'ensemble conceptuel mis au point par Lewin et son école ainsi qu'une démarche de formation à la communication et à la relation. Jean Maisonneuve présente de façon synthétique l'ensemble des concepts liés aux phénomènes de groupe. *La dynamique des groupes restreints* d'Anzieu et Martin est l'ouvrage scientifique le plus complet sur le sujet. Un manuel à orientation plus pratique, celui de Mucchielli, donne une présentation synthétique des théories et analyse l'intérêt de cette approche, en particulier dans la formation. Il propose des exercices d'observation.

Anzieu D. et Martin J.-Y., *La dynamique des groupes restreints,* PUF, 2007.

Maisonneuve J., *La dynamique des groupes,* PUF, 2011.

Mucchielli R., *La dynamique des groupes,* ESF, 2012.

Les techniques d'animation de groupe

Les ouvrages destinés à outiller ceux qui encadrent ou animent des groupes sont nombreux. Charles Maccio rassemble sous forme de fiches de deux pages tous les aspects de la conduite d'un groupe (objectifs, stratégie, rôle de l'animateur, phénomènes de groupe, techniques). Roger Mucchielli présente des techniques qui valent également pour les groupes en formation. Citons enfin deux ouvrages plus directement pédagogiques : Michel Barlow, *Le travail en groupe des élèves* (Pourquoi, comment et pour apprendre quoi ?) ; A. de Peretti, J.-A. Legrand, J. Boniface avec quatre cents pages de techniques d'organisation des groupes et d'exercices collectifs autour de la communication, la créativité, la négociation, l'entretien et la simulation.

Barlow M., *Le travail en groupe des élèves,* Bordas, 2000.

Maccio C., *Animer et participer à la vie de groupe,* Chronique sociale, 2006.

Maccio C., *Techniques de la vie en groupe,* Chronique sociale, 1997.

Mucchielli R., *La conduite des réunions,* ESF, 2011.

Peretti A. (de), Legrand J.-A., Boniface J., *Techniques pour communiquer,* Hachette, 1994.

La dimension personnelle du rapport pédagogique

Carl Rogers (1902-1987), psychologue américain, a exercé une grande influence bien au-delà des États-Unis. À la fois enseignant, thérapeute, consultant auprès de diverses institutions scolaires, médicales, industrielles, politiques, il est à l'origine du courant de la « non-directivité » en éducation et en psychothérapie. Les pratiques qui en ont découlé l'ont amené par la suite à préférer le terme « d'approche centrée sur la personne ». Ses ouvrages, directement inspirés par son expérience personnelle, sont d'un abord facile. Dans *Les groupes de rencontre* Rogers décrit le mode d'intervention d'un animateur non-directif. Même s'il ne saurait être question de transposer telles quelles ses préconisations, ce texte peut être un excellent stimulant pour réfléchir à la façon dont le formateur vit les relations dans les groupes qu'il anime.

Nous avons ébauché une réflexion sur la nécessité pour le formateur de s'affirmer face à son groupe. Si vous souhaitez prolonger cette réflexion, l'ouvrage de Dominique Chalvin vous y aidera.

Chalvin D., *L'affirmation de soi*, ESF, 2011.
Poeydomenge M.-L., *L'éducation selon Rogers*, Dunod, 1984.
Rogers C., *Le développement de la personne*, Dunod, 2005.
Rogers C., *Liberté pour apprendre*, Dunod, 1984.
Rogers C., *Les groupes de rencontre*, InterÉditions, 2006.

Conclusion

Pour un travail en équipe

L'ouvrage dont vous achevez la lecture est le fruit d'un long travail collectif : formations construites et animées à plusieurs, élaboration de démarches et d'outils au sein de différents groupes, écriture à deux, relectures assurées par plusieurs collègues, documentation et informations fournies par d'autres. Nous avons plaidé dans les pages précédentes pour l'engagement personnel, nous ne pouvons conclure sans vous inviter à vous appuyer sur la ressource que représente le travail en équipe.

L'équipe est une **réalité multiforme :** groupe des formateurs qui conduisent et animent ensemble une action, groupe de travail pour la production d'outils, groupes d'analyses de pratiques, etc. L'équipe se déploie en plusieurs cercles concentriques pour englober finalement l'ensemble des intervenants, y compris les administratifs et l'encadrement. **La qualité des prestations sera pour une part fonction de la cohérence et de la cohésion de ce collectif de travail.**

Pourquoi travailler en équipe ?

La période et le contexte nous imposent de faire vivre cette dimension collective. En effet, la formation des adultes n'est plus la reproduction de programmes établis qui se répètent chaque année : les besoins comme les politiques qui les définissent sont mouvants et exigent des formateurs une **forte réactivité,** une **créativité permanente.** Pouvoir traiter un problème à plusieurs, croiser des disciplines, des expériences et des sensibilités différentes est une chance et le gage d'une meilleure pertinence de la réponse.

Si l'équipe est une **ressource,** elle est aussi un **recours.** Le formateur a parfois une charge affective lourde à porter. Qui est intervenu dans des entreprises en restructuration (déclarée ou larvée) a dû subir l'agressivité des salariés. Le coordonnateur d'actions d'insertion a le sentiment de se trouver souvent dans une situation impossible quand les commanditaires déclarent : « *Vous serez jugé à votre taux de placement à l'issue de l'action...* » alors que les clés du problème sont plus d'ordre économique que pédagogique. Ces acteurs ont alors besoin d'échanger avec d'autres pour décrypter la situation, pour imaginer les portes de sortie et tout simplement pour décharger la tension qui s'accumule.

Conserver le **dynamisme** nécessaire tout en ayant parfois l'impression de porter les contradictions de la société, est-ce possible sans un lieu de partage de l'expérience ? L'équipe n'est pas seulement le moyen d'une production plus efficace ou la coordination d'intervenants individuels, elle atteint sa dimension plénière si elle est un **lieu de parole vraie sur la pratique.**

L'équipe et le travail pédagogique

Quand plusieurs formateurs interviennent auprès d'un même groupe d'apprenants, comment peuvent-ils constituer une équipe pédagogique ? La dimension collective se joue :

1. au niveau des principes communs d'action. Il s'agit par la discussion d'assurer une cohérence entre les interventions de chacun.

Quatre domaines doivent retenir l'attention :

– les objectifs pédagogiques ;

– les modalités de travail ;

– l'évaluation ;

– la relation formateurs-apprenants.

Précisons qu'il ne s'agit pas de produire une pensée unique mais, tout en **respectant la singularité** de chacun, de déterminer des repères communs.

2. au niveau de la conduite collective de l'action. Il s'agit de créer une dynamique qui entraîne l'ensemble des acteurs et dont les modalités sont plurielles : travail transdisciplinaire, préparation collective, usage de supports communs, événements fédérateurs...

Deux démarches contribueront à fédérer l'équipe :

– mener ensemble des projets ;

– coopérer dans le travail quotidien.

Les projets fédérateurs peuvent être :

– réaliser un objet technique pour des jeunes qui apprennent un métier, organiser et animer un débat pour des cadres... Le projet est alors objet d'apprentissage : on apprend en réalisant ;

– organiser un voyage, participer à une rencontre, visiter une exposition... Le projet est alors un moyen et non une fin, il vise à générer la motivation et à donner un sens commun à la formation.

Mais ces projets n'ont de sens que si les **apprenants sont acteurs,** c'est-à-dire participent à la négociation. Il est également nécessaire que les intervenants se coordonnent et adoptent des attitudes cohérentes. En particulier ils doivent être d'accord sur ce point clé : le projet est formateur s'il y a cohérence entre la réalisation (attention centrée sur le résultat) et les apprentissages (attention centrée sur les démarches et la résolution des problèmes).

La coopération quotidienne se construit à partir de plusieurs entrées : une complémentarité pensée en termes de capacités transversales (s'informer, se documenter, vérifier…) ; en termes d'opérations intellectuelles (classer, combiner, inclure, sérier…) ; en termes de méthodes de travail (lire et comprendre une consigne, apprendre un cours, rédiger un texte…).

L'équipe ou la tension entre des contraires

L'équipe oscille autour de points d'équilibre.

Entre production et réflexion

Elle se soude si elle réalise et réussit. Produire, c'est à la fois l'action (et donc l'action ensemble) et l'œuvre (l'œuvre collective qui est la manifestation de l'équipe pour les interlocuteurs).

En même temps l'équipe ne se développe que si elle prend le temps de s'arrêter, de confronter les expériences, de débattre des choix, de formaliser ses acquis.

Entre critique mutuelle et entraide

Il n'y a équipe que si l'un des membres est assuré qu'en cas de difficulté, on ne lui renverra pas « C'est ton problème ! ». Cette solidarité qui ouvre à chacun la possibilité d'un recours est aussi la condition d'un engagement plus intense quand le besoin s'en fait sentir.

Il ne s'agit pas cependant seulement de se conforter mais aussi de savoir se critiquer, d'exprimer des désaccords, d'ouvrir des débats qui laissent la place aux contradictions. Sinon l'unité et la cohésion à tout prix conduiraient à l'immobilisme.

Entre cohésion et ouverture

N'avez-vous jamais participé à des rencontres où vous vous sentez étranger parce que les participants se connaissent depuis longtemps, parlent le même langage, voire le même jargon, se comprennent à demi-mot et… oublient que vous êtes là ? C'est là l'image de l'équipe qui vit sur elle-même, qui partage une connivence agréable mais perd ses antennes sur l'environnement. Ce repli annonce la sclérose d'un collectif qui ne se renouvelle pas. Une équipe vivante est celle dont les membres s'inscrivent dans divers réseaux et en rapportent expériences et interrogations, exerçant ainsi une sorte de « veille formative ».

Entre valorisation individuelle et recherche d'une compétence collective
L'équipe est plus que la somme des savoir-faire de ses membres. Le travail et la réflexion commune construisent non seulement une image qui incitera un client à faire appel à la structure, mais la compétence effective à traiter certains problèmes.

Cette mise en lumière des compétences collectives risque de renforcer la position de certains. Une reconnaissance des apports de chacun et une valorisation systématique contribuent à l'équilibre nécessaire.[45]

Entre auto et hétéro-structuration

Une équipe repose à la fois sur l'expression libre et sur le travail organisé. Elle tient compte des attentes de formateur – et plus largement des personnels – comme des besoins et objectifs de la structure. Nous ne prêchons pas ici l'autogestion totale. Nous croyons plutôt à un équilibre entre l'autodétermination et l'encadrement. Il n'y a pas **d'équipe de formateurs** si ceux-ci ne sont pas **partie prenante des choix et décisions.** Mais dans le même temps il n'y a pas de dynamique collective sans un management et donc sans un manager, quelqu'un qui est porteur à la fois des missions assignées par la structure (encadrant) et du sens du collectif *(leader)*. Cette configuration est exigée dans une institution publique ou privée, elle l'est aussi quand la structure se confond avec le groupe de formateur du consultant : face au pôle « activité des individus », il y a le pôle « permanence de la structure » : les deux logiques doivent être représentées.

Quelles que soient ses modalités, le travail d'équipe est un **enjeu pour tous les acteurs** de la formation :

– pour les *formateurs,* il est source de progrès et d'apprentissage par les échanges qu'il génère ;

– pour les *apprenants,* il garantit une cohérence pédagogique entre les différents intervenants ;

– pour les *institutions,* il est gage de principes partagés et d'une représentation vers l'externe cohérente.

Il requiert une volonté commune pour agir ensemble et réussir collectivement, un désir de communiquer, d'échanger et un investissement tant matériel que financier.

Chacun peut y gagner mais encore faut-il le vouloir !

---

45. La technique des « arbres de connaissance » mise au point par Michel Authier et Pierre Lévy peut être un excellent support pour mettre à jour à la fois les compétences personnelles et celles du collectif : M. Authier, P. Levy, *Les arbres de connaissance,* La Découverte, 1992.

Une professionnalité sans cesse à conforter et à développer

Des compétences d'ingénierie

Les évolutions qu'a connu et que vit la formation depuis maintenant plus d'une décennie – cadre législatif et réglementaire adapté, prégnance de l'approche « compétence », sécurisation des parcours, rapprochement entre la formation et le travail, développement des technologies, poids des certifications, etc. – bouleversent les activités du formateur d'adultes et exigent de lui de nouvelles compétences.

Si les activités de « face à face » demeurent, elles évoluent avec l'ouverture des dispositifs : le formateur doit construire une progression pédagogique combinant apprentissages sur site et hors site, travail personnel et temps coopératif. Il doit pouvoir aussi bien animer des forums que conduire des entretiens d'accompagnement. Ces activités s'articulent étroitement avec de nouvelles pratiques notamment d'ingénierie, avec la prise en compte des contextes particuliers d'où a émergé la demande. Un formateur devra tout à la fois savoir analyser des situations de travail, en dégager des compétences attendues, construire des outils de formation utilisables hors de sa présence, associer différents acteurs et établir un réseau de partenaires. Les dimensions de gestion et les activités commerciales vont se renforcer et être assurées par tous sous des modalités déterminées par l'organisation du travail choisie par l'organisme.

Professionnalisme

Comme dans d'autres secteurs, nous assistons au passage de l'homme de métier au « professionnel ». Le professionnel est celui qui sait gérer des situations de travail dont la complexité tient à *deux aspects :* d'une part, l'irruption de l'incertitude et de l'imprévu dans la mise en œuvre et, d'autre part, la confrontation à des logiques différentes, voire opposées, qui opèrent simultanément. Ces situations requièrent de savoir combiner sur place et dans l'instant les ressources dont il dispose pour décider et non pas faire appel à une procédure préétablie. Si l'homme de métier se définit par rapport aux tâches à exécuter, le professionnel se définit davantage par rapport à l'action à gérer. Il est responsable, disposant d'une marge de manœuvre qui lui permet de faire des choix, de prendre des décisions en intégrant des points de vue et des logiques différentes. C'est également un homme engagé qui s'implique personnellement dans la réponse qu'il apporte aux attentes de ses interlocuteurs.

Cette définition du professionnel s'applique aujourd'hui au formateur. Il lui est demandé non plus seulement d'exécuter un programme mais de construire son intervention en fonction des besoins et de prendre en compte les aléas et imprévus. Le formateur doit également arbitrer entre plusieurs logiques : celle du commanditaire, celle des bénéficiaires, celle de l'organisme employeur et ses valeurs personnelles. Parce qu'elle se rattache à la famille des acteurs du changement et de la relation, sa pratique est marquée par les contextes toujours singuliers dans lesquels il intervient, par les relations entre acteurs, par l'implication personnelle que l'action requière.

De plus, et c'est à nos yeux une autre caractéristique forte, cette pratique repose à la fois sur des décisions prises au préalable (avant l'action, dans la phase de préparation) et sur des microdécisions multiples pensées en situation, au fil de l'action, en fonction d'interactions toujours incertaines avec les autres acteurs. Cette incertitude, propre aux situations professionnelles qui ne se reproduisent jamais à l'identique, distingue nos situations de travail de tout métier technique...

... Et professionnalisation

Comment, dans ce contexte, progresser ? La pratique est la première source de développement professionnel, encore faut-il que le formateur développe sa capacité d'analyse de ses propres actes professionnels, qu'il se dote d'un *habitus* réflexif, condition pour optimiser l'action, la rendre plus consciente, plus lucide, mieux finalisée.

La professionnalisation se réalise aussi à travers la formation (initiale ou continue). Pour que cette formation des formateurs réponde aux exigences actuelles, elle doit dépasser l'acquisition des techniques pédagogiques et d'ingénierie, elle doit prendre en compte la réalité de la pratique et privilégier des situations d'apprentissage centrées sur :

– la prise de décision face à des contraintes plurielles ;

– la mobilisation de ressources, notamment celles de l'environnement ;

– l'analyse de l'agir et sa formalisation.

Raisonner ainsi, c'est placer les pratiques professionnelles au cœur des dispositifs de formation pour le formateur comme pour les autres professionnels.

Postface

Et demain ? La question mérite d'être posée au regard des évolutions récentes et en cours. Quelle va être l'influence de l'Europe en matière de formation tout au long de la vie ? Et en France, jusqu'où va être menée la décentralisation et comment vont se jouer les relations nouvelles entre l'Etat et les collectivités régionales ? Comment vont s'articuler d'une part l'approche individuelle portée par la sécurisation des parcours et d'autre part le nécessaire développement des compétences collectives pour les organisations ? L'accès inégalitaire à la formation va-t-il perdurer ou, enfin, des résultats significatifs vont-ils être obtenus, sous peine d'aggraver les fractures au sein du corps social ?

Autant de questions qui pourront constituer une grille de lecture des événements à venir.

Mais d'ores et déjà quelques pistes peuvent être dégagées. S'il se développe, le conseil en évolution professionnelle, pratique expérimentale aujourd'hui qui vise à offrir à tout salarié un cadre et un appui pour construire son projet d'évolution, ouvrira des perspectives pour conjuguer le court et le moyen terme.

La validation des acquis de l'expérience, disposition récente, est en passe de devenir une voie normale d'acquisition d'une certification professionnelle. Certes les données chiffrées demeurent encore trop limitées mais la brèche est ouverte dans un pays où le poids des classements scolaires est si souvent déterminant sur les parcours professionnels et sociaux.

Les technologies de l'information révolutionnent les modes d'accès aux savoirs, non pas en dispensant d'apprendre mais en requérant de nouvelles compétences clés (selon la terminologie européenne), pour traiter ces informations et les transformer en savoirs.

Ces quelques éléments conjugués entre eux et renforcés par d'autres transformations pourront faire de la formation non seulement un processus d'adaptation au monde changeant, bouleversé donc bouleversant comme l'écrivait Jacques Ardoino[46], mais un processus de développement qui transcende les situations présentes et ouvre des perspectives nouvelles.

---

46. J. Ardoino, *Problématique de l'éducation permanente*, 1973.

Synthèse finale

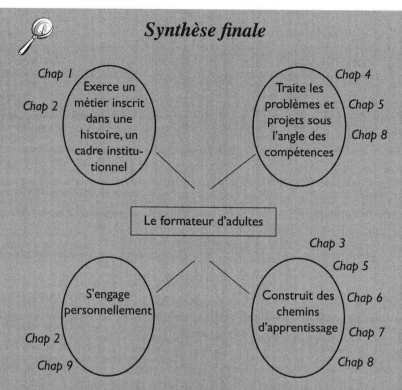

Un métier toujours à construire

Aujourd'hui ce métier s'exerce dans un environnement qui oblige à faire des choix. Que sera-il demain ?

Ce métier va-t-il **s'affirmer** comme une profession clairement identifiée, et offrant une reconnaissance majorée ou **se diluer** dans des fonctions d'encadrement ? Le formateur sera-t-il **ingénieur** centré sur la maîtrise des outils, l'optimisation des investissements, la rationalisation des processus ou **architecte** pensant ses constructions au regard des valeurs fondatrices et au nom d'une vision de la société et des organisations ?

Privilégiera-t-il **l'individualisation,** proposant à chacun des parcours sur mesure mais aussi des apprentissages solitaires ou favorisera-t-il **le lien social** en conjuguant dimension collective et développement personnel ?

Tout au long de cet ouvrage, nous avons milité pour que l'activité du formateur d'adultes soit considérée comme un métier à part entière. Ce métier ne saurait être réduit à la mise en œuvre d'une technique car il est marqué par la tension entre des pôles opposés qu'il s'agit de faire coexister.

	Tensions entre	
Socialisation Faire acquérir savoirs et comportements par les entreprises, la société…	et	**Autonomisation** Favoriser le développement de la liberté et de la responsabilité de la personne.
Fonction sociale Remplir les tâches confiées. S'intégrer dans un système qui dépasse l'individu.	et	**Histoire personnelle** Assumer son parcours professionnel. Mettre en cohérence ses actes et ses convictions.
Commande d'une organisation Œuvrer en fonction d'objectifs à atteindre, de résultats à obtenir, de règles à respecter.	et	**Attentes des personnes** Prendre en compte les désirs et projets, les enjeux
Ingénierie Organiser de façon rationnelle des moyens pour atteindre les objectifs. Préparer en ne laissant rien au hasard. Contrôler les résultats obtenus.	et	**Relation** S'appuyer sur la motivation des participants. Laisser place à l'imprévu. Rendre les apprenants acteurs de l'évaluation.
Développer des compétences Organiser des situations-problèmes	et	**Faire acquérir des savoirs** Privilégier les contenus académiques
Transmission du Savoir Se centrer sur son domaine d'expertise, sa discipline, les contenus.	et	**Accompagnement du changement** Se centrer sur les besoins des personnes, des organisations, de l'environnement.
Affirmation de soi Occuper sa fonction. Organiser les apprentissages en fonction des objectifs.	et	**Écoute** Ouvrir des espaces de libre expression. Reconnaître la singularité de chacun.

Index

Acquis (pré-acquis, prérequis)	Chap. 6	Définir les objectifs pédagogiques
Acteur	Chap. 2	Exercer le métier de formateur
Adulte	Chap. 1	Penser la formation
Affirmation de soi	Chap. 9	Faire vivre la relation pédagogique
Alternance	Chap. 7	Construire des dispositifs de formation
Analyse de pratique	Chap. 2	Exercer le métier de formateur
Andragogie	Chap. 1	Penser la formation
Animation	Chap. 9	Faire vivre la relation pédagogique
Attentes	Chap. 6	Définir les objectifs pédagogiques
Attitudes	Chap. 9	Faire vivre la relation pédagogique
Béhaviorisme	Chap. 3	Apprendre
Besoin de formation	Chap. 4	Analyser les besoins de formation
Cahier des charges	Chap. 4	Analyser les besoins de formation
Cas (méthode des cas)	Chap. 7	Construire les situations de formation
Certification	Chap. 1	Penser la formation
Commande	Chap. 4	Analyser les besoins de formation
Communication	Chap. 9	Faire vivre la relation pédagogique
Compétence	Chap. 2	Exercer le métier de formateur
	Chap. 6	Définir les objectifs pédagogiques
	Chap. 4	Analyser les besoins de formation
Comportement	Chap. 6	Définir les objectifs pédagogiques
Concepts ou idées clés	Chap. 6	Définir les objectifs pédagogiques
Constructivisme	Chap. 3	Apprendre
Contrôle	Chap. 8	Évaluer les apprentissages et les effets de la formation
Critère	Chap. 6	Définir des objectifs pédagogiques
Demande	Chap. 4	Analyser les besoins de formation
Déontologie	Chap. 2	Exercer le métier de formateur
Dispositif	Chap. 5	Construire des dispositifs de formation
Écoute	Chap. 9	Faire vivre la relation pédagogique
Éducation populaire	Chap. 1	Penser la formation
Enseignement	Chap. 1	Penser la formation
Erreur	Chap. 3	Apprendre
Évaluation	Chap. 8	Évaluer les apprentissages et les effets de la formation

Exposé	*Chap. 7*	Construire les situations de formation
Formation-action	*Chap. 7*	Construire les situations de formation
Formation continue	*Chap. 1*	Penser la formation
Formation professionnelle	*Chap. 1*	Penser la formation
Formation tout au long de la vie	*Chap. 1*	Penser la formation
Groupe	*Chap. 5*	Construire des dispositifs de formation
	Chap. 9	Faire vivre la relation pédagogique
Groupe de production	*Chap. 7*	Construire les situations de formation
Guidance	*Chap. 7*	Construire les situations de formation
Individualisation	*Chap. 5*	Construire des dispositifs de formation
Ingénierie de formation	*Chap. 4*	Analyser les besoins de formation
Ingénierie pédagogique	*Chap. 7*	Construire les situations de formation
Jeu de rôle	*Chap. 7*	Construire les situations de formation
Méthodes actives	*Chap. 7*	Construire les situations de formation
Méthodes pédagogiques	*Chap. 7*	Construire les situations de formation
Métier	*Chap. 2*	Exercer le métier de formateur
Modes de regroupement	*Chap. 7*	Construire les situations de formation
Modularisation	*Chap. 1*	Penser la formation
	Chap. 5	Construire des dispositifs de formation
Motivation	*Chap. 6*	Définir des objectifs pédagogiques
	Chap. 3	Apprendre
Objectif pédagogique	*Chap. 6*	Définir des objectifs pédagogiques
Objectif de formation	*Chap. 8*	Évaluer les apprentissages et les effets de la formation
Performance	*Chap. 6*	Définir des objectifs pédagogiques
Personne	*Chap. 9*	Faire vivre la relation pédagogique
Profession	*Chap. 2*	Exercer le métier de formateur
Promotion sociale	*Chap. 1*	Penser la formation
Représentation	*Chap. 3*	Apprendre
	Chap. 6	Définir les objectifs pédagogiques
Savoir, savoir-faire, savoir-être	*Chap. 7*	Construire les situations de formation
Situation pédagogique	*Chap. 7*	Construire les situations de formation
Situation-problème	*Chap. 7*	Construire les situations de formation
Stage	*Chap. 5*	Construire des dispositifs de formation
Taxonomie	*Chap. 7*	Construire les situations de formation
Tutorat	*Chap. 5*	Construire des dispositifs de formation
	Chap. 6	Définir des objectifs pédagogiques

Liste des documents et outils

→ *Approche pédagogique traditionnelle et approche andragogique*
    Chapitre 1, p. 53.

→ *Référentiel des compétences d'un formateur d'adultes*
    Chapitre 2, p. 78-79.

→ *Q Sort sur les conceptions de l'acte d'apprendre*
    Chapitre 3, p. 98-99.

→ *Trois modèles d'apprentissage*
    Chapitre 3, p. 120.

→ *Cahier des charges*
    Chapitre 4, p. 148-149-150.

→ *Outils pour une lecture critique d'un cahier des charges*
    Chapitre 4, p. 151-152.

→ *Grille pour lire les dispositifs de formation*
    Chapitre 5, p. 160-161.

→ *Questionnaire pour concevoir un dispositif de formation*
    Chapitre 5, p. 162-163.

→ *Relations entre objectifs de formation et modalités d'organisation pédagogique*
    Chapitre 5, p. 181-182.

→ *Points forts et points faibles des différentes modalités pédagogiques*
    Chapitre 5, p. 183.

→ *Différences entre les approches des objectifs en pédagogie*
    Chapitre 6, p. 230.

→ *Évaluation formative et conceptions de l'apprentissage*
    Chapitre 8, p. 319.

→ *Grille d'observation d'un apprentissage*
    Chapitre 8, p. 320.

CAFOC Les prestations du Cafoc

• Vous êtes responsable d'un organisme de formation et vous voulez développer les compétences collectives de votre équipe. Le Cafoc de Nantes vous propose des formations intra. Adaptées à vos besoins, elles prennent en compte les caractéristiques de votre contexte et intègrent les spécificités des pratiques professionnelles que vous développez.

• Vous êtes responsable d'entreprise et devez faire évoluer votre organisation. Le Cafoc de Nantes vous accompagne lors de ces évolutions professionnelles afin de développer les compétences individuelles et collectives.

• Vous avez le projet professionnel de vous orienter vers la formation. Le Cafoc vous propose des modules courts d'initiation et de découverte des activités du formateur d'adultes. À l'issue d'un parcours professionnalisant, une attestation d'aptitude à la formation d'un public d'adultes peut vous être délivrée.

• Vous êtes formateur et souhaitez vous perfectionner. Le Cafoc met en place un Titre de niveau II, « Responsable de dispositif de formation », accessible par la Validation des Acquis de l'Expérience et par des parcours individualisés de formation.

De plus, le Cafoc propose un programme modulaire composé de sessions courtes d'approfondissement de techniques, de démarches et d'apports théoriques.

• Vous désirez vous documenter sur les métiers de la formation et leurs évolutions, sur les outils du formateur d'adultes, sur les publications professionnelles de ce secteur. Le centre de ressources pédagogiques du Cafoc vous accueille.

Consulter également son site internet :
http://www.cafoc.ac-nantes.fr

Pour recevoir nos publications et connaître notre offre de formation :
CAFOC – 22 rue de Chateaubriand
44 000 Nantes
Tél. : 02 40 35 94 10 – Fax : 02 40 35 94 11
Courriel : cafoc@ac-nantes.fr

Chronique Sociale 1, rue Vaubecour - 69002 Lyon

Nos livres par collections avec indication du niveau de lecture	**Ev** : Éveil **Es** : Essentiel **S** : Synthèse **Dé** : Débattre

Comprendre les personnes
Ev - Les étapes du développement de la personnalité - Livres illustrés

* **Le bébé et ses parents. 0 à 18 mois**
  A. Guillotte – 3ᵉ éd.
* **1 à 3 ans. Vers une personnalité autonome**
  J.-F. Skryppczak – Roland Burlet – 3ᵉ éd.
* **3 à 6 ans. L'enfant metteur en scène de sa vie**
  A. Guillotte – T. Lardier – 3ᵉ éd.
* **Œdipe (L'). Moyen de libération**
  C. Maccio – Cl. Régnier – 104 pages – 2ᵉ éd.
* **5-12 ans. Les enfants et leur enfance**
  M. Richard – 104 pages – 4ᵉ éd.
* **11-15 ans. Les enjeux d'une révolution**
  A. Donval – O. Thibault – R. Gattegno – 112 p. – 6ᵉ éd.
* **14-18 ans – L'adolescence** – M.-F. Jallade – 3ᵉ éd.

* * *

Es * **À l'écoute des mots de la démence**
I. Vendeuvre-Bauters – 222 p.

Es * **À l'écoute du symptôme IVG** – B. Avon – 168 p.

Es * **Abécédaire d'une anorexique** – M. Rochet – 96 p.

Es * **Abécédaire de la bien-traitance en multi-accueil** – A. Deroo – 88 p.

Es * **Accepter ses émotions** – C. Demey-Guillard – 96 p.

Es * **Accompagnement érotique et handicap**
C. Agthe-Diserents & F. Vatré – 160 p.

Es * **Accompagner la professionnalisation des Assistantes maternelles** — F. Champlong — 112 p.

S * **Accompagner l'enfant trisomique**
D. Vaginay – 240 p. – 2ᵉ éd.

S * **Accompagner la maladie d'Alzheimer** M. Personne – 208 p.

Es * **Accompagner la surdité de son enfant**
M.-L. Boinon – 96 p.

S * **Accompagner le placement familial**
G. de l'Espinay & C. Papalardi – 176 p.

Es * **Accompagner le vieillissement**
D. Thiebault – 96 p.

Es * **Accompagner les personnes âgées avec l'approche centrée sur la personne** – M. Pörtner –112 p.

Es * **Accompagner les personnes handicapées à domicile** – Y. Lacroix – 284 p.

Es * **Accompagner un enfant autiste** — N. Poirier & C. Kozminski – 168 p.

Es * **Accomplir sa vie** – A. Gromolard – 144 p.

Es * **Accroître le soin relationnel**
B. Cuisinier – 368 p. – 2ᵉ éd.

Es * **Accueillir les besoins psychiques de l'adulte vieillissant** – V. Robichaud – 160 p.

Es * **Adolescence : les clefs pour comprendre** Collectif – 212 p.

Es * **Adolescents, drogues et toxicomanie**
L. Gonet – 144 p.

S * **Adoption (L')** – A. Decerf – 190 p. – 2ᵉ éd.

Es * **Aider les enfants en difficultés d'apprentissage**
J.-C. Juhel – 364 p.

Es * **Aider son enfant à surmonter le mutisme sélectif**
A. E. McHolm & C. E. Cunningham & M. K. Vanier – 192 p.

Es * **Aides-soignant(e)s en gériatrie**
A.-M. & A. Crépet – 200 p.

Es * **Allaiter et reprendre le travail,** V. Darmangeat – 160 p.

S * **Alzheimer, l'aide aux aidants**
J. Gaucher – G. Ribes – T. Darnaud – 144 p.

Es * **Alzheimer system** – C. Eyanrd, 224 p.

Es * **Animer un atelier de réminiscence**
A. Goldberg – 160 p. – 2ᵉ éd.

Es * **Art de dire non (L')** – J. Juul – 64 p.

Es * **Art et lien social** – Gérard Bonnefon – 144 p.

Es * **Art dramatique et déficience intellectuelle**
J. Doyon – 128 p.

Es * **Art-thérapie et maladie d'Alzheimer**
C. Hof – 120 p.

Es * **Atelier collage** – C. Hof – 128 p.

Es * **Atelier d'écriture et personnes âgées**
M. Janvier – 160 p.

Es * **Autisme, un jour à la fois (L')**
N. Poirier et C. Kozminski – 200 p.

Es * **Autonomie et handicap moteur**
A. Loher-Goupil – 148 p.

Es * **L'avortement et le lien maternel**
I. Tamian-Kunégel – 144 p. – 2ᵉ éd.

Es * **Ce que nous enseignent les malades d'Alzheimer**
L. Ploton – 144 p.

Es * **Choisir sa vie, Vivre ses choix** – P. Lefèvre – 104 p.

Es * **Chronique d'une mort refusée** – J.-L. Gay – 160 p.

Es * **Comment élever un enfant sans se/le jeter par la fenêtre** – D. Vaginay – 238 p.

Es * **Comment en finir avec les persécutions à l'école** G. Deboutte – 176 p.

Es * **Communiquer avec des personnes âgées**
M. Perron – 176 p. – 4ᵉ éd.

Es * **Communiquer avec des personnes âgées atteintes de la maladie d'Alzheimer** – J. Grisé – 86 p.

Es * **Comprendre la culture arabo-musulmane**
X. Remacle – 176 p. – 2ᵉ éd.

S * **Comprendre la culture hindoue** – B. Tison – 208 p.

Es * **Comprendre la psychiatrie communautaire**
H. Lasserre – 96 p.

S * **Comprendre la sexualité de la personne handicapée mentale** – D. Vaginay – 199 p. – 2ᵉ éd.

Es * **Comprendre le vieillissement** – *Libérer ses peurs – Apprivoiser sa vieillesse* – D. Thiébaud – 98 p.

Es * **Comprendre le mutisme sélectif**
E. Shipon-Blum – 144 p.

S * **Comprendre les jeunes** – S. Bévillard – 112 p.

Es * **Conflits amoureux** – F. Sveid, 168 p.

S * **Corps (Le)** – **Rôle et parole** – M.-L. Latour – 184 p.

S * **Corps en thérapie (Le)** —P. Matrat — 160 p.

S * **Courants de la psychologie (Les)**
M. Richard – 292 p. – 3e éd..

Es * **Dessine-moi un parent** – A. Deroo – 152 p.

S * **Du je au nous** – Construire notre humanité
P. Lefèvre – 160 p.

Es * **Du paraître à l'être** – C. Hyerlé – 176 p.

Es * **Du rituel autistique à la construction du désir**
– A. Decerf – 192 p.

Es * **Dynamiser les pratiques professionnelles de la petite enfance** – M.-P. Thollon-Behar – 80 p.

Es * **L'écoute réciproque** – A. Gromolard – 104 p.

Es * **Écouter l'autre** – Tant de choses à dire –
A. Vannesse – 96 p. – 4ᵉ éd.

Es * **Écouter, comprendre, encourager**
M. Pörtner – 192 p.

Es * **Écouter son corps avec la sophrologie**
J. Prévost – 224 p. poche

- Es * **Éduquer son enfant en cuisinant** – M. Gilbert – 136 p.
- Es * **En finir avec le tabac** – J.-L. Nicaud – 128 p.
- Es * **Enfances populaire, Invisibles enfances** S. Blanchet – 128 p.
- Es * **Enfant meurtri (L')** – S'en sortir sans rancune – G. Le Thi Mui – 160 p.
- Es * **Enfants, adolescents maltraités, maltraitants** – B. Tison – 208 p.
- Es * **Ensemble face à la drogue** – Agir au quotidien – F. Mozzo-Counil – 192 p.
- Es * **Escales vers soi** C. De Mey-Guillard – 96 p. Poche
- Es * **Être femme sur le chemin de Compostelle** G. Dutey – 160 p.
- S * **Être malade et apprendre** – O. Delorme – 224 p.
- S * **Être père malgré tout** – C. Dufourcq-Chappaz – 192 p.
- Es * **Éveil à l'enfant (L')** – C. Bopp-Limoge – 448 p.
- S * **Face aux ruptures de vie** – IRDC Vittoz – 112 p.
- Es * **Favoriser le développement de l'enfant** J.-C. Juhel – 240 p.
- Es * **Femmes en errance – De la survie à l'existence** Ass. Femmes SDF (Grenoble-38) – 120 p.
- S * **Femmes et santé** – F. Desailly – 256 p.
- Es * **Femmes musulmanes** – J. Criscuolo – 128 p.
- Es * **Grandir dans l'ombre d'un parent alcoolique** J. Allain-Vovard – D. Demaria – 112 p.
- Es * **Groupes sectaires totalitaires (les)** M. Bouderlique – 112 p.
- Es * **Guérir de l'inceste** – M. Cauvent – 112 p.
- Es * **Habiter son corps, découvrir son être** — M. Bussillet – 168 p.
- Es * **Handicap et domicile** —P. Dreyer – 144 p.
- Es * **Heureux en crèche** – A. Deroo, 64 p.
- Es * **Histoire(s) de vieillir debout** — J. Maslowski – 208 p.
- Es * **Homme et son langage (L')** – Introduction à la linguistique – F. Poché – 160 p.
- Es * **Imaginer et réaliser** – La marmite des professionnels en gériatrie – N. Lairez-Sosiewicz – 112 p.
- S * **Impact familiale de la maladie d'Alzheimer (L')** T. Darnaud – 160 p.
- Es * **Initiation aux thérapies cognitives et comportementales** – C. De Mey-Guillard – 144 p.
- S * **Inné et l'acquis (L')**- Inégalités "naturelles" et sociales – J.-F. Skrzypczak – 208 p. – 3e éd.
- Es * **Intervenir en milieu familial** G.-J. Larocque – 124 p.
- Es * **Intervenir en situation de crise suicidaire** C. Lafleur – M. Seguin – 124 p. + CD
- S * **Intimité, secret professionnel et handicap** Collectif – 192 p.
- Es * **Introduction à la psychanalyse de Freud** M. Dethy – 152 p. – 6e éd.
- Es * **Introduction à la psychanalyse de Lacan** M. Dethy – 152 p. – 5e éd.
- Es * **Introduction à la psychanalyse de Reich** J. Lesage de La Haye – 128 p.
- Es * **Introduction à la psychologie d'Adler** C. Rager –176 p.
- Es * **Introduction à la psychothérapie populaire de Freud** – A. Appreau & H. Lasserre – 96 p.
- Es * **Itinéraires d'insertion** – M. Debard – 160 p.
- Es * **J'ai le cancer, et alors ?** – C. Litt – 176 p.
- Es * **Je ne suis pas fou** – J. Bierhanz & Y. Foletti – 80 p.
- Es * **Je suis précoce – Mes parents vont bien** E. Autain-Pleros – 72 p.
- Es * **Lien corps psychisme** – C. Guyon-Gellin & A. Leca – 160 p.
- Es * **Livre du Moi (Le)** – Ch. Staquet – 160 p.
- S * **Maladie d'Alzheimer** – À l'écoute d'un langage - Dr L. Ploton – 176 p. – 4e éd.
- Es * **Maladies psychosomatiques et troubles de la sexualité** – M. Dethy – 120 p.
- Es * **Mieux comprendre nos désirs** – De la naissance à la fin de vie – Dr P. Lefèvre – 256 p.
- Es * **Mieux vivre nos comportements** – M.. Graner– 240 p.
- Es * **Mon adolescent m'inquiète** - J. Bergeret, M. Houser - 144 p.
- Es * **Musique, thérapie et animation** C. Rivemale – 158 p.
- Es * **Oser proposer une autre alimentation aux personnes âgées fragilisées** - M. Perron – 176 p
- Es * **Pages de vie en maison de retraite** A. Duponchelle & G. Elschner – 176 p.
- S * **Papé et sa maison de retraite** – T. Darnaud – 208 p.
- Es * **Parler pour exister** – Créer des espaces de parole – C. Bizet – 208 p.
- Es * **Parole d'enseignante** – L'école, les belles et la Bête – A. Peignault – M.-P. Degois – 288 p.
- Es * **Parole de bénévoles** – ass. EERIGE - 80 p.
- Es * **Parole de jeune** – J'ai mal à ma France – A. Ly & M. Gay – 192 p.
- Es * **Parole de suicidaires** – Patrick, Annie et quelques autres – 136 p.
- Es * **Partir en mission humanitaire** – Expatriation ? Coopération ? Don volontaire ? – B. Tison – 160 p.
- Es * **Pèleriner vers Compostelle** – G. Dutey – 192 p.
- S * **Personne âgée (La)** – L. Ploton – 256 p. – 7e éd.
- Es * **Personne autiste et le syndrome d'Asperger (La)** J.-C. Juhel – 312 p.
- Es * **Personne ayant une déficience intellectuelle (La)** J.-C. Juhel – 446 p
- Es * **Polytoxicomanie** – Adefi – 208 p.
- Es * **Pour une éducation de la liberté** C. Maccio – 208 p. – 4e éd.
- Es * **Pratiques psychologiques : enjeux éthiques et déontologiques** – B. Tison – 224 p.
- Es * **Pratiques sportives et handicaps** Joël Gaillard – 176 p.
- Es * **Prendre sa vie en main** A. Gromolard – 128 p. – 4e éd.
- Es * **Processus clinique en éducation spécialisée** M. Landry – 358 p.
- S * **Psychologie de la désadaptation** – J. Ratté – 402 p.
- Es * **Psychomotricité au service de la personne âgée** J.-C. Juhel – 236 p.
- Es * **Réaliser un projet accueil petite enfance** C. Schuhl – 120 p. – 2e éd.
- Es * **Reconnaître le handicap psychique** R. Baptiste – 168 p.
- S * **Re-créer les liens familiaux** M. Savourey – 192 p. – 2e éd.
- Es * **Redéfinir les fondamentaux de la psychanalyse** – M. Dethy – 128 p.
- Es * **Réfléchir sa trajectoire de vie** – A. Terrien – 192 p.
- S * **Regarde... ton enfant est compétent** J. Juul – 192 p.
- Es * **Relation d'aide (La)** – L. Tremblay – 192 p.
- Es * **Remédier aux douces violences** – C. Schuhl – 80 p.
- Es * **Renaître orphelin** – F. F. Valet – 192 p.
- Es * **Repérer et éviter les douces violences** C. Schuhl et D. Dugas – 80 p. BD
- Es * **Re-trouver l'estime de soi** C. Bizouard et D. Roche – 128 p.
- Es * **S'épuiser ou se construire** – J. Bopp – 96 p.
- Es * **Se reconstruire face à un cancer du sein** J. Jehane – 128 p.
- Es * **Se savoir accompagné sur le chemin de Compostelle** – G. Dutey – 112 p.
- Es * **Secrets intimes – Secrets de famille** M. Quesnoy-Moreau – 112 p.
- Es * **Sectes – Les manipulations mentales** M. Bouderlique – 128 p. – 3e éd.

- Es * **Sexualité et vieillissement** – G. Ribes – 144 p.
- Es * **Soignants en gériatrie** – A. Crépet – 288 p.
- S * **Sophrologie en pédopsychiatrie** J.-F. Fortuna – 208 p.
- Es * **Subir ou rebondir après une agression** C. De Mey-Guillaud & S Raguin – 128 p.
- Es * **Surmonter la mort de l'enfant attendu** É. Martineau – 136 p.
- Es * **Taire et transmettre** – M. Lani-Bayle – 192 p.
- Es * **Traces de vie** – M. Lani-Bayle, É. Lilet – 192 p.
- Es * **Travailler la diversité en accueil de jeunes enfants** – ESSSE – 112 p.
- S * **Trisomie 21** – D. Vaginay et coll. – 224 p.
- Es * **Vie de la personne âgée (La)** – A. Ladret – 128 p.
- Es * **Vieillir en institution** – N. Lépine – 176 p.
- Es * **Violences familiale, scolaire et sociale** P. Marc – 176 p.
- Es * **Visages de la pauvreté** – C. Violette-Bajard – 160 p.
- Es * **Vivre âgé jusqu'au bout** – A. Métral – 144 p.
- Es * **Vivre après l'accident** J.-L. Simon – 152 p. – 2e éd.
- Es * **Vivre avec des personnes âgées** C. Pichaud – I. Thareau – 208 p. – 4e éd.
- Es * **Vivre avec son handicap** – J. Criscuolo – 160 p.
- Es * **Vivre en crèche** – C. Schuhl – 80 p. – 6e éd.
- Es * **Vivre l'animation auprès des personnes âgées** N. Lairez-Sosiewicz – 144 p. – 5e éd.
- Es * **Vivre la boulimie** – S. Riéty – 160 p. – 2e éd.
- Es * **Vivre la relation avec son bébé** N. Roques – 132 p.
- Es * **Vivre la retraite avec sérénité** V. Robichaud – 208 p.
- Es * **Vivre la sexualité – Encyclopédie illustrée** D. Vaginay – Daniel Balvet – 176 p.
- Es * **Vivre le deuil** M.-F. Auganeur – 160 p. – 4e éd.
- Es * **Vivre mieux au quotidien** F. Gibert, C. Guyon-Gelin & A. Leca – 128 p.
- S * **Vivre sa grossesse et son accouchement** I. Brabant – 440 p. – 2e éd.
- S * **Vivre sans toi** Coordonné par A. Triponel & N. Hamza – 284 p.
- Es * **Vivre une relation d'aide** C. Pichaud – 192 p. – 2e éd.
- Es * **Vivre une thérapie** Histoires de pères – C. Merle – 112 p.
- Es * **Voyage intérieur Recueil 1** – J.-Y. Bonnamour 192 p. – 5e éd.
- Es * **Voyage intérieur Recueil 2** – J.-Y. Bonnamour 200 p.

Comprendre la société

- S * **15 ateliers pour se former à une culture de paix** O. & M. Neumeyer – 240 p.
- Es * **32 défis géopolitiques du XXIe siècle** – Prométhée contesté – J.-S. Tabournel – 144 p.
- Es * **Accompagnement à tous les âges de la vie** ADAJ – 48 p.
- S * **Accompagner l'enfant incasable et sa famille** A. de Soto – 200 p.
- S * **Acteur dans la ville, acteur dans la vie** C. Bopp-Limoge – 350 p.
- S * **Agir avec Joseph Wresinski** M.-H. Dacos-Burgues – 320 p.
- Es * **Agir contre les injustices** – C. Maccio – 128 p.
- Es * **Allez ! en sport !** – J.-L. Boujon, J.-M. Sautreau, 104 p. - Poche
- Es * **Apprendre avec plaisir** – Refonder des relations sociales – D. Rambaud – M. Jeannerat – 160 p.
- Es * **Apprentissages militants** – H. Lethierry – 336 p.
- Es * **Art à la rencontre de l'autre (L')** – M. Meirieu & C. Hurtig-Delattre – 336 p.
- S * **Bénévolat et demandeurs d'emploi** G. Bonnefon – 208 p.
- Es * **Du Big-Bang à l'Homme moderne** C. Faure – 104 p.
- Es * **Changer le social ?** – R. Baptiste – 192 p.
- Es. * **Chômage de longue durée – Emploi précaire** – P. Valentin – 176 p.
- Es * **"Chose publique" ou l'invention de la politique (La)** – P. Dujardin – 40 p.
- Es * **Cinquième République (La)** – G. Thevenon - 272 p.
- Es * **Combattre les exclusions** – M. Falisse – 176 p.
- S * **Comprendre et gérer les conflits dans les entreprises et les organisations** P. Rousseau – 172 p.
- Es * **Comprendre l'action des sectes** M. Bouderlique – 144 p. – 2e éd.
- Es * **Comprendre l'économie politique** Y. de Wasseigne – 288 p.
- Es * **Comprenre l'économie sociale et solidaire** N. Bardos-Feltoronyi – 160 p.
- Es * **Comprendre l'histoire de la Vie** A. Steiger – 224 p.
- Es * **Comprendre l'impact des jeux vidéo** M. Chambler-Dubosson – 120 p.
- S * **Comprendre le XXe siècle – Construire le XXIe** A. Samuel – 302 p.
- Es * **Connaître et dynamiser sa commune** M. Robin – 184 p.
- S * **Construire des actions collectives** B. Dumas – M. Séguier – 232 p. – 3e éd.
- Es * **Construire des pratiques éducatives locales** – V. Berthet – L. Fillaud-Jirari – 128 p.
- Es * **Construire la démocratie** – P.-Y. Chereul – 176 p.
- S * **Construire une éthique de la coopération** J.-Cl. Lavigne et B. Lestienne – 192 p.
- Es * **Courants de la médiation familiale** – Col. - 192 p.
- Es * **Créativité et innovation dans les entreprises et les organisations** – R. Remouchamps – F. Tilman 160 p.
- S * **Culture et changement social** Approche anthropologique – D. Mandon – 208 p.
- Es * **Culture religieuse, T. 1 – De la préhistoire aux débuts du christianisme** – J. Cordonnier – 120 p.
- Es * **Culture religieuse, T. 2 – De l'Église des premiers siècles aux guerres de religion** J. Cordonnier – 136 p.
- Es * **Culture religieuse, T. 3 – Des guerres de religion à la guerre de 1914** – J. Cordonnier – 160 p.
- Es * **Culture religieuse, T. 4 – Religions et croyances actuelles** – J. Cordonnier – 272 p – 2e éd.
- Es * **Culture religieuse, T. 5 – Dérives religieuses** J. Cordonnier – 144 p.
- Es * **Culture religieuse, T. 6 – Mythologie païenne et Christianisme** – J. Cordonnier – 176 p.
- Es * **Dans les coulisses du travail social** – J. Régi – 128 p.
- Es * **De la personne prise en charge à la personne prise en considération** – D. Mautuit – 192 p.
- S * **Développer des pratiques communautaires en santé et développement social** B. Goudet – 352 p.
- Es * **Développer l'éthique et le travail social** – R. Baptiste & B. Caubère – 240 p.
- Es * **Devenir acteur du changement** – B. Quasnik – 128 p.
- S * **Dictionnaire des solidarités** P. Ansay – A. Goldschmidt – 264 p.
- Es * **Diriger un foyer jeunes travailleurs** – C. Hermet 192 p.

Es * **Don et bientraitance** – P. Poirier - 192 p.
Es * **Donner toute sa chance à l'école** – Collectif – 96 p.
S * **Les droits de l'homme** – M. Simon – 180 p. – 2e éd.
S * **Droits de l'homme – Droits des peuples** P. Richard – 184 p.
Es * **Échanger nos savoirs à Meaux** – collectif – 304 p.
Es * **Éloge de l'éducation lente**– J. Domènech Francesch – 128 p.
D * **L'entreprise démocratique** J. Benoit – D. Yurkievich – 192 p.
Es * **Être bénévole** – P. Dreyer — 288 p.
Es * **Être développeur de territoire** M. Vandewynckle & J. Licata – 112 p.
S * **Faire avec l'objet** – J.-P. Filiod – 224 p.
Es * **Familles et professionnels de l'action sociale** Fondation d'Auteuil – 448 p.
Es * **Genèse et Évolution** – A. Steiger – 112 p.
Es * **Guide pratique d'éducation à l'environnement** Réseau École – Nature – 368 p.
Es * **Handicap et cinéma** – G. Bonnefon – 112 p.
Es * **Histoire des États-Unis** Y. Bourdon – J. Lamarre – 278 p.
Es * **Histoire de la civilisation occidentale** G. Langlois – G. Villemure – 338 p.
Es * **Homme et la culture (L')** – J. Billaud – 128 p.
S * **Intervention du travailleur social (L')** P. Weber – 336 p.
S * **Introduction à la littérature française** J. Beauté – 200 p.
S * **Introduction au travail social** – Y. Hurtubise & J.-P. Deslauriers – 256 p.
Es * **JAC/MRJC** – Collectif – 424 p.
Es * **La Laïcité – Une exigence pour la paix** A. Samuel – 208 p.
Es * **Le principal, il nous aime pas** – R. Félix – 208 p.
Es * **Lettre ouverte au ministre de l'Éducation nationale** – S. Grandserre – 64 p. — Poche
D * **Ma commune à l'école du développement durable** – P. Bouquet – 160 p.
S * **Maîtriser les mutations techniques** C. Maccio – 312 p.
Es * **Manuel d'alcoologie sociale** Y. Coulombier – 112 p.
Es * **Manuel d'initiation à l'interculturel** – G. Berbunt – 112 p.
S * **Médiation familiale** – C. Denis (dir.) – 336 p.
S * **Les médiations du travail social** M.-F. Freynet – 304 p. – 4e éd.
Es * **Le "métier" d'élu local** – É. Savary – 192 p.
Es * **Migrations internationales et marché du travail** Collectif – 208 p.
Es * **Mode d'emploi de la civilisation planétaire** E.-J. Duits – 128 p. poche
Es * **Notre santé – Une école de vie** – M. Pohier 240 p.
Es * **Nouvelles pratiques philosophiques** – M. Tozzi 352 p.
Es * **Organiser la résistance sociale** – F. Poché – 96 p.
Es * **Oser de nouveaux réflexes professionnels** C. Bousquet et A. Marxer – 240 p.
Es * **Parier sur la réciprocité** – Collectif – 368 p.
S * **Partager les savoirs, Construire le lien** Collectif – 352 p.
S * **Pédagogie du développement social** J.-L. Graven – 240 p.
Es * **Pédagogie sociale** – L. Ott – 112 p.
Es * **Penser, agir, vivre autrement en démocratie** Collectif pacte civique – 128 p.
Es * **Penser, apprendre agir en réseaux** – C. & M. Héber-Sufrin – 104 p.
Es * **Penser l'éducation populaire** – G. Bonnefon 112 p.
S * **Pérennité au travail** – Collectif – 304 p.
Dé * **Petit lexique à l'usage du travailleur social** T. Darnaud – G. Hardy – 128 p.
Es * **PNL et relation d'aide** – J.-M. Ferey – 224 p.
Es * **Pratiquer la santé communautaire** Institut Th. Renaudot – 144 p.
S * **Promouvoir le dialogue interreligieux** M. Joinville-Ennezat – 192 p.
Es * **La question du logement** – P. Latreille – 160 p.
Es * **Relever les défis de l'Éducation nouvelle** O. et M. Neumayer – E. Vellas – 272 p.
S * **Les religions aujourd'hui** A. Samuel – 368 p. – 4e éd.
Es * **Religions et croyances actuelles** – Culture religieuse, T. 4 – J. Cordonnier – 272 p – 2e éd.
S * **Les sciences humaines en mouvement –** L'humanité face aux changements C. Maccio – 336 p.
Es * **(Se) former à la santé communautaire** P. Deconstanza – 136 p.
Es * **S'initier à la sociologie** – J. Feschet – 224 p.
S * **Solidarité par le partage du travail et des revenus** C. Maccio – 304 p.
Es * **Souffrance au travail** – CFDT France Télécom, C. Dejours — 96 p.
S * **Tourisme responsable** – A. Laurent – 512 p.
Es * **Traité de stratégie à l'usage des travailleurs sociaux –** P. Papillon – D. Wahbi – 160 p.
S * **Les transactions aux frontières du social** Collectif – 256 p.
Es * **Le travail – Regard photographique** BIT – 104 p.
S * **Le travail social** – L. Fèvre – 288 p. – 2e éd.
Es * **Une école sans boussole dans une société sans projet** – P. Bouchard – 128 p.
Es * **Universités populaires de parents** E. Murcier & M. Clausier – 192 p.
S * **Valeurs pour notre temps** – L'humanité face aux changements – C. Maccio – 260 p.
Es * **Vivre s'apprend** – A. Tarpinian – 256 p.

Pédagogie/Formation

Es * **4-11 ans et difficultés à apprendre** M. Berchoud – 128 p.
S * **25 pratiques pour enseigner les langues** GFEN – 320 p.
S * **Accompagner l'adolescence** C. Philibert et G. Wiel – 224 p. – 3e éd.
Es * **Accompagner l'éducation et la scolarité** UNAPEL – 168 p.
Es * **Accompagner le travail des adolescents** G. Sonnois – 288 p.
Es * **Accompagner l'étudiant** – L. Basco – 256 p.
Es * **Accompagner les jeunes dans la réussite de leurs projets** – Collectif – 128 p. – 2e éd.
S * **Accueillir, accompagner, former des enseignants** – P. Pelpel – 224 p.
S * **Accueillir les élèves** – C. Staquet – 192 p. – 2e éd.
Es * **Agir dans l'école pour une autre société** L. Guilhaume & J.-F. Manil – 112 p.
S * **Aider l'élève à construire sa vie** P. Tancrez – 208 p.
Es * **Aider tous les élèves** – O. Burger – 136 p.
S * **Alfred Binet** – B. Andrieu – 224 p.
Es * **Alors, on la fait cette école pour tous ?** M.-C. Bloch – 140 p.
S * **Analyser le fait éducatif** – R. Goldstein – 224 p.
S * **Apprendre à l'école – Apprendre l'école** É. Bautier – 256 p.
Es * **Apprendre à mieux vivre ensemble** D. Jourdan — 128 p.
Es * **Apprendre à philosopher** – J.-C. Pettier – 256 p.

- Es * **Apprendre avec les neurosciences**
  P. Toscani – 128 p.
- Es * **Apprendre en projet** – M. Huber – 192 p. – 2ᵉ éd.
- S * **Apprendre et enseigner l'intelligence des langues** – J. Cordesse – 192 p.
- Es * **Apprendre et réussir ensemble**
  V. Lemière – 176 p.
- S * **Apprendre l'autonomie – Apprendre la socialisation** – M.-A. Hoffmans-Gosset – 168 p. – 4ᵉ éd.
- Es * **Apprendre l'orthographe** – Le français par la Cible – F. Le Turdu – 208 p.
- Es * **Apprendre le vocabulaire** – H. Dupart – 192 p.
- Es * **Apprendre sans peur** – A. de la Garanderie – 96 p.
- S * **Art et littérature en classe d'espagnol (L')** – M.-A. Médioni – 240 p.
- Es * **Articuler dispositifs de formation et disposition des apprenants** – G. Lameur, A. Jézégou & A.-F. Trollat – 208 p.
- S * **Au risque de changer** – D. Cand – 132 p.
- S * **Autoformation et développement personnel** – J.-M. Lange – 168 p.
- S * **Autoformation et fonction de formateur**
  P. Galvani – 170 p.
- Es * **Autogestion pédagogique (L')**
  T. Ducrot – 208 p.
- Es * **Autonomie et formation** – Collectif – 272 p.
- S * **Carl Rogers et l'action éducative** – J.-D. Rohart
- S * **Le centre-ressource.** Pourquoi ? Comment ? – A. Kepler – 184 p.
- S * **C'est comment une école attachante ?**
  P. Tancrez – 136 p.
- Es * **Chef d'établissement : des métiers, une passion**
  F. Rollin – 192 p. – 2ᵉ éd.
- Es * **Chemins de la pédagogie (Les)**
  F. Tilman – D. Grootaers – 128 p. – 2ᵉ éd.
- Es * **Chemins des savoirs en maternelle (Les)**
  M. Libratti – Ch. Passerieux – 132 p.
- Es * **Classe qui coopère (Une)** – C. Staquet – 208 p.
- * **Clés pour une culture professionnelle**
  D. Grootaers – F. Tilman – 204 p.
- Es * **Coacher avec la PNL**
  C. Grau Marthenet – 272 p.
- S * **Comprendre les chemins de la connaissance**
  A. de la Garanderie – 224 p. – 2ᵉ éd.
- S * **Concevoir des parcours professionnels**
  CAFOC Nantes
- Es * **Concevoir et animer un atelier d'écriture à visée littéraire** – N. Fremaux – 256 p.
- Es * **Conduire un audit à visée participative**
  Collectif – 160 p.
- S * **Conduire un projet**
  M. Chambon – H. Pérouze – 232 p. – 4ᵉ éd.
- Es * **Conflit, mettre hors-jeu la violence**
  N.V.A. – 144 p. – 4ᵉ éd.
- Es * **Des conflits à l'école** – H. Lethierry – 176 p.
- Es * **Conseiller Principal d'Éducation**
  M.-H. Broch – 272 p.
- Es * **Construire des stratégies de nouveau départ**
  A. Jaligot – G. Wiel – 184 p.
- Es * **Construire ses savoirs, Construire sa citoyenneté**
  GFEN – 320 p. – 2ᵉ éd.
- Es * **Conte et (ré) éducation** – J. Thomassaint – 104 p.
- Es * **Contes et métaphores** – L. Fèvre – 192 p. – 2ᵉ éd.
- Es * **Un corps à vivre**
  M. Guillois – M. Lemaire – 208 p.
- Es * **Les courants de la pédagogie contemporaine**
  J. Beauté – 192 p. – 6ᵉ éd.
- Es * **Créer l'espace enseignant-élèves pour construire le savoir** – S. Ledoux – 64 p.
- Es * **Débattre à partir des mythes** – M. Tozzi – 208 p.
- Es * **Décider dans l'école** – J.-P. Julliard – 208 p.
- Es * **Le défi-lecture**
  J.-J. Maga – C. Méron – 192 p. 6ᵉ éd.
- * **Des compétences négligées à l'école**
  G. Fourez – 176 p.
- S * **Développement des capacités personnelles**
  Guide d'autoformation – A. Kepler – 264 p.
- Es * **Développer les capacités à apprendre**
  A. Cardinet – 240 p.
- Es * **Devenir efficace dans ses études**
  C. Bégin – 208 p.
- Es * **Dictionnaire de l'emploi, de l'insertion et de la formation** – V. Fuchs – 672 p.
- Es * **Diriger autrement l'établissement scolaire**
  C. Paillole – J. Rimet Meille – 192 p.
- Es * **Du formateur à l'andragogue**
  M. Lemaire – 304 p.
- Es * **Échanger des savoirs à l'école**
  C. Héber-Suffrin – 256 p.
- S * **École : changer de cap** – Collectif – 288 p.
- Es * **École entre autorité et zizanie (L')** – LIFE – 128 p.
- S * **École est-elle encore le creuset de la démocratie (L')** – P. Perrenoud – 192 p.
- D * **École et société** – R. Goldstein – 192 p.
- Es * **Écrire son journal pédagogique**
  M. Barlow – H. Bossière Mabille – 144 p.
- Es * **Éducation nouvelle** – GFEN – 160 p.
- Es * **Éduquer à la confiance** – D. Gobry – 224 p.
- Es * **Éduquer à la non-violence** – B. Paquereau – 128 p.
- Es * **Éduquer à la poésie** – R. Solange Dayres – 112 p.
- Es * **Éduquer à la responsabilité**
  A.E.R.E. – 176 p. – 2ᵉ éd.
- Es * **Éduquer à la santé** – L. Chalon – 160 p.
- S * **Éduquer en Europe à l'heure de la postmodernité** – L. Basco – 272 p.
- Es * **Éduquer face à la violence** – P. Hardy – 136 p.
- * **Éduquer face aux drogues et aux dépendances**
  G. Van der Straten Waillet – 158 p.
- Es * **Élèves en difficulté en classe ordinaire**
  G. Boutin & L. Bessette – 144 p.
- Es * **Élèves "difficiles", profs en difficulté**
  M.-T. Auger – C. Boucharlat – 136 p. – 5ᵉ éd.
- Es * **Élèves zappeurs, enseignant zappé**
  R. Guilloux – 96 p.
- Es * **Enfant maître de sa parole (L')**
  M. Métra – 160 p.
- Es * **Enseignant à l'étranger** – T. Karoumenos – 144 p.
- Es * **Enseignant, mieux vivre son métier**
  D. Ruaud – 168 p.
- Es * **Enseignant spécialisé (L')** – P. Guyotot – 128 p.
- Es * **Enseigne avec ton cœur** – C. Marsollier – 112 p.
- S * **Enseigner avec aisance grâce au théâtre**
  G. Quentin – 168 p. – 2ᵉ éd.
- Es * **Enseigner et apprendre dans une classe multiculturelle** – M. Honor – 176 p.
- S * **Enseigner l'histoire autrement**
  A. Dalongeville – M. Huber – 240 p.
- Es * **Enseigner la grammaire et le vocabulaire en langues** – M.-A. Medioni – 256 p.
- Es * **Enseigner une profession à cultiver**
  J. Rimet-Meille & C. Paillole – 160 p.
- Es * **Entrer dans la littérature à l'école**
  H. Dupart – 192 p.
- S * **Éthique et pratique de l'audit**
  M. Lecointe – M. Rebinguet – 192 p.
- S * **Évaluation participative de la formation (L')**
  B. Pique – 192 p.
- Es * **Évaluation scolaire (L')** – M. Barlow – 192 p.
- S * **Évaluer le projet de notre organisation** M.-H. Broch – F. Cros – 240 p.
- Es * **Exprimer mes désirs, Construire mon projet**
  H. Lavoie – M. Denault – 112 p.
- S. * **Faire avec les imprévus en classe**
  N. Bénaïoum-Ramirez – 208 p.
- S * **Faire de la classe un lieu de vie**
  C. Philibert – G. Wiel – 152 p. – 2ᵉ éd.
- Es * **Faire participer l'élève à l'évaluation de ses apprentissages** – C. Doyon – D. Legris-Juneau – 124 p.

S	* **Fondements éducatifs pour une société nouvelle** Y. Bertrand – 304 p.	Es	* **Penser la société à travers l'école** L. Guilhaume & J.-F. Manil – 112 p.
S	* **Formateur d'adultes** J.-P. Martin – É. Savary – 368 p. – 5e éd.	S	* **Penser son expérience** – J. Mezirow – 272 p.
Es	* **Formation-développement** ADEFPAT – ADEPFO – 176 p.	Es	* **Les petits groupes d'apprentissage dans la classe** – Collectif – 112 p. – 2e éd.
Es	* **Formation et communication** – Collectif – 224 p.	S	* **Philosopher, tous capables** – GFEN – 400 p.
S	* **Former avec la sophrologie** – B. Blanc – 208 p.	Es	* **Place de l'élève à l'école (La)** P. Frackowiak – 176 p.
Es	* **Former des formateurs** – M. Huber – 160 p.		* **Plaisir de connaître – Bonheur d'être** A. de la Garanderie – 96 p.
Es	* **Gérer la classe, une compétence à développer** X. Papillon – 264 p.	Es	* **Pour une école du futur** – P. Frackowiak – 208 p.
Es	* **Gérer la violence en milieu scolaire** G. Joie – 128 p.	Es	* **Pour une éducation à la non violence** J. Gerber – 176 p. – 2e éd.
Es	* **Guide du formateur en situation** C.-R. – L.-G. Touati – 112 p.	S	* **Pratique d'apprentissage en ligne** L. Marchand – J. Loisier – 156 p.
S	* **Guide du maître praticien en PNL** L. Fèvre – G. Soto – C. Servais – 352 p. – 3e éd.	ES	* **Pratique du coaching d'équipe** J.-M. Ferey – 176 p.
S	* **Guide du praticien en PNL** L. Fèvre – G. Soto – 272 p. – 6e éd.	Es	* **Pratiquer la formation réciproque à l'école** C. Héber-Suffrin – 228 p.
Es	* **Handicaps et vie scolaire** P. Bonjour – M. Lapeyre – 192 p.	ES	* **Pratiquer les conseils d'élèves et les assemblées de classes** – C. Laplace – 224 p.
Es	* **Heures de vie de classe** X. Papillon – G. Grosson – 160 p. – 2e éd.	ES	* **Pratiques de réussite pour que la maternelle fasse école** – C. Passerieux – 272 p.
Es	* **Histoires de vie et pédagogie du projet** J. Vassileff – 192 p. – 2e éd.	Es	* **Prévenir l'échec scolaire** X. Chartrain – B. Hubert – 144 p.
Es	* **L'individualisation de la formation** H. Prévost – 194 p.	S	* **Professeur principal** – M.-H. Broch – 364 p.
Es	* **Intervenir en formation** J.-P. Martin – É. Savary – 224 p. – 3e éd.	S	* **Professeur stagiaire** – D. Adad – 96 p.
Es	* **Introduction à Antoine de la Garanderie** J.-P. Gaté – 96 p.	S	* **Profils d'enseignants, profils d'enseignés** J.-P. Donckèle – 184 p. – 2e éd.
Es	* **Inventer des pratiques de formation** M. Huber 160 p.	Es	* **(Re)découvrir le métier de prof d'école** D. Senore – 80 p.
S	* **Itinéraire des pédagogies de groupe, T. 1** Ph. Meirieu – 208 p. – 7e éd.	Es	* **(Re)découvrir le sens des mots** – A. Grange – 112 p.
Es	* **Je parie que tu peux** – M. Milis – 160, p.	Es	* **Le récit de vie** – D. Coles – B. Goussault – 184 p.
S	* **Outils pour apprendre en groupe, T. 2** Ph. Meirieu – 208 p. – 7e éd.	Es	* **Référentiel de métier du chef d'établissement** F. Rollin – 128 p.
S	* **Le lecteur accompagné** D. Vaginay – B. Avitabille – 192 p.	Es	* **Renforcer l'éveil au sens** A. de La Garanderie – 96 p.
Es	* **Lettre ouverte au ministre de l'Éducation nationale** – S. Grandserre – 64 p. Poche	Es	* **(Re)penser l'alternance en lycée professionnel** I. Kerner & J. Gaillard – 192 p.
Es	* **Lire pour écrire, Écrire pour grandir** D. Adad – P. Richard-Principalli – 160 p.	S	* **Repenser la formation** – Cafoc de Nantes – 288 p.
S	* **Lycéens décrocheurs (Les)** – La Bouture – 312 p.	Es	* **Réussir à l'école, certes, mais y réussir quoi...** La Bouture – 272 p.
Es	* **Manuel de la formation en alternance** F. Tilman – E. Delvaux – 176 p.	S	* **Réussir en langues** – GFEN – 304 p. – 2e éd.
Es	* **Manuel du responsable d'institution** M. Garant – 98 p.	S	* **Réussir sa scolarité, (Re) motiver l'élève** G. Leperlier – 192 p.
Es	* **Maternelle (La)** – C. Passerieux – 224 p.	Es	* **Réussir vos interventions de formation** A. Astouric – 160 p.
S	* **Médiation éducative et éducabilité cognitive** Autour du PEI – Collectif – 168 p.	Es	* **(Se) construire un vocabulaire en langues** GFEN – 243 p.
Es	* **Mobiliser les élèves sur l'orthographe** D. Senore. – 96 p.	Es	* **(Se) former dans l'humour** H. Lethierry – 192 p. – 2e éd.
Es	* **Modules d'initiation à la méthodologie scolaire** G. Leperlier – 248 p.	Es	* **(Se) former par les situations-problèmes** A. Dalongeville – M. Huber – 204 p.
Es	* **Moi j'enseigne, mais eux apprennent-ils ?** M. Saint-Onge – 144 p. – 4e éd.	Es	* **Se (re)connaître par le théâtre** M. Meirieu – 112 p. – 2e éd.
S	* **Nouveaux autodidactes (Les)** – G. Le Meur – 224 p.	S	* **Sortir du mal-être scolaire** – G. Wiel – 132 p.
S	* **Oser les pédagogies de groupe** J.-P. Donckele – 200 p.	S	* **Théories contemporaines de l'éducation** Y. Bertrand – 308 p. – 4e éd.
	* **Parents-enseignants… la guerre ouverte ?** P. Beague – 120 p.	Es	* **Traité de stratégie à l'usage des enseignants** P. – X. Papillon – 160 p.
Es	* **Une pédagogie de l'entraide** A. de la Garanderie – 112 p. – 2e éd.	Es	* **Transformer l'école** – D. Vachelard – 136 p.
Es	* **Pédagogie du projet en formation (La)** J. Vassileff – 160 p. – 5e éd.	S	* **Travailler en équipe à l'école maternelle** C. Casabo – 196 p.
S	* **Penser avec l'Entraînement Mental** Collectif – 252 p.	S	* **Travailler en équipe à un projet pédagogique** M.-H. Broch – 224 p. – 3e éd.
S	* **Penser l'autoformation** – J. Dumazedier – 176 p.	S	* **Vittoz et pédagogie** – Vittoz/IRDC – 176 p.
S	* **Penser le projet** – Concepts et outils d'une pédagogie émancipatrice – F. Tilman – 204 p.	S	* **Vivre le lycée professionnel comme un nouveau départ** – G. Wiel – 192 p.
S	* **Penser la relation expérience-formation** H. Bézille – B. Courtois – 256 p.	Es	* **Vocabulaire de la gestion mentale** J.-P. Gaté – A. Géninet – M. Giroul – T. Payen de La Garanderie – 112 p.
		Es	* **Vouloir apprendre – Pouvoir se comprendre** M. Honor – 272 p.

Lectures accompagnées

- **L'île au trésor** – Adaptation G. Granjon – 160 p.
- S **Le lecteur accompagné**
  D. Vaginay – B. Avitabille – 192 p.
- **La gardeuse d'oies – Les six cygnes**
  D. Vaginay – Adaptés des contes de Grimm – 48 p.
- **Le petit Chaperon Rouge – Hansel et Grethel**
  D. Vaginay – Adaptés des contes de Grimm – 48 p.
- **Le Roi Grenouille – Rose-neige et Rouge-Rose**
  D. Vaginay – Adaptés des contes de Grimm – 48 p.
- **Pinocchio** – Adaptation B. Avitabile – 174 p.

Savoir communiquer

- Es **40 exercices de communication** – Col.– 104 p.
- S **90 jeux d'écriture** – P. Frenkiel – 160 p. – 3ᵉ éd.
- Es **100 questions-réponses pour éduquer à la non-violence** – Collectif – 340 p
- Es **À quoi sert l'autorité ?** – V. Guérin – 224 p. – 3ᵉ éd.
- Es **Adolescence, amour, sexualité** – Photolangage® – C. Beslile – 48 photos – Un livret.
- Es **Améliorer la communication** – M. Barlow – 184 p.
- S **Animer et participer à la vie de groupe** C. Maccio – 312 p.
- S **Animer, financer, communiquer un projet** T. Noce – 264 p.
- Es **Apprendre, se distraire et créer avec le jeu** 10 jeux à fabriquer – A. Bideau – 136 p.
- Es **Archives et documentation** – CARHOP – 160 p.
- Es **Atelier collage (L')** – 50 fiches techniques C. Hof – 144 p.
- Es **Augmenter son efficacité** – Y. Raffestin – 272 p.
- Es **Besoin d'écrire – Désir de (se) dire** P. Guillaumin – 128 p.
- **Une clé pour les maths** C. Augier – Y. Raffestin – 304 p. – 3ᵉ éd.
- S **Code de l'information (Le)** P.-Y. Chereul – 240 p.
- Es **Comprendre et maîtriser le bégaiement** Collectif – 126 p.
- Es **Comprendre l'autre. Réussir ensemble** E. Dupuy – 256 p.
- Es **Comprendre la presse** – J.-J. Coltice – 128 p.
- Es **Comprendre les difficultés à apprendre** D. Eberlin – 112 p.
- Es **Concevoir des jeux de stimulation cognitive** – N. Lairez-Sosiewicz – 96 p.
- S **Conflit – Comprendre et pouvoir agir** R. Michit – T. Comon – 176 p.
- S **Conflit dans la famille** – B. Trélaün – 160 p.
- S **Construire ma recherche** – J. Dumazedier – G. Le Meur – 256 p.
- Es **Contes à conter** – G. Dutey – 144 p.
- Es **Créer par la parole** – P. Lebar – 144 p.
- S **(Se) Cultiver en complexité** – G. Gigan – 192 p.
- Es **Cultiver sa mémoire** – C. Bizouard – 176 p. – 5ᵉ éd.
- S **Décrire vos objectifs** – T. Noce – 192 p.
- S **Des réunions plus efficaces** C. Maccio – 256 p. – 3ᵉ éd.
- Es **Deux bouts la relation** – J.-L. Mermet – 158 p.
- Es **Développer des relations de coopération en milieu professionnel** – M. Bernard – 112 p.
- S **Développer la fonction tutorale** Former et intégrer – B. Blanc – 336 p.
- Es **Développer son attention et sa concentration** Vittoz IRDC – 160 p.
- Es **Devenir son propre médiateur** J. Timmermans – 160 p.
- Es **Échanges réciproques de savoirs en entreprise** – M. & M. Van Den Abeele – 224 p.
- Es **Écoute – Attitudes et techniques (L')** J. Artaud – 192 p. – 5ᵉ éd.
- Es **Écrire au quotidien – Pratiques du journalisme** Collectif – 144 p. – 2ᵉ éd.
- S **Écrire et convaincre** – J. Glorieux – 240 p.
- Es **Écrire l'histoire de sa vie** – M. Barlow – 144 p.
- Es **Écrire la correspondance** – H. Lethierry – 208 p.
- Es **Écrire ma vie – 80 exercices** – É. Godinot – 136 p.
- Es **Écrire une recherche** M. Lani-Bayle – 152 p. – 2ᵉ éd.
- Es **Éduquer à la sexualité** P. Pelège & C. Picod – 280 p.
- Es **Éduquer au vivre-ensemble** C. de Mey-Guillard – 96 p.
- S **Élaborer un projet, guide stratégique** T. Noce – P. Paradoswki – 432 p.
- Es **Enseigner et pratique le chant** M.-M. Marc – N. Bouati – 176 p.
- Es **Être bien dans son corps, être bien dans sa tête** B. Blanc – 240 p.
- S **Exercer une responsabilité** – C. Maccio – 416 p.
- Es **Faire parler l'enfant retardé mental** J.-A. Rondal – 144 p.
- Es **Favoriser l'estime de soi à l'école** – Col. – 144 p.
- Es **Formes et couleurs** – G. Mozzo – 104 p.
- Es **Français pour tous (Le)** – R. Burfin – 248 p. – 4ᵉ éd.
- S **Gérer le risque alcool au travail** J.-P. Jeannin – 398 p.
- S **Gestion mentale (La)** – C. Maillard – 96 p.
- S **Gestion prévisionnelle des emplois et des compétences** – Agefos PME – CGPME – 176 p.
- Es **La grammaire expliquée** – Notions et exercices M. Poirier – 240 p. – 3ᵉ éd.
- Es **Grandir avec les mots - 60 fiches jeux** M. Gilbert – 128 p.
- Es **Guide anti-stress de l'enseignant** M. Isimat-Mirin – 128 p.
- Es **Guide anti-stress du candidat** M. Isimat-Mirin – 96 p.
- Es **Guide d'argumentation éthique** M. Métayer – 160 p.
- Es **Guide de l'animateur de groupes** C. Maccio – 128 p.
- Es **Guide du formateur en situation** C.-R. – et L.-G. Touati – 112 p.
- Es **Guide pratique de l'écrit** J.-Y. Bonnamour – 200 p. – 2ᵉ éd.
- D **Homme réseau (L')** – Penser et agir dans la complexité – E. Duits – 160 p.
- S **Le monde change… et nous ?** V. Guérin et J. Ferber – 176 p.
- Es **Lecture en vie - Envie de lecture** R. Barat – 128 p.
- Es **Lire à l'adolescence** E. Runtz-Christan & N. Markevitch Frieden – 176 p.
- S **Lire et comprendre** – J. Glorieux – 288 p.
- Es **Invitation à l'expression orale** C. Bizouard – 144 pages – 7ᵉ éd.
- Es **Jeux coopératifs pour bâtir la paix** Université de Paix Namur – 288 p. – 2ᵉ éd.
- S **Management durable**, A. Astouric 128 p.
- S **Manager le changement, changer le management** Agefos – 160 p.
- Es **Mieux gérer son temps** – F. Tlatli – 164 p. – 2ᵉ éd.
- Es **Mieux prendre la parole en public** J.-P. Berrou – 152 p.
- Es **Musique en scène de 4 à 97 ans** Y. Moyne Larpin – 224 p.
- Es **Nouveau lycée (Le) - Mode d'emploi** F. Clerc & C. Rebaud – 144 p.
- Ev **Organisation et responsabilités**

C. Maccio – G. Nauche – 64 p.
Es * **Organiser sa pensée – Apprendre à décider**
G. Le Meur – 240 p.
Es * **Oser la relation** – Exister sans écraser
I.-B. Eliat-Serck – 128 p.
Es * **Un parcours pour l'embauche**
M. Bourse – 176 p.
Es * **Parents-profs - De la défiance à l'alliance**
D. Sénore – 128 p.
Es * **Peindre et communiquer avec des personnes âgées** – N. Lairez-Sosiewicz – 88 p.
Es * **Penser et parler son expérience**
A. Berjon – 200 p.
Es * **Penser et rédiger son projet d'activités**
F. Mézière – 112 p.
Es * **Photolangage – Corps, communication et violence à l'adolescence**
C. Belisle – 80 p. + 48 photos
S * **PME et dialogue social**
M. Sandeau – H. Lasserre – 232 p.
S * **Pratique de l'expression**
C. Maccio – 308 p. – 5ᵉ éd.
Es * **Pratiquer le dialogue** – Arts plastiques, écriture
O.-M. Neumayer – 256 p.
Es. * **Pratiquer le jeu** – Un art populaire
A. Bideau – 112 p.
S * **Pratiquer le théâtre avec des personnes en difficulté** – M. Reynaud – 208 p.
Es * **Prendre des décisions collectives avec des méthodes participatives** – T. Noce – 264 p.
Es * **Quelles valeurs transmettre à nos enfants ?**
G. Krebs – 176 p.
Es * **Quels repères pour grandir**
P. Béague – Fondation Dolto – 112 p.
Es * **Réaliser une boîte souvenirs** – A. Goldberg – 96 p.
S * **Régulations sociales en devenir (Les)**
P. Auvergnon – 224 p.
Es * **Relation à l'autre (La) – L'Implication Distanciée** – M. Germain-Thiant – M. Gremillet-Parent – 128 p.
Es * **Relaxation sophrologique**
J.-P. Blanchet – 136 p. – 4ᵉ éd.
Es * **Rendre les élèves autonomes dans leurs apprentissages** – A. Simonato – 112 p.
Es * **Renforcer la cohérence d'un texte**
L. Pépin – 132 p.
Es * **Renforcer la confiance en soi à l'école** A. Soleilhac – 96 p.
Es * **Repérer et accompagner les troubles du langage**
D.-A. Romagny – 176 p.
Es * **Réussir la qualité par tous**
B. Jacquin-Ravot – 144 p.
Es * **Réussir l'analyse d'un texte**
A. Grange – 192 pages
Es * **Réussir le résumé de texte et la note de synthèse** – J. Profit – 144 p. – 8ᵉ éd.
Es * **Réussir son mémoire professionnel**
A. Maffre – 144 p. – 3ᵉ éd.
Es * **Sanctionner sans punir**
E. Maheu – 232 p. – 2ᵉ éd.
Es * **Savoir écrire un livre, un rapport, un mémoire…**
C. Maccio – 176 pages – 4ᵉ éd.
Es * **Savoir rédiger avec efficacité**
R. Burfin – 192 p. poche
S * **Se cultiver en complexité** – G. Gigan – 192 p.
Es * **Se construire par les arts plastiques**
E. Odier – 208 p.
Es * **Se détendre pour mieux apprendre**
M. Isimat-Mirin – 136 p.
S * **Se former à l'écrit** – C. Bezsonoff – 352 p.
Es * **(Se) former à l'entretien**
M. Germain-Thiant – 140 p.
S * **Services : défis et opportunités** – J. Bonamy
A. Barcet – D. Xirau – C. Boiteux – 336 p.
S * **Techniques de la vie en groupe**
C. Maccio – 312 p.
S * **Territoires et dialogue social** – H. Jacot – 160 p.
S * **Théâtre-forum (Le)** – G. Tixier – 176 p.
Es * **Vaincre ses peurs en mathématiques**
C. de Flancre – 96 p.
S * **Vivre – Accompagner un projet**
I. Gillet & S. Scoyez – 260 p.
Es * **Vivre la communication**
Colette Bizouard – 160 p. – 7ᵉ éd.

Savoir penser

Es * **Agir avec Joseph Folliet**
Ass. les Amis de J. Folliet – 128 p.
Es * **Agir avec Keynes** – F. Lehouck – 112 p.
S * **Agir avec Mounier**
J.-F. Petit – R. Valléjo – 144 p.
Es * **Agir avec Proudhon** – J. Langlois – 208 p.
Es * **Chrétiens et justice sociale** – C. Maccio – 304 p.
Es * **Comprendre le propre de l'Homme**
M. Bouderlique – 96 p.
Es * **Comprendre les systèmes politiques**
F. Amanrich – 128 p.
Es * **Comprendre les systèmes politiques**
F. Amanrich – 128 p.
Es * **Chrétiens et justice sociale** C. Maccio – 304 p.
Es * **De l'individu à la personne** – C. Maccio – 224 p.
S * **Doctrines du pouvoir politique (Les)**
M. Richard – 192 p.
Es * **Histoire du cerveau** – A. Parent – 312 p.
S * **Idées-forces pour le XXIᵉ siècle**
A. Tarpinian 272 p.
S * **Lexique des sciences humaines**
J. Glorieux et B. Gauthier – 240 p.
S * **Marxisme (Le)** – J. Guichard – 304 p. – 4ᵉ éd.
S * **Neurosciences cognitives et consciences** –
J. Pillon – 240 p.
Es * **Penser avec Arendt et Lévinas**
F. Poché – 128 p. – 2ᵉ éd.
Es * **Penser avec Edgar Morin** – R. Fortin – 254 p.
Es * **Penser avec Henri Lefebvre**
H. Lethierry – 320 p.
S * **Penser avec Jacques Derrida** – F. Poché – 112 p.
Es * **Penser avec Jankélévitch** – H. Lethierry – 176 p.
Es * **Penser avec Lévinas** – L. Fèvre – 260 p.
S * **Penser avec Mounier** – J.-F. Petit – 176 p.
S * **Penser avec Ricoeur** – L. Fèvre – 208 p.
Es * **Penser et agir avec Illich**
M. Dardenne – G. Trussart – 152 p.
Es * **Penser et pratiquer l'accompagnement**
G. Wiel – G. Levesque – 224 p.
Es * **Penser et vivre l'interculturel**
G. Verbunt – 224 p.
Es * **Penser la philosophie de l'éducation**
G. Avanzini, A. Mougniotte - 192 p.
S * **Penser le devenir de l'Humanité**
C. Maccio – 256 p.
S * **Penser le devenir de la Personne**
C. Maccio – 224 p.
Es * **Penser librement** – Phan Huy Duong – 208 p.
Es * **Penser par soi-même** – Initiation à la philosophie – M.Tozzi – 224 p. – 6ᵉ éd.
S * **Personnalisme (Le)** – Sources – Fondements – Actualité – J. Lacroix – 152 p.
Es * **Reconstruire la dignité** – F. Poché – 160 p.
S * **Socialisme (Le)** – A. Samuel – 472 p.

Demandez-nous notre catalogue avec descriptif complet des ouvrages
Consultez www.chroniquesociale.com

Chez le même éditeur

224 p.
L'essentiel

Intervenir en formation – *12 clés pour préparer, animer, évaluer*
Jean-Paul Martin & Émile Savary

Qu'il soit chargé d'un cours, qu'il doive assurer une brève intervention sur un thème ou qu'il accompagne des stagiaires qui s'initient à un métier, le formateur a **besoin de repères pour agir avec rigueur.** Cet ouvrage propose des réponses aux questions qu'il se pose dans sa pratique quotidienne. Par quoi commencer ? Quels aspects traiter en priorité ? Quelle méthode utiliser ? Comment vérifier que les stagiaires ont compris ? etc. Outil au service de l'action, il articule étroitement **35 fiches pratiques** à des principes pédagogiques qui fondent la démarche proposée.

Écrit dans un langage simple, avec une volonté d'être accessible aux formateurs débutants, l'ouvrage prétend s'adresser aussi aux formateurs plus expérimentés en leur permettant de formaliser les repères qu'ils ont forgés dans l'action.

Les chapitres suivent les étapes empruntées par le formateur :

– La préparation de l'intervention : étudier la demande, le contexte ; connaître les participants ; fixer des objectifs ; organiser le contenu ; choisir les méthodes.

– La réalisation : améliorer sa communication ; s'appuyer sur le groupe ; s'adapter en fonction des problèmes rencontrés.

– L'évaluation.

Les deux derniers chapitres proposent des pistes pour **organiser son travail** (gérer son temps, sa documentation) et **enrichir ses compétences.**

---

240 p.
L'essentiel

Développer les compétences-clés
Cafoc de Nantes

Cet ouvrage, fruit de la réflexion et des expériences des consultants du CAFOC de Nantes, propose des repères pour l'action. Il articule des éléments théoriques, une méthodologie générale et des outils. Les différents chapitres se veulent des réponses aux questions que tout acteur de la formation peut se poser aujourd'hui.

Concernant le développement des compétences-clés : quels repères théoriques ? quelle méthodologie ? quelles différences et articulations avec des notions voisines (illettrisme, savoirs de base, …) ? quelle formation de formateur concevoir ? quelles pratiques pédagogiques mettre en œuvre ? quelle articulation avec les contextes de travail ?

Pour aborder cette thématique, le souhait des rédacteurs est de partir d'un cas concret - certains des lecteurs se retrouveront sûrement, soit comme directeur d'un organisme de formation, soit comme responsable pédagogique d'un dispositif autour des compétences, soit comme formateur confronté à cette « situation ».

L'environnement politique, économique, sociétal a tellement évolué que les approches classiques de la formation peuvent certes se poursuivre, mais en creusant apparaît un décalage entre les compétences développées par les participants et celles attendues par la société. Ce sont également des compétences dites clés et non seulement des savoirs de base, qui doivent leur permettre de trouver les ressources internes ou externes leur permettant de s'adapter à TOUTE situation, personnelle, sociale ou professionnelle. Les huit compétences-clés pour l'éducation et la formation tout au long de la vie, proposées à l'échelle européenne, servent ici de cadre de référence.

www.chroniquesociale.com